21 世纪全国高等院校财经管理系列实用规划教材

消费心理学（第 2 版）

主　编　臧良运

副主编　杜　巍　刘振华　王　薇

参　编　许传久

主　审　曲世卓

北京大学出版社
PEKING UNIVERSITY PRESS

内 容 简 介

本书共包括 11 个模块，内容主要为打开消费心理学之门，把握消费者的心理活动过程，探索消费者的个性心理，掌握消费者购买过程中的复杂心理，探知文化、流行与习俗对消费心理的影响，正确区分不同消费者群体的消费心理，摸准商品价格脉搏实现利益最大化，追求卓越产品赢得顾客之心，做好商业广告吸引消费者购买，巧妙沟通消除消费障碍和消费心理学的发展方兴未艾。

本书是采用“理论・案例・实训”一体化思路进行编写的。为了便于教师教学，每个模块和单元都结合工作和生活热点案例对理论进行阐述，并在正文中增加了“相关链接”，以拓展学生的视野。“与相关课程的联系”说明了对后续课程和工作的作用，增加了内容的实用性。模块后的“实训练习”贴近实际工作，是对理论知识掌握情况的检验。

本书既可作为应用型本科、高职高专、成人高校市场营销等相关专业的教材，也可供企业营销人员培训或自学使用，对于普通的读者来说也是值得一读的普及读物。

图书在版编目(CIP)数据

消费心理学/臧良运主编. —2 版. —北京：北京大学出版社，2015.7
（21 世纪全国高等院校财经管理系列实用规划教材）
ISBN 978-7-301-25983-2

Ⅰ.①消… Ⅱ.①臧… Ⅲ.①消费心理学—高等学校—教材 Ⅳ.①F713.55

中国版本图书馆 CIP 数据核字（2015）第 139142 号

书　　名 消费心理学（第 2 版）
著作责任者 臧良运　主编
责任编辑 刘　丽
标准书号 ISBN 978-7-301-25983-2
出版发行 北京大学出版社
地　　址 北京市海淀区成府路 205 号　100871
网　　址 http://www.pup.cn　新浪微博：@北京大学出版社
电子信箱 pup_6@163.com
电　　话 邮购部 62752015　发行部 62750672　编辑部 62750667
印 刷 者 北京富生印刷厂
经 销 者 新华书店
787 毫米×1092 毫米　16 开本　20 印张　461 千字
2009 年 1 月第 1 版
2015 年 7 月第 2 版　　2017 年 6 月第 3 次印刷
定　　价 40.00 元

第2版前言

随着我国经济的高速发展，人们的经济收入大幅度提高、个性化需求程度越来越高，在经历了量的扩大消费时代和质的提高消费时代后，其消费心理和消费行为发生了很大的变化。对于很多企业而言，在大多数产品供大于求，市场竞争激烈的情况下，要让消费者能够接受其产品，就必须了解消费者的消费心理和消费行为，他们对产品有哪些个性化需求，要有针对性地生产、传递产品的信息，提高消费者满意度。当然，企业在此过程中还要结合消费者的决策、消费者所处的环境等因素，这样才能制定出切实可行的市场营销策略，适时、适地、适当地将自己的产品推向市场。对于消费者来说，面对丰富的商品和企业的各种营销策略，如何健康、理性、科学地消费，以提高自己的消费效用，同样具有重要的现实意义。

本书第1版于2009年1月出版，多次重印，得到了广大师生的认可。其优点是知识技能先后有序、知识积累循序渐进、教学体系严谨，较符合当时的教育形势和生源特点。目前，消费者的心理和消费行为正在发生巨大的变化，高等教育人才培养方案也在变革，课程改革对教材提出了更高的要求。为了适应新形势下市场营销等相关专业的发展要求，本书在第1版的基础上进行了较大的修改。与第1版和其他同类教材相比，本书具有以下几个特点。

1. 内容符合人才培养方案

本书内容力求体现“以就业为导向，以能力为本位”的精神，注重专业基础课的应用性，关注学生技能的培养，整合理论知识，合理安排知识点、技能点，注重实训教学，突出对学生实际操作能力和解决问题能力的培养，强化基础课对专业课的服务特点。

2. 知识新并且实用

本书根据当前消费心理学和消费行为学的发展，结合市场营销实际工作需要，增加了“消费者消费心理与行为的变化”等新知识，对案例进行了大调整，密切联系实际工作和生活热点。

3. 贯彻理论、案例、实训一体化的教学思想

本书内容安排上将“任务”贯穿始终，通过案例和实际工作任务的分析来阐述理论，穿插相关链接拓展学生的视野，利用课后的自测试题、案例分析和实训练习提高对消费心理学的应用能力。

4. 体例新颖

每个模块设置了内容提要、教学重点和难点、学习目标、导入案例、正文、相关链接、与相关课程的联系、资料库、小实验、模块小结、主要名词、自测试题、案例分析和实训练习等板块，符合“工学结合”与任务驱动的教学理念。

本书运用了大量的图表说明任务的解决方案和流程，减少了文字叙述，具有很强的直观性和可读性。并且，版面设计、插图等新颖生动，具有良好的视觉效果。

5. 配套资源丰富

为更好地发挥教材的作用，体现以人为本的教育理念，提高学生的学习兴趣，调动学生学习的积极性和主动性，本书提供了系列配套教学辅助资源(可从 www.pup6.cn 下载)。

(1) 提供课程手册，包括教学大纲及教学活动设计，可供教师备课时使用。

(2) 提供精致的多媒体电子教案，教师可在教学时直接使用，也可根据具体需要加以修改，满足多媒体教学的需要。

(3) 提供课后自测试题的参考答案，以及模拟试卷与参考答案，方便教师选用。

本书共 11 个模块，建议总学时 64 课时左右。具体分配为：模块 1 为 4 课时，模块 2～模块 11 为 6 课时左右。

消费心理学是一门综合性的学科，本书是集体劳动的成果，由多所高校研究与讲授市场营销相关课程的教师共同编写。本书由臧良运教授担任主编，并负责拟订编写提纲、统稿和定稿；由杜巍、刘振华和王薇担任副主编。具体编写分工为：模块 1、模块 2、模块 7 和模块 11 由齐齐哈尔大学臧良运老师编写；模块 3 和模块 10 由大庆师范学院杜巍老师编写，模块 5 和模块 6 由陕西财经职业技术学院刘振华老师编写；模块 4 由江苏海事职业技术学院许传久老师编写；模块 8 和模块 9 由唐山职业技术学院王薇老师编写。本书由齐齐哈尔大学曲世卓副教授主审。

本书的出版，得到了编者单位领导和北京大学出版社的大力支持与帮助，在此深表感谢！本书在编写过程中参考了相关领域的文献，已在书后参考文献中列出，但仍可能有遗漏，在此谨向已标注和未标注的参考文献的作者表示诚挚的谢意和由衷的歉意！

由于编者水平所限，书中难免出现疏漏之处，敬请广大读者和专家批评指正，以期不断改进。

臧良运

2015 年 3 月于齐齐哈尔大学

目　　录

模块 1

打开消费心理学之门

内容提要

模块 1 主要介绍心理学的基本理论，掌握消费者行为、消费心理学的含义、消费心理与消费行为关系、消费心理学的研究对象、内容和方法；研究消费心理学的重要意义。

教学重点和难点

消费心理学的研究内容、研究消费心理学的意义。

消费心理学的研究对象及研究方法。

学习目标

知识点：了解心理学的基本理论，掌握消费者行为、消费心理学的含义、消费心理与消费行为关系，定性、定量研究消费心理的方法。

能力点：掌握消费心理学的研究内容和方法，并能运用其分析消费心理和行为。

导入案例

从“淑女”到“牛仔”的“万宝路”

在全球消费者心目当中，“万宝路”(Marlboro)无疑是知名度最高和最具魅力的国际品牌之一。从销售而言，全球平均每分钟消费的“万宝路”香烟就达 100 万支之多！无论你是否吸烟，“万宝路”的世界形象和魅力都给你留下了深刻的印象，令你难以忘怀。

“万宝路”这一香烟品牌诞生于 1924 年，由美国的菲利普·莫里斯公司生产。“万宝路”最初是专为女士设计的，“万宝路”的名字是“Man always remember love because of romantic only”(男人只是因为浪漫才会永远记住爱)的缩写。“万宝路”当时的广告口号是：像五月的天气一样温和。尽管当时美国吸烟的人数每年都在上升，但是“万宝路”的销量却始终不好。莫里斯公司做了很多努力试图改变这种销路不佳的状况，可是这一切还是没能挽回“万宝路”走向衰落的命运，最终被迫在 20 世纪 40 年代初停产。第二次世界大战后，美国吸烟人士继续增多，“万宝路”重返香烟市场。当时美国香烟消费量一年达 3 820 亿支，平均每个美国人每年要抽烟达 2 262 支之多，但是“万宝路”却依然卖不出去。

1954 年的一天，当时的“万宝路”产品推广负责人因看到西部牛仔充满阳刚气的身姿而触发灵感，大胆地改变了“万宝路”香烟以女士为诉求对象的传统，结合当时的美国文化，以充分体现男人挽救力的牛仔作为广告形象，将产品重新定位于男士香烟。此举立刻为“万宝路”打开了市场，不但男人喜欢吸“万宝路”香烟，女士同样因“万宝路”所代表的男士挽救力形象而对其爱不释手。

曾经有人做过一个试验，将“万宝路”香烟的商标拿下，与其他品牌的香烟混在一起，请“万宝路”香烟的忠实消费者分辨哪一种是“万宝路”香烟，几乎很少有人能够将其清楚地分辨出来。由此可见，真正使人们迷上“万宝路”的并不是它与其他品牌香烟之间微乎其微的味道上的差异，而是“万宝路”品牌给烟民带来的心理上的优越感。

换句话说，“万宝路”的硬汉子牛仔广告形象使香烟罩上了一种男子气概、个人英雄气概，而消费者购买“万宝路”香烟也正是为购买这种气概，获得感觉上的满足。“万宝路”的营销策划，充分抓住了美国人渴望通过某种方式表现自己男子汉气概的内心诉求。

菲利普·莫里斯公司生产的“万宝路”香烟为什么能够起死回生?

作为企业的营销人员，除了注重产品、价格、渠道、促销等因素外，还有什么主要因素影响我们的业绩?

站在消费者立场，您怎么看待“万宝路”的成功?

品牌经济时代，所有的关注焦点都指向了消费者。消费者成为市场中真正的上帝，然而“上帝”的内心却难以揣度。企业在制定营销决策时倾向于以市场调查报告为依据，通过消费者在问卷中给出的答案，循规蹈矩地展开营销活动。但在市场营销活动的实际执行过程中，却发现市场现状与调研结果大相径庭。

单元1　消费行为与消费心理学

相关链接

消费行为的变化

中国是有着悠久茶文化历史的国度，中国人喜欢喝茶、品茶，在人们通常的意识里都知道冷茶、隔夜茶是不能喝的，年长的人总是教育年轻人不要喝冷茶或隔夜茶，这样对身体不好；但台湾地区的人大胆创新，把茶当饮料来卖，改变了人们的消费观念。"康师傅"　"统一""娃哈哈"，茶饮料一下子红遍了中国大地。

20世纪80年代早期对草药茶和水果茶概念的调查研究表明：英国的茶类消费人群绝对不会接受并喜欢这些"古怪可笑的茶"。但是事实上，当这些新产品推向市场时很快就得到消费者认可并被接受。国外的研究机构做出的预测也是失误的。可见，无论是外国或是中国市场，都存在调研结论与消费者需求不一致的情况。

消费者表述的消费理念与实际消费行为相背离，使得企业精心制定的商品或服务的整体决策出现严重偏差，消费者言行不一的真正根源是什么？消费者的行为为什么难以琢磨？他们有什么样的消费心理？发生了哪些变化？

消费者行为和消费心理学的研究构成了营销决策的基础，它与企业市场的营销活动是密不可分的，它对于提高营销决策水平，增强营销策略的有效性有着极其重要的意义，对于消费者来说，如何提高自己的消费效用，同样具有重要的意义。

一、心理学的内涵

随着心理学知识的日益普及和现代人们认识观念的逐步提高，"心理学"一词，已经不再像过去那样是一个陌生而神秘的字眼了。但是，对于到底什么是心理学、心理学的研究内容以及心理学的实质是什么等问题，还经常存在一些不正确或片面的理解：有人认为，心理学就是心理咨询；也有人认为，研究心理学就是揣摩别人的所思所想，心理学家应该能透视眼前人的内心活动，这和算命先生差不多；还有人认为，心理学是"伪科学"，是骗人的东西等。因此，在学习消费心理学之前有必要了解一些普通心理学的知识。

1. 心理学的定义

心理学的产生源远流长，不同时期对"心理学"有不同的界定。在哲学心理学时代，心理学被认为是阐释心灵的学问。古希腊语中心理学包括"灵魂"与"学问"两个方面的含义，后来解释为"关于灵魂的学问"。

现代心理学认为，心理学是研究人的心理现象的产生、本质、作用，以及变化发展规律的科学。它是一门自然科学与社会科学交叉的边缘学科，它从人的心理过程和个性心理两个方面来研究人的心理现象，如图1.1所示。

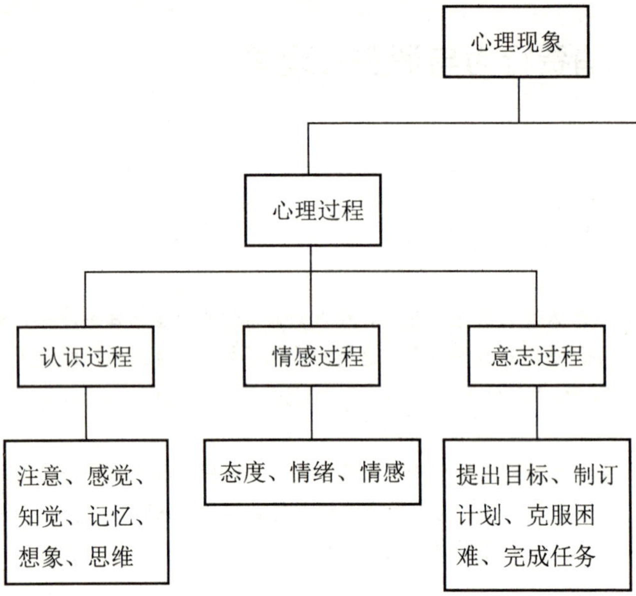

图 1.1　个性心理特征

2. 心理学的产生和发展

从原始社会人们关于灵魂与肉体的关系之争，到后来关于精神活动的物质器官是心还是脑的争论，人们对心理现象的认识逐渐趋于科学。在一段比较长的时间里，心理学像一个胚胎，蕴涵在哲学这一母体之中，它日渐成熟，脱胎而出，逐渐成长壮大。

1874 年德国心理学家冯特出版了《生理心理学原理》，在这部书中他发明了一个系统性的心理学来研究人的感知：感觉、体验、意志、知觉和灵感。它使心理学从哲学中解放出来，成为一门独立的学科。1879 年冯特在莱比锡大学创建了世界上第一个心理实验室，作为心理学发展史上的新纪元，标志着科学心理学的诞生。

一百多年来，随着社会实践发展的需要，心理学也在不断地发展和完善，科学技术的进步，不断提出新的课题并为解决这些课题提供了手段。现在，心理学已经发展成为一棵枝繁叶茂的科学大树。哲学是孕育其成长的沃土，普通心理学是其主干，其他科学是其甘露，应用心理学是其分支。教育心理学、军事心理学、管理心理学、旅游心理学、营销心理学、消费心理学等如雨后春笋般得以发展。

3. 心理学研究的主要内容

人在生活实践中与周围事物相互作用，必然有这样或那样的主观活动和行为表现，这就是人的心理活动，简称心理。具体地说，外界事物或体内的变化作用于人的机体或感官，经过神经系统和大脑的信息加工，就产生了对事物的感觉和知觉、记忆和表象，进而进行分析和思考，得出对客观事物认识的结论。另外，人们在同客观事物打交道时，总会对它们产生某种态度，形成各种情绪。人们还要通过行动去处理和变革周围的事物，这就表现为意志活动。

以上所说的感觉、知觉、思维、情绪、意志等都是人的心理活动。心理活动是人们在生活实践中由客观事物引起、在头脑中产生的主观活动，任何心理活动都是一种不断变化的动态心理过程。

人在认识和改造客观世界的过程中，各自都具有不同于他人的特点，各人的心理过程都表现出或大或小的差异。这种差异与各人的先天素质、生活经验、后天学习和知识积累有关，这就是所说的人的个性，也称为人格。

心理过程和人格都是心理学研究的重要对象。心理学还研究人的个体的和社会的、正常的和异常的行为表现。

心理的实质：心理是脑的机能；脑是心理活动的器官；心理是客观现实的反映。

在高度发展的人类社会中，人的心理获得了充分的发展，使其攀登上动物进化阶梯的顶峰。心理学是人类为了认识自己而研究自己的一门基础科学。

二、消费者行为与消费心理学的内涵

随着市场竞争越来越激烈，企业和营销人员面临的压力也越来越大，面对变幻莫测的市场，他们希望不但知其然，而且要知其所以然，并力图寻找到解决市场问题的更强大的工具或撬动市场的真正杠杆，或找到打开营销困惑的“金钥匙”。

营销的真正基础是理解消费者，赢得市场的“金钥匙”就是要准确抓住顾客的心。所以，在营销管理的专业修炼中，消费者行为学是核心修炼课程；在营销实战中，只有能摸准市场脉搏并理解消费者心理的人才是真正的高手。一般认为，“解读消费者行为”是当前引领营销深入发展的新的驱动力，是创新营销的基本功。

1. 消费与消费者

1) 消费

人们为了生存和发展，一般都要从他人那里获得产品和服务，除了接受馈赠、抢夺外，都要以货币为代价换取某种消费利益，这是一种交易行为，也是一种消费行为。实际上，我们每个人都是消费者。

人类的消费行为与人类的生产相伴而来，是人类赖以生存和发展的最古老的社会活动和社会行为，是社会进步与发展的基本前提。从广义上讲，可以把人类的消费行为划分为生产消费和个人消费两大类。

(1) 生产消费是指生产过程中对原材料、工具、人力等生产资料和活劳动的消耗。在生产过程中，劳动者与其他生产要素结合创造出新的使用价值的活动，是生产行为的反映，而生产行为本身，就它的一切要素来说，也是消费行为。因此，在生产过程中，对劳动力及其他生产要素的使用、消耗及磨损称为生产过程中的消费。它包含在生产过程之中，是维持生产过程连续进行的基本条件。

(2) 个人消费是指人们为满足自身需要而对各种生活资料、劳务和精神产品的消耗。它是人们维持生存和发展，进行劳动力再生产的必要条件，也是人类社会最大量、最普遍的经济现象和行为活动。从社会再生产过程来看，它是社会再生产过程中“生产、分配、交换、消费”四个环节中的消费环节。个人消费是一种最终消费，所以“消费”一词狭义上是指个人消费。

2) 消费者

所谓消费者，狭义上指的是购买、使用各种消费用品(包括服务)的个人、居民户，也包括企业、学校、政府机关和其他社会组织；广义上指的是在不同时间和空间范围内所有参与消费活动的个人或集团，泛指现实生活中的所有人。在现实生活中，同一消费用品的购买发起者、决策者、购买者和使用者可能是同一个人，也可能是不同的人，例如，长期以来，在中国保健品市场上就存在一种“买的不喝，喝的不买”的现象，但无论是买的人还是喝的人，他们都是广义上的消费者。

法律意义上的消费者，是指为生活消费需要而购买、使用商品或者接受服务的个人和单位。消费者的法律特征有这样几点：①消费者的消费性质属于生活消费；②消费的客体是商品和服务；③消费者的消费方式包括购买、使用(商品)和接受(服务)；④消费者的主体范围包括公民个人和进行生活消费的单位。

消费者是区别于商品经营者的商品交换关系中的主体。在现代商品经济社会中，由于生产的发展、科技水平的提高等社会经济因素，使得生产经营者和消费者之间在经济条件、教育水平、议价能力等诸多方面存在着不平等的社会关系，消费者经常处于弱者的地位，如不给予特别保护，其合法权益就难以保障。因此，国家有必要采取一定的强制措施，如要求商品生产经营者必须保证商品质量，提供必要的使用说明等。我国还专门制定了《中华人民共和国消费者权益保护法》，以保护消费者的合法权益。

2. 消费者行为

消费者对于我们每一个人来说，往往是既熟悉又陌生的。熟悉的是，我们每一个人都是消费者，每时每刻都在消费，而且每一次的消费行为看上去似乎都是那么简单、平淡；陌生的是，消费者的心理和行为又非常复杂，有时候一种心理或行为反应发生之后，连我们自己都无法弄懂自己。这就是消费者或消费者行为研究的魅力所在。它吸引了无数的社会学、心理学、人类学、经济学、营销学等学科领域甚至一些公共部门的专家和实际工作者的研究兴趣。

关于什么是消费者行为，目前国内外还没有一个统一的、被普遍接受的定义。

詹姆斯·F·恩格尔等把消费者行为定义为：为获取、使用、处置消费物品所采取的各种行动，以及先于且决定这些行动的决策过程。

约翰·C·莫温从消费者行为学的角度界定了消费者行为。他认为，消费者行为学研究的是：购买单位(包括个人和团体)及其在获取、消费和处置商品、服务、经验和观念时发生的交换过程。

德尔·I·霍金斯认为：消费者行为学研究的是个体、群体和组织为满足其需要而如何选择、获取、使用、处置产品(包括服务)的体验和想法，以及由此对消费者和社会产生的影响。

美国市场营销协会(American Marketing Association，AMA)的定义：消费者行为是感情、认知、行为，以及环境因素之间的动态互动过程，是人类履行生活中交换职能的行为基础。在这一定义中，至少有以下4层重要含义：①消费者行为是感情、认知、行为及环境因素之间交互作用的过程；②消费者行为是感情、认知、行为和环境因素之间交互作用的结果；③消费者行为是动态变化的；④消费者行为涉及交换。

我们认为消费者行为是指：消费者为了满足其需求和欲望而进行产品与服务的选择、采购、使用与处置，因而所发生的内心里、情绪上及实体上的活动。消费者行为的基本范畴主要包括与购买决策相关的心理和实体的活动。心理活动包括评估不同品牌的属性、对信息进行归纳分析及形成内心决策等。实体活动则包括消费者搜集产品相关信息、到购买地点和销售人员进行沟通和交流，以及产品的实际消费和处置。

相关链接

对不同来源的1 000元的消费行为

张明是市场营销专业大学二年级的学生，他很勤奋，假期自己打工挣到了1 000元钱，他把这1 000元钱存了起来，准备作为上学的生活费和购买学习资料使用。开学后，由于成绩优秀，张明又获得了1 000元的奖学金，结果请同学吃饭花掉200元，买夹克衫360元，还买了一双运动鞋380元，……。1 000元的奖学金很快就消费光了。

如果你是一个理性的人，那么对你来说，不管是挣来的钱还是一笔意外之财，对你来说应该没有什么区别。但是，一般来说，你会把自己辛辛苦苦挣来的钱存起来不舍得花，但是如果是一笔意外之财，你就很快地花掉了。这其实说明人们在头脑里分别为这两类不同来源的钱建立了两个不同的账户，挣来的钱和意外之财是不一样的。一笔相同的收入，其消费的行为、结果却大相径庭，在你身上有没有这种现象？

3. 消费者行为的特点

消费者行为虽然复杂多变，但并非不可捉摸。事实上，通过精心设计的调查，消费者的行为是可以被理解和把握的，这也是企业和学术界致力于分析消费者行为的根本出发点。消费者行为虽然多种多样，但在这些千差万别的行为背后，存在一些共同的特点或特征。

(1) 消费者行为是受动机驱使的。在现代社会经济生活中，由于购买动机、消费方式与习惯的差异，各个消费者的消费行为表现得形形色色，各不相同。所有消费者行为都是因某种刺激而激发产生的，这种刺激既来自外界环境，也来自消费者内部的生理或心理因素。在各种刺激因素的作用下，消费者经过复杂的心理活动过程，产生购买动机。在动机的驱使下，消费者进行购买决策，采取购买行动，并进行购买后评价，由此完成了一次完整的购买行为。消费者行为的一般模式如图1.2所示。

图1.2　消费者行为的一般模式

例如，我们购买某一品牌服装的行为，除了生理上的需要以外，还受品牌、他人的评价等因素的影响和刺激，最后才决定是否购买。

(2) 购买者的广泛性。一项消费行为的参与者往往包括提议者、影响者、决策者、购买者和使用者。例如，儿子过生日时，爸爸提议给儿子买一把玩具枪，妈妈建议买一辆电动遥控车，在这一过程中，爸爸是提议者，妈妈是影响者，最后决定买什么，爸爸、妈妈、儿子都要参与决策，购买者可能是父母或他们中的一人，使用者只有孩子。因此，分析不同购买决策参与者所扮演的不同角色，搞清谁是购买决策的参与者，对于企业选择促销方式和手段，具有非常重要的意义。

(3) 需求的差异性。当今的市场结构已由卖方市场转为买方市场，消费者的需求更趋于多样化和个性化，消费者的需求不尽相同，他们的需求存在着明显的差异，企业不可能通过一种产品或服务来满足所有的消费者，也不可能只凭自己的人力、物力和财力来满足整个市场的所有需求。因此，企业要想在市场竞争中求得生存和发展，应当也只能满足全体消费者中的一类或几类特定需求。例如，美国著名的宝洁公司在20世纪80年代进入我国市场，当时，我国消费者头皮屑患者较多，针对这一细分市场推出具有去头皮屑功能的“海飞丝”洗发水获得成功，而后又针对不同细分市场推出了“玉兰油”系列护肤品、“飘柔”二合一洗发水、“潘婷”等产品，为其发展壮大起了决定性的作用。

(4) 消费者行为具有可诱导性。消费者有时对自己的需要并不能清楚地意识到。此时，企业可以通过提供合适的产品来激发消费者的需要，也可以通过有效的广告宣传、营业推广等促销手段来刺激消费者的购买欲望，甚至影响他们的消费需求，使他们改变消费习惯、更新消费观念。例如，开篇案例“万宝路”香烟的故事，说明消费者的行为是能够被影响的。应当指出的是，企业影响消费者行为是以其产品或活动能够满足消费者某种现实或潜在的需要，能够给消费者带来某种利益为前提的，有一些新产品虽然伴有大规模的广告与促销活动，但最终还是失败了的事实，从反面说明了产品适合消费者需要的重要性。

相关链接

情侣苹果——满足和发现顾客的需求

元旦，某高校俱乐部前，一老妇守着两筐苹果叫卖，因为天寒，问者寥寥无几。讲授消费心理学课程的张教授见此情形，上前与老妇商量几句，然后走到附近商店买来节日织花用的红彩带，并与老妇一起将苹果两个一扎，接着高叫道：“情侣苹果哟！五元一对！”经过的情侣甚觉新鲜，用红彩带扎在一起的一对苹果看起来很有情趣，因而买者甚众。不消一会儿工夫，两筐苹果全部卖光，老妇赚得颇丰，对张教授感激不尽。

4. 消费心理学的内涵

消费心理学主要是研究消费过程中消费者心理与行为的产生、发展及其规律的一门学科，并探讨在市场营销活动中各种心理现象之间的相互关系。消费者心理与行为作为一种客观存在的社会现象和经济现象，同其他事物一样，有其特有的活动方式和内在运行规律。对这一现象进行专门研究，目的在于发现和掌握消费者在消费活动中的心理与行为特点及规律性，以便适应、引导、改善和优化消费行为。

心理活动是人脑对客观事物或外部刺激的反映活动，是人脑所具有的特殊功能和复杂的活动方式。它处于内在的隐蔽状态，只具有可以观察的现象形态，因而无法从外部直接了解。但是心理活动可以支配人的行为，决定人们做什么以及怎样做。因此，通过对一个人的行为表现的观察，可间接地了解其心理活动状态。

同样，人作为消费者在消费活动中的各种行为，也无一不受到心理活动的支配。如是否购买某种商品，购买什么品牌的商品，什么时候购买，如何购买等，其中的每一个环节都需要消费者做出相应的心理反应，并进行分析、比较、选择和判断。所以，消费者的消费行为都是在一定心理活动支配下进行的，并通过消费行为加以外化。

与相关课程的联系

消费心理学是学习其他市场营销专业课程的基础，市场营销学和市场营销策划中产品的设计、价格的制定，促销政策的实施等内容，都要针对消费者的消费心理有的放矢地开展。在广告与推销等课程中，更要针对不同消费者的消费心理制定相应的策略。同学们要好好学习消费心理学哦！

三、消费心理学的产生与发展

19 世纪末到 20 世纪初，资本主义经济进入繁荣发展阶段，随着机器大工业生产体系的确立和生产社会化程度的提高，生产力水平快速提高，劳动生产率迅速上升，产品数量大幅度增加。与此同时，市场的有限性使得企业生产经营的关键在于其产品的市场销售状况。为此，许多企业主开始把注意力转向寻求开拓市场的途径。了解消费者需求、引起消费者对商品的兴趣和购买欲望、促成其购买行为已成为他们关注的重点内容，这就促使对消费者心理与行为进行专门研究成为必然。

从发达国家的情况看，消费心理学从理论体系和框架的形成到逐步完善并形成一门独立的学科，大体上经历了以下 3 个阶段。

1. 萌芽阶段

1901 年 12 月 20 日，美国心理学家 W.D.斯科特在西北大学做报告，提出了广告应作为一门科学进行研究，心理学在广告中可以而且应该发挥重要作用。这被人们认为是第一次提出了消费心理学的问题。1903 年，斯科特汇编了十几篇广告心理学问题的论文，出版了名为《广告论》一书。一般认为，这本书的出版标志着消费心理学这门学科的诞生。

1912 年，德国心理学家闵斯特伯格出版了《工业心理学》，书中阐述了在商品销售过程中，广告和橱窗陈列对消费者心理的影响。同时，还有一些学者在市场学、管理学等著作中研究消费心理与行为的关系。比较有影响的是“行为主义”心理学之父约翰·华生的“刺激—反应”理论，即“S-R”理论。该理论揭示了消费者接受广告刺激物与其行为反应的关系，被广泛运用于消费者行为的研究之中。

由于此时消费心理与行为的研究刚刚开始，研究的重点是企业如何促进商品销售，而不是如何满足消费者需要，加上这种研究基本上局限于理论阐述，并没有具体应用到市场营销活动中来，所以尚未引起社会的广泛重视。

2. 显著发展阶段

从 20 世纪 30 年代到 60 年代，消费者行为研究被广泛应用于市场营销活动中，并迅速得到发展。

20 世纪 30 年代的经济大萧条时期，许多发达国家出现了生产过剩、产品积压问题，这使得刺激消费成了渡过危机的重要措施。了解消费者需求、提高消费者对商品的认识、促使消费者对商品产生兴趣、诱发消费者的购买动机等，已成为政府制定经济政策和企业生产经营活动的重要课题。这时，无论是政府的货币政策还是企业的经营措施，都是从消费者的心理与行为入手，来刺激消费和引导市场行为，从而大大促进了对消费者心理与行为研究的发展和深入。

1951年，美国心理学家马斯洛提出需要层次理论；1953年，美国心理学家布朗开始研究消费者对商标的倾向性；1957年，社会心理学家鲍恩开始研究参照群体对消费者购买行为的影响。1960年，美国正式成立“消费者心理学会”。1969年成立“顾客协会”。与此同时，消费心理学的学科体系也基本形成。消费心理学从此进入发展和应用时期，它对市场营销活动的参与、影响日益明显。

3. 成熟阶段

20世纪70年代以来，有关消费者心理与行为的研究进入全面发展和成熟阶段。前人的研究成果经过归纳、综合，逐步趋于系统化，一个独立的消费心理学学科体系开始形成，有关的研究机构和学术刊物不断增多。除了大学和学术团体外，美国等西方国家的一些大公司纷纷附设专门的研究机构，从事消费者心理研究。有关消费者心理与行为的理论和知识的传播范围日益广泛，并且越来越受到社会各界的高度重视。综观近年来消费者心理与行为的研究现状，可以发现具有以下新的发展趋势。

(1) 理论进一步得到发展。许多学者把研究重点放在理论研究上，如对消费者决策程序的理论研究。

(2) 重视宏观方面的研究。研究者能够从整个社会经济系统的高度去研究消费者的心理与行为，如消费者行为与经济心理学的研究。

(3) 转向对因果关系的研究。即由过去单纯性的确认描述变量关系，转向解释性的研究和对因果关系的探讨，如对消费者需求变化的影响因素的研究。

(4) 与相关学科结合交织。即对本学科的研究进行跨学科的融合与渗透，如对消费流行时尚的研究就与社会学密切相关。

(5) 引入现代研究方法。即对心理学的基本范畴(如动机、人格等)用现代方法进行研究，如对消费者认识过程中的记忆就用信息论的观点进行研究。

单元2 消费心理学的研究对象、内容与方法

消费心理学属于应用心理学的范畴，是一门研究消费者心理和行为的科学，具有很强的实践性，与其他学科一样，消费心理学也有其独特的研究对象、研究内容和研究方法。

一、消费心理学的研究对象

消费心理学是研究消费者心理现象的产生、发展及变化规律，并探讨在市场营销活动中各种心理现象之间相互关系的一门学科。消费者心理是看不见摸不着的内心活动，一般只能依靠由它支配的消费者行为，即根据消费者的“所作所为”去探究消费者的“所思所想”。

影响消费者行为的因素很多，比较简明的是如图1.3所示的“三因素”论。

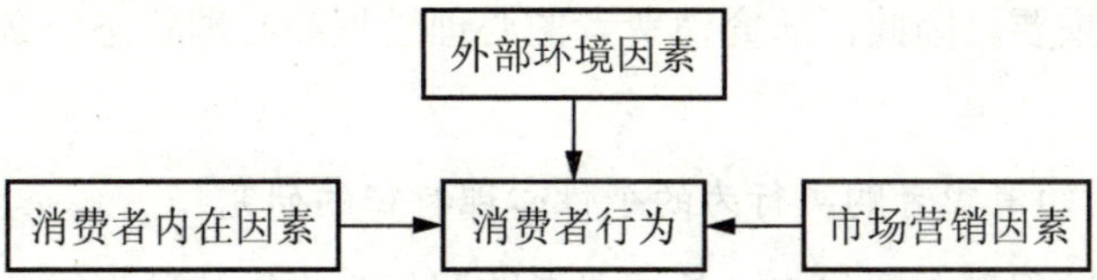

图 1.3　消费者行为的三大影响因素

营销大师菲利普·科特勒提出了影响消费者行为的四个因素：文化、社会、个人和心理，如图 1.4 所示。

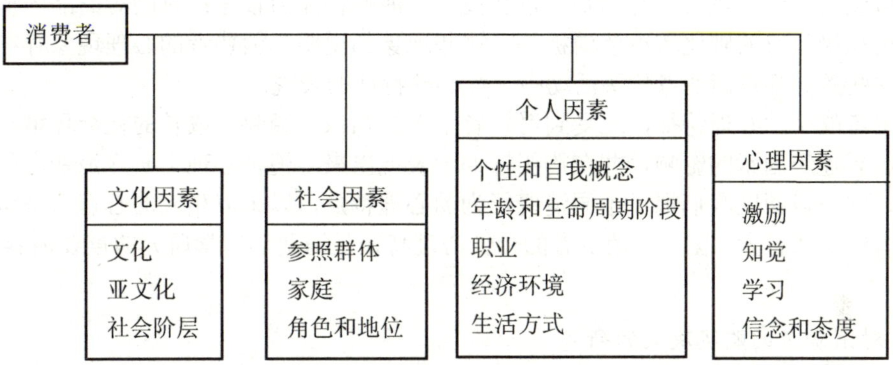

图 1.4　影响消费者行为因素的四个层面

资料来源：[美]菲利普·科特勒．营销管理(原第 11 版)[M]．梅清豪，译．上海：上海人民出版社，2003．

影响消费者行为的因素和理论还有其他观点，消费心理学的研究对象是复杂和多变的，它包括了与消费者心理现象和消费行为相关的一切因素。

二、消费心理学的研究内容

研究对象决定研究内容，因此，作为一门独立的应用学科，消费心理学的研究主要包括以下内容。

1. 对消费者购买行为的心理过程和心理状态的研究

消费者购买行为的心理过程，是从消费者对商品的认识过程开始的，进而发展到情绪过程和意志过程，这个心理过程是每个消费者所共有的。心理学有关感觉、知觉、学习、记忆、需要、动机、情绪、情感的研究成果和相关理论，必能为解释人的消费行为提供帮助。心理过程和心理状态的作用，是激活消费者的购买目标导向，使他们采取某些行为或回避某些行为。因而，消费者购买活动的心理过程和心理状态必然影响购买行为的发生和进行。例如，一些消费者面对琳琅满目的商品，能够果断做出购买决策，而有的犹豫不决，有的浏览观望，有的拒绝购买，这些行为表现出消费者心理过程和心理状态的差异。如消费者心理活动的普遍倾向：追求物美价廉，求实从众，求名争胜，求新趋时，求美立异等，都会对消费者对商品的感觉、知觉、想象、记忆、思维、情感和意志等心理过程产生直接的影响。那么，如何控制和调节消费者购买的心理过程和心理状态，激发他们的购买行为，对于工商企业至关重要。因此，研究消费者的心理过程和心理状态，必然成为消费心理学的基本内容。

2. 对影响和制约消费者购买行为的个性心理特征的研究

消费者的心理过程和心理状态，是消费者购买行为中以特殊形式表现出来的一般心理规律。消费者购买的心理现象又是消费者个人的心理表现，这就必然被消费者个性心理特征所左右，消费者购买行为中所产生的心理过程，表现出人的心理活动的一般规律，但个性心理特征又反过来影响和制约消费者的购买行为。例如，有的消费者对商品的认识比较全面，可能购物能力较强，有的则比较肤浅，可能购物能力较差；有的对商品的情感体验比较热情积极，有的则比较冷淡消极等。这些现象都说明，消费者的心理现象存在明显的差异，这些差异都是消费者购买活动中个性心理特征的表现。

消费者的个性心理特征，还受到消费者个人的知识、经验、成长的社会环境，以及心理需求、兴趣等因素的影响，并在购买行为中表现出来。消费心理学研究消费者的个性心理特征，它可以帮助我们揭示不同消费行为的心理特点，以采取相应的心理营销策略，促进消费者的购买行为。因此，消费者的个性心理特征是消费心理学研究的重要内容之一(详见模块 3)。

3. 对消费者的购买决策的研究

在由一系列环节和要素构成的消费者购买行为过程中，居于核心地位的是购买方案的选择、判断和决定，即消费者的购买决策。购买决策对购买行为的发生及其效果具有决定性的作用。影响消费者购买决策的因素很多，如消费者本身特征引起的内部因素，消费者生活、工作、学习等条件的差异形成的外部因素。此外，商品的效用、购买后的评价也是一个影响购买决策的重要的决定性因素。这是本书模块 4 的主要内容。

4. 对消费者心理与市场营销的双向关系的研究

不同的消费品市场以不同的消费者群为对象，不同的消费者群对消费品市场也有不同的心理需求。企业的营销策略，会影响消费者心理的产生和发展；反之，不同消费者的心理特点，又会对市场营销提出特定的要求。因而，消费者心理与市场营销存在着双向关系。成功的市场营销活动，应该是能够适应消费者心理要求和购买动机的营销，也是能够适应消费者心理变化而行之有效的营销方法。因此，消费心理学的研究既包括影响消费者的各种个体因素和社会、政治经济因素的研究，又包括商品生产设计、定价、广告、商店橱窗设计和服务营销等如何适应消费者心理需求的研究。

有关每种理论在市场营销中的应用所涉及的心理策略见本书的模块 5 至模块 11。

三、消费心理学的研究方法

方法是人们研究问题、解决问题并实现预期目标所必需的途径和手段。研究消费心理学，如果方法正确，就能收到事半功倍的效果。消费心理学是一门研究人的心理活动的科学，是与社会科学、自然科学和哲学密切联系的科学。因此，研究消费心理学离不开社会实践、自然科学原理和哲学方法。特别是马克思主义的辩证唯物论，不仅为研究消费心理学提供了正确的理论依据，而且也提供了科学的基本原则，在研究过程中必须努力遵循这些理论和原则。

1. 消费心理学的研究原则

(1) 客观性原则。人的心理是客观事物的反映，一切心理活动都是由外部刺激所引起、并通过社会实践活动表现出来的。消费心理是由客观存在引起的，对任何心理现象，必须按它们本来的面貌加以考察，不能脱离实际去主观臆断。心理学本身具有非常抽象的特点，但心理现象却是具体的、可以观察到的。对消费心理，只能在消费者的生活和活动的外部条件中进行研究。例如，在价格体制改革中，每项物价调整政策出台后，消费者产生一些变异心理是客观存在的。正确的方法是实事求是地加以宣传，引导消费者逐步适应物价变动，增强心理承受能力。要遵循这一原则，要求在消费者的消费行为过程中去研究其心理活动。只有根据消费者的所想所说、所作所为，才能正确判断其心理特点。

(2) 理论联系实际的原则。基于心理学和经济学的理论基础，要与市场营销和消费实践活动相联系。既要考虑引起某一种心理现象的原因、条件，又要考虑与之相联系的相关因素的影响，不能孤立地研究，必须是全面地、联系地进行分析，这就是联系性原则。例如，消费者在购买现场的心理活动，要受购物现场的环境、商品的造型、色彩、包装、价格、质量、广告宣传、服务方式和服务质量，以及消费者本身的心境等许多因素的影响，而且这些因素在不同时间里对同一消费者的影响也会有所差别。只有将各种影响因素用联系的观点，同时遵守客观性的原则加以分析，才能比较准确地把握消费者的心理状态。

(3) 全面性原则。市场营销活动是社会实践活动的一部分，参加市场活动的部门、人员很多，影响消费者购买行为的因素也很多。消费者在无数次的购买活动中，无论实际的购买对象怎样，每个消费者总是保持他个人独有的心理特质。如青年消费者购物带有浓厚的情绪色彩，冲动性购买行为较多；中年消费者购物时独立意识、判断意识较强；老年消费者购物更稳重、动作慢、询问多等。通过分析、研究可以认识个别消费者在不同的生活、活动条件下的心理活动，通过全面综合的研究有助于弄清大量个别心理表现之间的相互联系，从而找出表明消费者特征的那些稳定的东西，有的放矢地进行市场营销服务。

(4) 发展性原则。一切事物都是运动变化的，市场风云变幻莫测，营销活动千变万化。作为客观事物的反映，人的心理活动也必然有所变化和发展。坚持用发展性原则研究消费心理学，就是要用运动和发展的观点去认识问题。营销活动中人的心理活动是伴随着客观事物的变化而变化的，决不能用静止的、千篇一律的眼光去认识心理现象。例如，进入21世纪，我国消费者的家庭生活方式正朝着物质更丰富、精神更愉快、生活质量更高的方向发展。因此，我们要在发展变化中研究营销活动中的电子商务、绿色消费的心理现象。遵循发展性原则，不仅要求阐明营销活动中已经形成的心理现象，而且还要阐明那些潜在的或初露端倪的心理现象；同时，还要预测消费心理活动的发展趋向，只有这样，才能真正把握消费心理活动的发展变化的客观规律。

2. 消费心理学的研究方法

目前，国内外心理学家和市场学家常用来研究消费者心理活动规律的基本方法有观察法、访谈法、问卷法、综合调查法、试验法和投射测验法等。

(1) 观察法。指观察者在自然条件下有目的、有计划地观察消费者的语言、行为、表情等，分析其内在原因，进而发现消费者心理现象的规律的研究方法。随着现代技术的发展，观察法可借助视听器、摄像机、录音机、照相机等工具来增强观察效果。观察法可分为自然观察法和实验观察法两种形式：自然观察法是指完全自然的，在被观察者并不知情的条件下进行的观察；实验观察法是指在人为控制条件下进行的观察，被观察者可能知情，也可能不知情。

观察法大多是在消费者并不知晓的环境下进行观察，由于消费者没有心理负担，所以其行为是一种心理的自然流露。通过观察所获得的资料比较直观、真实、可靠。此外，观察法在操作上比较简便，花费也比较少，所以无论是大型企业或是小型店铺都可以采用。观察法的不足之处在于其具有一定的被动性、片面性和局限性。首先，调查者在进行观察时只能消极被动地等待所要观察事情的发生；其次，调查者对观察对象的了解只能从其外部动作去考察，难以了解他们的内心活动；再者，要求观察对象数量大、涉及面广，因而为取得大量的资料所投入的人力和时间必然较多。观察所得到的材料本身还不能区分哪些是偶然现象，哪些是规律性的反映。例如，漫步商场观察消费者的步态和目光时，发现大致有 3 种表现：①脚步紧凑，目光集中，直奔某个柜台；②步履缓慢，犹豫不决，看着商品若有所思；③步态自然，神色自若，随意浏览。上述三种表现说明进店顾客大致有三类：①买者；②可能买者；③逛客。仅从这些观察中还不能推算出进店顾客真正购物的概率，因为在消费者的行为举止中，还有很多偶然因素。

观察法可用于观察别人，也可用于观察自己，形成自我观察法。这种方法是把自己摆在消费者的位置上，根据自身的日常消费生活体验，去揣摩、感受消费者的心理。应用自我观察法研究消费心理有独到之处，对价格心理、偏好转变和情感变换等较复杂的心理现象的研究，通常能收到满意的效果。

观察法在研究商品价格、销售方式、商标、广告、包装、商品陈列、柜台设置、品牌及新产品的被接纳程度等方面，均可取得较好的效果。

(2) 访谈法。访谈法是通过一个经过训练的访问者与受访者交谈，以口头信息传递和沟通的方式来了解消费者的动机、态度、个性和价值观念等内容的一种研究方法。它可以在被访问者家中或有可能在一个集中的访问地点进行，还可以利用电话等通信手段与被访者沟通。例如，在林荫绿地等宜人环境中，可以对被访问者进行较长时间的深入面谈，目的是获得不受限制的评论或意见并进行提问，以便帮助研究人员更好地理解这些想法的不同方面及其原因。深度访谈在理解个人是如何做出决定的、产品被如何使用及消费者生活中的情绪和个人倾向时，尤其有用。新的概念、设计、广告和促销信息往往以这种方法形成。

按交谈过程结构模式的差异划分，访谈法可以分为结构式访谈和无结构式访谈两种形式。结构式访谈又叫控制式访谈，访谈者根据预定目标事先拟定谈话提纲，访谈时按已拟定的提纲向受访者提出问题，受访者逐一予以回答。这种方法类似于问卷法，只是不让被试者笔答，只用口答而已。其优点是运用这种方法，访谈者能控制访谈的中心，条理清晰，比较节省时间；缺点是这种方式容易使访谈者感到拘束，产生顾虑；也容易使受访者处于被动的地位，使访谈者只能得到“是”与“否”的回答，而不能了解到受访者内心的真实情况。因而访谈的结果往往深度不够，也不容易全面。无结构式访谈又叫深度访谈，它不拘形式，不限时间，尊重受访者谈话的兴趣，使访谈者与受访者以自由交谈的方式进行。其优点是受访者不存在戒心，不受拘束，便于交流，受访者能在不知不觉中吐露真实情感；缺点是采用这种访谈方法要求调查者有较高的访谈技巧和丰富的访谈经验，否则就难以控制谈话过程，不仅耗费时间较长，而且可能影响访谈目标的实现。

按访谈者与访谈对象的接触方式不同可以分为个人访谈和小组座谈两种形式。个人访谈又叫一对一的访谈，由调查者对单个受访者进行访问，可以采取结构式访谈，即询问一些预订的问题，也可以采取无结构式自由访谈的形式。一对一的访谈中，访问者不应有意识地影响被访问者的回答。换言之，不能给被试者任何压力或暗示，要使被访问者轻松自由地回答各种问题。一对一访谈适合运用于以下 4 种情境：①要求对个体行为、态度或需要进行深入探究；②讨论的主题可能具有高度私人或保密性(如个人投资)；③讨论的主题带有情感性或具有某种使人窘迫的性质；④存在某种非常强烈的社会规范，采用群体讨论会对个体反应产生重要影响。小组座谈也叫集体访谈，调查访谈人员以召开座谈会的方式向一组消费者进行访谈。标准的集体访谈涉及 8～12 名被访者。一般来说，小组成员构成应反映特定细分市场的特性。被访者要根据相关的样本计划挑选出来，并在有录音、录像等设备的场所接受访问。集中小组访谈可以运用于以下 7 种情境：①激发产品创意时的顾客基本需要研究；②新产品想法或概念探究；③产品定位研究；④广告和传播研究；⑤消费者参照群体的背景研究；⑥在问卷设计的初始阶段需要了解消费者所使用的语言与词汇；⑦态度和行为的决定等。

(3) 问卷法。问卷法是根据研究者事先设计的调查问卷，向被调查者提出问题，并要求被调查的消费者书面回答问题的方式，也可以变通为根据预先编制的调查表请消费者口头回答、由调查者记录的方式进行调查，从中了解被调查者心理的方法，这是研究消费者心理常用的方法。根据操作方式不同，问卷法可以分为邮寄问卷法、网络问卷法、入户问卷法、拦截问卷法和集体问卷法等。按内容不同可以分为封闭式和开放式调查问卷两种。封闭式调查问卷就是让被调查者从所列出的答案中进行选择，类似选择题和是非题等；开放式调查问卷是指被调查者根据调查者所列问题任意填写答案，不作限制，类似填空题和简答题。

一个正式的调查问卷主要包括 3 个部分：指导语、正文和附录。①指导语。主要说明调查主题、目的、意义，以及向被调查者致意等。这里最好要强调一下调查与被调查者的利害关系，以取得消费者的信任和支持。②正文。它是问卷的主体部分。依照调查主题，设计若干问题，要求被调查者回答。这是问卷的核心部分，一般要在有经验的专家指导下完成设计。③附录。主要有关被调查者的个人情况，如性别、年龄、婚姻、职业、学历和收入等，也可以对某些问题附带说明，还可以再次向消费者致意。附录可随调查主题不同而增加内容。但要注意，结构上要合理，正文应占整个问卷的 3/4 或 4/5，前言和附录只占很少部分。

问卷法的优点是同一问卷可以同时调查很多人，主动性强、信息量大、经济省时、简便易行、结果易于统计分析；其缺点是回收率低(一般为 50%～60%)，问卷的回答受被调查者的文化水平等条件的限制，并且不容易对这些材料重复验证。

(4) 综合调查法。指在市场营销活动中采取多种手段取得有关材料，从而间接地了解消费者的心理状态、活动特点和一般规律的调查方法。根据不同的目标和条件可以采用邀请各种类型的消费者座谈、举办新产品展销会、产品商标广告的设计征集、设置征询意见箱、销售时附带消费者信息征询卡、特邀消费者对产品进行点评、优秀营业员总结经验等手段和方法，在此不再赘述。

(5) 试验法。指在严格控制下有目的地对应试者给予一定的刺激，从而引发应试者的某种反映，进而加以研究，找出有关心理活动规律的调查方法。试验法包括以下两种：①实验室试验。指在专门的实验室内进行，可借助各种仪器设备以取得精确的数据。例如，研究人员可以给消费者提供两种味道稍微不同的食品，让他们品尝并进行挑选。这里，产品的不同味道是自变量，可以由研究者控制，而挑选结果则是因变量，至于其他能够影响挑选的因素如价格、包装和烹调的难易程度等，可以设计成完全相同。这样，经过实验后得出的消费者的挑选结果就仅仅取决于味道的差别，而与其他因素无关。在消费者行为的实验研究中，应该注重使实验环境尽可能与相关的现实环境接近，也就是说要尽可能排除不寻常或偶发条件下才出现的外部因素对实验结果的扭曲。②现场试验。现场试验在实际消费活动中进行。例如，测定广告宣传的促销效果，可以选择两个条件相近的商店或商场，一个做广告，一个不做。记录各自的销售量，然后进行比较和统计检验，以确定广告宣传效果的大小。而不是在实验室中播放两个广告，让消费者评价。由于营销活动现场的具体条件比较复杂，许多变量难以控制，因而会影响研究结果的准确性。

(6) 投射测验法。投射测验又称深层法，是一种通过无结构性的测验，引出被测试者的反应，从中考察被测试者所投射的人格特征的心理测验方法。具体说，就是给被测试者意义不清、模糊而不准确的刺激，让他进行想象、加以解释，使他的动机、情绪、焦虑、冲突、价值观和愿望在不知不觉中投射出来，而后从他的解释中推断其人格特征。

最著名的投射测验是罗夏赫墨迹测验和主题统觉测验。罗夏赫墨迹测验是罗夏赫将他的墨迹测验作为认知测验，是测验想象力的。该测验是用 10 张墨迹构成的墨迹图，无主题，又称“墨迹测验”，它曾经是西方临床心理学家最常用的测验，现在仍然是临床心理学家训练程序中的首选测验。主题统觉测验是全套测验有 30 张黑白图片和 1 张空白卡片。图片内容多为一个或多个人物处在模糊背景中，但意义隐晦。施测时根据被试的性别以及是儿童还是成人，取统一规定的 19 张图片和一张空白卡片进行测试。被试者看一张图片，然后据以讲个故事，故事的叙述应该包含：图片描述了一个怎样的情境、图片中的情境是怎样发生的和结局会怎样。这两种测验在实际的消费者研究领域并不适用，在该领域中比较常用的是角色扮演法、词汇联想法和造句法。下面只介绍角色扮演法，如由大学生分别充当囚徒和监狱警察，观察其不同角色的情绪变化特点。

著名的角色扮演法测试是美国关于速溶咖啡的购买动机研究。一开始，速溶咖啡的上市并没有被消费者接受，大家对这种省时、省事的产品并不感兴趣。美国心理学家海尔曾用问卷法直接调查，结论是消费者不喜欢这种咖啡味道，然而，这个结论是没有依据的，因为速溶咖啡与新鲜咖啡的味道是一样的。后来，海尔通过角色扮演法，编制了两种购物单，见表 1-1。其中只有一项是不同内容，一张上写的是速溶咖啡，另一张上写的是咖啡豆。把这两种购物清单分别发给两组妇女，请她们描写采用不同购物单的家庭主妇的特征。测验发现，两组妇女对家庭主妇的评价截然不同。

表 1-1　海尔编制的两张购物清单

购物清单 A	购物清单 B
1 听朗福特发酵粉	1 听朗福特发酵粉
2 只油煎饼面包	2 只油煎饼面包
1 捆胡萝卜	1 捆胡萝卜
1 听内斯速溶咖啡	1 磅咖啡豆
1 磅半汉堡牛排	1 磅半汉堡牛排
1 听德尔盟特桃子罐头	1 听德尔盟特桃子罐头
5 磅土豆	5 磅土豆

购买速溶咖啡的主妇被大家看做是贪图方便、省事、懒惰的人，生活无计划，会花钱，不是个好妻子；而购买咖啡豆的主妇则被大家评价为勤快的、有经验的、会持家的主妇。从而，不喜欢速溶咖啡的真正原因找到了，它不在于味道，而是一种传统观念的问题。在当时的社会背景下，美国妇女认为担负繁重的家务是一种天职，而逃避劳动则是偷懒的行为。大家不接受速溶咖啡正是基于这种深层的购买动机。这样，厂家要改进的就不是产品味道，而是如何进行广告宣传。后来，相关公司改变宣传策略，打消顾客省力的心理压力，产品随即成为畅销货。今天速溶咖啡不仅是西方国家的通用饮料，也逐渐成为我国人民的家庭食品。

投射测验一般都具有转移被测试者注意力和解除其心理防卫的优点，因而在消费心理学的研究中常被用作探寻消费者深层动机的有效手段。

单元 3　消费心理学的课程性质与研究意义

消费心理学是属于应用心理学范畴的一门学科。美国 20 世纪 40 年代 70%的心理学博士从事实验心理学工作，而从 20 世纪 80 年代开始，心理学专家大多在诊所、学校和企业中工作，国内外有关消费者心理与行为的研究进入了全面发展和成熟的阶段。

一、消费心理学的课程性质

消费心理学是从广告心理学发展而来的。早期的消费研究主要是从消费者处收集信息，以便制作更有效的广告。后来，研究重点转向产品设计前后消费者的意见和态度。随着社会的进步和技术的发展，与此相关的研究理论层出不穷，如营销心理学、消费者行为学等都是研究消费者心理现象和行为的科学。到目前为止，国外心理学的应用学科已发展到包括教育心理学、社会心理学、政治心理学、临床与咨询心理学、工业组织心理学、运动心理学及消费心理学等超过 25 个心理学分支学科。

1960 年，美国心理学会正式组建了消费者心理学分支。近年来，随着商品经济的发展，市场竞争的日益激烈化，以及市场营销观念由生产者为中心向消费者为中心转变，对消费者行为的研究越来越受到市场营销研究者和心理学家的重视，美国的许多商业机构都开展消费者行为尤其是消费者购买动机这一涉及消费心理学领域的研究。

与此同时，心理学和社会心理学的研究也有了很大的发展。当时，心理学界正是行为主义心理学的时代，以华生、斯金纳为代表的行为主义心理学家围绕刺激与反应的问题进行了大量研究。另外，以霍夫兰为代表的一批社会心理学家在第二次世界大战后继续了战时关于说服方面的研究，也取得了丰硕的成果。这些研究成果及心理学其他相关的研究成果大量地被引用到消费心理学理论与实践之中，从而丰富了消费心理学的内容，促进了消费心理学的发展。

随着西方发达国家科学技术的突飞猛进，经济高速增长，心理学本身也发生了重大的历史性变化，一种新的心理学思想、一个新的心理学学科——认知心理学诞生了。认知心理学以其旺盛的生命力在短时间内取代了传统行为主义心理学的地位，渗透到了包括消费心理学在内的心理学的各个研究领域。

1. 消费心理学课程的定位

消费心理学是市场营销专业的专业基础课，消费它是一门应用性较强的课程，理论与实际相结合非常紧密。消费心理学也是国家职业资格考试助理营销经理、商务策划师资格证、市场营销师资格证等证书考试的内容之一。对于每个从事营销或销售的人而言，拥有足够的消费心理学知识和经验是这个职业的要求。

为了更好地学习和掌握消费心理学的知识，在学习本课程之前，要具备市场营销学、管理学基础、经济学基础、市场调查与预测等先修课程的基础。作为专业基础课，学习消费心理学后，学生可以系统地掌握消费者在生活消费过程中消费者个性的形成及其心理特征，消费者行为的心理过程及其变化发展规律，从而掌握消费者的心理活动规律、消费者心理与市场营销的关系。对其他的后续专业课程如现代推销技术、广告理论与实务、连锁经营、销售管理、市场营销策划等提供帮助。

本课程通过相关链接、自测练习、案例分析和实训练习等环节加深对学生对课程的认识，保证本专业学生能胜任今后的专业工作，为学生提高自身综合素质适应市场经济奠定一个良好的基础。

2. 课程目标

通过对消费心理学课程的学习，学生可具备专业能力、社会能力和方法能力。

(1) 专业能力。掌握消费者的消费心理和行为的基本规律，掌握不同消费群体的消费心理，掌握影响消费者消费心理的因素，掌握如何利用营销工具影响消费者消费心理和行为等。例如，掌握具体运用所学的有关不同消费者群划分的知识来细分市场的能力；具体运用所学的有关文化和社会阶层的知识来分析市场和预测消费者购买行为的能力。

(2) 社会能力。使学生在未来营销或销售岗位上职业化定位，达到商务设计与管理专业对学生的技能与职业的要求。强化学生的团队合作能力、人际沟通能力，以及发展和谐人际关系的能力，为其成长为一名高素质的从业者奠定基础。例如，具有运用消费者决策的基本知识来分析和评价消费者购买决策过程的能力；具有运用所学的有关动机的理论来激发消费者的购买动机的能力；具体运用所学的有关态度的理论来形成和改变消费者态度的能力；具体运用消费者行为学的研究方法来分析和预测消费者行为的能力等。

(3) 方法能力。提高学生在营销和销售实践中观察能力、判断能力、营销能力，学会如何辨识影响消费者消费的心理因素的方法，并学会通过对消费者心理分析以提高营销技巧与技能的方法。例如，根据所学的有关商店选址的知识和原理，具有分析某一具体选址案例的利弊的能力；运用所学的有关知识，具有一定的商标保护的意识，并具有一定的商品命名的知识与能力和具有从心理角度来分析商品定价的依据的能力，同时具有运用所学的有关公共关系的理论来处理企业危机的能力等。

二、研究消费心理学的意义

消费心理学是20世纪80年代中期从西方引入我国的，经过将近三十年的发展。实践证明，在我国发展社会主义市场经济的过程中，深入开展消费心理与行为的研究具有极其重要的现实意义。

1. 研究消费心理学可以指导设计新产品和改进现有产品

任何科学的企业管理，在开发新产品或在生产周期的起始阶段，务必明确该产品将服务于什么对象，即满足哪些消费者的哪些方面的需求。新产品的开发源于产品创意，而许多好的创意都来源于对消费者需要和欲望的分析。企业通过研究消费者对当前产品的态度，确定消费者所需的特殊的产品特征。如果确认现有产品不具备消费者想要的特征，就可能找到开发一种新产品的机会。例如，高露洁公司认识到消费者需要更容易挤出的牙膏，于是就开发出了一种经济实惠且易于使用的抽吸式牙膏，结果在市场上大获成功。

2. 研究消费心理学可以有效地制定市场策略

研究消费行为可以有效地制定市场策略，包括市场细分、广告、包装、商标、价格、零售渠道等。“顾客至上”的原则是营销建立的核心。依据这一观点，消费者应成为营销工作的中心，即从消费者的角度看，营销就是全部交易。由于社会的运转越来越依赖于信息技术，对有关消费者需求信息的关注越来越重要。企业只有按市场的需求来生产适销对路、符合消费潮流、适应消费者消费水平的商品，提高市场营销活动效果，才能在激烈的市场竞争中占据优势，取得良好的经济效益。

这一部分内容将在以后有关模块进一步论述。

3. 研究消费心理学可以为政府部门依法行政提供科学依据

相关链接

“三鹿”毒奶粉事件

2008年6月28日，位于甘肃省兰州市的中国人民解放军第一医院泌尿科收到第一例婴儿患有“双肾多发性结石”和“输尿管结石”的病例。随后湖北等地也陆续报告多例婴幼儿泌尿系统结石病例，甚至出婴幼儿死亡的恶性事件。现经相关部门调查，病因是患儿食用受到三聚氰胺污染的石家庄三鹿集团股份有限公司生产的三鹿牌婴幼儿配方奶粉所致。

此次事件后，国家质量监督检验部门对奶粉、液态奶也进行了逐一检测，都不同程度地检测出了三聚氰胺，致使消费者对奶制品的安全失去信心。

鉴于此次危机的特殊严重性，政府在迅速启动问责程序、惩戒相关责任人之外，国务院已于2008年9月18日决定废止实行9年的食品质量免检制度。

消费者在购买、使用商品和接受服务时，享有人身和财产安全不受侵害、知悉真实情况、自主选择和公平交易等多项权利。而保护消费者的这些权利，则是政府的一项重要职能。政府对消费者权益的保护，离不开对消费者行为的深入理解。建立在消费者行为分析基础之上的法律和政策措施，能够更加有效地实现保护消费者权益的目的。

研究消费心理学还可以帮助政府加强与提高宏观经济决策水平，改善宏观调控效果，促进国民经济协调发展。例如，制定工矿企业和交通运输中的噪声容许值标准、合理包装和标记的条例，设计适合顾客需要与愿望的交通网、文化中心、娱乐设施等。

4. 研究消费心理学可以促进对外贸易服务的发展

研究消费心理学有助于推动我国尽快融入国际经济体系，不断开拓国际市场，增强企业和产品的竞争力。每个国家和民族都有各自不同的经济发展水平、文化传统、生活方式和风俗习惯，出口产品只有体现上述特性才可能占领国际市场。例如，红色包装在我国和日本是喜庆的象征，可是在瑞典和德国则被视为不祥之兆；八卦与阴阳图对西方人完全是个无关的刺激，可是东方人却很容易把它跟道教联系起来，韩国人则把它视为喜爱的标志；熊猫图案在阿拉伯国家不受欢迎等。这样的“跨文化”研究已经被包含在消费者行为的知识体系中。因此，加强对消费者心理和行为的研究，对我国进一步开拓国际市场、增强国际竞争力具有十分重要的意义。

5. 研究消费心理学可以有助于消费者科学地进行个人消费决策

消费是以消费者为主体的经济活动，懂得消费心理学可以使消费者提高自身素质，科学地进行个人消费决策，改善消费行为，实现科学、文明消费。消费者的个性特点、兴趣爱好、认知方法、价值观念等，都会在不同程度上对消费决策的内容和行为方式产生影响，进而影响消费活动的效果及消费者的生活质量。在现实生活中，消费者由于商品知识的不足、认知水平的偏差、消费观念的陈旧、信息筛选能力低下等原因，很容易造成决策失误。此外，了解消费者行为的知识，还有助于识别一些容易使人上当受骗的销售手段。例如，一些贩卖者惯用“甩卖”“便宜”的叫卖来引诱消费者以达到推销次货、陈货的目的；还有一些摊贩雇用“托儿”，造成一种从众的气氛，引诱一些消费者上当受骗……了解他们的这些欺骗手段，可以免受其害。

资料库

大学生消费盲目现象严重

(1) 75%以上每月日常消费在1 000元左右，部分高于2 000元，超过普通白领消费水平。

(2) 电子产品消费不亚于白领。77.36%的同学已拥有手机，其中超过七成的同学使用中高档手机。56.6%的同学拥有电脑，但在这些拥有电脑的同学中，58.5%的同学是将电脑用于玩游戏、上网聊天等娱乐活动，只有26.4%的同学用电脑来学习。

(3) 爱买书的大学生越来越少。64.2%的同学用于购买书籍的费用仅占总费用的5%以下。即便这5%，还有很大一部分购买的是关于服饰、化妆、漫画等方面的书籍。

(4) 品牌成为女生消费第一考虑因素。对于绝大多数女生来说，各种服饰、化妆品消费是日常消费的一个大头。有将近一半的女同学在购物时，将品牌作为第一考虑因素，像“耐克”“艾格”“only”“兰蔻”“倩碧”等中高档服装、化妆品品牌就非常受同学欢迎。

(4) 恋爱中男生消费占七成。为了爱情可以不要“面包”，恋爱消费成为男生消费的“主战场”。有时候为了谈恋爱，不得不饿肚子。

模块小结

心理学是研究人的心理现象及其规律的科学。心理是人脑的机能，是人脑对客观现实的主观反映；心理学的研究领域主要包括基础性心理学和应用性心理学两大类，消费心理学属于应用性心理学科。

消费是消费主体出于延续和发展自身的目的，有意识地消耗物质资料和非物质资料的能动行为。消费者是指在不同的时空范围内参与消费活动的个人或集体。消费者行为是指：消费者为了满足其需求和欲望而进行产品与服务的选择、采购、使用与处置，因而所发生的内心里、情绪上，以及实体上的活动。消费心理是指消费者在购买、使用、消费商品过程中的一系列心理活动。消费心理学以消费者在其消费活动中的心理行为现象作为分析和研究的对象。

消费心理学的研究内容主要包括：研究消费者购买行为的心理过程、心理状态和个性心理特征，研究消费者的购买决策，研究消费心理和市场营销的双向关系。

研究消费心理学应该遵循客观性原则、理论联系实际原则、全面性原则和发展性原则，观察法、访谈法、问卷法、综合调查法、试验法、投射测验法是研究消费心理学的常见方法。

消费心理学的研究经历了三个阶段：萌芽时期、显著发展时期和成熟时期。

消费心理学课程是市场营销专业的专业基础课，通过课程的学习使学生具备专业能力、社会能力和方法能力。

研究消费心理学具有重要的现实意义：研究消费心理学可以指导设计新产品和改进现有产品；可以有效地制定市场策略；为政府部门依法行政提供科学依据；为促进对外贸易服务和消费者科学地进行个人消费提供帮助。

主要名词

心理学　心理的实质　生产消费　个人消费　消费者　消费行为　消费心理学

自 测 试 题

一、单项选择题(15 分，每题 3 分)

1．人类消费行为的复杂多样性是基于(　　)。

A．需要的复杂多样性　　B．动机的复杂多样性

C．消费品的复杂多样性　　D．生存环境的复杂多样性

2．消费者消费行为的基础是(　　)。

A．消费心理　　B．消费习惯　　C．消费保障　　D．消费文化

3．采用实验法对消费心理进行研究应具备(　　)。

A．自然条件　　B．严格控制条件

C．人为条件　　D．消费者已知条件

4．消费心理学研究的主体是(　　)。

A．需求者　　B．使用者　　C．决策者　　D．购买者

5．消费心理学的研究对象主要是(　　)。

A．生产消费　　B．生活消费　　C．社会消费　　D．文化消费

二、多项选择题(15分，每题5分)

1．消费心理学研究应遵循的原则包括(　　)。

A．主观性原则　　B．发展性原则　　C．客观性原则

D．全面性原则　　E．理论联系实际原则

2．心理的实质是(　　)。

A．心理是脑的机能　　B．脑是心理活动的器官

C．心理是客观现实的反映　　D．心脏是心理活动的器官

3．消费心理学的研究方法主要包括(　　)。

A．观察法　　B．访谈法　　C．问卷法

D．综合调查法　　E．试验法　　F．投射测验法

三、简答题(40分，每题10分)

1．什么是消费心理学？消费心理学的研究对象和内容是什么？

2．研究消费心理学应该遵循哪些原则？常用方法是什么？

3．消费心理学的研究经历了哪几个发展阶段？

4．学习消费心理学课程应该达到哪些目标？

四、论述题(30分)

研究消费心理学有哪些意义？

案例分析

百事可乐对可口可乐的“口味大挑战”

20世纪70年代百事可乐针对可乐行业霸主可口可乐发起了一次颇具杀伤力的广告策划——“口味大挑战”。在这轮广告攻势中，百事可乐对顾客口感试验进行了现场直播——即在不告知参与者在拍广告的情况下，百事可乐请参与者品尝各种没有品牌标志的饮料，然后要他们说出哪一种口感更好，在参加品尝者中，2/3挑选了百事可乐，百事可乐以事实赢得了成功，这次口味实验在当时引起了极大的轰动，成为百事可乐攻击可口可乐最尖刻的口实。然而30多年过去了，这里边有一个问题一直引起研究者的兴趣：两种可乐的口味都没什么变化，但为什么可口可乐还是拥有最多不离不弃的品牌忠诚者？难道消费者的口味发生了变化，或是那次可乐口味实验有什么内幕问题，种种疑惑使人们不断探究其背后的真正原因！

2003年，美国贝勒医学院神经学教授又做了一次口味实验。这次他们采用了最先进的核磁共振造影仪(Magnetic Resonance Imaging，MRI)来监测记录受试者品尝无记名可乐(可口可乐与百事可乐)时大脑的活动状况。

结果显示百事可乐倾向使大脑的腹侧核产生更强烈的反应，而这个区域是大脑产生强化奖赏情感的区域。在实验初期，选择百事可乐的受试者喝百事可乐时，其腹侧核的活跃程度是可口可乐的支持者喝可口可乐时的5倍。

接下来，实验组织人员又开始测量可乐的品牌形象影响力。这一回，受试者被告知实验样本是可口可

乐。形势随即扭转了，几乎所有的受试者都表示他们更喜欢可口可乐。非但如此，连他们的大脑活动也呈现出不一样的情形，他们的大脑中区前额叶皮层也有活动。而这个区域正掌握着大脑里高水平的认知能力。百事却未能达到相同的效果。当被告知品尝样本为百事可乐时，说更喜欢百事的受试者相对要少得多。

这就是品牌的力量，借助核磁共振造影仪，品牌的竞争力得以被最直接地测量。相隔30多年的两次实验都证明，相比之下，可口可乐并不见得更好喝，然而，在现实世界里，口味并不代表一切，在人脑这样一个精确的神经认知系统中，特殊的品牌力量操控了人的味蕾。在消费者内心意识中，对品牌的情感偏好决定了其最后的选择。产品的好坏并不能最终决定什么，消费者内心的真实需求往往决定最终的选择。

案例讨论

1. 你更喜欢可口可乐还是百事可乐？为什么？
2. 通过上述案例说明营销效果与消费者心理的关系。
3. 你对消费者和这两家企业都有哪些建议？

实 训 练 习

1．就你最近进行过的一次支付比较大(如消费500元)的购买行为，从下述几个方面分析你作为一名消费者在这次购买过程中的行为特征。

(1) 你为什么要进行这次购买？

(2) 在这次购买过程中，你的同学、朋友和家人担当了什么样的角色？

(3) 你的购买行为都受到了哪些因素的影响？试列出3～5个。

2．从以下4个不同角度，谈谈你对于学习消费心理学知识的认识。

(1) 从一名市场营销专业的大学生角度。

(2) 从一名普通消费者的角度。

(3) 从一名营销经理的角度。

(4) 从一名中国消费者协会工作人员的角度。

模块 2

把握消费者的心理活动过程

内容提要

模块 2 主要介绍影响消费者行为的个人内在因素，消费者的心理活动分为认知过程、情绪过程和意志过程三个部分，在这些不同的过程中，消费者的心理行为直接地反映出消费者个体的心理特征。

教学重点和难点

感觉、知觉、思维、想象、注意、情绪、情感和意志的含义及特征;

认知过程、情感过程及意志过程对购买行为的影响。

学习目标

知识点：掌握感觉、知觉、思维、想象、注意、情绪、情感和意志的含义及特征;

能力点：掌握感觉、知觉、思维、想象、注意、情绪、情感和意志等心理活动过程对消费心理和消费行为的影响，企业在市场营销过程中，如何进行有效运用。

导入案例

消费者认知普遍不足 绿色家装任重道远

随着人们生活水平的提高，居住环境得到了很大的改善。由于家装不慎而污染了家居环境，使空气质量低下和其他污染有害于人体健康的事件比比皆是。于是，“绿色家装”也就应运而生了。“绿色家装”在现阶段的家庭装修中已经成为一种时尚与主题，由于和栖身者的健康有关系，“绿色家装”就成了人们常常议论和普遍关注的话题。

然而，一项最新公益调查的结果不容乐观。调查显示，虽然中国消费者对于绿色环保的家装产品与服务有迫切需求，但是相关认知却普遍存在片面性。

相关部门的调查评比出了中国十大环保家装普及城市，结果显示青岛、北京居首，厦门第二，上海、姑苏并列第三。在经济相对发达的城市，绿色家装的普及程度比较高，消费者普遍以为，要实现绿色环保的家装，应该从“安全、健康、节能”三方面考量家装产品与服务。调查同时发现，大型家装连锁超市是中国消费者进行绿色环保家装消费的首选渠道。

消费者特别关注整体室内环境的环保性，强调室内地板是环保的、墙面是环保的，家具也是环保的，但是房间整体的环保往往还是超标。

一般的消费者对房屋的装修要求并不了解，认知过程局限于广告、装修公司和朋友的宣传，对于材料、工艺、家具数量的选择往往凭借自己的想象，为了追求流行和时尚，房屋是为好看而装修，不是为了适合居住而装修，宁肯冒牺牲健康的风险。这些不科学的消费心理和消费行为，使得“绿色家装”还停留在概念性的环保，缺少真正的数字性的环保、完整性的环保。

中国消费者协会副秘书长董京说：“消费者对绿色家装有迫切的需求，但对其认知却有很多误区，这更凸显了绿色环保家装消费教育的必要性，中消协将根据此次调查的结果，制定消费教育的方案，与有关部门、行业协会、企业合作，向消费者普及科学、准确的绿色家装消费知识。中消协还将以此调查结果为依据，向国家有关部门提出建议，呼吁出台有利于环保产品消费的政策。”

结合上述案例，想一想你在日常消费过程中，有哪些由于认知偏差导致的不当的消费行为？作为消费者，你应该怎么做？

日常生活中，你有没有舍近求远，到你熟悉的超市、饭店消费？这里的原因你清楚吗？作为经营者，如何才能留住忠实顾客呢？

学习完本模块的内容，你就可以知道这些原因了。

消费者的心理活动过程是指支配其购买行为的心理活动的全过程，是消费者不同的心理现象对客观现实的动态反映。在市场营销活动中，尽管消费者的购买行为千差万别，但消费者各种各样的心理现象都是建立在心理活动过程的基础上的，都是受其心理活动的支配和制约的。因此，研究消费者在购买行为中发生的心理活动过程，对商业工作者了解消费者心理变化，以适时采取相应的心理策略和心埋方法有很大帮助。

单元1　消费者的认知过程

相关链接

有毒的血燕窝

燕窝是雨燕科飞禽动物金丝燕为产卵孵育小金丝燕以唾液分泌物所筑的窝巢，因其产量稀少，营养价值高，自古以来就是名贵的滋补品。由于金丝燕每次产卵前分泌唾液筑巢属于周期性生理反应，因此每年三次采摘到的燕窝品质并没有任何区别。金丝燕筑巢于山洞的岩壁上，岩壁内部的矿物质透过燕窝与岩壁的接触面或经岩壁的滴水，慢慢地渗透到燕窝内，其中铁元素占多数的时候便会呈现出部分不规则的、晕染状的铁锈红色，人们将其称为血燕。

血燕以泰国、马来西亚等地出产为多，实非如传说因燕子呕出之血所形成。真血燕的形成需要各方面条件的契合，存在极大的偶然性，因此产量极为稀少，虽存在食品安全问题，但物以稀为贵，价格也大大超乎市面上燕窝的售价。行家且难遇真品，普通消费者能买到真血燕的概率则实在渺茫。中国中央电视台的报道称，“根本不存在血燕，现在市场上的‘血燕’100%是假的”。根据资料显示，血燕质素其实比白燕稍逊，香气和浸发所得成分也不及白色的燕窝，血燕只不过是近年备受推捧才名贵起来。

天然形成的红燕，颜色并不是血燕那样的血红色，它与血燕也没有丝毫关系，那些销往中国市场的所谓血燕，完全是人工制作出来的，含有极高的亚硝酸盐，食用后会对人体造成很大的毒害。

在暴利的驱使下，一些不法商家为顺利销售出带来暴利的“正宗血燕”，创意出各种“商业噱头”，根据各自“血燕”的特性，编织出各种鉴别血燕的方法，久而久之便形成了消费者对血燕鉴别的误区。

为什么一个有毒害的血燕，竟然在国内市场上被追捧多年呢？消费者应该从中吸取哪些经验教训呢？

消费者的购买活动过程，首先是从认识商品这一过程开始的。人们对所有客观事物的认识都是从感觉、知觉开始的，它是消费者购买行为形成的前提，也是消费者其他心理过程的基础。客观世界中各种事物或现象，通过人的眼、耳、鼻、舌、身这五种感觉器官反映到人的头脑中来，形成感觉、知觉，使人们获得对事物或现象的感性认识。消费者的其他高级心理过程，如思维、想象、情感等，也都是以感觉、知觉为基础的。顾客消费心理的认知过程就是顾客运用自己的感觉、知觉、思维、记忆、想象等生理与心理活动对商品的品质、属性及各方面的联系综合反映的过程。

一、消费活动中的感觉

1. 感觉的内涵

1) 感觉的概念

感觉通常是指由一种感觉器官的刺激作用引起的主观经验，或者说感觉是人脑对当前直接作用于感觉器官的客观事物的个别属性的反映，是一种最简单的心理反应过程。消费者的感觉主要是消费者在购买商品和使用商品的过程中对商品个别属性的反映。人对客观世界的认识过程是从感觉开始的。同样，消费者对商品世界的认识过程也是从感觉开始的。消费者的感觉是商品外部的个别属性作用于消费者不同的感觉器官而产生的主观印象，它使消费者获得有关商品的各种信息及其属性的资料，是消费者接触商品的最简单的心理活动过程。比如，借助于视觉、听觉、触觉、嗅觉、味觉等感觉器官来接受商品的有关信息，并通过神经系统，将信息从感觉器官传送到大脑，产生对商品个别的、孤立的和表面的心理反应。

例如，消费者选购商品时，用眼睛观看商品的外表，用手触摸商品的质地，用鼻子嗅闻商品的气味，用嘴品尝商品的味道等。通过这些活动，消费者初步获得了对商品的感性认识，了解商品的形状、颜色、气味等个别属性，从而产生美观、漂亮、新奇、香甜等种种感觉，以期引起积极的心理活动。尽管感觉是对商品个别属性的反映，但却是一切复杂心理活动的基础。没有这些感觉，就不可能进一步认识它是什么商品，更无法了解其功能。

感觉只反映客观事物的个别属性。不同的感官接受不同的刺激，产生不同的感觉。如视觉只看到颜色，听觉只听到声音，嗅觉只闻到气味，皮肤觉摸到硬软，而味觉只尝到滋味等。这些不同的感觉，使人们在认识事物时，能够从各个方面了解事物的属性和特点。通过这些活动，消费者初步获得了对商品的感性认识，了解了商品的形状、颜色、气味等个别属性，这些个别属性作用于人们的感觉器官，使人产生了某种感觉，从而产生了美观、动听、香甜等种种感觉。

感觉不仅反映外界事物的属性，还反映有机体本身的活动状况。例如，我们能感觉到自身的姿势和运动，感觉到内部器官的工作状况，如舒适、疼痛、饥渴等。不论对外界具体事物的反映，还是对有机体本身活动状况的反映，感觉是对事物个别属性的反映，而不是对客观对象整体的反映。

2) 感觉产生的条件

感觉的产生要求刺激物和感觉器官的相互作用，感觉的产生是要符合一定的条件的。

(1) 感觉器官直接接触一定能量的刺激物。只有当客观事物的各种属性直接作用于人相应的感觉器官时，人们才会对它产生感觉，如顾客只有看到衣服、摸到衣服，才能对衣服的颜色、样式、质地有一个认识。不同的刺激引起不同的感觉，比如，超声波和次声波我们就听不到，感受不到它的刺激，要产生感觉要有“适宜刺激”才可以。

(2) 健全的感觉器官。眼耳鼻舌身等感受器、传入神经、神经中枢等感觉接受分析器官要健康，否则不能正确产生感觉。

感觉对直接接触的事物的反映是瞬间产生的，不是对过去的或间接的事物的反映。客观事物出现在人们面前时，人们马上就对它有了感觉，如顾客在商店里看到一件衣服，立即看到它的颜色，这种感觉就是顾客与衣服接触的瞬间产生的。又如，色盲的人对色彩的反映就会出现障碍。

3) 感觉的意义

感觉是人们了解世界上各种事物和知识的最基本条件。客观世界的各种事物则是感觉的对象，是各种心理活动的源泉。

相关链接

感觉剥夺实验

1954年，加拿大麦克吉尔大学的心理学家赫布和贝克斯顿等心理学家，首先进行了“感觉剥夺”实验：实验中给被试者戴上半透明的护目镜，使其难以产生视觉；用空气调节器发出的单调声音限制其听觉；

手臂戴上纸筒套袖和手套，腿脚用夹板固定，限制其触觉。被试者单独呆在实验室里，几小时后开始感到恐慌，进而产生幻觉……在实验室连续呆了三四天后，被试者会产生许多病理心理现象：出现错觉、幻觉；注意力涣散、思维迟钝；紧张、焦虑、恐惧等，实验后需数日方能恢复正常。

实验说明了感觉具有以下重要意义。

① 感觉提供了内外环境信息。

② 感觉保证了机体与环境的信息平衡。

③ 感觉是认识过程的开端，是一切较高级复杂心理现象的基础。

但是感觉仅能反映直接作用于人们感觉器官的个别属性，其范围有一定的限度，因此，仅凭感觉反映事物并认识事物，可能存在一定的表面性与片面性，而不能认识事物的整体。瞎子摸象的故事告诉我们，仅凭某一方面的感觉不能得到对事物整体的正确认识。

与相关课程的联系

比如在广告课程中，广告创作的视听觉内容与形式，要解决如何让目标受众感受到广告讯息的存在并喜欢该广告，在传播有关产品信息的基础上，通过某商品所传递的审美情趣，传播审美感觉，塑造品牌个性风格，达成品牌偏好。

2. 感觉的分类

感觉只有在客观事物直接作用于感觉器官时才能产生。心理学上把作用于有机体并引起其反应的因素叫做刺激物，对刺激物施于有机体的影响称为刺激。一般来说，一种感受器对某一种能量形式的刺激感受性特别高。例如，眼睛对光波的感受性很高，可以感觉到外界的各种颜色、光线的明暗，而对声波则不起反应；耳朵对声波感受性很高，而对光波不起反应。各种不同的刺激物分别作用于跟它相适应的感觉器官，便产生了各种不同的感觉。根据感觉反映事物属性的特点，可以把感觉分为外感受感觉和内部感觉。

1) 外感受感觉

外感受感觉就是外界客观事物刺激人的感觉器官使人产生的体验，包括视觉、听觉、嗅觉、味觉和皮肤觉。它是接受外部刺激，反映外界事物特性所产生的感觉。根据外感受感觉的刺激因素与感觉器官有无直接接触，分为距离感受作用和接触感受作用。

(1) 距离感受作用是指刺激物不与感受器官直接接触而产生的感觉，如视觉、听觉、嗅觉等。看目标无须把眼睛直接放在目标上，听声音无须把耳朵直接放在声源上，闻气味无须把鼻子直接放在味源上。

① 视觉是我们获得外界信息的主要通道，是人们认识客观事物的重要途径，约83%的信息通过视觉获得。视觉是由光波作用于视觉器官——眼球而产生的，但我们并不能对所有光波都产生视觉，只有波长为380～780nm的光波(也叫可见光)作用于我们的眼睛时才产生视觉。在可见光的范围内，不同波长的光波相应地引起不同的颜色。视觉就是一种颜色感觉，人眼能辨别出150多种不同的颜色，但主要的是红、橙、黄、绿、青、蓝、紫七种颜色。

② 听觉是仅次于视觉的重要感觉，约11%的信息通过听觉获得。听觉的器官是耳朵，刺激物是声波。声源的振动在它周围的介质(如空气)中传播所产生的声波作用于我们的耳朵便产生听觉。但人耳只对频率为20～20 000Hz的声音发生听觉反应，所听到的声音也有

强弱之分。

③ 嗅觉是一种由感官感受的知觉。它由两感觉系统参与，即嗅神经系统和鼻三叉神经系统。嗅觉和味觉会整合和互相作用。在几种不同的气味混合同时作用于嗅觉感受器时，可以产生不同情况：一种是产生新气味，一种是代替或掩蔽另一种气味，也可能产生气味中和，混合气味就完全不引起嗅觉。嗅觉可以使人们嗅到玫瑰花香、肉香等好的气味，也可以避免有害气体，如毒气弹、石油液化气进入体内。

(2) 接触感受作用包括味觉、皮肤觉，指感受器与刺激物必须发生直接接触才能产生的感觉，例如，味觉必须是舌头与刺激物发生接触才能产生。

① 味觉是可溶性物质作用于味觉器官而产生的感觉。味觉的刺激物是含有化学物质的液体，味觉感受器官是味蕾。味觉基本上有甜、酸、苦、咸四种，通常是多种多样复合的感觉，而且与嗅觉互相影响，互相配合。人们对味觉的偏爱往往受水土、气候、地理环境的影响。

② 皮肤觉是皮肤受到机械刺激所产生的触觉、温觉和痛觉等感觉的总称。这种感觉的感受器在皮肤上呈点状分布，称为触点、温点、冷点和痛点。

2) 内部感觉

内部感觉是指接受机体内部刺激，反映身体位置、运动和内脏器官的不同状况的感觉，包括运动觉、平衡觉和内脏觉。

(1) 运动觉也称动觉，是对自己身体的运动和位置状态的感觉。人常常要处于各种运动状态，如坐、卧、行走、跳跃、跑步等，这时人们也会有感觉。运动觉的感觉器官位于肌肉、肌腱、韧带和关节中。人们在凭借外部感觉来接受信息的过程中，差不多都有运动觉参与，它是整个感觉系统中仅次于视觉和听觉的一种感觉。运动觉常常伴随着人的外感受感觉与内感受感觉一起发生作用，如在电影院看电影时，不论这部电影的情节多么吸引人，时间一长，人就会感到疲劳。

(2) 平衡觉又称静觉，是反映头部运动速率和方向的感觉。它的感受器是内耳的前庭器官。平衡觉与视觉、内脏觉有密切的关系，当前庭器官受到刺激时，仿佛视野中的物体在移动，使人眩晕，同时也会引起内脏活动的剧烈变化，引起恶心和呕吐。

(3) 内脏觉是反映人体内脏活动和变化的感觉。由于内脏器官的活动和变化，人便产生了饥饿、口渴、饱胀、恶心、喘息、疼痛等感觉。内脏觉的感受器是分布在内脏上的神经末梢。

小实验

上课时，请同学们起立，手不要扶桌子，然后闭上双眼，抬起右脚，一分钟后，让大家睁开眼，再重复上述动作。请同学回答前后两次的感觉，对平衡觉有什么认识。

3. 感觉的特性

感觉具有感受性、适应性、对比性、联觉性、实践性，感觉的相互作用对人们的消费心理具有重要的影响。

(1) 感受性和感觉阈限。并不是任何刺激都能引起感觉。刺激强度太强、太弱都不能引起人的感觉，因为人的感官只有在一定刺激强度范围内才能产生各种反应。我们把能够引起感觉持续一定时间的刺激量称为感觉阈限，其中能够引起感觉的最小刺激量叫绝对阈限，能够引起差别感觉的刺激物的最小变化量叫差别阈限。

房间内喷洒非常少量的香水，人们是闻不到香味的，只有达到一定的数量，超过了感觉阈限才有效果。差别阈限不是一个绝对数值，而是一个与第一种刺激相对应的相对数值。最初刺激越强，要感觉第二种刺激就越不容易。例如，售价几千元的耐用商品，提价一二十元并不被消费者所注意，而作为日常生活所需的米、油、盐等商品，即使价格上涨几角钱，消费者也会很敏感。

(2) 感觉的适应性。适应性是指刺激物持续不断地作用于人的感觉器官，从而产生顺应的变化，使感觉阈限升高或降低。适应既可提高感受性，也可降低感受性。例如，白天人们刚走进电影院什么也看不清，过几分钟后就能看清了，这叫做暗适应，是感受性的提高。又如，一个身上喷着香水的人很快就会觉察不到自身的香水气味，所谓“入芝兰之室，久而不闻其香；入鲍鱼之肆，久而不闻其臭”，就是感受性的降低。

顾客面对新的商品最初有新鲜感，但时间长了，接触多了，对这种商品也就习以为常了，就不会再感到它有什么吸引力了。因此在市场营销活动中，厂商和营销人员要经常运用感觉的特性，利用各种手段增大商品对顾客的刺激，引起顾客对商品的注意，从而达到促进商品销售的目的。

(3) 感觉的对比性。同一感受器接受不同刺激物的作用而使感受性发生变化的现象叫做对比。不同感觉器官之间的相互作用，会引起感觉的增强或减弱。例如，同样一个灰色的图形，在白色背景中显得颜色深一些，在黑色背景中则显得颜色浅一些。属性相反的两个刺激在一起或者相继出现，在感觉上都倾向于加大差异。例如，吃了糖之后接着吃有酸味的苹果，会觉得苹果更酸；白色对象在黑色背景中要比在白色背景中容易分出；红色对象置于绿色背景中则显得更红。因此，在广告设计或商品陈列中，亮中取暗、淡中有浓、动中有静等手法正是对比效应的应用，它有助于吸引消费者的注意力。

(4) 感觉的联觉性。联觉是指某一感觉器官对刺激物的感受性，会因其他感觉器官受到刺激而发生变化，这是指一种刺激产生多种感觉的心理现象。例如，一个笨重的物体如果采用淡色包装，会使人觉得比较轻巧；轻巧的物体采用浓重颜色的包装，会使人觉得庄重。冬天穿红色衣服使人感到温暖；夏天穿白色衣服则产生凉爽的感觉。因此，颜色也是商品包装和商品广告中最重要的元素之一，它不仅能强烈地吸引人的注意力，而且很容易引起人的联想和诱发人的情感，对人们的消费行为产生重要影响。

(5) 感觉的实践性。实践活动可以引起感觉的变化，感受性可以经过训练得到提高，品酒师的味觉，音乐家的听觉都是经过长期的实践和训练而发生变化的。

相关链接

气味的妙用

美国迈阿密的阿罗马汽车公司开发了一种公文箱大小的便携式空气芳香散发器，这种被称为阿罗香的装置可以散发诸如橙香味、松香味、薄荷味、皮革味等气味。这种装置安放在维修区后，其发出的气味可以遮盖维修区的难闻气味，从而可以让顾客感到更舒服、更放松。

公司副总裁 Spence Levy 表示，这种装置放在展厅后收到了良好的效果。公司的调查数据显示，在气味好闻的展厅，顾客停留的时间会更长，购买欲望也大，销售量得到了提高。

(6) 感觉的相互作用。由于不同感觉分析器活动的相互影响而使感受性发生变化的现象叫做感觉的相互作用。人的感觉器官常常是相互联系、相互影响与制约的，各种感觉的感受性在一定条件下会出现此消彼长的现象。又如，在微弱的声响下，能提高人们辨别颜色的感受性；反之，如果声响过大，对颜色的分辨感受性会降低。在其他感觉影响下，听觉感受性也会发生变化。又如，人的听觉在黑暗中会得到加强，在光亮中会减弱。人们常见一些盲人耳朵灵，这是由于盲人总是处于“黑暗世界”，听觉的确比正常人要强。这些说明，对某一感觉器官的刺激加强，会引起另一感觉器官的感受性下降；反之，某一感觉器官的刺激降低，另一感觉器官的感受性就会增强。

当厂商需要向顾客传递某种信息时，尽可能要使顾客集中注意力来感受你发出的信息，尽可能排除其他信息的干扰，否则会降低效果。此外，要使顾客接受新信息，应减轻原来信息的影响。感觉相互作用的规律启发我们，可以通过改善购物环境，来适应消费者的主观状态，从而激发购其买欲望。

4. 感觉在消费者购物和企业营销工作中的作用

(1) 感觉使顾客产生第一印象。第一印象在消费者购物活动中有着很重要的先导作用，是消费者认识商品的起点。第一印象的良好与较差、深刻与浅薄，直接影响着消费者的购物态度和行为，往往决定着消费者是否购买某种商品。对于商品的认识和评价，消费者首先相信的是自己的感觉，正所谓“耳听为虚，眼见为实”。正因为如此，对商品的生产商和销售商来讲，要有“先入为主”的意识和行为，在色彩、大小、形状、质地、价格、包装等方面精心策划自己的新产品，第一次推出就要牢牢抓住消费者的眼光和感受。有经验的厂商在设计、宣传自己的产品时，总是千方百计地突出其与众不同的特点，增强产品的吸引力，刺激消费者的感觉，加深消费者对产品的第一印象，使消费者产生“先入为主”“一见钟情”的感觉。

(2) 信号的刺激强度要使顾客能产生舒适感。消费者认识商品的心理活动从感觉开始，不同的消费者对刺激物的感受性不一样，即其感觉阈限不同。有的人感觉器官灵敏，感受性高，有的人则承受能力强。企业做广告、调整价格和介绍商品时，向消费者发出的刺激信号强度应当适应他们的感觉阈限。刺激强度过弱不足以引起消费者的感觉，达不到诱发其购买欲望的目的；如果过强则使消费者受不了，走向反面。只有适宜的刺激，才会达到预期的效果。

人的感觉都存在舒适性的问题，过强的灯光、过大的声响、杂乱无章的布置等均不会给人以舒适感。在商场内，如果高音喇叭声音不断，顾客在这种购物环境中长时间逗留，就会感到非常不舒适。另外，商品的陈列也应考虑各类消费者的感觉阈限。例如，化妆品的陈列和摆放就应足以使女性消费者感受到，以刺激她们的消费。

(3) 感觉是顾客引发某种情绪的诱因。顾客的情绪和情感常常是行为的重要影响因素，而感觉又经常引发顾客的情绪与情感。客观环境给消费者施加不同的刺激，会引起他们不同的情绪感受。例如，轻松优雅的音乐，协调的色调，适当的灯光、自然光的采用，商品陈列的造型，营销人员亲切的微笑，如此等等，都能给消费者以良好的感觉，从而引起他们愉悦的情绪和心境。此外，商品的包装、广告的设计等都应使顾客产生良好的感觉，引导顾客进入良好的情绪状态，这样才会更多地激发起顾客的购买欲望。

相关链接

品牌“五觉”演绎感观营销

视觉：麦当劳金黄色的“M”形拱门、苹果电脑缺了一角的苹果标志，对它们品牌的个性都具有强化效果，视觉符号的重要性可见一斑。

听觉：戴姆勒克莱斯勒特别成立一个研发部门，专案处理“完美开关车门的声音”；家乐氏玉米片独特的嘎吱声，是音乐实验室专门为顾客开发出来的，都是通过听觉吸引消费者。

嗅觉：新加坡航空公司空姐身上的香水，是特别调制的“热毛巾上的香水味”，成为新航的专利香味。

味觉：迪士尼乐园的爆米花摊，在生意清淡时，会打开“人工爆米花香味”，不久顾客便自动闻香而来。

触觉：在奥迪公司，触觉学涉及的范围远不止是让驾车者触感舒适，更涉及生物工程学、操作逻辑学、设备外观、按钮，以及人在车内进行的各种推、拉、换挡，转向、感觉和触摸等动作。通过对这些细节的苛刻要求，让奥迪车主享受到近乎完美的触觉感受。

星巴克显眼的绿色美人鱼的商标，整幅墙面艳丽的美国时尚画、艺术品、悬挂的灯、摩登又舒适的家具给人以视觉体验；石板地面、进口装饰材料的质地、与众不同的大杯子，造成星巴克的触觉体验；独有的音乐、金属链子与咖啡豆的声音，会使顾客找到亲切的听觉体验；而 100%的阿拉伯咖啡散发出诱人的香味，以及口中交融的顺爽感，可以领略到星巴克味觉和嗅觉的体验，这就是星巴克迷人的五种感觉的渲染。

二、消费活动中的知觉

1. 知觉的内涵

(1) 知觉的概念。知觉是直接作用于感觉器官的事物的整体在脑中的反映，是人对感觉信息的组织和解释的过程。消费者知觉是指消费者将由外部输入的各种各样的刺激加以选择使其有机化，并作为有意义的首尾一贯的外界映象进行解释的过程，即知觉是人对所感觉到的东西经过分析综合后的整体反映。例如，面对一个滔滔不绝地介绍其保险业务的保险推销员，陈先生可能感到这个推销员的行为过分或不够诚实，而李先生可能认为该推销员的介绍有利于自己接受该项保险业务。

(2) 感觉与知觉的关系。感觉和知觉都是当前事物在人脑中的反映，两者都是感性认识统一过程中的环节，实际上是不能完全分开的。知觉在感觉的基础上形成，是感觉的深入、升华，是多种感觉所形成的一种综合认识和综合反映，是对感觉加工、认识的结果。感觉到的事物的个别属性越丰富、越精确，对事物的知觉也就越完整、越正确。但是知觉不是感觉的简单相加，因为知觉还受过去经验的制约，它是在知识和经验的参与下，经过人脑的加工，形成对事物正确解释的过程。我们正是依靠过去的经验和已经形成的概念，才能把感觉到的个别属性结合为整体形象，从而把当前的对象物知觉为某个确定的事物。

在日常生活中，人们是以知觉的形式直接反映事物，感觉只是作为知觉的组成部分而存在于知觉之中，很少有孤立的感觉存在于人的头脑中。任何消费者进行消费活动时，都要事先对自己感觉到的商品的颜色、形状、气味、轻重等各方面属性进行综合分析，通过知觉活动，对商品的认识又加深了一步，由对个别属性的认识上升到对整体的认识，才能决定是否进行购买。知觉的形成与否决定消费者对商品信息的理解和接受程度，知觉的正误偏差制约着消费者对商品的选择比较，经知觉形成的对商品的整体认知，是购买行为发生的前提条件。知觉是在知识经验的参与下，对感觉到的信息加以加工解释的过程。没有必要的知识经验，就不可能对客观事物的整体形象形成知觉。因此，知觉是比感觉更为复杂深入的心理活动，是心理活动的较高阶段。

(3) 知觉的作用。知觉的重要意义在于，消费者只有知觉到某一商品的存在，并与自身需要相联系，购买决策才有可能产生。研究表明，消费者凭表象喜欢某一事物，主要是知觉的作用。所以，善于经营的企业会很好地利用这一点。如精美的包装、漂亮的广告图片、优美的商品造型等都会引发消费者的好感，增加购买欲望。同样，人的知觉的选择性特点也会使企业的广告宣传大打折扣。

2. 知觉的分类

(1) 根据知觉过程中起主导作用的感觉器官活动，可以把知觉分为视知觉、听知觉、味知觉、嗅知觉和触知觉等。当然，在有些知觉过程中，几种感觉器官的活动同样起主导作用，例如看电影时，视觉和听觉同样起作用，形成“视—听”知觉。

(2) 根据知觉的对象性质不同，知觉又分为物体知觉和社会知觉。

① 物体知觉是对各种事物的空间特性、时间特性和运动特性的感知，因此，物体知觉又可以分为空间知觉、时间知觉和运动知觉。空间知觉是反映物体的形状、大小、距离、方位等空间特征的知觉；时间知觉是对客观现象的持续性和顺序性的反映，即对事物运动过程的先后、长短，以及快慢等时间变化的知觉；运动知觉是人脑对物体位置迁移的反映。

② 社会知觉是对人的知觉。社会知觉主要包括对他人的知觉、人际关系知觉和自我知觉。对他人的知觉是指通过社会性刺激，如外貌、语言、表情、姿态等，对别人心理面貌的知觉；人际关系知觉是对人与人之间关系的知觉；自我知觉是指通过自己的言行和思想体验等对自己的知觉。

了解错觉对消费者感知客观事物的影响，掌握错觉原理并在广告宣传、包装设计、橱窗布置及货架排列等市场营销活动中加以运用，对于吸引消费者的注意，刺激消费者的购买行为具有重要作用。例如，用绿色或黄色瓶装的啤酒，会使人产生清爽或富含营养的感觉。营业员在推销服装类商品时，应运用错觉原理，科学巧妙地推荐，从而提高服务艺术。如向身体矮胖的顾客推荐深颜色、竖条纹服装使其显得苗条些；向瘦高的顾客推荐浅色、横条纹衣服则使其显得丰满些。

3. 知觉的特性

知觉具有多种特性，与消费者心理活动的各个方面紧密相联。因此，分析知觉的特性，对于研究市场营销策略具有重要意义。知觉具有整体性、理解性、选择性和恒常性。

(1) 知觉的整体性。知觉的对象都是由许多部分综合组成的，虽然各组成部分具有各自的特征，但是人们不会把知觉的对象感知为许多个别的、孤立的部分，而是把它们联系在一起、作为一个整体来知觉，形成的是一个统一的整体或整体的形象，并非是个别的、片面的，这就是知觉的整体性。如图 2.1 所示，虽然看到的是零散的线条图形，但是知觉的整体性会使人们判定它们是两个长方体。

消费者在对商品知觉的过程中，总是把商品的名称、包装、颜色、价格、质量等综合在一起，形成对商品的知觉。例如，消费者购买家具时，绝不会只注意家具的材料、颜色或款式，而是把多种因素综合在一起，构成对家具的整体感知印象。消费者的知觉直接影响其购买行为，如果被知觉的商品符合消费者的需要，引起消费者的兴趣，消费者就会做出购买决定，产生购买行为。

(2) 知觉的理解性。人们在感知客观对象和现象时，总是运用过去所获得的知识和经验去解释它们，这就是知觉的理解性。在知觉一个事物时，同这个事物有关的知识和经验越丰富，对该事物的知觉内容就越丰富。消费者看到图 2.2 时，就会理解到这是电脑和松树。知觉的这种特性表现在消费者的购买行为上，就是消费者能够把知觉对象归纳到某类事物中去，把它辨认出来，并和自己过去经历的事物联系在一起。消费者在购买活动中，如果对商品已具有一定的了解或使用经验，就会知觉到更丰富的商品信息；相反，对于陌生的商品，消费者能够知觉到的信息是有限的。这就要求生产商和销售商在做广告宣传时，要引导消费者正确地理解商品，避免出现片面的甚至错误的理解。介绍商品时把握要点、用词恰当非常重要，否则会影响顾客对商品的正确观察和理解。

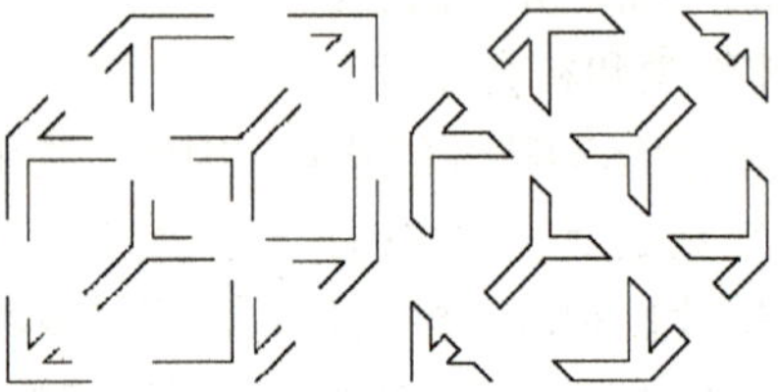

图 2.1　知觉的整体性

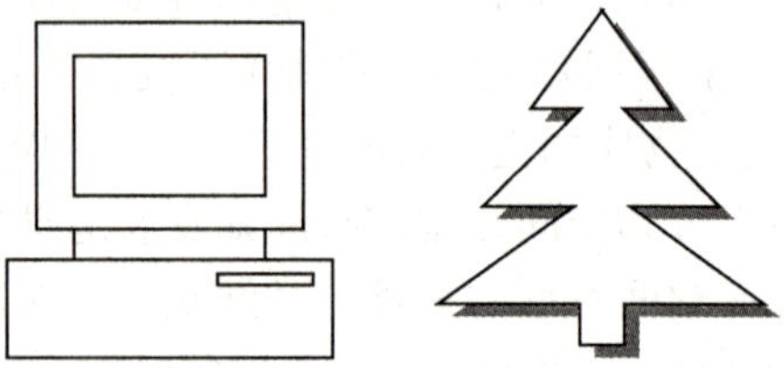

图 2.2　知觉的理解性

相关链接

望 梅 止 渴

魏武帝曹操行军途中，找不到水源，士兵都口渴得厉害，不愿前行。于是他说道：“前边有一片梅子林，结了很多果子，酸甜可以解渴。”士兵听说后，嘴里都流出了口水，利用这种办法部队赶到前方，找到了水源。

如果士兵没有吃过梅子，曹操的望梅止渴之计能够成功吗？

(3) 知觉的选择性。人们在感知客观事物时，常常在许多对象中优先把某些对象区分出来进行反映，或者在一个对象的许多特征中，优先把某些特性区分出来予以反映，这就是知觉的选择性。知觉对象和知觉背景可以互相转换的经典例证如图 2.3 所示。同一时间作用于人的感觉器官的刺激物是纷繁复杂的，而个体的接受能力却是有限的，不可能对作用于感官的所有刺激物都产生反映，人只能在知觉目的的支配下有选择地知觉其中一些事物。这种选择性不仅与刺激的特性有关，而且与消费者的兴趣与愿望、经验等有关。1969 年，美国广告公司协会和哈佛大学联合进行了一次全国性的调查，了解消费者在半天内实际看到商品广告的情况。结果表明，大多数接受调查的消费者半天内只注意到 11～20 幅商品广告，而一般成年人半天内遇到的商品广告可能有 150 个。这表明看到广告和知觉到广告是两回事。这是因为消费者不能对所有的刺激都产生反映，而只优先感知那些有价值的广告，对那些具有威胁性的刺激采取回避性选择。正因为有了选择性，人们才能够把注意力集中到少数重要的刺激物或刺激物的主要方面上，从而排除次要的、干扰刺激物，更有效地感知事物。

正反人腿　　人面和花瓶　　单人和双人

图 2.3　知觉的选择性

(4) 知觉的恒常性。当事物的基本属性和结构关系不变，只有外部条件发生一些变化时，知觉的印象仍能保持相对不变，这就是知觉的恒常性。如图 2.4 所示，知觉的恒常性使人们总是认为书下面是 3 支铅笔。知觉的恒常性是经验在知觉中起作用的结果。人总是凭借记忆中的印象，根据自己的知识和经验去知觉事物。知觉的恒常性保证人在不同的情况下按事物的实际面貌去反映事物，以适应多变的环境。例如，一个苹果放了一段时间腐烂了，但人们仍把它认作是苹果；羽绒服的标签上都拴有一个透明的装羽绒样品的小袋子，人们不能看到羽绒服内的羽绒，但是却能根据这个小袋子，认定衣服是羽绒的，制造商就是利用了消费者知觉恒常性的特点。

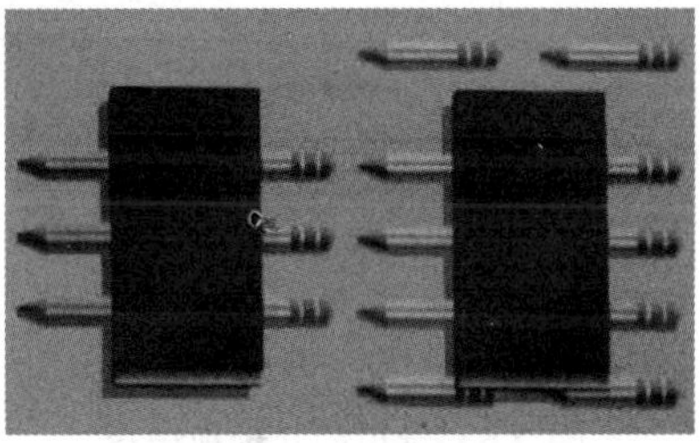

图 2.4　知觉的恒常性

4. 错觉

(1) 错觉的概念。人们在知觉某些事物时，可能受背景干扰或某些心理因素影响，往往会产生失真现象，这种对客观事物不正确的知觉称为错觉。错觉是在特定条件下所产生的对客观事物的歪曲反映，错觉现象在生活中十分普遍。前述“血燕”案例就是消费者的错觉导致的错误消费，不能对商品进行正确的认知，会导致消费者的权益受到损害。但是，错觉也可以帮助企业进行营销，例如，空间狭小的店铺可以在墙上挂一面镜子，让人产生宽敞明亮的感觉，这就是一种视觉错觉。

(2) 错觉的分类。错觉可以分为视错觉、形重错觉、运动错觉、方位错觉和时间错觉等。

① 视错觉。视错觉是由于视觉的失真对图形、大小等产生的错误认识。图 2.5 是几种常见的视错觉，我们很容易被自己的眼睛欺骗而产生错觉。

② 形重错觉。对于商品的形状和重量等的错觉，如习惯地认为一斤铁比一斤棉花重。

③ 运动错觉。坐在静止的火车上，看到相邻的火车开出车站，往往会认为自己坐的火车开动。

④ 方位错觉。例如，马路上建筑物少时感觉距离远，坐在空中的缆车上往窗外看，总觉得高楼大厦是倾斜的，这都是空间方位产生了错觉。

⑤ 时间错觉。不喜欢上的课，感到时间漫长，和恋人在一起就感到光阴似箭等。

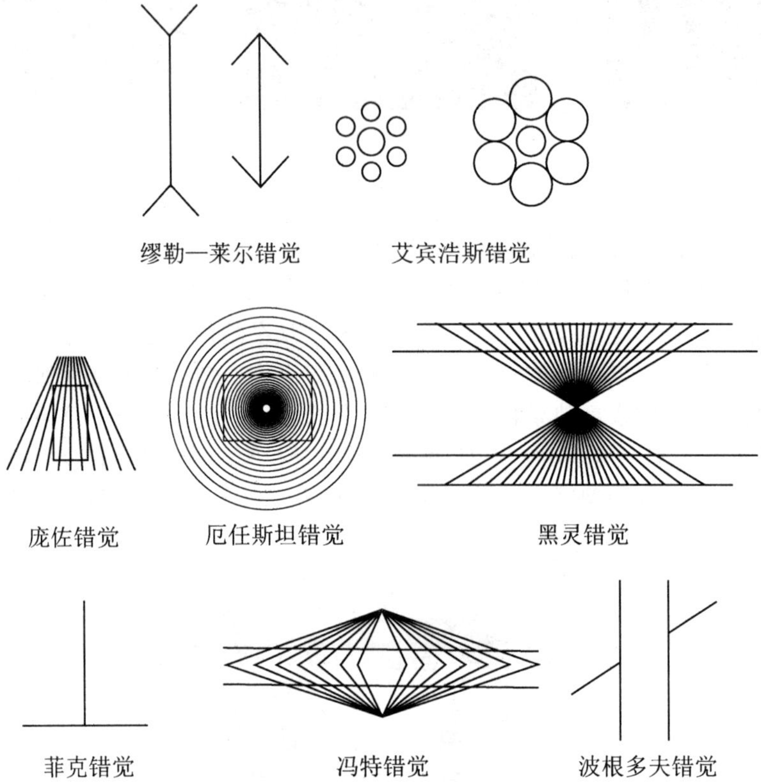

图 2.5　常见的几种视错觉

5. 知觉对消费者行为的影响

(1) 知觉的整体性有利于消费者对企业的商标、广告的认知。知觉的整体性可以帮助消费者“窥一斑而见全豹”。消费者在购买商品时，对商品的知觉和印象不仅仅局限在商品的本身，还会把商品与购物环境、与售货员的态度，以及行为举止联系起来。如果购物环境光洁明亮，商品摆放整齐有序，顾客人来人往，就会让人觉得该商场经营有方、货物齐全、质量可靠、价格便宜等；如果购物环境光线暗，商品乱堆乱放，顾客冷冷清清，就会令消费者产生该商场经营很差的印象，他会怀疑商品的质量，甚至不愿光顾此商场，也不愿意到此购买商品。

(2) 知觉的理解性能带动顾客做出购买商品的理性决策。知觉的理解性在人们购买商品时起到了十分重要的作用。具有求实、求廉心理的顾客，在购买商品时注意的是商品的实际功能相对于人们需求的满足程度，同时也考虑到商品价格与质量、性能之间的关系。这些顾客一般不会盲目追求豪华、高档、高价的商品。因此，即使商品存在某些不足，如果其功能、内在质量仍能满足要求，而价格又较低，他们还是愿意购买这样的商品。

(3) 知觉的选择性能引导顾客选择自己所需要的商品。有确定购买目标的消费者走进商店后，能很快地找到出售欲购商品的柜台，同时能积极主动地在琳琅满目的商品中选择出所要购买的商品，这是由于购买目标成为符合他们知觉目的的对象物，感知十分清楚。而货架、柜台中的其他商品，相对地成为知觉对象的背景，消费者对其或者视而不见，或者感知得模模糊糊，这就是知觉的选择性在起作用。知觉的选择性特征可以运用于商业设计中。比如，在柜台布置上，为了突出名贵商品的价值，可以将商品背景衬以特殊的包装，强化顾客对商品的注意。

(4) 知觉的恒常性能使顾客形成对商品的特殊喜爱。知觉的恒常性使顾客对质量优良的商品、名牌企业的名牌商品形成良好的印象。这种良好的印象会转化为他们的购买行为，并成为该品牌的忠诚顾客。有时顾客不仅自己购买喜爱的品牌商品，而且还为商品作义务宣传员，向亲朋好友、邻居推荐这些产品。

(5) 利用错觉可以帮助企业提高推销效果。商业企业在店堂装潢、橱窗设计、广告图案设计、商品包装、商品陈列、器具使用等方面，适当地利用消费者的错觉，进行巧妙的艺术设计，往往能达到一定的心理效果。例如，市场出售肉类的冷藏柜，用橘红色灯光照射，能使顾客产生新鲜感。营业员在向消费者推荐服装类商品时，应学会运用人们知觉中产生错觉的心理状态，合理、科学地推荐，提高服务艺术。又如，劝说脸型大而圆的顾客不要穿圆领口的服装，脖子长的顾客不要穿鸡心领或 V 字领服装等，这样可取得顾客的信任。

与相关课程的联系

你知道什么是无公害食品、绿色食品和有机食品吗？如果你推销这几类食品时，你应该如何帮助消费者正确认知你的产品？除了推销课程，市场营销策划的课程也要帮助消费者实现正确的认知，这样才能做好定位策划。

三、消费活动中的记忆与注意

1. 记忆的内涵

(1) 记忆的概念。记忆是人的大脑对过去经历过的事物的反映，是人脑的一种机能。人们在日常生活和社会实践中，过去感知过的事物、思考过的问题、体验过的情感，经过一段时间后，都会在大脑中留下痕迹，以经验的形式在头脑中保存下来，这些痕迹日后遇到一定的条件，就会被重新“激活”，在人脑中重现已经消失的刺激物的印象。

(2) 记忆的过程。记忆是一个复杂的心理过程，它从心理活动上将过去与现在联系起来，并再现过去经历过的事物，使人的心理成为一个连续发展的整体。记忆的心理过程包括识记、保持、回忆和认知四个过程。

① 识记是消费者为了获得对客观事物的深刻印象而反复进行感知，从而使客观事物的印迹在头脑中保留下来的心理活动，它是记忆的前提。在购买活动中，消费者就是运用视

觉、听觉和触觉去认识商品，并在头脑中建立商品之间的联系，留下商品的印迹，常常表现为消费者反复察看商品，多方了解商品信息，以加强对商品的印象。例如，某位消费者在购买电脑时，一般会光顾多家电脑公司，然后，根据记忆进行比较和选择，这就是有意识记的现象和行为。

② 保持是指在识记基础上，将已经识记的知识和经验，在头脑中积累、储存和巩固的阶段，使识记材料较长时间地保持在脑海中。如通过识记把商品的式样、颜色、规格、质地，以及相互间的联系储存在大脑中。

③ 回忆是指过去感知过的事物在一定条件的诱发下重新反映出来的过程。如消费者在购买某种商品时，为了进行比较，往往在脑海中重现曾在别处见过或自己使用过的同种商品，这就是回忆过程。

④ 认知是指感知过的事物重现在眼前时能识别出来的过程。即当过去感知过的事物重新出现时，能够感到听过、见过或经历过。如消费者在市场上看到一些商品，能认出是曾使用过或在电视广告中见过，似曾相识甚至很熟悉。

以上记忆心理过程中的识记、保持、回忆、认知四个环节紧密联系又互相制约。识记和保持是前提，没有识记就谈不上对经验的保持，没有识记和保持就不可能对经历过的事物回忆和再认；再认和回忆是结果，也能巩固、强化识记和保持的效果。

相关链接

人的记忆能力

根据相关人类学家研究的结果，一般来说，人脑的最大词汇拥有量只有8 000个左右，能够记忆的产品品名大约为4 000种，而且还要包括长期记忆区里的潜伏记忆内容，这部分记忆内容较长时间潜伏于内，需要通过外界的相关对应的信息刺激才能够恢复。而人们赖以生存的记忆一般都存留在常用的短期记忆区里，这些记忆会随着新信息的不断接收和过滤而不断地更新。

据说美国总统布什大学毕业后，至少认识校园里1 000名同学，在他竞选总统时，这些同学为他当选立下了汗马功劳。

作为一个营销人员，你能记住多少顾客的名字？在重视客户关系的时代，提高你的记忆力有什么实际意义？

2. 记忆的分类

1) 根据记忆的内容不同分类

根据记忆的内容不同分类，记忆可分为以下4种类型。

(1) 形象记忆。以感知过的事物形象为内容的记忆。这些形象可以是视觉形象，也可以是听觉、嗅觉、味觉等形象。它是通过感觉器官感知，以便留下印象和记忆。例如，旅游者去北京故宫游览过，日后能够想起故宫的形象，就是感知形象记忆。

(2) 逻辑记忆。通过语词表现出来的对事物的意义、性质、关系等方面的内容的记忆。消费者对商品广告的记忆多属于这种记忆。例如，“爱妻号”洗衣机，它运用丈夫关爱妻子的心理，给产品命名，使人们很快就记住了。

(3) 情绪记忆。以体验过的某种情感为内容，运用情感打动消费者心理的记忆。例如，某女士到商店去买东西，虽然没有买到她想买的东西，但营业员热情周到的服务使她感到非常满意。于是下次再买东西时，她还愿意光顾那个商店。

(4) 运动记忆。指以过去的动作和运动为内容的记忆。例如，一个人多年前学会的游泳、骑车等动作，间隔一段时间仍然会，就是运动记忆。

2) 根据信息储存时间不同分类

根据信息储存时间不同分类，记忆可分为以下 3 种类型。

(1) 瞬时记忆。当刺激停止作用后，感觉并不立刻消失，在很短时间内仍保持着它的印象，称为瞬间记忆，又叫感觉记忆。其特点是有鲜明的印象性，持续时间短，瞬间即逝。瞬时记忆在脑中储存的时间为 0.25～2 秒。看电影时，实际每秒 24 幅画面组成的电影却不会给人间断的感觉，就是由于瞬间记忆的结果。

(2) 短时记忆。一次经验后能保持 2 秒到 1 分钟的记忆，称为短时记忆。这种记忆一般以知觉的选择性形式出现。记忆痕迹有随时间推移而自动消退的特征，如果不复述，大约 1 分钟内储存的信息就会衰退或受到干扰而消失。感觉记忆中的信息如果引起主体的兴趣和注意，就会转入短时记忆阶段。

(3) 长时记忆。是指持续 1 分钟以上直至多年甚至终身的记忆。长时记忆是对短时记忆加工、复述的结果。只要有足够的复述，长时记忆的容量是相对无限的，但富有情感的事物由于印象深刻也能一次形成。在市场上，由于商品品种繁多、琳琅满目，消费者对绝大多数商品的注意，都只能形成瞬时或短时记忆，很少能形成长时记忆。工商企业必须重复向消费者传递有关信息，建立和加深消费者大脑中的痕迹，使消费者从短时记忆阶段转入长时记忆阶段。

相关链接

艾宾浩斯曲线

德国心理学家艾宾浩斯(Hermann Ebbinghaus，1850—1909 年)让实验者记忆 100 个陌生单词，经过测试，得出了时间间隔与记忆量的关系如表 2-1 所示。然后，艾宾浩斯又根据这些数据描绘出了一条曲线，这就是非常有名的揭示记忆规律的曲线——艾宾浩斯记忆曲线，如图 2.6 所示。这条曲线告诉人们学习中的记忆是有规律的，遗忘的进程很快，并且先快后慢。观察曲线，你会发现，学到的知识在一天后，如不抓紧复习，就只剩下原来的 25%。随着时间的推移，遗忘的速度减慢，遗忘的数量也就减少。

表 2-1　时间与记忆量的关系

时间间隔	记忆量/%
刚刚记忆完毕	100
20 分钟后	58.2
1 小时后	44.2
8～9 小时后	35.8
1 天后	33.7
2 天后	27.8
6 天后	25.4
1 个月后	21.1

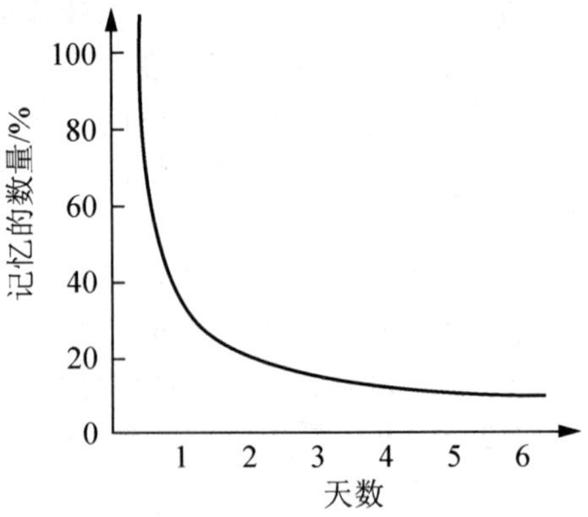

图 2.6　艾宾浩斯记忆曲线

3. 记忆对消费者行为的影响

记忆在消费者的心理活动中起着极其重要的作用，在消费者购买活动中具有深化和加速认识的作用，它在一定程度上决定着消费者的购买行为。

(1) 记忆在一定程度上是消费者是否购买的决定因素。消费者对商品品质、价格、购买渠道等的记忆，会直接影响消费者的再次购买。好的记忆促使消费者继续购买，成为忠实消费者；不好的记忆会导致“一朝被蛇咬三年怕井绳”，消费者不会重复购买。

消费者通过反复地接触商品和广告宣传，自觉地利用记忆材料，对商品进行评价评判，全面、准确地认识商品，并作出正确的购买决策。如果一个消费者没有了记忆，那他就什么也学不会，也就不会产生购买行为。当一位消费者想购买一台数码摄像机，然而他对摄像机却知之甚少。为了购买，他翻阅了有关的书籍，并向了解这方面知识的人请教，从中掌握了有关摄像机的品牌、型号、功能、质量、价格及使用事项等方面的知识。他把这些知识和经验记下来，待到购买时，就可以根据有关知识去选购其中意的商品。可以看出，离开记忆，人就无法积累和发展知识及经验，购买行为正是建立在有关知识和记忆基础上的。

(2) 有利于消费者的记忆，可以促进企业的销售。对于不熟悉、不经常接触的商品，是否能够让消费者记住商品的某些特性，直接关系到消费者的购买决策和购买行为。企业在商品的设计和包装方面，要符合消费者的想象记忆；商品的排列和柜台的布置要有利于消费者的逻辑记忆；营销人员的推销技术、服务态度要迎合消费者的情感记忆。

对生产商和营销商来讲，在商品的造型、色彩、商标、命名、陈列、宣传等方面采取强化记忆的手段，是十分必要的。例如，新颖的造型，鲜艳的色彩，简明易记的品牌、商标，形象生动的商品广告，都会给消费者留下较深的印象，起到深入认识过程的良好作用。

4. 注意的概念

相关链接

茅台酒的一举成名

我国茅台酒在 1915 年巴拿马世界博览会上获金奖，“注意”在这里立了头功。博览会开始，各国评酒专家对其貌不扬的中国茅台酒不屑一顾，眼看博览会一天天临近结束，一天博览会展厅客商较多，中国酒商急中生智，故意将一瓶茅台酒摔碎在地上，顿时香气四溢，举座皆惊，从此茅台酒名声大振，走向了世界。

注意是消费者对外界事物的目标指向和精神集中状态。它是伴随着感知觉、记忆、思维等心理过程而产生的一种心理状态。注意的指向性表现为人的心理活动总是有选择地、有所指向地进行着。

如顾客选购商品时，总是把符合自己需要的商品当作感知的对象，而把其他商品和周围环境、声音等当作感知的背景。注意的集中性，不仅指在同一时间各种有关的心理活动聚集在其所选择的对象上，而且也是指这些心理活动深入于该对象的程度。通常人们所说的“注视”“倾听”“凝神”就是指人的视觉、听觉和思维活动深入地集中于一定的对象。消费者的购物行为一般以注意为开端，在心理过程开始后，注意并没有消失，仍伴随着心理过程，维持心理过程的指向。没有注意的参加，无论哪一种心理过程都不可能发生、发展和完成。

如果顾客没有注意到某一商品的存在，就不会考虑此商品对自己是否有用，当然也就不会购买。

5. 注意的分类

根据产生和保持有无目的和意志努力程度，注意可分为有意注意和无意注意。例如，消费者到商店想购买甲商品，浏览中无意看到乙商品，觉得不错，引起了对乙商品的注意，就属于无意注意；而消费者在嘈杂的商店里精心挑选自己想要的商品，就属于有意注意。从两者的关系来看，两者既相互联系，又相互转换。

有意注意是人们自觉、有目的的，需要消费者做出一定意志努力的注意。它受到人的意识的自觉调节与支配。例如，一位年轻的母亲，想给自己的孩子买一个生日礼物，她就会特别注意儿童用品广告及儿童用品柜台的商品。

无意注意是消费者没有明确的目的和目标，不需要做意志努力的注意。例如，某商场正在做促销活动，高音喇叭声乐齐鸣，路过的顾客就会不约而同地把目光转向此商场，以了解正在发生什么事情，这种注意就是无意注意。

6. 注意的功能

注意具有选择、保持、调节和监督功能。

(1) 人在同一时间内不能感知一切对象，只能感知其中少数对象。选择功能担负着感官中精密选择的任务，它从所有面临的刺激中，挑选那些对行为有意义、符合活动需要的部分，予以利用，避开和抑制那些与当前活动不一致、与注意对象竞争的部分。

(2) 保持功能就是注意对象的映象或内容在主体意识中保持，直到达到并延续到认识活动或行为动作的目的时为止。

(3) 调节和监督功能就是在同一时间内，把注意分配到不同事物上或同一事物的不同方面上，排除干扰，提高活动强度和效率以保证活动的实现。

7. 注意在市场营销中的作用

正确地运用和发挥注意的心理功能，可以引发消费者的消费需求，引起消费者的注意。

在策划一些公关手段或广告创意时，利用注意原理吸引人们的注意，是一项最基本的原则。

(1) 商品的包装设计要突出形象，引起消费者的注意。

(2) 零售商业企业用多角化的经营调节消费者购物时的注意转换。

(3) 商品广告成功的基础在于能否引起消费者的注意。可以利用增大刺激的强度、加大刺激物之间的对比度、加大刺激物的感染力、力求刺激的新异性和集中、反复地出现某种事物等手段，提高消费者的注意力，加强广告效果。

相关链接

商品的陈列与注意的关系

注意广度受事物的规律性影响，如果排列比较规律，人们可以注意更多的数量。如图 2.7 所示，三个图商品的数量相同，但人们注意(a)的商品要花较长的时间，因为排列无规律，对(b)及(c)商品的数目注意要花的时间较少一些，因为图形的排列有一定的规律性。

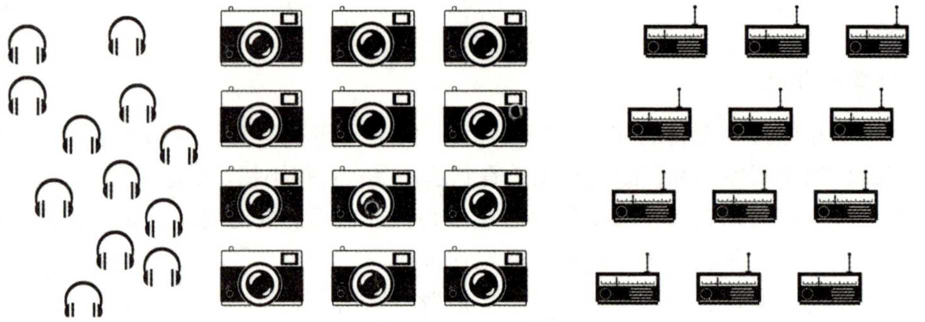

(a) (b) (c)

图 2.7 商品陈列与注意的关系

与相关课程的联系

注意在广告、推销、市场营销策划、销售管理等课程都有重要意义。进行营业场所的安排与商品布局，进行广告设计与策划，进行营销手段和公关策略的策划等工作都要利用消费者的注意。眼球经济时代的注意力经济、注意力营销。

推销的“爱达模式”:“爱达”是四个英文字母 AIDA 的译音,也是四个英文单词的首字母——A 为 Attention，即引起注意；I 为 Interest，即诱发兴趣；D 为 Desire，即刺激欲望；A 为 Action，即促成购买。它的具体含义是指一个成功的推销员必须把顾客的注意力吸引或转变到产品上，使顾客对推销人员所推销的产品产生兴趣，这样顾客欲望也就随之产生，尔后再促使顾客采取购买行为，最后达成交易。

请列举几个利用注意的广告案例。

四、想象、思维与消费行为

1. 想象的概念

人们在生活实践中，不仅能够感知和记忆客观事物，而且还能够在已有的知识和经验的基础上，在头脑中构成自己从未经历过的事物的新形象，或者根据别人口头语言或文字的描述形成相应事物的形象，这就是想象。例如，一位女性消费者见到一块布料，把它围在腰上，想象到将它裁剪成一条裙子穿在自己的身上，一定非常漂亮，必然产生愉快的情绪，可能产生购买行为。

2. 想象的分类

根据想象有无预定目的，可以把想象分为无意想象和有意想象。

(1) 无意想象。是指没有目的、不自觉的想象，也叫不随意想象。无意想象是想象中最简单、最初级的形式，人的梦就是无意想象的极端情况。无意想象主要是由具体事物或事物的具体属性激发，出现前没有预定的目的和特殊的意向，带有自发性，并且无意想象可以转化为有意想象。因此，市场营销人员可以利用无意想象来促进销售。如在商店内部设计好商品的摆设和陈列，可使顾客接触后产生无意想象而即兴购买。

(2) 有意想象。又称随意想象，是根据一定的目的自觉进行的想象。在进行有意想象时，人们给自己提出想象的目的，按一定任务进行想象活动。有意想象按其独立性、新颖性和创造性的不同，又可分为再造性想象和创造性想象。

① 再造性想象。是依据语言文字的描绘或条件的描绘(如图样、图解、符号记录等)在头脑中形成有关事物的形象的过程。例如，当读者看过小说《三国演义》以后，头脑中会构成刘备、关羽、张飞、曹操等人物形象。

② 创造性想象。是不依赖现成的描述，而是独立地创造出新形象的过程。例如，作家对典型人物进行塑造的创作活动，就需要创造性想象。安徒生笔下的美人鱼就是创造性想象，生活中并没有美人鱼的存在，这个典型形象是作者创造出来的。幻想是创造性想象的准备阶段和一种特殊形式。所谓幻想，就是一种与生活愿望相联系，并指向于未来的想象。幻想分为消极的与积极的两种。消极的幻想就是空想，脱离现实，毫无实现的可能；积极的幻想就是理想，以现实为依据，指向行动，经过努力最终可以实现。例如，拥有私人别墅，有的人是空想，难以实现；有的人是理想，能激励工作热情并努力工作，成为积蓄金钱的力量源泉。

3. 想象与消费行为

想象能提高消费者购买活动的自觉性和目的性，对引起情绪过程、完成意志过程起着重要的推动作用。消费者在形成购买意识、选择商品、评价商品过程中都有想象力参加，想象要激发消费者的再造过程。例如，看到漂亮衣服，想到穿着漂亮的衣服被人称赞的愉快与满足；买一台电脑，消费者会想象网上冲浪的感受，同时还想起它给学习和工作带来的方便等。通过想象，消费者就能深入认识商品的实用价值、欣赏价值和社会价值，其结果是能增强商品对消费者的诱惑，激发其购买欲望。

企业在运用想象时，通过想象引发消费者的美好联想，激发消费者的购买动机。一般可以遵守以下方法。

(1) 品牌名称用言简意赅、寓意吉祥、友善的词句，如可口可乐、百事可乐、步步高等。

(2) 广告语用消费者熟知的形象来比喻商品，如 e 人 e 本、山西旅游广告“晋善晋美”。

(3) 产品包装富有特色，形状画面激发想象。

与相关课程的联系

人们一天接受的广告超过几百条，能记住的寥寥无几。提高广告效果只有创意出有吸引力的广告，引起消费者的注意，才能使消费者记住，才能想象购买后能产生什么效果，是否决定购买。

4. 思维的内涵

(1) 思维的概念。思维是通过分析、概括，并对客观事物的本质进行间接反映的过程。也就是说，通过思维，人们对客观事物的认识不再停留在感知和记忆的水平上，而是利用已经感知和记忆的材料，进行分析、综合、抽象、概括等思考活动，把感性认识升华到理性认识阶段，从而获得对事物的本质和内在规律的认识。例如，人们可以利用过去的经验推算某种商品更新换代的速度和价格走势，以确定是现在购买还是以后再买。有关这些方面的知识，人们单凭感知是得不到的，必须借助所积累的丰富的经验，通过大脑的思考代替对客体的实际体验来完成。

(2) 思维的分类。思维一般可以分为以下 4 种类型。

① 常规思维。又称习惯思维或再现思维，是指利用已获得的知识和经验，依照原有模式进行回忆与重演的思维。

② 创造思维。是指将过去的知识和经验各抽取一部分，重新组合起来，具有流畅、独特、变通和创新特点的思维。

③ 辐合思维。是指遵照统一模式求同地解决问题的思维。

④ 发散思维。是指多方面、多通道、以求异方式解决问题的思维。

创造思维和发散思维是良好的思维品质，它具有变通性、敏捷性和创造性等特点，对开展市场营销活动具有积极的作用。

5. 思维的特征

思维具有概括性、间接性和制约性的特点。

(1) 概括性。是指人在思维时是通过对同一类事物的共同特性、本质特征或事物间规律性的联系来认识事物的，不像感知那样，只对个别事物或个别属性发生反映。例如，消费者在购买过程中多次感知价格与质量的联系，从而得出“大商场的东西要比在街头摊位购得的东西质量要可靠”的结论。

(2) 间接性。是指思维以其他事物为中介，来反映客观事物，即借助已有的知识和经验来理解和把握那些没有直接感知过或感知认识无法直接把握的事物。例如，消费者对手机的内在质量往往不在行，不甚了解，但可以通过对外形是否美观、铃声是否优美、信号是否灵敏、功能是否齐全进行了解，再借助已有的知识和经验，间接地认识它的内在质量性能。

(3) 制约性。人的思维还有受社会实践制约的特点。实践是人思维活动的基础，也是检验思维正确与否的标准。因此，消费者要善于思考和总结，通过现象看本质，从而获得对商品内在性质的更为深刻的认识。例如，一种商品设计出来以后，在中心城市试销和推广引起消费热潮后，就会自然地逐步扩散到周边的小城市中，形成消费热潮；如果在中心城市没有达成共识，此种商品就很难流行。

6. 思维的形式

思维的形式，是指思维内容的组织结构，包括概念、判断和推理。

(1) 概念。是指人脑反映客观事物共同的本质特性的思维形式。例如，“产品”这个概念，现代市场学认为，是指能提供给市场，用于满足人们某种欲望和需要的任何事物。还有一种说法是指各种实物、服务、场所、组织、计策或思想等。

(2) 判断。是指人们对思维对象有所断定的一种思维形式，是人们认识事物的工具，是组成推理的基本要素。

(3) 推理。是指从一个或几个判断中得出一个新判断的思维形式。推理不是可以随意编造的，也不是人们先天固有的，而是人们在长期社会实践中，对客观事物相互联系和关系的反映，是人们从已有知识中推出新知识的一种方法。

7. 思维与消费行为

思维在消费者的购买行为上主要包括以下3个步骤。

(1) 分析过程。分析是指在头脑中把整体的事物分解成各个部分、个别特性和个别方面。反复地分析能够使顾客比较全面地认识商品的外观、性能、质量等个别属性，在这个基础上建立购买目标。

(2) 比较过程。比较是指依据一定的标准以确定事物异同的思维过程。因为有些商品很难通过对商品的外观、性能、质量等个别属性的认识做出正确的判断，所以初步分析确定购买目标之后，消费者借助比较来进一步鉴别商品质量的优劣、性能的好坏和价格的高低。比较的依据可以是当时购买商品中的同类商品，也可能是顾客曾经使用过的商品，这些比较对于顾客更好地认识商品具有重要意义。

(3) 评价过程。顾客在确定购买目标之后，要运用判断、推理等思维方式，综合多种信息，排除各种假象的干扰，在此基础上，对商品的内在属性和本质进行概括，为确定购买决策做好心理准备。

在营销过程中，要认真分析消费者的思维模式，将市场营销活动和消费者的思维结合起来，更为有效地是改变消费者的思维习惯。

与相关课程的联系

在市场营销定价策略中的撇脂定价、推销中对价格异议分处理，都是利用了消费者“便宜没好货好货不便宜”思维习惯。概念营销也是通过对消费者思维的改变而获得成功的。

单元2　消费者的情感过程

相关链接

民族品牌影响力的提升

曾几何时，洋品牌一直是消费者追捧的对象，民族品牌像丑小鸭一样不被看好。

2008年5月12日，四川汶川大地震，6万多人遇难，神州大地悲伤的泪水，汇流成河，饱受磨难，在灾难面前，唐山大地震的孤儿张祥青创办的中国驰名商标——“荣程”，在央视《爱的奉献》抗震救灾大型募捐晚会上，就为汶川灾区捐出 1.1 亿元。除了“荣程”，“王老吉”捐出 1 亿元；“中国移动”捐出 2.862 亿元；“万科”捐出 1 亿元；“台塑”捐出 1 亿元；“海洋石油”捐出 5 亿元等。成千上万的民族品牌企业为汶川灾区捐钱捐物，全力帮助灾区重建家园。

民族企业的爱国情感，激发了消费者对民族品牌的热爱，极大地提升了民族品牌影响力。

消费者完成了对商品的认识过程，并不等于就必然采取购买行为，还要看消费者认识之后的商品是否能满足其要求。满足了就产生积极的态度，如满意、喜欢等；反之，就产生消极的态度，如不满、烦恼等。消费者对于客观事物是否符合自己的需要及满足的程度而产生的一种主观体验，就是消费者的情感过程。消费者的情感过程包括情绪和情感两个方面。

一、情绪与情感的概念

1. 情绪

情绪是指人对认知内容的特殊态度，是以个体的愿望和需要是否得到满足而产生的心理体验。情绪包含情绪体验、情绪行为、情绪唤醒和对刺激物的认知等复杂成分。

情绪是身体对行为成功的可能性乃至必然性，在生理反应上的评价和体验，包括喜、怒、忧、思、悲、恐、惊七种。行为在身体动作上表现得越强就说明其情绪越强，如喜会手舞足蹈、怒会咬牙切齿、忧会茶饭不思、悲会痛心疾首等就是情绪在身体动作上的反应。

情绪一般是由以下 4 种成分组成。

(1) 情绪涉及身体的变化，这些变化是情绪的表达形式。

(2) 情绪是行动的准备阶段，与实际行为相联系。

(3) 情绪是有意识的体验。

(4) 情绪包含了认知的成分，涉及对外界事物的评价。

2. 情感

情感是人对客观事物是否满足自己的需要而产生的态度体验。情感一般是指长时间内与人的社会性需要(社交的需要、精神文化生活的需要等)相联系的体验，是人所特有的，常以社会事件的内容和意义为转移，与情绪相比较为稳定，情感是在情绪的基础上产生的更高级的心理体验，如道德感、理智感、美感等。

3. 情绪与情感的关系

情绪与情感是两个既有区别又有联系的概念。情绪和情感都是人对客观事物的态度体验及相应的行为反应。情绪和情感由独特的主观体验、外部表现和生理唤醒这三种成分组成。

情绪和情感统称为感情。情绪指感情过程，情绪具有较大的情景性、激动性和暂时性。情感指具有稳定的、深刻的社会意义的感情。情感具有较大的稳定性、深刻性和持久性。一方面，消费者的情绪总是受他的情感所制约；另一方面，个人的情感又总是体现在他的情绪之中。情绪一般有较明显的外部表现，时间短，情感的外部表现很不明显，持续的时间相对比较长。例如，某企业的商品质量好，信誉高，在消费者心目中树立了良好的形象，消费者对它产生了信任感、亲切感，当消费者买到这种商品并在实际使用中其需要得到满足时，就会产生喜悦和满意的情绪。在日常生活中，人们对情绪和情感并不作严格的区分。

情绪和情感都具有适应功能、动机功能、组织功能和信号功能。

相关链接

“果粉”的情感

2011 年 10 月 10 日，虽然距离 iPhone4S 上市还有一周的时间，但是全球疯狂的苹果粉丝已经开始了排队购机的计划。据了解，美国、伦敦、中国香港等地苹果店已经有粉丝开始了排队，无疑第一时间购买到 iPhone4S 是对乔布斯最好的纪念。“果粉”除了对产品的喜爱之外，更多地还是表达了对苹果品牌和乔布斯的情感。

二、情绪与情感的类型和表现

1．按情绪的性质与程度不同划分

情绪、情感的表现形式是多种多样的，根据其性质、发生的强度、速度、持续时间的长短和外部表现来划分，可以划分为以下 5 种表现形式。

(1) 心境。是一种微弱而平静、持续时间有时长有时短的情绪，如心情舒畅或郁郁寡欢等。心境会影响人们的消费行为，良好的心境能使消费者发挥主动性和积极性，容易引起对商品的美好想象，易导致购买行为；而不良的心境，则会使消费者心灰意懒，导致抑制购买欲望，阻碍购买行为。消费者的心境好，对店容、服务、商品的感觉也好，实现的购买率会较高。

(2) 热情。是一种强有力的、稳定的、能把人完全控制住的情感。热情表现出主体被一种力量所征服，以坚定的信念去达到某个目的。热情虽不如激情强烈，但比激情深刻而持久。它有时虽不如心境那样广泛，但比心境强烈而深刻。消费者往往是在热情推动下，积极参与市场的经济活动。市场营销者要想方设法了解消费者的心理、兴趣和爱好，利用各种营销推广手段，唤起消费者的热情，培养其惠顾动机。

(3) 激情。是一种人们在一定场合迅速强烈地爆发出来的，能把人控制住的逐渐增强的强烈情绪，一般维持时间短暂。如狂喜、暴怒、绝望等都属于这种情绪状态。激情出现的时候可以对消费者的行为造成巨大的影响，甚至可以改变消费者的理智状态。消费者在抢购风潮中也会出现类似激情状态的情绪。对生产商和销售商来讲，要尽可能地避免对消费者的强烈的不良刺激，削弱消费者的对抗情绪，引导消费者产生积极的激情，愉快地进行购买活动，争取营销活动的成功。

(4) 应激。是出乎意料的紧张情况所引起的情绪状态。营业员有时会出现应激状态，当柜台前拥挤混乱或与情绪不佳的顾客打交道时，营业员必须在这些困难条件下实现销售，因而处于应激的情绪中。应激一般来说会因手忙脚乱而不利于工作，但有时正相反，会因工作节奏加快而提高工作效率。

(5) 挫折。是人在实现目的的过程中遇到障碍，但又无法去排除、克服的心理状态。

其典型表现是懊丧、怨恨、消沉、无动于衷。挫折有时表现为对自己，有时表现为对别人形成迁怒。例如，有个别顾客在商店里表现出迁怒于人，买不到紧俏商品时，对营业员发脾气、泄怨气。

2. 按情感的社会性不同划分

人的情感按照社会要求的内容不同分类，可以分为道德感、理智感和美感三种。

(1) 道德感。是个人根据社会道德准则评价自己或别人行为时所产生的情感，是关于人的行为、举止、思想、意图是否符合人的道德需要而产生的体验。如果自己的思想意图和言行举止符合社会道德准则，就会产生肯定、积极的情感，感到心安理得，反之则坐卧不安。

(2) 理智感。是人的求知欲望是否得到满足而产生的高级情感，是在人的智力活动过程中产生的体验。理智感与人的求知欲、好奇心、原则性等相联系，它不是满足低级的本能的需要，而是满足高级的社会性需要，是一种热烈追求和探索知识与真理的情操。例如，在挑选商品时，如发现商品价格很便宜，会产生怀疑感；对一些高档商品不知如何挑选，产生苦闷感；对自己比较了解的商品，在选购时的欢快感等。

(3) 美感。是人对美好事物的体验，是人根据爱美的需要，按照一定的评价标准，在创作或欣赏美的事物过程中产生的情绪体验。审美标准因主体美学修养、爱好情操、社会地位的影响而存在差别，但在同一群体中往往持有基本相同的审美标准。如消费者对时尚、新潮商品的追求，说明同一群体成员有着近似的美感。

3. 情绪与情感的外部表现

情感过程是人对客观事物与人的需要之间关系的反映，是人对事物的一种好恶的倾向，它主要是通过人的神态、表情、语言和行动变化表现出来。消费者的情感表现程度在购买活动中主要表现在以下 3 个方面。

(1) 面部表情。面部表情和姿态是表现情感的主要手段。人们的喜、怒、哀、乐、爱、憎等各种情感都能通过不同的面部表情与姿态表现出来。如当消费者买到自己喜爱的商品时，会高兴得眉飞色舞或手舞足蹈；当消费者与营业员因退换商品而发生争吵时，会面色苍白或涨红了脸。在购买活动中各种复杂的心理感受、情绪变化都会通过不同的面部表情和姿态反映出来。因此，一个优秀的营业员不仅要善于根据消费者面部表情的变化去揣摩消费者的心理，同时，也要注意运用自己的表情姿态去影响消费者，沟通买卖双方的感情，促使消费者的情感向积极的方向发展。

(2) 声调表情。人们说话的语调、声音强弱及速度的变化，往往反映出情感的变化。一般来讲，快速、激昂的语调体现了人的热烈、急躁、恼怒的情感，而低沉、缓慢的语调则表现人的畏惧、悲哀的情感。往往同一语句，由于说话人在音强、音速、音调上的差别而表达出不同的情感。例如，在商店里购物时，同样会遇到这样一句话“您买什么？”，由于语调的强弱和速度不同，可以反映出亲切、真诚的情感，但也可以表现出厌烦、冰冷的情感。

(3) 动作表现。表现明显的有呼吸器官、排泄系统和循环系统的变化。一般情况下，当消费者购买衣物时，遇到其满意的商品时，常常表现出点头、赞不绝口、跃跃欲试的动作；反之则不屑一顾、匆匆而过。当消费者看到寻觅多时的商品时，往往呼吸、心跳、脉搏加快。

总之，在消费者购买活动中，情感的外显是多方面的，也是比较复杂的。有时，一种外显的情感表达了多种心理活动。如消费者在选购商品时，有时表情紧张，可能是担心商品质量或性能有问题，唯恐吃亏上当，也可能是担心买不到商品，还有可能是担心买回去后家人不喜欢等。

与相关课程的联系

推销学里要求推销员给顾客留下良好的第一印象，只要让顾客认可了自己、认可了公司、认可了产品，销售就一定能成功。推销员要善于察言观色，根据顾客的表情等信号，积极促成交易。开篇案例中为什么舍近求远，到熟悉的超市、饭店消费的原因，很大程度是和那里的销售人员熟悉，有一定的感情所致。

三、情绪、情感与消费行为

1. 情绪、情感的极端性与消费行为

不同情况下，消费者的情绪和情感的表现会出现肯定或者否定的极端状态，积极的情绪情感会成为行为的诱因；而消极的情绪情感将成为行为的阻碍。比如消费者高兴、兴奋、愉快时，往往会买很多东西；而悲伤、生气或低落时，购物时可能会看什么都不顺眼，会不能很好地完成消费。当然，有另一种例外情况：有人悲伤或消极时用购物来冲淡，结果买了一大堆无用的东西，过后一看物不所值，后悔得不得了。

2. 营销情绪、情感的主要因素

消费者在购买活动中，情绪的产生和变化主要受以下因素影响。

(1) 购物场所的物理条件。购物场所的物理条件主要包括空间、温度、音乐、色彩、照明、气味等，这些条件的好坏，会直接影响消费者的情绪。购物环境如果宽敞明亮、干净整洁、环境幽雅、温度适宜、乐曲欢快，消费者就会感到愉快、舒畅，就会产生美好的情绪体验，有利于购买活动。

(2) 商品的特点。影响消费者情绪和情感的商品因素有商品的质量、性能、价格、包装、造型、广告、售后服务等。商品的特点如果满足了消费者的需要，就会产生好的情绪。

(3) 顾客的心理准备。消费者的自身因素，比如兴趣、爱好、目的的不同，也会产生不同的情绪和情感体验，消费者对产品的预期正确，就会产生愉快的情绪，反之就会沮丧。

(4) 售货员的表情与心态。营销人员的服务态度、质量好坏都直接影响消费者的情感。优质服务会使消费者产生信任感、安全感，会有利于消费者购买。

3. 情绪、情感与营销活动

(1) 改善影响因素，提高消费者的忠诚度。从消费者的大脑记忆与情感遗忘程度曲线上看，在没有任何提醒的情况下，每隔三个星期的时间，消费者对产品和品牌的记忆度与情感度就会下降 2～5 个百分点。要适当进行广告发布和与消费者进行情感交流。

要改善商品、购物场所及营销人员能够给消费者带来不良情绪的因素，商品要明码标价，物有所值，尽可能创造出优美的购物环境，提供优良服务，童叟无欺，一视同仁，让

每一位顾客购物时心情愉快。

(2) 通过公共关系，建立良好的情感联系。注意树立商业企业的形象，达到顾客满意，及时解决诉怨，注意形象宣传，把企业良好形象印在顾客的心目中，使他们能够长久地对企业抱有良好的情感。

(3) 加强诚信建设，取信于消费者。要始终如一地坚持顾客就是上帝的理念，真正做到“卖商品如同嫁女儿”，就能赢得消费者的良好情感，企业也才能长盛不衰。

单元3 消费者的意志过程

消费者经历了认识过程和情感过程之后，是否采取购买行动，还有赖于消费者心理活动的意志过程。即消费者在购买活动中不仅要通过感知、记忆、思维、注意等活动来认识商品，伴随认识产生一定的内心体验和态度，而且还有赖于意志过程来确定购买目的并排除各种主观因素的影响，采取行动实现购买目的。因此，研究消费者的意志过程和特点是分析消费者购买行为的重要前提之一。

一、意志的内涵

1. 意志的概念

意志是自觉地确定目的，并根据目的来支配、调节自己的行动，克服各种困难，从而实现目的的心理过程。由意志控制和支配的行动，就叫意志行动。在现代社会实践的各个方面，人的意志到处都在起作用。例如，消费者为了买到满意的商品而不辞辛苦地走遍大大小小的商店；购房者贷款购房后为了还贷而长年艰辛劳作、节衣缩食等。

相关链接

成功的秘诀在于坚持不懈

故事发生在古希腊。开学第一天，大哲学家苏格拉底对学生说：“今天咱们只学一件最简单也是最容易做的事。每人把胳膊尽量往前甩。”说着，苏格拉底示范了一遍，“从今天开始，每天做100下，大家能做到吗？”学生们都笑了，这么简单的事，有什么做不到的！过了一个月，苏格拉底问学生们：“每天甩100下，哪些同学坚持了？”有90%的同学骄傲地举起了手。又过了一个月，苏格拉底又问，这回，坚持下来的学生只剩下八成。一年后，苏格拉底再一次问大家：“请告诉我，最简单的甩手运动，还有哪几位同学坚持了？”这时，整个教室里，只有一人举起了手。这个学生就是后来成为古希腊另一位大哲学家的柏拉图。这个小故事所蕴含的深刻含义是显而易见的——那就是成功的不二法门，即坚持不懈。

2. 意志过程的基本特征

消费者在购买行为中表现出有目的地、自觉地支配和调节自己的行动，并与克服困难相联系的心理过程，就是消费者心理活动的意志过程。在消费者意志过程中具有三个主要特征：一是具有明确目的的心理活动；二是有克服困难的心理活动；三是采取行动，实现既定购买目的的心理过程。

(1) 具有明确目的的心理活动。消费者购买商品是为了满足自己的需要，要经过思考而明确其购买目的，然后有意识自觉地调节购物行为。购买活动始终是在有目的的意志过程支配调节下进行的，消费者的购买目的越明确，完成购买活动也就越迅速、越坚定。有的消费者省吃俭用就是为了购买一套盼望已久的商品房；有的消费者为了满足集邮的爱好，把大部分工资用于购买邮票；准备结婚的青年男女大量购买结婚用品等。为了实现购物目的，消费者还要根据自己的主观条件加以确定。例如，同样购买彩电，是购买大型号的呢，还是购买小型号的？这就需要消费者根据自己的使用条件做出决定。

(2) 克服困难的心理活动。消费者在购买活动中，其意志行动是有明确的目的的，而目的的确定和实现，会遇到种种困难。因此，消费者为实现购买目的而采取意志行动。在购买活动中，由于阻碍、干扰和困难程度不同，以及消费者意志品质的差异，对于购买商品的意志过程，有的人较为简单，有的人则很复杂。在现实生活中，常常出现这种情况：在同一时期内，消费者同时有多种需要，因此，就会产生多种购买动机。例如，在挑选商品时，面对几种自己都喜爱的商品，或者自己对商品的内在质量难以判断，就会导致购买信心不足。这时必须考虑选择和重新物色购买目标，去实现自己的购买目的。这就要求消费者在比较的基础上做出理智的购买决定。能否克服这种压力和困难，则取决于消费者的意志。

(3) 采取行动，实现既定购买目的的心理过程。这一特点表明消费者在经过商品选择后采取实际的购买行动。进行购买是真正表现出意志的重要环节，它不仅要求消费者克服内部困难，而且要排除外部干扰。通过意志的努力，实现既定的购买目的。在消费者的购买过程中，如果得到营业员的热情接待，则会强化消费者的购买决定，使之满意地买下商品。经营者精心策划购物环境，也能强化消费者的意志。在购物活动中，由于多种因素的影响，有的可能导致积极的情绪反应，有的可能引起消极的情绪反应，这则有赖于意志行动的心理过程。

二、消费者意志过程的实现

意志行动的心理过程是一个极其复杂的过程，当顾客购买商品时，其意志行动的心理过程包括两个阶段：决策阶段和执行决策阶段。

1. 决策阶段

采取决定阶段是意志行动的开始阶段，是对未来行动进行酝酿和抉择的过程，它决定着意志行动的方向和行动计划。在这个阶段，主要是克服个人心理的冲突，战胜内部困难，及时作出购买决定。任何消费行为都是由一定的需要、动机引起的，但在同一时间或期间内，消费者同时有多种需要，也就会同时产生多种购买动机。消费者必须依据购买目的，比较权衡，分清轻重缓急，进行动机取舍，恰当地选择出主导动机，以此来确定行动的方向。消费者在购买动机确定之后，还有一个具体购买对象的确定问题。因为同类商品会有质量、档次、价格等方面的差异。消费者选择、确定购买对象的过程，就是把市场上现有的商品与自己的要求进行比较的过程。消费者购买对象确定之后，还要制订购买行动计划，保证购买目标的实现。例如，购物时间的确定，购买场所的选择，经济开支有多少，所需物品哪些先购，哪些后购等，这些都需要在意志活动的参与下进行。

2. 执行决策阶段

执行决策阶段是消费者意志过程的完成阶段，是把主体意识变为现实的购买过程，或者说，是把人的主观目的转化为客观结果，观念的东西转化为实际行动的过程。消费者在该阶段的主要表现，就是根据既定的购买目的采取行动，把主体意识转化为实现购买目的的实际行动。消费者由作出购买决定过渡到实行购买决定，不全是一帆风顺的，往往要克服主观上和客观上的各种困难，即为实现购买目的，需付出一定的意志努力。该阶段是真正表现意志的中心环节。例如，顾客要达到购买住房的目的，就要多看、多问、多跑，了解市场行情，排除一些不利因素，最终实现购买目的。

三、消费者意志品质与消费行为

意志的品质是指消费者在消费活动中，其意志过程所呈现出的基本特征。顾客在购买商品时，行为常呈现明显的意志特征，表现为意志坚强或意志薄弱等。坚强的意志品质是克服不利因素及困难、完成购买决策的重要心理机能保证。意志品质的特征体现在意志过程中，但它在消费者身上的表现有所不同，归纳起来主要有以下 4 种类型。

1. 意志的自觉性

意志的自觉性是指消费者对将要进行的购买活动有明确的目的，能主动认识、了解所要购买的产品，通过综合考虑制定购买决策，并意识到购买后的实际意义和行动的结果。意志自觉性强的消费者能充分认识到采取哪种购物行为是正确的，也有强烈的自我意识驱使自己采取正确的行动。在执行购买决定时能正视现实，自觉、主动、独立地调节和控制自身的购买行为；在遇到障碍时会运用理智分析，自觉修改购买方案；在目标指引下勇于克服困难，承担外界压力，完成预定计划，这就是意志自觉性强的表现。许多顾客购买价格昂贵的大件耐用消费品时，一般到大店、名店去购买，通常有较为明确而周到的购买计划，不会草率、鲁莽行事，因而可以获得较满意的结果。

2. 意志的果断性

意志的果断性是指消费者在购买商品时能迅速地分析所发生的情况，能果断地作出正确合理的决策，并且能毫不迟疑地执行决策，体现了意志品质的良好素质。该类消费者在购物中反应敏捷，善于捕捉机遇，能积极思考，有较为丰富的购物经验，评价判断商品的能力较强，或者有强烈拥有某种商品的需要与愿望，能迅速分析出购买行为对自己的意义大小，不失时机地作出决策。例如，中国加入世贸组织后，大家都明白国外汽车业必然会对中国汽车业带来巨大的冲击，都期待着轿车的价格有大幅下降。大多数人在等待观望，但有些人却能适时做出购买决定，而不是从众犹豫。意志果断性强的顾客在购买活动中能积极开展理智的思维活动，购买成功的可能性很高；而意志果断性较差的顾客则常常迟疑不决，坐失购物良机。

3. 意志的坚韧性

意志的坚韧性是指消费者在购买活动中呈现出来的不畏困难、坚持到底的顽强精神。有的顾客在购买活动中能以充沛的精力和坚忍不拔的毅力去克服遇到的困难，排除干扰，跨越障碍，取得最后的成功。例如，有的集邮爱好者，为了收集到一枚自己缺少的邮票，不辞辛苦，常年坚持到各家邮票市场搜寻，表现出坚韧的意志。

4. 意志的自制性

意志的自制性是指消费者在消费购物行为中善于支配自己、控制自己的情绪，约束自己的言行以求得满意的购买结果。他们在购物时表现出较大的耐心，避免在购买活动中发生某些不愉快的事情。由于购物环境、商品供求关系、质量性能等诸多因素较为复杂，有时难免会出现矛盾、不愉快甚至冲突的情况，自制能力强的消费者能冷静地对待，控制自己的情绪与言行，尽量不讲激化矛盾的话，不做引起冲突的事。消费者依据主客观因素的变化能当机立断，保证购买目标最后能够实现，而不是一意孤行。

意志的自觉性、果断性、坚韧性、自制性，是意志品质的四个主要特征，它们共同影响着一个人的意志行为。良好的意志品质对顾客的消费活动与购买行为非常重要，能促使消费与购买活动得到理想的效果。因此，除了顾客需努力提高自身的意志品质外，厂商也应努力促进与帮助顾客建立良好的意志品质，利用各种途径与措施，宣传好自己商品的性能、质量，努力提高企业的服务质量与水平，以取得顾客与企业双赢的效果。

相关链接

信念是一面旗帜

罗杰·罗尔斯出生于美国纽约声名狼藉的大沙头贫民窟，这里环境肮脏、充满暴力，是偷渡者和流浪汉的聚集地。因此，罗杰·罗尔斯从小就受到了不良影响，读小学时经常逃学、打架、偷窃。

一天，当他从窗台上跳下，伸着小手走向讲台时，校长皮尔·保罗将他逮个正着。出乎意料的是校长没有批评他，反而说："我一看你修长的小拇指就知道，将来你一定会是纽约州的州长。"当时的罗尔斯大吃一惊，因为在他不长的人生经历中只有奶奶让他振奋过一次，说他可以成为 5 吨重的小船的船长。他记下了校长的话并坚信这是真实的。

从那天起，"纽约州州长"就像一面旗帜在他心里高高飘扬。罗尔斯的衣服不再粘满泥土，语言不再肮脏难听，行动不再拖沓和漫无目的。在此后的四十多年，他没有一天不按州长的身份要求自己。强大的信念好坚强的意志，终于使他在 51 岁那年，成了纽约州的州长。

资料显示，中国的民营企业的平均寿命只有 2.9 年，许多品牌如流星一样，只是一个过客，超过百年的知名品牌更是凤毛麟角。通过上述案例，你对要树立知名品牌的企业有哪些建议？

模块小结

消费者心理活动的认识过程、情感过程和意志过程是统一的、密切联系的三个方面。一方面，认识是意志的必要前提，意志又推动认识发展。认识过程的深度对意志过程克服困难的努力程度有影响，反过来，意志过程对深化和加强认识过程也有影响。意志过程是在认识的基础上产生的，意志行动贯穿着认识活动。意志过程就是确定购买目的并通过克服困难去实现目的，而目的的确定有赖于认识过程提供知识，目的的实现也要依赖认识过程提供技能、经验和可行的方式方法。意志过程也给认识过程以巨大的推动力，可以促进消费者的认识更广泛、更深入地发展，从而提高购买活动的主动性和自觉性。一方面，意志过程有赖于情感过程，但又能调节情感过程的发展变化。情绪和情感既可以成为意志过程的动力，也可以成为意志过程的阻力。另一方面，意志过程对情感过程也起着调节和控制作用。

由此可见，认识、情感和意志过程协同作用，构成了消费者完整的心理过程，左右着消费者的购买行为。消费者完成了一次购买行为，其心理活动过程也就随之基本结束了。但消费者在使用商品的过程中还会发生新的情绪体验、新的认识，还会影响着下一次的购买行为。

主要名词

感觉 知觉 错觉 记忆 艾宾浩斯曲线 思维 想象 注意 情绪 情感 意志

自 测 试 题

一、单项选择题(10分，每题2分)

1．消费者知觉的选择性取决于知觉的(　　)。

A．防御性　　B．整体性　　C．主观性　　D．对比性

2．由消费宣传的刺激作用引起的主观经验是(　　)。

A．感觉　　B．知觉　　C．想象　　D．联想

3．对储存于脑中的事物进行进一步的加工与存储，使之较长时间保持在头脑中的过程是(　　)。

A．识记　　B．保持　　C．回忆　　D．认知

4．感觉是由感觉器官的刺激作用引起的(　　)。

A．客观反应　　B．主观经验　　C．变化　　D．反映

5．刺激对感受器的持续作用而使感受器发生变化属于(　　)。

A．适应　　B．感觉的相互作用

C．错觉　　D．知觉

二、多项选择题(10分，每题2分)

1．知觉是影响消费者行为的重要因素，它的主要特性是(　　)。

A．知觉的主观性　　B．知觉的整体性

C．知觉的风险性　　D．知觉的选择性

2．在购买活动中，消费者的情感表现主要包括(　　)。

A．面部表情　　B．心理活动　　C．声调表情

D．动作表现　　E．购买欲望

3．根据对商品认识程度的不同可将消费者能力划分为(　　)。

A．盲目型　　B．不确定型　　C．知识型

D．略知型　　E．无知型

4．消费者感觉形成的生理基础是(　　)。

A．感受器　　B．传入神经　　C．中枢神经

D．传出神经　　E．运动神经

5．消费者意志品质的表现包括(　　)。

A．自觉性　　B．果断性　　C．坚韧性　　D．自制性

三、判断题(10 分，每题 1 分)

1．能觉察出最小刺激强度的能力叫做绝对感受性。　(　　)

2．长时记忆必须要对材料反复加工复述才能形成。　(　　)

3．心理学研究结果表明，人与人交往，第一印象极其重要。　(　　)

4．消费需求的习惯性是指消费者在长期消费活动中积存下来的消费偏爱和倾向。　(　　)

5．人的梦属于无意想象。　(　　)

6．一个人的兴趣与其需要没有关系。　(　　)

7．气质是人典型、稳定的心理特点，主要由先天因素决定。　(　　)

8．性格是人的个性中最主要的心理特征，人和人之间的差别首先表现在性格差别上。　(　　)

9．情绪和情感是一回事，没有区别。　(　　)

10．商品广告成功的基础在于能否引起消费者的注意。　(　　)

四、简答题(50 分，每题 10 分)

1．什么是感觉？举例说明感觉的种类。企业如何运用感觉规律开展市场营销工作？

2．什么是知觉？举例说明知觉的种类。知觉对消费者行为有什么影响？

3．什么是错觉？错觉在市场营销中有哪些应用？

4．什么是情绪和情感？两者的区别是什么？

5．什么是意志？意志有什么特征？

五、论述题(20 分，每题 10 分)

1．试述消费者意志品质差对购买行为的影响。

2．结合 2012 年中日钓鱼岛事件对日本汽车在华销售量大幅下降的情况，论述情绪和情感对消费行为的影响。

案例分析

用电话传递你的爱吧

一天晚上，一对老夫妇正在进餐，电话铃响了，老妇去另一个房间接电话，回来后，老先生问：“谁的电话？”老妇回答：“是女儿打来的。”又问：“有什么事？”回答：“没有。”老先生惊奇地问：“没事？几千里地打来电话？”老妇呜咽道：“她说她爱我们。”两人顿时相对无言，激动不已。

这是美国贝尔电话公司的广告。

案例讨论

1. 这则广告利用了人们的什么心理?
2. 贝尔公司的成功之处在哪里?

实 训 练 习

1．访问 10 位吸烟者，了解他们是如何学会吸烟的，现在对吸烟的依赖程度，对吸烟危害的认识，是否戒过，为什么还在吸？

2．调查 10 位同学，要求他们列出知道的所有手机品牌，每位同学为什么选择所使用的手机的品牌？喜欢哪些品牌？不喜欢哪些品牌？以后更换手机准备选择什么品牌？你的结果对市场营销有什么意义？

模块 3

探索消费者的个性心理

内容提要

模块 3 主要介绍消费者的个性心理，消费者的个性心理分为需要、气质、性格与能力，在消费过程中，消费者个性心理特征与消费行为的关系密切。

教学重点和难点

个性心理特征与消费行为的关系，如何根据气质类型开展市场营销。

学习目标

知识点：掌握气质、性格与能力的概念及特征；

能力点：掌握气质、性格与能力的等心理特征对消费行为的影响，企业在市场营销过程中，如何进行有效运用。

导入案例

小王和小李不同的消费个性

随着互联网的发展以及计算机的普及，网上购物已经成为我们生活中司空见惯的消费行为。消费者在网上几乎可以买到所有他们需要的商品，但是相比在商店购买，还是有很多的差异，在与商店购买相比较，网上购物有很多优势：非常方便和舒适。人们不必浪费他们的很多能源和宝贵的时间去从一个店到另一个选择他们喜欢的商品。这对于工作繁忙的白领尤其可取，很多白领人不能经常亲自去商店选购。他们所需要做的就是坐在计算机前单击鼠标，所订商品就能送货上门。电子商务还具有节约时间、节约成本、可供选择样式多等优点。

小王和小李是大学同学，也是同寝室好友，作为当代的大学生她们对网购并不陌生，但是对于网购的态度，两人截然不同。小王热衷于网购，今天上当当买本书，明天逛逛淘宝买个手机套，再不后天逛逛天猫买双鞋子，就是不购物时她也经常浏览京东、唯品会、易迅等各大网络购物网站。每次淘到好东西都要和室友大大宣扬一翻，偶尔淘到了不满意的商品，也绝不会默不作声，而是积极找卖家理论，实在不行就找客服进行维权。所以在淘宝等网站购物，她一直兴致盎然。同学都称她为网购达人。而小李则很少在网上买东西，每次看到小王在淘货，她总是不言不语，她不太喜欢在网上购物，因为这种新型的购物方式让她觉得不如传统的实体销售更直观，就好像鞋子合不合脚一定要试过才知道，不能光听信网上的介绍。就是去商场购物，小李也经常左思右想，拿不定主意。小李这个人平常文静内向，朋友圈子不大，喜欢看书，听听轻音乐，她就喜欢这样简单安静的生活。

小李和小王显然有着截然不同的性格，兴趣爱好也很不一样。因此在对待网购这一新兴销售模式时，她们会有不同的表现，这就是消费者不同的个性心理所带来的不同的消费需求。从整个消费过程上来看，消费者对消费对象的认识过程、情感过程和意志过程是人们共有的心理现象，体现了消费活动的一般心理规律，从而使消费活动具有某些共性。可是人与人之间除了共性以外还有很多不同的特性存在，消费者在能力、气质和性格上都有各自的特点，所以在消费过程中，每个个体的消费活动都具备自己的独特色彩。

“人心不同，各如其面。”这是每个人个性不同的经典写照，在日常生活中，不同的消费者有不同的个性心理和行为差异，在购买实践中，消费者的目光、挑选商品的表情、讲话的速度、决策的快慢各不相同，消费者在这些方面的不同差异，都是由于其不同的个性心理而引起的。研究消费者的个性心理，有助于揭示构成不同消费行为的内部原因、预见和引导消费者的购买行为。

你在日常的消费中，你对哪些商品感兴趣？你购买商品时，是果断还是犹豫不决？对于不熟悉的商品，你是如何购买的？你的性格对你从事营销工作，进行消费决策有哪些帮助？作为普通消费者，你认为应该具备哪些消费能力？

在现代社会的营销过程中，越来越多地把握消费者的心理才是营销过程的制胜之道。而构成消费者千差万别、各具特色的购买行为的心理基础是消费者的个性心理特征。

单元1 消费者的个性心理

相关链接

添一点

有一家卖瓜子的小店生意特别火，其他同类商家怎么也比不上，该店老板说：“其实，我们家瓜子除了味道独特以外，在经营方面还有一小技巧，就是在称分量时，别人家总是先抓一大把，称的时候再把多的拿掉；而我们家总是先估计得差不多，然后再添一点”。这“添一点”的动作看似细小，却符合顾客的微妙心理，许多顾客都害怕短斤少两，“拿掉”的动作更增加了这一顾虑，而“添点”，则让人感到分量给足了，心里踏实，所以乐于登门。

结合本案例，你认为这家小店生意好的关键是什么？

在心理学中把个体身上经常的稳定的表现出来的心理特点的总和，称为个性。个性的心理结构是复杂的，它包括个性心理倾向(指需要、动机、兴趣、理想、信念、价值观、世界观等)和个性心理特征(指气质、性格、能力)。人的性格特征是由人的行为方式表现出来的，消费者个性心理特征的差异，是通过不同的购买行为表现出来的。因此，研究了解消费者的个性，不仅可以解释他目前的购买行为，而且还可以在一定程度上预测他未来的消费趋向。

一、个性概述

个性也称人格，是指一个人的基本心理(或精神)面貌而言，即具有一定倾向性的各种心理特征的总和。个性是一个复杂的、多侧面的、多层次的和多水平的体系。它主要由个性倾向性和个性心理特征两部分组成。个性倾向性主要包括需要、动机、兴趣、信念和世界观等。它反映了人与客观现实的相互作用的过程中，个体的基本认识态度、行为趋向和活动动力问题。个性心理特征主要包括能力、气质和性格。它表明个体的典型的心理活动和行为，是个性结构中比较持久、相对稳定的成分。对消费者个性的了解和研究是为了预测其消费动机和购买行为。个性作为消费者通过体验而形成的相对稳定的心理定势，其特征不仅可以解释他目前的购买行为，而且还可以在一定程度上预测他未来的消费趋向，有助于促进商品的品牌或店铺的偏好等销售行为。

二、个性的特点

一般认为，个性具有整体性、稳定性和可塑性、独特性和共同性、社会性和生物性。分析这些特性，有助于对个性概念的理解。

1. 个性的整体性

个性是一个统一的整体结构，是人的整个心理面貌。每个人的个性倾向性和个性心理特征并不是孤立的，它们相互联系、相互制约，组成一个完整的个性。例如，一个处事谨慎的人，在工作中，严肃认真，办事稳重；购买商品时，也是认真仔细，决不草率从事。

一个人的精神风貌，通过工作和生活，完整、鲜活地展示在世人面前。

2. 个性的稳定性和可塑性

个性具有稳定性是指一个的比较稳定的心理倾向和心理特征的总和。人在行为中的偶然表现不能表征他的个性，只有在行为中比较稳定经常表现出来的心理倾向和心理特征才能表征他的个性。所谓“江山易改，本性难移”就形象地说明了个性的稳定性。然而个性的稳定性只是相对的，个性并不是一成不变的，个性具有可塑性。个性在主客观条件相互作用过程中发展起来，同时又在这种条件下发生变化。但是，个性的稳定性并不排斥个性的可变性，实际上，随着社会生活条件的变化和一个人的成熟，他的个性特点也会发生或多或少的变化，如有人原本外向开朗，遭遇沉重的打击后变得沉默寡言、喜欢独处。但其变化一定遵循“跨时间的延续，跨情境的一致”的原则。例如，失败可以使人消沉，但通过自我调节人也可以使自己变得更加坚强。

3. 个性的独特性和共同性

人与之间没有完全相同的心理面貌。许多心理学家都强调了个性的独特性，每一个人的个性都由独特的个性倾向性和个性心理特征所组成。即使是同卵双生子，他们的心理面貌也不会完全相同，因为个性是在遗传、环境、成熟和学习许多因素影响下发展起来的，这些因素及这些因素之间的关系都不可能是完全相同的。但是，这并不排斥人与人之间心理上的共性，生活在同一社会群体或同一社会环境、自然环境中的人，也会有一些相同的个性特征。这种心理上的共性也具有一定的稳定性和一致性，个性包含共性，共性又通过个性表现出来。例如，公认的德意志民族的严谨，法兰西民族的浪漫，中华民族的勤劳等表现的是各民族的共性；同样是固执，在溺爱的环境里有骄横的意思，在艰难的环境里就有反抗的意义，即所谓个性的表现。

4. 个性的社会性和生物性

人的个性不仅受生理因素的制约，而且受社会因素的制约。在个性形成和发展过程中，既有生物因素的作用，也有社会因素的作用。不能将个性的形成和发展原因归结为一种因素。如果只有人的自然属性而脱离了人类社会，就不能形成人的个性，如印度“狼孩”的事例就充分说明了这一点。

相关链接

“美开乐”公司是美国一家专门生产服装纸样的专业性公司，现在已经在世界各地设立了约 2 000 个分销点，在我国的北京、上海、天津等城市已经开设了 60 个销售点。他们每年举行一次以美开乐公司纸样所裁剪的服装表演比赛，只要是以美开乐公司的纸样所裁剪的服装就可以参赛，获奖的人员不仅能够得到可观的比赛纪念品，继而得到美开乐公司的服装和服装纸样，而且在参赛的过程中，可以与许多服装师接触，进而提高自己对于服装的审美水平和服装设计能力，这种促销方式引导了许多服装裁剪爱好者(尤其是女性)对纸样裁剪的尝试。

问题：从个性心理角度分析美开乐公司这样做的依据和意义。

与相关课程的联系

消费者个性的不同，为市场营销中的市场细分、市场定位及目标市场的确定提供了依据。在推销、价格制定等方面，都要根据消费者不同的个性特点进行选择。

三、个性在消费中的作用

目前不少商家的营销思想还是“以产品为中心”和“以我要的消费者”为经营理念，所制定的“营销策略”只是在上述观点下，将产品、价格、地点和促销(简称 4P)加以组合应用于市场中。如今的市场营销要求经营者从消费者角度观察每一件事情，并且围绕着消费者需求与期望去制订营销计划并实施计划。只有这样，消费者在市场上才能找到他们要买的东西并且乐于去买这些东西。

研究人的个性心理的规律，在消费实践过程中具有极为重要的意义。在各种各样的消费活动中，消费者都会产生一系列的心理活动，我们研究消费者不同的心理活动特点，就能更好地开展营销活动，并在此基础上，有目的地刺激和诱导消费者的购买行为，有针对性地提供各种恰当的服务，解决消费者在购买活动中的各种问题，更好地推销商品，提高消费者对商品的满意程度。

1. 消费者个性的差异性决定需求的多样性

消费者的个人特点和相互差异，形成消费者不同的购买动机、购买方式和购买习惯，使其购买行为复杂多样。例如，有的人对商品有浓厚的怀旧心理，对日新月异的新产品难以接受；有的人对新潮流跃跃欲试，对新产品总是先人一步，抢先消费，甚至超前消费；有的人为了攒钱，衣食住行消费处在最低生活水准，有的人则能科学地适度消费。于是，就有了“北大荒”“老三届”等餐馆，让人们流连忘返于 20 世纪 60 年代的知青岁月，同时也出现了让年长者跟不上趟的“新新人类”生活方式，还有的人不惜债台高筑，借钱购买高档商品，以显示生活水准达到了一定档次等。消费者需求的多样性是进行市场细分和选择目标市场的基础。

2. 消费者个性的稳定性决定需求的稳定性

消费者个性的稳定性决定消费者对某些商品和服务的需求在一定时间内的依恋、忠诚，有的甚至一生不变其钟爱。例如，约五成烟民吸烟品牌不变，有的男士甚至十几年总是吸一种品牌；有的女士对化妆品的使用更是非常专一。这就告诉我们要认真培育市场，有目的、有计划、有地域性地供应商品，更好地满足消费者稳定的需要。

3. 消费者个性的可塑性决定需求的可诱导性

消费者的需求可以通过环境的改变、外部诱因的刺激、主观认识的认同，引导、诱发消费者需求发生变化和转移。消费者需求的可诱导性，为企业提供了巨大的市场潜力和市场机会，企业通过卓有成效的市场营销策略、营销活动，使无需求转化为有需求，潜在需求转变为现实需求，未来需求转变为近期的购买行为，从而使企业由被动地适应、迎合消费者的需求，转化为积极地引导、激发和创造需求。

4. 消费者个性的独特性决定需求的发展性

按照马斯洛的需求层次理论，消费者的需求不是一成不变的，随着社会经济发展和人民生活水平的不断提高，人们对商品和服务的需求从数量、质量等方面都会提出新的要求，一种需要满足了，又会产生新的需要。消费需求总是由简单向复杂、由低档向高档、由大众化向个性化发展。某些现在受消费者欢迎的热门货，有可能在一定时期以后变成过时商品而被淘汰，许多潜在的消费需求，不断地变成现实的购买行为等，这就是消费需求的发展性。

相关链接

早在 20 世纪 50 年代，美国学者伊万斯(Evans)试图用个性预测消费者是拥有“福特”汽车还是“雪佛兰”车。他将一种标准的个性测量表分发给“福特”和“雪佛兰”车的拥有者，然后对收集到的数据用判别分析法进行分析。结果发现，在 63%的情形下，个性特征能够准确地预测实际的汽车所有者。由于在随机情况下这一预测的准确率也将达到 50%，所以个性对行为的预测力并不很大。伊万斯由此得出结论，个性在预测汽车品牌的选择上价值较小。几个后续研究虽然发现了关于个性与产品选择和使用之间存在相关关系的证据，但个性所能解释的变动量是很小的。迄今为止，即使是颇具结论性的研究中，个性所能解释的变动量也不超过 10%。个性对行为只有较小的预测力，实际上并不奇怪，因为它只是影响消费者行为的众多因素中的一个因素而已。即使个性特征是行为或购买意向的有效的预示器，能否据此细分市场还取决于很多条件。

单元 2　消费者的兴趣、气质与购买行为

一、消费者的兴趣

1. 兴趣概述

(1) 兴趣的概念。兴趣是人们力求探究某种事物或从事某种活动的心理倾向。它表现为个体对某种事物或从事某种活动的选择性态度和积极的情绪反应。例如，对艺术感兴趣的人总是首先注意有关艺术方面的报道，他的认识活动优先指向与艺术有关的事物，并且表现出积极的情绪反应。

(2) 兴趣的作用。兴趣是认识和从事活动的巨大动力，是推动人们去寻求知识和从事活动的心理因素。兴趣在人们学习、工作和一切活动中起动力作用。

兴趣是引起和保持注意的重要因素，人们对感兴趣的事物，总是愉快地去探究它。兴趣使人们集中注意，产生愉快、紧张的心理状态，对认识过程产生积极的影响。

2. 兴趣的分类

人的兴趣是多种多样的，可以用不同的标准对它们进行分类。

(1) 物质兴趣和精神兴趣。根据兴趣的内容不同，可以把它们分为物质兴趣和精神兴趣。物质兴趣表现在对食物、衣服和舒适的生活环境和生活条件等的追求。对个人的物质兴趣必须加以正确的指导和适当的控制，否则会发展成畸形的、带有贪婪的形式。精神兴

趣主要指认识的兴趣，如对学习和研究文学、艺术等的兴趣。

(2) 直接兴趣和间接兴趣。直接兴趣是以活动过程本身的兴趣。例如，对逛街本身的兴趣，对学习知识本身的兴趣。间接兴趣是指对活动结果的兴趣。例如，对逛街购买商品产生的兴趣，对学习知识进而获得职业技能的兴趣。

在实践过程中，直接兴趣和间接兴趣都是不可缺少的。如果没有直接兴趣的支持，活动将变得枯燥无味；如果没有间接兴趣的支持，活动也不可能长久地持续下去。只有直接兴趣和间接兴趣正确地结合，才能充分发挥一个人的积极性。

3. 消费者兴趣的品质

(1) 兴趣的倾向性。兴趣的倾向性指个体对什么发生兴趣。人与人之间在兴趣的倾向性方面上差异很大。有人喜欢文学，所以喜欢购买大量的文学类图书；有人喜欢体育，除了经常参加体育活动，观看电视上转播的体育比赛，还会购买体育用品；有人喜欢音乐，可能会购买音乐会的门票。兴趣的倾向性有高尚和低级之分。高尚的兴趣是对有利于人类社会的事物发生兴趣；低级的兴趣是有害于人类的事物发生兴趣。兴趣倾向性与人的生活实践和的教育有关，并且受一定的社会历史条件所制约。

(2) 兴趣的广泛性。兴趣的广泛性是指个体兴趣的范围。在兴趣的范围上，个体之间的差异也很大。有人兴趣范围广泛，对许多事物和活动都兴致勃勃，乐于探求；有人则兴趣范围狭窄，常常对周围一些活动和事物漠然处之。兴趣的程度和个人的知识面的宽容密切相关。个人兴趣越广泛，知识越丰富，越容易在事业上取得成就。例如，历史上很多卓越人物都有广泛的兴趣和渊博的知识。

(3) 兴趣的稳定性。兴趣的稳定性是指个体兴趣的稳定程度。在人的一生中兴趣必须会发展变化，但在一定时期内，保持基本兴趣的稳定性，则是个体一种良好的心理品质。根据兴趣持续时间长短，兴趣可分为短暂的兴趣和稳定的兴趣。人有了稳定的兴趣，才能把工作持续地进行下去，从而把工作做好，取得创造性的成就。没有稳定的兴趣，就会三心二意，终将会一事无成。

(4) 兴趣的效能性。兴趣的效能性是指个体兴趣推动活动的力量。根据个体兴趣的效能水平不同，一般把兴趣分为有效的兴趣和无效的兴趣。有效的兴趣能够成为推动工作和学习的动力，把工作和学习引向深入，促使个体能力和性格的发展；无效的兴趣不能产生实际效果，仅仅是一种向往。

相关链接

2010年的一次调查显示，在北京的450万驾车者中，女性占到1/3，达150万人，这一趋势在上海、杭州、广州等一线城市也有强劲表现；从几家汽车经销公司的销售状况来看，目前女性购车均有不同程度增长，平均已经占到总销售量的30%左右，而且根据业内人士预测，这个数目还将有大幅度增长。2009年有关机构的市场调研中有意识地分析了女性轿车的消费情况。调查发现，量身定做女性车在中国还真是有市场的。但女性汽车在设计中要考虑到她们的特点，如在汽车前座底下设有一个黑色的帆布箱，可以放高跟鞋；遮阳板上有可以拉开的化妆镜；副驾驶前面的储物箱里，设计了纸巾盒和放饰品的地方；后座有可以伸缩的衣架，其中间座位的靠背上设计了收放式小桌板，上面可以放两个杯子和零食等。

早在2005年的调查表明，年龄在20～30岁(80、90后)的知识女性是未来营销中最有价值顾客群体之一。她们是户外运动、自我形象与自我发展等营销项目的主要消费者。而且学历越高，收入越多，花钱越冲，追求时尚没商量。调查还表明，年轻知识女性在选择商品时，一般来说影响她们消费的因素依次是品牌、自我形象(体验)、质量、价格，而其他阶层的消费者情况可能就不一样了。所以，未来女性市场关键是深入了解她们的内心欲望，开发满足她们需求的项目，才能财源滚滚。

二、兴趣与购买行为

消费者的兴趣对购买行为有非常重要的影响，兴趣是人们行为的动力之一。实践表明，兴趣与认识、情感相联系。对事物没有认识就不会产生兴趣，更不会对自己一无所知的事物产生兴趣；在产生兴趣的过程中也会伴随这样或那样的情感，而且对事物的认识越深刻，情感越强烈，兴趣才会越深厚。反过来，对事物越感兴趣，对情感的激发就越有力，对主体认识活动的促进就越大。因此，兴趣不仅能反映人的心理特点，而且还对主体的行为产生重大的影响。

1. 兴趣对消费行为的影响

在购买过程中，兴趣对促进消费者的购买有明显的影响，主要表现为以下几个方面。

(1) 兴趣会影响消费者的购买活动。兴趣与注意密切相关，凡是人们感兴趣的事物，必然会引起对它的注意，并容易对其产生深刻的印象。消费者如果对某种商品产生兴趣，往往会在其生活中主动地注意收集这种商品的相关信息、资料，积累相关的知识，有计划地储蓄资金，从而为未来的购买活动做准备。

(2) 兴趣能使消费者缩短购买过程，尽快作出购买决定并加以执行。消费者在选购某种自己感兴趣的商品时，一般总是心情愉快、精神集中，以积极认真的态度去进行。而且在购买前，对该商品已经有了相当的了解，因而会缩短对该商品的认识过程，在兴趣倾向性的支配下，易于作出购买决策，完成购买任务。

(3) 兴趣可以刺激消费者对某种商品重复购买或长期使用。因为，消费者由于兴趣的原因会产生对某种商品的偏好，养成某种习惯，这样往往能促使他们在长期的生活中使用某种商品，形成重复性、长期性的购买行为。

在实际的购买活动中，由于消费者兴趣的倾向性不同，及兴趣的范围与深度的不同，消费者对商品的造型、式样、颜色、用途、性价比等方面的爱好、追求也有所不同。如有的消费者由于情感的原因，对商品常受其某些外在因素的诱发，产生短暂的兴趣而狂热地追求，但一般这种兴趣来得快去得也快，容易发生转换；有的消费者由于意志的原因，对某些适合其研究目的的商品有极大的偏好，形成较浓厚的兴趣，往往能持久地影响其购买行为。

相关链接

以“乱”取胜

1988年夏，美国纽约闹市区的一家妇女用品商店进了一批妇女用品很长时间无人购买。老板见状便叫店员将货物散乱地堆放在门口，路过的女士们见状，马上围成一圈寻宝似地翻来翻去找出自己需要的物品。有人对老板说："为什么不把货物整齐地摆在货架上？"老板说："如果我把这些商品都整整齐齐地摆在货架上，这些妇女还会这么仔细地挑选吗？要知道，她们主要是对胡乱堆放的商品感兴趣。"女士们购物时爱挑剔，恨不得将商店的货物翻个底朝天才会对自己手上的商品放心。这家商店采用这种方法后，商品很快就销售一空。这家商店之所以生意兴隆，原因就在于这位老板非常熟悉顾客的心理，他针对妇女好奇心强的兴趣特点，一改过去的销售方法，巧妙地采用了以乱取胜的策略。

2. 消费者兴趣的形成与激发

消费者的兴趣是在一定的生活条件下形成和发展起来的，对于成年人虽然兴趣具有一定的稳定性，但它却不是固定不变的，也不是先天的，它会随着自然环境、社会环境等条件的变化而发生兴趣的转移。消费者兴趣的不断变化发展，也正是商品经济不断发展的外部推动力之一。企业销售人员可以通过激发消费者的兴趣来达到扩大销售的目的。

影响消费者兴趣的形成和发展的因素主要有以下3个方面。

(1) 社会生活条件是兴趣产生、发展和形成的个体差异的决定因素。马克思主义理论认为，客观现实(包括人生活的自然环境和社会环境)是引起人的相应行动和行为的主要原因。也就是说，人的一切行为的主要原因不在人本身中，不在他的意识和意志中，而是在他所生活和活动的社会条件之中。正是人的社会生活条件，人在社会生产关系中所处的地位不同，制约着人们的生活条件、实践活动的各个方面，同时也制约着人们需要的性质和内容。而需要是人们兴趣产生的基础，因此，人的社会生活条件制约着人的兴趣的形成和发展，是人的兴趣及差异形成和发展的基本条件。所以商品生产企业应注重研究不同的社会群体、不同文化背景等社会因素对消费者兴趣的影响，满足不同社会生活条件下消费的不同兴趣需要。

(2) 实践活动是兴趣形成的必要条件。人的心理是人脑对客观现实的主观能动的反映。人脑对客观现实的反映，并不像镜子与物体相互作用那样是被动机械的，而是一种积极的能动的反映过程。人对客观现实的反映是在实践活动过程中发展的，它不仅受到客观事物的影响，而且还积极能动地反作用于客观现实，即主动的把外界事物转化为主观的东西，又通过实践活动使主观见之于客观。所以没有实践活动，就不能产生人对客观事物认识的需要，也就不能产生与之相应的兴趣。通过消费实践活动，能让人更多地接触各种商品，从而认识了它们的各种用途、特征及性质，产生了某种情感，形成了对某些商品的特殊消费习惯。消费实践可以提高人们的认识能力及人们对商品的认识水平，对于引起人们的兴趣具有重要的意义。

(3) 必要的知识和技能是兴趣产生的前提条件。兴趣是人在认识活动中的倾向性，因此，对客观事物的正确认识则对兴趣产生和激发具有重要的意义。实践证明，当人们不具备相关的客观知识时，他也就不能产生对该事物的兴趣；如果他很难从事所担任的活动，那么他也不会对这方面的活动产生深厚的兴趣。由此可见，必要的知识与技能是产生相应的兴趣的前提条件。因此，商品销售应通过各种可能的途径采取多种方式，有计划、有目的地对消费者进行教育，例如安利的销售成功的经验就是最好的例子。

一般来说，消费者对于某种事物产生兴趣时，总是带有喜欢、满意、期待等积极的情感体验，这种体验又能通过其语言、行动等表情表现出来，消费活动中，善于观察这些消费者对待商品的这些不同表情，是揣摩消费者心理、提高商业经营水平的重要环节。

3. 消费者兴趣的类型

(1) 牌子型。即商标型，这类消费者崇尚商品的品牌，特别是名牌商品，因为名牌不仅代表较高的商品质量，而且代表一种身份和地位。这类消费者走进商场，认准牌子，买了就走，很少左顾右盼挑选其他品牌。追求时尚的青年人多属于这一类。

(2)质量型。这类消费者注意的是商品的质量，要求商品经久耐用、质量第一。他们不太重视商品的外包装、色彩、样子，比如中老年顾客。

(3) 装潢型。这类消费者对于商品有一种天然的审美需要，注重商品的装潢设计，对具有美感的商品表现出极大的兴趣。

(4) 时髦型。这类消费者对于社会上流行或时新的商品感兴趣，特别是在服装和化妆品等方面表现得尤为突出。女性消费者的表现比较突出。

(5) 色彩型。这类消费者的兴趣表现为对某种色彩商品的偏好，商品及其包装的色彩对这类消费者挑选商品有很大的影响。例如少年儿童多属于这一类。

(6) 综合型。这类消费者在购买商品时，往往不是对商品的单一方面感兴趣，而是要多方面权衡觉得满意时，才会作出购买决定。这是理智的消费者。

相关链接

豆浆改名维他奶

香港一家有 50 年历史的豆制品公司，为了将街坊饮品变成一种国际饮品，以顺应不断变化的价值观和现代人的生活形态，不断改善其产品形象而特意选择的。维他来自拉丁文 Vita，英文 Vitamin 意为生命、营养、活力等；而舍“浆”取“奶”，英语 soybean milk(豆奶)即豆浆的意思。维他奶是以普通大众的营养饮品面貌出现的一个廉价饮品的形象。到了 20 世纪 70 年代，香港人的生活水平大大提高，大家不再担心缺营养反而担心营养过剩。若此时还标榜穷人的牛奶喝了岂不掉价，他们发现在马路边外国人喝汽水大模大样十分有派，而喝维他奶的人却站在一旁遮遮掩掩唯恐人家看到，因而豆品公司的业务陷入低潮。20 世纪 70 年代中期，豆品公司试图把维他奶树立为年轻人消费品的形象。此时的广告词令你更高、更强、更健美。1983 年又推出了一个电视广告背景为现代化城市一群年轻人拿着维他奶随着明快的音乐跳舞，可以说这段时期维他奶是一种休闲饮品的形象。然而到了 20 世纪 80 年代，香港的年轻人对维他奶怎么喝也喝不出派来了，于是从 1988 年开始的广告便重点突出它亲切、温情的一面。对于很多香港人来说维他奶是个人成长过程的一个组成部分，大多数人对维他奶有一种特殊的亲切感和认同感，它是香港本土文化的一个组成部分，是香港饮食文化的代表作。维他奶对香港人如同可口可乐对美国一样，由此维他奶又开始树立一个经典饮品的形象。从豆浆到维他奶显示了顾客需求的变化，只有更好地满足顾客的营养、活力、温情、天然健康等需求，才能使顾客产生兴趣进而产生购买动机形成购买决策，由此成为畅销品。

与相关课程的联系

能否让你想卖的东西巧妙地引起顾客的注意并引起他的兴趣，这是推销员成功与否的一大关键。产品策略必须使企业的产品符合消费者的兴趣。

三、消费者的气质

1. 气质的定义

气质俗称“脾气”“性情”。所谓气质，就是指一个人在心理活动和行为动作方面的动力特征而言的。这个动力特征是指心理活动和行为动作方面进行的强度、速度、稳定性、灵活性，以及指向性等。这些动力特征，是表现在所有心理活动——认识、情感、意志的行为运用之中。

人们之间在心理活动和行为动作方面的特征是各不相同的。有的人的心理活动进行的强烈，而有的人则微弱；有的人的心理活动发生得迅速，而有的人则缓慢；有的人的心理活动进行的稳定，而有的人则不稳定；有的人的心理活动转变得灵活，而有的人则转变得迟缓；有的人的心理活动极易表露于外，而有的人则不动声色。人的气质虽然是指所有的心理活动的动力特点而言的，但它却在情感和情绪这类心理活动中表现出鲜明特点，又最易为人们所觉察。比如，有些人的情感和情绪不仅产生得迅速、进行得猛烈而易于变化，而且喜怒行之于色；而有些人的情感和情绪则不仅产生得迟缓，进行得稳定而不那么多变，并且不易外显。人们的气质在行为动作方面的动力特点也是非常显明而又易于被观察的。有的人的行为动作表现得灵活、有力；而有的人的行为动作则表现得缓慢、平稳。

2. 关于气质的理论

(1) 气质的体液论。气质是一个非常古老的概念。早在两千多年前，希腊医生希波克拉特就根据他的经验把人的气质划分为胆汁质、多血质、粘液质和抑郁质四类。他认为人的气质的差异，是由人体内的黄胆汁、血液、粘液和黑胆汁等体液的不同数量的比例关系所决定的。希氏对于人的气质的分类基本上是正确的，所以关于气质的这种分类一直沿用到现在，但他对于气质的解释却是不科学的。

(2) 气质的血型论。血型论是用血型来解释人的气质的差异的。血型论者认为，人的气质是由他的血型决定的。人的血型分为 A 型、B 型、AB 型、O 型四种，他们的气质也相应地划分为 A 型气质、B 型气质、AB 型气质和 O 型气质。血型论者认为，A 型气质的人温顺、腼腆、多疑、易激动；B 型气质的人灵活、镇静、喜交际；AB 型气质的人则兼有 A 型和 B 型气质者的特点；O 型气质的人好逞强、坚毅、勇敢。这种见解也由于缺乏科学根据，故未能广泛流行。

(3) 气质的体型论。体型论是用人的体型来说明人的气质的。体型论者认为，人的气质与他们的体型的关系极为密切。他们把人的体型分为瘦长型、矮胖型等。并认为，瘦长型的人的体态高而瘦，其气质表现是敏感、细致、多思、冷漠；矮胖型的人的体态矮而胖，四肢粗而圆，其气质表现是精力旺盛、好社交、亲切而开朗。这种见解来自实际经验和精神病的临床观察的片面材料，也是不科学的。

(4) 气质的内分泌论。内分泌论是用内分泌来解释人的气质的。内分泌论者认为，人的气质是内分泌腺所分泌的激素决定的。他们根据人的某种内分泌腺是否特别发达，而把人分为甲状腺型、脑下垂体型等。并认为，甲状腺型的人的气质特点是精力充沛、任性、坚强；脑下垂体型的人的气质是温顺、细致、有耐性。内分泌腺的活动对人的气质确实有影响，比如，甲状腺分泌过剩、代谢机能亢进，容易产生情绪的兴奋；分泌不足，容易疲劳、没精打采，甚至引起行动的呆滞。不过，由于这种理论过于偏激，同时内分泌腺的活动不是独立的，而是受神经系统支配的，所以还是不能正确的说明气质的本质。

(5) 气质的神经类型论。对于气质本质的科学解释，是巴甫洛夫等人在神经论的基础上作出的。巴甫洛夫通过多年的实验研究证明，人们之间的高级神经活动过程，即大脑皮层的兴奋和抑制过程在以下述3个方面是各不相同的。

① 强度。神经过程的强度是指皮层细胞的工作能力和经受刺激的大小而言的。强的神经系统，能够承受强烈而繁重的刺激作用，并能较长时间的持续工作；而弱的神经系统，是难以接受过强的刺激作用的。

② 平衡性。平衡性是指两种神经过程——兴奋和抑制的力量对比而言的。这两种神经过程的力量对比可能是彼此均衡的，也可能是不均衡的。

③ 灵活性。灵活性是指兴奋和抑制过程相互转化的难易、快慢而言的。一种神经过程转变为另一种神经过程既可能是容易迅速的，也可能是艰难迟缓的。

巴甫洛夫还认为，可以依据神经过程的这三种基本特性，把人的神经系统划分为四种基本类型。这四种基本的神经类型，就是人的气质的主要生理机制。气质也就是高级神经活动遗传类型或自然类型，在人所进行的心理活动和行为动作的一种表现。强而不平衡的不可遏制的兴奋型与胆汁质相适应；强而平衡又灵活的活泼型的表现就是多血质；强而平衡但不灵活的安静型相当于粘液质；皮层细胞工作能力弱的弱型则可以解释抑郁质的特点。高级神经活动的基本遗传类型和希波克拉特的气质类型的对应关系，如表3-1所示。

表3-1　高级神经活动类型和气质类型的对应关系

神经活动过程的基本特性与高级神经活动的类型、气质类型			高级神经活动类型	气质类型
强　度	平衡性	灵活性		
强	不平衡		兴奋型	胆汁质
强	平　衡	灵　活	活泼型	多血质
强	平　衡	不灵活	安静型	粘液质
弱			抑制型	抑郁质

由于“气质是每个人的最基本的特征，即是他的神经系统最基本的特征，而这种特征是在每个个体活动之上打上这个或那个戳记的”。因此，一个具有某种气质类型的人，在他的所有心理活动和行为动作方面，都会显露出他所独有的气质特色。比如，一个粘液质的学生，不论在参加口试、演讲还是在进行智力竞赛和文艺表演的活动中，都会表现出冷静沉着、反应缓慢的特点。在人的个性心理特征中，气质所显露的神经类型的遗传特征最早、也最多，刚出生的婴儿在外界作用的影响下，就会在他的各种心理活动和行为动作中表现出各自神经过程的独具特征，例如，有的新生儿活泼好动、哭声响亮；而有的则安详宁静、哭声微弱。因而人们就认为气质是一种遗传的生理现象，而非后天的心理现象。其实，不管气质所表现的先天神经类型的特点有多早多少，它仍然是一种心理的东西。自然的神经类型是气质的生理基础之一，气质是这种神经类型的一种直接表现。而神经类型除了先天的遗传型外，还有与后天影响所留下的生理痕迹相结合的神经类型。这种神经类型也是气质的生理基础，在它的基础上所表现出来的气质，其原始神经类型的特点就极少了，何况自然神经类型的种种特征也是在后天的作用下才得以显现的呢。所以，气质是后天的心理

现象，而非先天的生理现象，不能把自然神经类型与气质混同起来。

总之，气质是在遗传的神经类型的基础上，在外界条件的影响下发生发展起来的心理活动和行为动作的各种动力特点。

3. 气质类型的特征

下面主要分析 4 种气质类型所具有的典型心理特征。

(1) 胆汁质。各种心理活动特点是情感和行为动作不仅产生得迅速，而且进行得强烈，并有极明显的外部表现。这种人比较热情和坦率，性情易急躁且好争论，情感易于冲动但却不持久，喜怒形之于色。注意稳定而集中，但难于转移。意志坚定，果断和勇敢。行动利落而又敏捷，语速快且声音洪亮，行为鲁莽冒失，精力十分充沛，生龙活虎。

艺术作品中典型的胆汁质代表人物有《三国演义》中的张飞、《西游记》中的孙悟空和《红楼梦》中的史湘云。

(2) 多血质。各种心理活动特别是情感和行为动作发生得快变化得也快，但却比较温和。这种人易于发生情感，但体验不太强烈。情感不持久，也易于变化和消失，并且显著地表现于外。他们对于各种事物都容易形成生动逼真的印象，但所形成的印象都较肤浅而不深刻，他们机智灵敏，注意易转移、动摇而不稳定。在意志方面缺乏忍耐力，毅力不强。这种人在行动上举止很敏捷，说话很快，很易跟人接近，关于适应变化的生活条件，在新环境中从不拘束，颇不甘寂寞，喜欢交际，但失于轻浮。

艺术作品中典型的多血质代表人物有《三国演义》中的曹操、《西游记》中的猪八戒和《红楼梦》中的王熙凤。

(3) 粘液质。各种心理活动特别是情感和行为动作进行得迟缓、稳定、缺乏灵活性。这种人情绪含蓄、淡薄、宁静，他们很少产生激情，并且缺乏生动的表情，情感很不容易外露，遇到不愉快的事也不动声色，依旧泰然自若。他们的注意稳定持久而又难于转移。在意志方面具有耐性、自制力强，能够控制自己严格恪守工作制度和生活秩序，但勇于革新的精神不够。行动迟缓稳健，很少见迅速活泼的动作，做起事来总是从容不迫，谨慎细致而不鲁莽，沉默寡言，言语也低沉缓慢缺乏生气。

艺术作品中典型的粘液质代表人物有《三国演义》中的诸葛亮、《西游记》中的唐僧和《红楼梦》中的薛宝钗。

(4) 抑郁质。各种心理活动特别是情感和行为动作都相当缓慢、迟缓和柔弱的。这种人情感容易发生并且体验深刻，在生活或工作中遇到不幸或挫折会感到苦闷，并且有时会多愁善感，情感细腻，强度虽弱，但却很持久，隐晦而不易表露在外。他们的观察力敏锐，善于觉察他人观察不到的细微事物，敏感性较高。在意志方面显得胆小怕事，遇事优柔寡断、犹豫不决，很不果断。行为缓慢、迟钝和软弱，说话慢吞吞的，不喜交际，非常孤僻。

艺术作品中代表人物有《三国演义》中的周瑜和《西游记》中的沙僧具有部分抑郁质特征，典型的抑郁质是《红楼梦》中的林黛玉。

由此可见，不同气质类型的人，在心理活动和行为动作方面所表现的特征是各不相同的。这四种人若遇同一事物则会作出不同的回答。

相关链接

不同气质类型的人看戏迟到的表现

四种不同气质类型的人，他们都遇到"看戏迟到"的这一事实，面对事实他们各自的举止，言行的表现是会非常不一样的。

胆汁质的人会与检票员争吵起来，甚至企图推开检票员，冲开检票口，径直跑到自己的座位上去；他还会埋怨说，戏院的时钟走得太快了。

多血质的人明白检票员不会放他进去，他不是去与检票员争吵，而是悄悄跑到楼上另寻一个适当的地方来观看戏剧表演。

粘液质的人看到检票员不让他从检票口进去，他想反正第一场戏不太精彩，还是暂且到小卖部待一会儿，等中间休息再进去吧。

抑郁质的人会说自己总是"不走运"，偶尔来一次戏院，就这样倒霉，接着就垂头丧气地回家了。

四、气质与购买行为

人的气质是先天的受制于高级神经活动类型影响的，与遗传因素关系密切。在不同的环境下，气质可以表现出其积极的一面或消极的一面，因此，气质类型本身没有好坏之分，也不能直接决定一个人能力发展的高低或成就的大小，但在实践中又不能不考气质因素对其行为的影响，因为气质会给人的行动涂上一抹独特的色彩。

1. 气质对消费者购买行为的影响

气质这种典型而又稳定的个性心理特征，会对影响消费者的购买行为产生深刻的影响。在消费活动中，消费者带有特点的言语举止、反应快慢等不同的表现都会在消费活动中表露出来。

多血质和胆汁质的人往往表现主动，积极提问、探询，能够积极与销售人员或周围的消费者交流；而粘液质和抑郁质的消费者会表现得较被动，会花费很多时间在比较、犹豫上面，很难迅速作出决定。另外，根据气质类型不同划分为以下消费者类型。

(1) 习惯型。以粘液质和抑郁质居多。主要特点是注意力稳定、体验深刻，习惯因素强，购买迅速，较少挑选和比较，不太容易接受变化。常常表现为某一商标的依赖者。

(2) 理智型。以粘液质居多。主要特点为冷静、慎重，选择仔细、比较细致，善于控制情绪，考虑周全，较少受外界因素影响。

(3) 定价型。以抑郁质和多血质居多。主要特点为重视价格，对价格变化比较敏感，多数人倾向于价格低廉，但经济条件许可时也会倾向高价和崇尚品牌。

(4) 冲动型。以胆汁质居多。主要特点为情绪容易激动，心境变化剧烈，追求新奇，容易接受新产品，较多考虑产品的外观和个人的兴趣。营销的广告及宣传策略对这一类型的消费者影响特别大，尤其目前现代化的生活方式带来的现代化的销售方式，更容易被这类消费者接受。比如，网上购买、电视直销、电话订购和邮购方式。

(5) 想象型。以多血质居多。主要特点为活泼好动，注意力容易转移，兴趣变化多端，情绪易受干扰，想象力和联想丰富，审美意识较强，容易受到色彩、造型及命名等外在因素的影响。

(6) 不定型。各种气质类型均有。该类消费者往往缺少购买经验，或者是面对从未购买过的产品，没有相关的知识，没有固定的品牌和偏好，一般属于顺便或者奉命购买。

作为营销人员要准确地了解自己和消费者的气质特点，在实际工作中扬长避短，不断改善和发展出良好的销售特质，有针对性地制定营销策略。

2. 消费者气质的情感反应类型

不同气质类型的消费者，神经过程的兴奋与抑郁的相对关系有所不同，因此，在购买商品的过程中情感反应的强度也有也不同，主要表现为以下几种类型。

(1) 冷静型。该类消费者在购买活动中往往不善于交往，沉默寡言，表情、动作不丰富，挑选商品时认真细致，不愿与营业员谈无关话题，信任稳重、冷静的营业员。如果对这类消费者过于热情或言语过多，很容易引起他们的反感，影响购买决定。

(2) 温顺—反抗型。该类消费者在购物过程中，一部分表现为言语、行为文明有礼，即使遇到服务态度差的营业员也善于忍耐、谅解，有较强的自控能力，不易冲动；另一部分消费者则表现为性情怪异，多愁善感，往往不能接受他们的意见，对营业员的介绍常抱有不信任的态度，营业员的介绍往往会适得其反，影响其对选购商品的速度。

(3) 灵活型。该类消费者善于与营业员交流，有时会主动告诉别人自己购买某种商品的具体原因和用途，喜欢向别人介绍自己的使用经验和感受，使买卖活动处在一种十分轻松的气氛中，他们对商品问得多且细，购买时决策快，后悔也快。

(4) 冲动型。该类消费者情绪易于激动、情感变化速度快。他们在购物过程中，易受周围环境感染，购买现场的刺激和社会时髦对其影响较大，言行主要受感情支配。对商品品质和营业员服务要求较高，稍有不如意就可能与人发生争执，易激动缺乏自制。

了解气质对消费行为的影响，有助于根据消费者的各种行为表现，发现和认识其气质特点，以便在市场经营活动中充分利用消费者气质特征中的积极方面，提高销售业务质量和水平。如接待冲动型具有胆汁质气质特征的顾客，营业员应特别注意把握服务的分寸，既不能对其太过热情，也不能过于冷淡，应以“不卑不亢”的原则对待；对于灵活型的顾客，销售人员可与之多交流，详细介绍商品本身的特点，但是要实事求是，避免带有自己的主观倾向；对冷静型的顾客，销售人员要耐心细致，不能不耐烦；对温顺—反抗型的顾客，销售人员应尽可能避免干扰他们，任由他们观看挑选。

3. 气质与销售人员的教育管理工作

气质类型虽无好坏之分，但是了解营销人员不同的气质类型，可以大力地提高销售人员的营销水平与业绩。气质特征也是职业选择的依据之一，某些气质特征为一个人从事某项工作提供了有利的条件。一般地说，要求持久、细致的工作对粘液质和抑郁质的人较为合适；要求迅速灵活反应的工作对多血质和胆汁质的人较为合适。在营销活动中，对不同的气质类型的营业员要有的放矢地帮助他们，例如，对于多血质的营业员不能放松对他们的要求，不能使他们感到无事可做，要使他们在多种有意义的活动中培养踏实、专一和克服困难的工作精神；对胆汁质的营业员要让他们学会抑制自己的情绪，耐心帮助他们养成自制、坚韧的工作习惯，平衡而镇定地完成工作；对粘液质的营业员要热情，不能操之过急，要允许他们有充分的时间考虑问题和作出反应，引导其积极地探索新问题，并且鼓励他们活泼、机敏地投入工作，发展他们的灵活性和积极性；对抑郁质的人不要在公共场合指责、批评他们，要安排适当的工作鼓舞他们前进的勇气，让他们有更多的机会参加集体活动，在活动中磨炼意志的坚韧性、情绪的稳定性。

单元 3　消费者的性格、能力与购买行为

一、消费者的性格

1. 性格概述

性格是人在对现实的稳定的态度和习惯化了的行为方式中所表现出来的个性心理特征。“性格”一词来源于希腊文，原为雕刻的意思，后来转意为印刻、标记、特性。诚实或虚伪、勇敢或怯懦、谦虚或骄傲、勤劳或懒惰等都是人的性格特征，性格是一个人的许多性格特征所组成的统一体。

性格是一个人的个性中最重要、最显著的心理特征，它在人的个性中起着核心的作用，它的形成与个性有机地结合在一起。性格的形成是个体在客观事物的影响下，相互作用的结果。生活在社会实践中的人，时刻都受到客观事物的影响，这些影响既有自然的也有社会的。形形色色、千姿百态、纷繁复杂的客观事物不断地作用于个体，渗透到个体的生活和实践活动中。这些影响通过人的认识、情绪情感和意志活动在个体的反映机构里保存固定下来，构成一定的态度体系。同时，又以一定的形式表现在个体的行为之中，构成每个个体所特有的行为方式。在表现这种稳固的态度的行为举止中，有一些由于经常出现，逐渐地巩固下来，形成一种在一定场合下习惯了的行为方式。关于这一定义的解释如下：第一，性格表现在一个人对现实的态度和行为方式中。所谓态度，是指一个人对人、对物或者思想观念的一种反应倾向，是后天习得的。态度决定着行为方式，而人的习惯化的行为方式又体现了他对现实的态度。第二，性格是一个人比较稳定的心理特征。它不是一朝一夕形成的，而是在社会生活实践中逐渐形成的，一经形成就比较稳定，它会表现在日常活动中。性格的稳定性并不是说它一成不变，性格也是可塑的。第三，性格有明显的社会道德评价意义，直接反映了一个人的道德风貌。也就是说，性格有好坏之分，如有人表现为自私、狭隘，有人表现为善良、宽容。个体之间的差异主要表现为性格的差异。性格是人格中具有核心意义的心理特征。

然而，并不是人对现实的任何一种态度都是他的性格特征。那种一时性的、偶然性的表现，不能认为是一个人的性格。例如，在某种特殊条件下，一个人突然发了脾气，不能据此就认为该人具有暴躁的性格；一个人在偶然场合表现出胆怯的行为，也不能认为此人

具有怯懦的性格。只有那些经常性、习惯性的表现才是一个人的性格特征。

2. 性格与气质的关系

性格与气质是人的个性中既有区别又有联系的两个重要方面：有的心理学家把二者看作相同的概念，混淆起来，这是不科学的。我们既不能把它们当成彼此各不相关的孤立事物，又不能人为地捏合。人的性格与气质是个体在生活实践中形成的，二者有相互渗透、彼此制约的复杂联系。性格与气质的不同点主要体现在两个方面。

(1) 形成的基础和特点不同。从气质和性格各自的特点来说，虽然两者都是以高级神经活动类型为其生理基础，但气质是神经类型在行为、活动中的直接表现，更多地体现神经系统基本特性的自然影响；而性格则是在神经类型的基础上形成的暂时神经联系系统。

(2) 气质基本上决定于先天素质特点。从先天角度看，气质没有好坏之分，只有当气质涉及人的社会关系时，才可评定其是否可行和有无价值；而性格是受社会制约的，是在一定社会生活环境下形成的，它的表现总是受到社会的评价。

性格与气质的联系和影响表现在以下3个方面。

(1) 气质对性格有深刻的影响。首先，在性格形成过程中，气质影响着性格的表现方式，它赋予每个个体的活动以一定的外貌。例如，具有同样勤劳性格特征的人，由于不同的气质，表现的方式也不一样。具有多血质的人，在劳动中容易表现情绪饱满，精力充沛；而具有粘液质的人，则可能表现为踏实肯干，操作精细。可见，不同气质类型的动力特点给同样的性格特征染上独特“色彩”。其次，气质对性格的影响还表现在气质可以影响性格形成和发展的速度与动态。例如，对于自制力的性格特征的形成，具有胆汁质的人，需要经过极大的克制和努力，而对抑郁质的人则比较容易和自然。

(2) 性格对气质有明显的影响。人为了服从于社会生活实践的需要，在一定程度上性格会掩盖和改造气质。一个坚强性格的人，可以遏制他气质中的某些消极因素，发扬其积极因素。例如，侦察兵在侦察活动中形成的沉着冷静、机智勇敢等性格特征，可能掩盖或改造胆汁质那种容易冲动的气质特征。可见，各种气质类型的人，在良好的环境和教育影响下，都有可能培养积极的性格特征。

(3) 气质和性格的联系还表现在相同气质类型的人可以形成互不相同的性格特征，而不同气质类型的人也可以形成同样的或相似的性格特征。

3. 消费者的性格结构和类型

从结构组成的观点看，人的性格是一个十分复杂的构成物，它有多个侧面，包含多种特征。这些性格特征在不同的个体身上组成了独具结构的模式，以一定的独特性反映一个人的完整性格。为了理解性格的结构，可以把性格分解为不同的特征。

(1) 性格的态度特征。人对现实的态度体系的个人特点是性格的重要组成部分。属于这方面的性格特征，主要表现在如何处理社会各方面的关系。基本上可分为对社会、对集体、对他人、对劳动、对工作、对学习，以及对自己的态度。比如，对社会、对集体的态度方面的性格特征是关心社会进步或漠然视之，热爱集体或损公肥私，忠诚老实或虚伪狡诈；对他人善于交际或冷落寡合，助人为乐或独善其身，有礼貌或粗野等；对劳动、工作、学习态度方面的性格特征是勤奋或懒惰，认真负责或敷衍了事，细致或粗心，革新开拓或墨守成规，节俭或奢华等；在对自己的态度方面的性格特征，主要有谦虚谨慎或骄傲自满，自信或自馁，自尊或自卑，大方或羞怯，严于律己或恣意妄为等。

(2) 性格的意志特征。人在对自己行为的自觉调节方式和水平方面的个人特点是性格的另一个组成部分，即性格的意志特征，它在人的行为活动的习惯方式中表现出来。人们自觉地调节自己的行动的心理过程为意志过程，意志在一个人的性格特征中占有十分重要的地位，性格坚强或懦弱常以意志的存在和发展为转移。例如，对行为的目的性或盲目性；独立性或易受暗示性；纪律性或散漫性等；主动性或被动性；自制力或缺乏自制力、冲动性等；恒心、坚韧性或见异思迁、虎头蛇尾等；勇敢或怯懦；沉着镇定或惊慌失措；果断或优柔寡断等。

(3) 性格的情绪特征。性格的情绪特征是指人在情绪活动时在强度、稳定性、持续性和主导心境等方面表现出来的性格特征。比如有人情绪体验比较微弱，容易用意志控制；有人情绪体验比较强烈，难以用意志控制；有人不论在成功或失败时，情绪都比较平静，对情绪的控制也比较容易；有人成功时则沾沾自喜，失败时则垂头丧气，对情绪的控制也比较困难；有人遇到愉快的事，当时很高兴，事后很快恢复平静；有人愉快的情绪则会持续很久；有人经常愉快，有人经常忧伤；有人受主导心境支配的时间长，有人受主导心境支配的时间短。

(4) 性格的理智特征。性格的理智特征是指人在认知过程中的性格特征。人的认知水平的差异称为能力特征，人的认知活动特点与风格称为性格的理智性。主要有：感知觉方面的主动观察型和被动观察型；记录型和解释型；罗列型和概括型；快速型和精确型等；记忆方面的主动记忆型和被动记忆型；直观形象记忆型和逻辑思维记忆型；在识记上有快慢之分等；在想象方面的主动想象型和被动想象型；幻想型和现实型；敢于想象型和想象受阻型；狭窄想象型和广阔想象型等；在思维方面的独立型和依赖型；分析型和综合型等。

在以上 4 个方面的性格特征中，最主要的是性格的态度特征和性格的意志特征，其中又以性格的态度特征最为重要，因为它直接体现了一个人对事物所特有的、稳定的倾向，也是一个人的本质属性和世界观的反映。

二、性格与购买行为

消费者的个体性格是在形成他们各种独特购买行为中起核心作用的个性心理特征。消费者千差万别的性格特点，也往往表现在他们对消费活动中各种事物的态度和习惯化了的购买行为方式上，从而形成了千姿百态的消费行为。

1. 消费者的性格与消费态度

(1) 经济型。该类消费者购物时的态度是：勤俭朴素，不求奢华。这些人在选择商品时，主要考虑的是商品的经济实用，不追求时髦，名牌。容易接受能说明商品内在质量的相关信息，挑选商品时不喜欢售货人员过多地为商品赋予象征意义，认识事物、考虑问题比较现实。

(2) 自由型。该类消费者的消费态度是：随便、自由、豁达。在选择商品时考虑的因素较多，既考虑质量，又讲求外观，他们联想丰富，富于幻想，特别乐于追求那些具有象征意义的商品，购买中，很难自觉有意识地控制自己的情绪，选择商品时往往以自己的好恶为主要标准，不易受外界因素的影响。

(3) 保守型。该类消费者的态度是：固执、刻板、严谨、遵守传统。对新产品的市场信息和新颖的商品抱有强烈的质疑，有意地进行抵制，有时消费情绪悲观。

(4) 怪癖型。该类消费者的消费态度是：傲慢、孤僻。他们具有独特的思维方式和生活方式，自尊心很强，情绪不稳定，选购商品时往往不能接受服务人员及其他人的意见、建议，有时可能会提出一些令人费解的问题和难以满足的要求。

(5) 顺应型。该类消费者的消费态度是：随和、谦恭，生活方式大众化。他们一般不购买标新立异的商品，但也不固守传统，其行为受相关群体影响较大，和与自己相仿的消费者群体保持一致的消费水平，对社会时髦不积极也不反对，能够随社会发展、时代变迁而不断调节、改变自己的消费方式和习惯。

2. 消费者的性格与购买方式

消费者的性格反映在购买方式上主要有以下几种类型。

(1) 习惯型。该类消费者往往根据以往的购买经验和使用习惯决定购买行为。当他们对某一品牌、商标的商品有深刻体验后，便保持稳定的注意力，不轻易改变自己的信念，不受时尚和社会潮流的影响，购买中遵循惯例，长久不变。这类消费者的购买行为，大多建立在对商品的信念的基础上，取决于商品的信誉、品质。

(2) 慎重型。该类消费者的购买行为建立在对商品理智的判断、分析的基础上。他们比较稳重、成熟、老练、有主见，喜欢根据自己的经验和知识，在对商品的有关信息充分了解的基础上，经过周密的分析和思考，对商品作细致的检查、比较，反复地衡量各种利弊因素后才作出购买决定，较少受他人及企业促销宣传的影响。

(3) 挑剔型。该类消费者有一定的购买经验和商品知识，挑选商品主观性强，不愿与他人商量，往往具有善于观察别人不易观察到的细微之处的特征。有的则表现为性格孤僻，对营业员和其他消费者的意见都相当抵触，检查商品极为小心仔细，有时甚至可以到苛刻的程度。

(4) 被动型。该类消费者多数不经常购买商品，没有购买经验，缺乏商品知识，对商品没有固定的偏爱；购买行为呈消极被动状态，往往是奉命购买或代人购买，在选购商品时大多没有主见，表现出不知所措的言行，渴望得到营业员的帮助。

消费者的性格作为最稳定、最持久的个性本质特征对消费者的购买态度、购买方式等的影响是客观存在的，并可以通过言语、表情、举止、神态等多方面观察出来。了解消费者性格对购买行为的影响，对于有针对性地开展营销活动具有重要的意义，如接待经济型的消费者，营业员应该对商品的内在质量作客观而深入的介绍，宣传时不宜人为地赋予商品过多的象征意义；接待自由型的消费者，营业员在客观地介绍商品质量的同时，还应着重介绍这种商品所具有的象征意义；接待保守型和习惯型的消费者，营业员应以高质量的服务使他们对本商业企业产生深厚的感情，力争在感情上“俘虏”他们，成为企业的“回头客”；接待怪癖型和挑剔型的顾客，营业员要特别小心谨慎，最好让他们先观看商品，等他们拿定主义后，再进行服务；接待顺应型和被动型的消费者，营业员要热情周到，多与之交谈，并为其购买提供一些信息或建设性的意见，在几种商品中，营业员可以帮助他们挑选，为他们拿主意，这样做会使他们非常满意。对他们千万不能冷淡，否则会失去他们。

三、消费者的能力

1. 能力概述

1) 能力的概念

能力就是直接影响活动效率并使活动得以顺利完成所必备的心理特征。能力同活动是密切相关的，任何能力都离不开活动，离开了活动，能力既无从表现，也不能形成。人们只有从一个人所从事的活动中，才能了解出他所具备的能力。例如，一个学生在唱歌时表现出很强的曲调感、节奏感，我们认为他具有歌唱能力；一个学生在绘画时，表现得擅于鉴别色彩，视觉记忆突出，而且画得逼真、生动，我们则认为他具有绘画的能力。所以能力总是和人的活动相联系的，离开了具体活动，就谈不上什么能力。

在各种活动中所表现出来的个性心理特征并不都是能力。例如，急躁、开朗、沉静、谦虚等个性特征，虽然和活动的顺利完成也有一定的关系，但这些特征并不是活动完成的必备条件，因此不能称作能力。只有那些为完成某种活动所必备的心理特点才叫能力。如曲调感、节奏感、听觉表象是顺利完成音乐活动所必需的；颜色辨别、视觉记忆是顺利地完成绘画活动所必需的；思维的敏捷性、言语表达的逻辑性是教师顺利地完成教学活动所必需的；因此，在影响活动效率的修改特征中，能力是最基本的因素。

要顺利地完成某种活动，单凭一种能力是不够的，必须有多种能力的结合。例如，一个教师要想成功地完成教学工作，仅有言语表达能力是不行的，还必须具备逻辑思维能力、细致的观察能力、对教材的记忆能力等。这种作为顺利地完成某种活动所必需的多种能力的结合称为才能。

2) 能力和知识、技能的关系

人的能力有大有小，人的知识有多有少，技能有高有低。那么知识、技能与能力的关系究竟怎样？知识是否就等于能力？

知识是人脑对客观事物的主观表征。知识有不同的形式，一种是陈述性知识，即“是什么”的知识，如北京是中国的首都，埃菲尔铁塔在法国巴黎等；另一种是程序性知识，即“如何做”的知识，如骑马的知识、开车的知识、计算机数据输入的知识等。人一旦有了知识，就会运用这些知识指导自己的活动。从这个意义上来说，知识是活动的自我调节机制中一个不可缺少的构成要素，也是能力基本结构中的一个不可缺少的组成成分。

技能是指人们通过练习而获得的动作方式和动作系统。技能也是一种个体经验，但主要表现为动作执行的经验，因而与知识有区别。技能作为活动的方式，有时表现为一种操作活动方式，有时表现为一种心智活动(智力活动)方式。因此按活动方式不同，技能可分为操作技能和心智技能(智力活动)。操作技能的动作是由外显的机体运动实现的，其动作的对象为物质性的客体，如悬挂广告；心智技能(智力活动)的动作，通常是借助于内在的智力操作来实现的，其动作对象为事物的信息，如广告的设计。操作技能的形成，依赖于机体运动的反馈信息，而心智技能则是通过操作活动模式的内化才形成的。

知识和技能是能力的基础。但只有那些能够广泛应用和迁移的知识与技能，才能转化为能力。能力不仅包含了一个人现在已经达到的成就水平，而且包含了一个人具有的潜力。例如一个读书很多的人，可能有较丰富的知识，但在解决实际问题时，却显得能力低下，说明他的知识只停留在书本上，既不能广泛迁移，也不能用来解决实际问题。可见，知识与能力是有区别的。

3) 能力和知识、技能是既有区别又有联系的

能力和知识、技能的区别在于：首先，知识是人类社会历史经验的总结；技能是经过练习而巩固了的行为方式；而能力是一个人比较稳定的个性心理特征，它在个体身上固定下来的知识是概括化的结果。例如，学生在演算数学时所用的公式、定理是知识；在物理实验中掌握实验程序的操作方式是技能；而在运算和操作中所表现的思维的灵活、严密则是能力。在一个班级中，学生获得的知识和技能基本上是相同的，但能力的发展水平并不相同。一般来说，知识、技能的掌握要比能力的发展要更迅速些。其次，从生理机制上来区分，知识技能是人脑所形成的暂时神经联系系统，而能力是神经系统活动的特性。

能力和知识、技能又是密切联系的。一方面，能力是在掌握知识、技能的活动过程中形成和发展起来的。一个人如果没有受过绘画的训练，也就不能形成绘画的能力。学生在教学的影响下，在掌握知识的同时，也就发展了他的分析、综合、抽象、概括的思维活动能力。所以，离开了学习和训练，能力是得不到发展的。另一方面，掌握知识、技能的难易和速度，也依赖于能力本身的发展。某种能力水平发展高的人，就能迅速、顺利地掌握有关的知识技能。例如，逻辑思维能力发展较高的学生，对抽象数理知识的掌握也比较迅速和容易。

相关链接

美特斯邦威集团公司于 1995 年创建于中国浙江省温州市，主要研发、生产、销售美特斯·邦威品牌休闲系列服饰。“美特斯·邦威”是集团自主创立的本土休闲服品牌。“美”：美丽，时尚；“特”：独特，个性；“斯”：在这里，专心、专注；“邦”：国邦、故邦；“威”：威风。“美特斯·邦威”代表为消费者提供个性时尚的产品，立志成为中国休闲服市场的领导品牌，扬国邦之威、故邦之威。美特斯邦威实行“虚拟经营”模式，将有限的资源集中到品牌经营与设计等环节，并利用成熟的信息化管理手段保证整个协作系统的高效运行，而优秀的管理团队则是其最宝贵资源。

1. 打造强势品牌

美特斯邦威认为核心竞争优势应体现在品牌的知名度和美誉度上。美特斯邦威自创立开始，就一直在不遗余力地推进品牌战略，采取创意制胜的思路，成功地进行了许多品牌推广活动。

针对目标顾客群年龄为 18～25 岁的特点，公司不惜重金聘请周杰伦等担任品牌代言人，借助明星的魅力进行“攻心战”。为占领重点市场，公司在中华第一街上海南京路开起了近 2 000 平方米的旗舰店，堪称国内服装品牌专卖店之最。此外，美特斯邦威采用许多常规的宣传方式，如媒体广告、办内部报纸、参加各种服装展示会和商品交易会等。

2. 设计制胜

设计是服装品牌的灵魂。美特斯邦威于 1998 年在上海成立了设计中心，并与法国、意大利的知名设计师开展长期合作，把握流行趋势，形成了“设计师+消费者”的独特设计理念。公司领导和设计人员每年都有 1～3 个月时间搞市场调查，每年两次召集各地代理商征求对产品开发的意见。在充分掌握市场信息的基础上每年开发出新款式约 1 000 个，其中 50%正式投产上市。公司还利用广东中山等 5 家分公司的

跟踪能力，不断调整产品结构组合，强化了品牌的整体形象。目前全国设有专卖店 1 800 家，拥有美特斯邦威上海、温州、北京等 17 家分公司，成为中国休闲服饰行业的龙头企业。

2. 消费者的能力差异

消费者之间在能力上存在着明显的个别差异。德国哲学家莱布尼茨有一句名言："世界上没有两片相同的绿叶。"世界上也没有两个能力完全相同的人。这是因为人的先天素质不同，后天的环境、教育和从事的实践活动不同。能力的个别差异主要表现在以下几个方面。

(1) 一般能力的类型差异。一般能力是指在许多活动中都必须具备的带有通性的基本能力，适合于多种活动的要求，通常指智力，如观察力、记忆力、注意力、思维力和想象力等，其中核心能力是思维力。消费者在观察力、记忆力、注意力方面存在着差异，在购买活动中，往往有多种能力共同发挥作用，如注意力、决策力等，在购买特殊商品时，还要有鉴别力、检验力等，以保证购买活动的顺利进行。

观察力强的人往往能发现他人不易察觉的商品的优点或缺点，在购物中，对商品的质量是否过关、造型有无缺陷、制作是否精美，能很快作出比较全面的评价；观察力较弱的人往往看不到商品的某种不太明显的优缺点，这样，既可能失去购买某种优质产品的机会，又有可能购买有某些缺陷的商品。因此，在营销活动中，针对观察力较差的顾客，营业员应该主动提醒其注意某些不易被人察觉的优点，对某些虽不明显但有一定影响的缺陷，也应实话实说，避免其购买后发现问题而造成更大的负面影响。

一般而言，在商品推销活动中，针对记忆强的消费者，其购买决策受广告影响较大，记忆力差的顾客，其购买决策受购物现场环境的影响较大。

(2) 特殊能力类型的差异。特殊能力一般是在某些专门性的活动、特殊职业或购买某些特殊商品所必需的能力，如古董、字画的鉴赏能力，珍贵毛皮、中药材的鉴别能力等。

一般能力与特殊能力相互联系，构成辩证统一的整体。在消费活动中，往往有多种能力共同发挥作用，以保证购买活动的顺利进行。

3. 能力发展水平的差异

人与人之间在能力发展水平上存在着明显的差异。全人口的智力差异从低到高有许多不同的层次。但在全人口中，人类的智力水平呈正态分布，两头小，中间大，超常和低常智力的人只占少数，为 3%～5%，大部分人的智力为正常水平，具体如图 3.1 所示。如果一个人在某一方面有杰出的才能，即其能力得到高度的发展和最完善的结合，便称为天才。天才并非是和常人迥然不同的另一种人，绝不是天降之才。我国著名数学家华罗庚说："天才在于积累，聪明在于勤奋"。

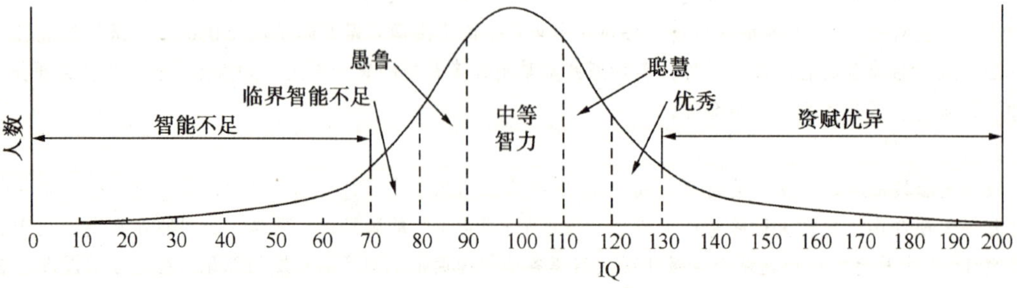

图 3.1 人类智力水平的正态分布图

4. 能力表现的早晚差异

(1) 能力的早期表现。古今中外有些人在童年期就表现出某些方面的优异能力。例如，唐代诗人白居易，1 岁开始识字，5 岁开始就会做诗，9 岁已精通声韵。能力早期表现在音乐、绘画等领域中最为常见。

(2) 中年成才。中年是成才和创造发明的最佳年龄，是人生的黄金时期。中年人年富力强、体格健壮、精力充沛、敏锐、少保守，既有较强的抽象思维能力和记忆能力，又有丰富的基础知识和实际经验。中年期是个人成就最多，对社会贡献最多的时期。一般认为，30～45 岁是人的智力最佳年龄阶段，其峰值在 37 岁左右。

(3) 能力晚期表现。能力的晚期表现又叫大器晚成。有些人的才能表现较晚，例如，医学家和药学家李时珍在 61 岁时才写成巨著《本草纲目》；画家齐白石在 40 岁时才显露他的绘画才能，50 岁时成为著名画家。

相关链接

纳爱斯牙膏：推出行业首家男女分用的牙膏

纳爱斯集团采取“跨性别品类延伸策略”，突破性地推出了纳爱斯清新有他/她男女系列牙膏。

国际牙科组织权威专家亨利·卡洛夫博士说：口腔健康的性别差异根本原因是男女激素(荷尔蒙)分泌不同所造成的。男性以分泌雄性激素为主，女性以分泌雌性激素为主。同时，由于分泌激素的不同，导致了男性和女性行为方式不同。

纳爱斯男女款牙膏专门针对男女口腔护理的不同特点和需求，最终研发而成。男款特别添加了绿茶精华和极品薄荷成分，使口腔保持强劲而持久的清新口气；女款特别添加复合维生素及清凉解热、活血止血的马缨丹精华，从根本上解决口气问题，使口腔保持温和而持久的清新。

问题：你认为纳爱斯的牙膏分男女会有效果吗？

四、能力与购买行为

消费者的能力差异必然反映到购买活动中，这就需要企业在经营中针对不同的消费者的不同能力类型，提供不同的服务。

1. 从事一般消费活动所需的能力

实际生活中消费者在购买活动中必须具备的基本能力，如对商品的识别能力、挑选能力、评价能力和鉴赏能力等。具体体现在消费者对商品的外形、功能、质量等的接受程度；对信息的综合分析、比较评价的能力，以及选择、决策能力等，使消费者能够对商品的质量、性能和同类商品之间的比较做出准确的分析。这些基本能力的高低会直接影响消费方式和效果差异。能力较强的消费者，不需要外界因素的过多参与和影响，购买速度较快、退换货现象也较少；而对于能力较弱的消费者，需要营销人员采取有效的促销策略，以简易的方法和说明介绍、展示商品等，对促成消费者的购买行为具有现实的意义。

2. 从事特殊消费活动所需的能力

这一部分能力是指消费者购买某些专业性较强的商品所具有的特殊能力，通常表现为专业知识为基础的消费技能。如高档相机、钢琴、电脑等，需要具有相应的专业知识和分辨、鉴赏、检测等能力，也包括选择药品时所应当具有的医学知识。

3. 消费者对自身权益的保护能力

我国的市场环境还不尽成熟和完备，法制不健全，市场秩序不规范，企业的自律性不够高，消费者为维护自身权益，就应当增强法律意识，提高自身的自我保护能力。消费者由于自身所具有的能力差异，必然会在自己的购买行为、购买动机和选择商品上表现出不同的特点。比如，能力较强、独立性好的消费者会表现出更多的独立性、自主性，购买过程中显得自信和坚定，而且很少受到外界的蛊惑和干扰。如果能力比较缺乏、有关知识相对不足的消费者往往在作出购买决策时犹豫不决，容易受到干扰。所以，他们需要专业人员的帮助和指导，而此时他们也比较乐于听取销售人员的介绍和宣传。

4. 消费能力的差异表现

消费者的消费能力有高有低，这种差异会直接体现在购买行为上。

(1) 充分自信型。该类消费者对要购买的商品有深入的了解，而且收集了大量的有关信息，有丰富的消费经验、固定的消费习惯。这类消费者或者长时间关注这种商品，有浓厚的兴趣和爱好，或者本身就是这类商品的专家，对其生产、销售内行。他们主动性很强，在购买商品时靠自己的能力对商品的外观、价格、功能、质量等方面进行综合评价分析，注重自己的判断结果，对服务人员的推荐介绍比较冷漠，购买时显得冷静而自信。

(2) 比较自信型。比较前一类消费者来说，该类消费者虽然消费能力稍弱一些，但人数比例却要多一些。比较自信型的消费者对于商品也有一定的消费经验，对其价格、质量、功能比较熟悉，但真正鉴定时又没有太大的把握。他们会听取服务人员或促销人员对商品的介绍、宣传和推荐，但并不完全听从，而是用自己的能力进行分析判断。比如，在购买药品时，充分自信型的消费者会根据自己掌握的专业知识对药品进行评价；而比较自信型的消费者是不能够做到这些的。

(3) 缺乏自信型。该类消费者只具备少量的有关商品的知识和信息，而且消费经验较少，主要靠别人介绍或广告等宣传途径获得有关信息，对商品的了解程度不深。这类消费者购物准备少，动机不明确，缺乏自信，不敢自主地采取购买行为，易受购物场所的各种因素影响，所以非常愿意而且容易接受服务人员的推荐和介绍，也愿意参照其他人的购买行为来作出判断。

(4) 毫无主张型。该类消费者无明确购买目标，不清楚自己所要购买的商品，对商品毫无认识，也没有购买和使用经验，在购买时不得要领，犹豫不决。在这种情况下，其消费行为会带有很大的盲目性，常会作出错误的决策。

以上几种类型都是相对而言的，每个人可能在某一方面或某类商品的消费时表现出充分的信心，而对另一种商品购买又表现为缺乏自信，这都是因人而异的。总之，消费能力是人们在生活实践中通过有意识地学习一些知识，逐渐积累消费经验而慢慢形成的一项技能。每个人都应该自觉地培养这种技能，这是人们进行正常消费行为的一个特点。

5. 营销人员应具备的能力

要想成为一名优秀的药品营销人员，应当努力培养自己胜任销售工作的能力，并不断加以完善、提升。其中包括对自己工作中相关医学和药学知识的掌握，还包括掌握为消费者服务的各种营销技术；更重要的是，在实践中应用这些知识和技术，使其变成自己娴熟地为消费者服务的技巧。如准确地采集信息，同时将自身信息也准确传达给对方；良好沟通和交流技巧、敏锐的观察和判断能力等。

与相关课程的联系

推销学中的推销方格就是根据推销员和消费者各自不同的能力进行划分的。

相关链接

这是营销界人尽皆知的一个寓言故事：两家鞋业制造公司分别派出了一个业务员去开拓市场，一个叫杰克逊，一个叫板井。在同一天，他们两个人来到了南太平洋的一个岛国，到达当日，他们就发现当地人全都赤足，不穿鞋！从国王到贫民、从僧侣到贵妇，竟然无人穿鞋子。当晚，杰克逊向国内总部老板拍了一封电报："上帝呀，这里的人从不穿鞋子，有谁还会买鞋子？我明天就回去。"板井也向国内公司总部拍了一封电报："太好了！这里的人都不穿鞋。我决定把家搬来，在此长期驻扎下去！"两年后，这里的人都穿上了鞋子……

由此可见，消费者的兴趣、能力、气质和性格等个性心理特征，对其购买行为的影响是巨大的，是构成不同消费行为的重要心理基础。以上根据消费者个性心理特征对消费行为的影响的分析及归类是粗略的，现实生活中消费者的心理和行为是复杂的，也并非如此典型化，即使在同一类型中，由于消费者的性别、年龄、职业、经济条件、心理状态、空闲时间和购买商品的种类等方向的不同，以及购买环境、购买方式、供求状况、营业员的态度和服务质量等方面也有区别，都会引起消费心理及行为的差异。因此，我们必须结合营销活动的现实环境及具体的消费个性特征来研究人们的消费行为，为我们的实践服务。

模块小结

个性是指人在先天因素基础上，在社会生活实践中形成的相对稳定的心理特征的总和。它包括个性倾向和个性心理特征，反映人的心理现象的个性一面。

个性倾向性是推动人进行活动的心理动力系统。它是个性心理中最活跃的因素，反映了人对周围世界的趋向和追求。个性倾向性主要包括需求、兴趣、动机、理想、信念、世界观等。

个性心理特征是个人身上经常表现出来的本质的、稳定的心理特征。它包括能力、气质、性格，其中性格是个性心理特征的核心，反映一个人的基本精神面貌。它体现了个体的独特风格、独特心理活动，以及独特的行为表现。个性倾向和个性心理特征相互联系、相互制约，从而构成有机整体。

消费者个性是指消费者在消费过程中表现出来的具有稳定倾向性、稳定心理特征的总和。消费者个性心理特征体现在消费者的兴趣、气质、能力、性格等方面。兴趣激发购买动机，气质影响行为活动的方式，性格决定行为活动的方向，而能力标志着行为活动的水平。由于消费者具有不同的兴趣、气质、能力、性格等个体性心理特征，使得其购买行为呈现复杂多样、变化多端的状况。

研究个性心理的构成、特点及区分消费者的不同类型，对于深入研究消费者的需求差异，制定营销措施、策略，引导消费行为，具有重要的意义。

主要名词

个性　兴趣　气质　性格　能力

自测试题

一、判断题(10分，每题1分)

1. 对胆汁质型这类消费者要求营销服务人员动作要快捷、态度要耐心，应答要及时。可适当向他们介绍商品的有关性能，以引起他们的注意和兴趣。 (　)

2. 气质是高级神经活动类型所决定的，所以气质有好坏之分。 (　)

3. 人们在选择商品时不用考虑兴趣的因素。 (　)

4. 性格是人个性中最主要的心理特征，是决定人和人之间差别的主要因素。 (　)

5. 对于抑郁质的营业员不能放松对他们的要求，不能使他们感到无事可做。 (　)

6. 兴趣是人力求探究某种事物或从事某种活动的心理倾向。 (　)

7. 不经常购买商品，没有购买经验，缺乏商品知识，对商品没有固定的偏爱；购买行为消极，该类消费者属于被动型。 (　)

8. 不同的气质类型消费者在购买商品时表现出的个性特征是不一致的。 (　)

9. 消费者的性格没有好坏之分，所以在选择商品时不会受性格因素的影响。 (　)

10. 追求新奇，容易接受新产品的消费者大多是多血质。 (　)

二、单项选择题(10分，每题1分)

1. 喜欢标新立异，追求新颖奇特商品的消费者属于(　)。
   A. 多血质　B. 胆汁质　C. 抑郁质　D. 粘液质

2. 消费者个性心理特征的差异性主要表现在(　)。
   A. 心理活动　B. 认识能力　C. 购买行为　D. 分析能力

3. 影响消费活动效果的个性心理特征是(　)。
   A. 气质　B. 性格　C. 能力　D. 兴趣

4. 在先天素质的基础上，通过教育活动形成的稳定的心理特征的总和是(　)。
   A. 气质　B. 性格　C. 个性　D. 能力

5. 决定人的气质的主要因素是(　)。
   A. 职业因素　B. 性别因素　C. 先天因素　D. 社会因素

6. 想象型的消费者主要是(　)气质类型。
   A. 胆汁质　B. 多血质　C. 粘液质　D. 抑郁质

7. 傲慢、孤僻，具有独特的思维方式和生活方式，他们自尊心很强，情绪不稳定的消费者具有(　)消费态度。
   A. 自由型　B. 保守型　C. 怪癖型　D. 顺应型

8．消费者对于社会上流行或时新的商品感兴趣是(　　)。

A．牌子型　　B．装潢型　　C．质量型　　D．时髦型

9．概括兴趣的内容不同，可以把兴趣分为(　　)和精神兴趣。

A．直接兴趣　　B．间接兴趣　　C．物质兴趣　　D．生理兴趣

10．消费过程对商品见异思迁、虎头蛇尾属于消费者(　　)性格特征。

A．态度特征　　B．情绪特征　　C．理智特征　　D．意志特征

三、多项选择题(20分，每题2分)

1．人的心理过程通过气质表现出的特点是(　　)。

A．心理过程的动力性　　B．心理素质的稳定性

C．心理过程的阶段性　　D．心理过程的指向性

E．心理反应的灵活性

2．人的兴趣的复杂性与多样性主要是由于需要的(　　)特点决定的。

A．多样性　　B．发展性　　C．客观性

D．主观性　　E．可变性

3．消费个性形成的影响因素包括(　　)。

A．先天素质　　B．社会环境　　C．个性倾向

D．经济条件　　E．社会经历

4．态度是由(　　)所组成。

A．认知因素　　B．情感因素　　C．行为倾向性

D．行为　　E．个性

5．按购买方式不同划分，消费者的性格类型包括(　　)。

A．大众型　　B．习惯型　　C．理智型

D．情感型　　E．挑剔型

6．消费者能力差异的主要表现有(　　)。

A．充分自信型　　B．主观冲动型　　C．毫无主见型

D．随意型　　E．情感型

7．消费者的消费态度有(　　)。

A．顺应型　　B．经济型　　C．保守型

D．自信型　　E．随意型

8．消费者兴趣的类型有(　　)。

A．　牌子型　　B．质量型　　C．装潢型

D．综合型　　E．实际型

9．消费者的性格特征有(　　)。

A．态度特征　　B．情绪特征　　C．理智特征

D．道德特征　　E．意志特征

10．习惯型的消费者大多是(　　)。

A．胆汁质　　B．粘液质　　C．多血质

D．抑郁质　　E．健壮型

四、简答题(40分，每题10分)

1. 什么叫个性？你认为一名营销人员应该怎样针对消费者的个性差异做到有的放矢的服务？

2. 什么叫兴趣？如何培养与激发消费者的兴趣？

3. 论述消费者的能力差异及其对消费行为的影响。

4. 气质与性格的主要区别有哪些？了解人们的气质类型对消费活动有什么意义？

五、论述题(20分，每题10分)

1. 你自己在买手机时会考虑哪些因素？根据兴趣类型的分析，你属于哪一类？

2. 试论述消费者的性格对购买有哪些影响。

案例分析

某大型零售企业为了改善服务态度、提高服务质量，向消费者发出意见征询函，调查内容是“如果去商店退换商品，营业员不予退换该怎么办？”

收回的答案有以下几种。

(1) 耐心诉说。尽自己最大努力，解释退换原因，直到得到解决。

(2) 自认倒霉。申诉无用，这回吃亏，下回不去了。

(3) 灵活变通。找营业员的领导或熟人帮忙解决。

(4) 据理力争。不解决就投诉。

案例讨论

1. 四种答案各反映消费者的哪些气质特征？

2. 写出另外两种可能解决问题的方法。

实 训 练 习

1. 利用节假日到大商场作现场观察，注意顾客购买商品时的特点。然后回答以下问题：从现场销售环境分析销售者与消费者的气质类型与特点，并结合实际判断其销售的优、缺点，提出相应促销方案。

2. 登录“壹心理网”(http://www.xinli001.com/ceshi/535/start/)，或者“心灵咖啡网”(http://www.psycofe.com/)，测试你属于哪一类气质类型，你的消费行为与书中描述的相符吗？

模块 4

掌握消费者购买过程中的复杂心理

内容提要

模块 4 主要介绍消费者需要的概念、特征和分类，消费者购买动机的概念、特点和类型，消费者购买决策的内容和过程，消费者购买行为的内容和类型等。

教学重点和难点

消费者需要、消费者购买动机的特点和类型；
消费者购买决策的过程，消费者购买行为的类型。

学习目标

知识点：掌握消费者需要和消费者购买动机的含义、特征及分类，消费者购买决策的过程，消费者购买行为的类型；

能力点：掌握消费者的需要和动机，消费者购买决策的过程和购买行为的类型，把握消费者购买过程中的不同心理，制定适合的营销决策。

导入案例

善于揣摩顾客心理，介绍才能恰到好处

国庆销售高峰期，卖场内的各大堆头前都人潮涌动，皮鞋堆头前更不例外，促销小姐都彬彬有礼地站在堆头前，等待着过往的顾客前来选购。

"小姐，您看这双米色的鞋合适吗？"一个温柔的声音传来，只见一位梳着短发的促销员正笑意盈盈地拿着一双休闲鞋给一位怀孕的女顾客看。那位顾客看着面前摆放着各种各样的鞋子，脸上流露出犹豫的神色，嘀咕说："我也不知道该选哪双好。"促销员笑着说："这双米色的比较清爽，这个季节穿刚好，而且今年也比较流行米色，您觉得怎样？"顾客看了看，没有吱声，又随手拿起一双黑色的端详。促销员又耐心地询问："您打算配什么颜色的裤子？深色裤子多还是浅色裤子多？"顾客说："我想买一双配黑裤子的。"促销员看了看说："那这双黑色的是不是更好一些？"边说边拿起米色和黑色的鞋子放在一起让顾客比较，然后又说："您要不要先试穿一下，看哪双更好一些？"顾客这时看了看旁边一双高跟的皮鞋，眼里流露出羡慕的神情，善解人意的促销员马上笑着说："现在穿这种不太适合，不过再过一段时间就可以了，是吧？"顾客听完笑了笑，便拿起一双黑色的试穿起来。待穿好后，促销员在一边耐心地询问："合不合脚？感觉如何？"顾客觉得很满意，便点了点头。"就这双吗？那好，我帮您包起来吧。"

促销员边说边动作麻利地把鞋包装好，开好销售小票，双手递到顾客手中，指着前面礼貌地说："麻烦您到前面那个收银台付款好吗？谢谢!"顾客拿着小票愉快地走向了收银台。

这位促销员为什么能在接待顾客过程中始终掌握主动权，一步一步地巧妙引导这位顾客愉快完成了购买过程？关键在于她善于揣摩顾客心理，能根据顾客情况设身处地、恰到好处地介绍产品，再加上热情主动、体贴入微，从而激发了顾客的购买欲望，顺利完成销售。可见，善于揣摩消费者的心理，诱导消费者的购买行为，影响消费者的购买决策过程，也是营销成功的重要条件之一。

本模块的内容就是从分析消费者的需要和动机理论出发，介绍了消费者的购买决策过程，通过研究消费者购买行为，从而揭示出消费者购买行为的规律。

单元1　消费者需求理论

相关链接

现代人对食糖的消费心理

现在很多人认为，糖含有高热量，高糖的饮食会造成蛀牙，低糖的饮食习惯更为健康，使用合成甜味剂是安全健康的选择。事实上，这些想法并不完全正确，其实一汤匙的糖只含有16卡路里的热量，糖被食品卫生部门认定为安全食品。

事实虽然如此，但糖已经逐渐地将市场拱手让给了人工合成甜味剂。为了纠正公众对糖的误解，同时给人工合成甜味剂咄咄逼人的营销入侵予以有力回击，糖业协会决定发起一场大规模的广告战。在进行广告策划之前，糖业协会作了一项消费者调查，以了解与食糖消费相关的人口数量状况、态度和价值观等。

以下是一些主要的发现。

(1) 86%的人喜欢或喜爱甜的东西。

(2) 食糖和含糖的食品同人生中幸福、愉快的时刻相联系。

(3) 人工合成甜味剂的使用者与非使用者对食糖和含糖食品的喜欢程度相同，消费的食糖大体也差不多。

(4) 大量使用食糖的家庭(每年消费40磅以上)在食糖用户中只占30%的比例，但代表了77%的消费量，他们更加频繁地烘烤食品和更爱吃加糖的点心、甜食和早餐。他们中75%的家庭有小孩，而在轻度和轻量使用者中这一比例为48%。同时，食糖的大量使用者说他们爱或热爱甜味，而中度和轻度使用者只是喜欢甜味。

(5) 超过2/3的应答者同意下面的观点：我觉得可以享受点心或甜食，因为我的饮食习惯总体来说是健康的；喜爱甜食对孩子来说是正常和自然的。

(6) 一半以上的应答者认为，他们应该限制在食糖和天工甜味剂方面的消费。

虽然调查的结果总体上是积极的，但糖业协会仍然担心消费者会继续对其消费的食糖数量表现出不安。同时，糖业协会对大量无糖食品的广泛促销也深表忧虑，因为这可能使消费者产生“糖在某种程度上有害”的想法。

当消费者经常看到无糖产品的促销广告，可能形成吃糖不安全的想法，解释这一想法是如何形成的？为了使消费者消费食糖，应该发掘消费者哪些深层动机？

在影响消费者行为的诸多心理因素中，需要和动机占有特殊而又重要的地位，与消费者行为有着直接而紧密的联系，因为人们的任何消费行为都是在一定动机的驱使下满足某些特定的需要和欲望。因此，了解消费者的需要和动机是什么，是研究消费者购买决策行为的前提和基础。

一、消费者的需要

行为科学认为，人的行为都有一定的动机，而动机又产生于人类本身的内在需要，消费者行为也不例外。产生消费者行为的最基本的内在原因是消费者需要。

1. 消费者需要的概念

需要是指人们在个体生活和社会生活中感到某种欠缺而力求获得满足的一种心理状态。需要既有生理的，也有心理的。作为有机体，人体必须不断补充一定的能量才能生存，如食物、水、空气和睡眠等，因而，生物性需要是人类最基本的需要。作为社会成员，人还有求美、求知、交往、尊重、成就等社会性需要，这是人类所特有的需要。需要在人的心理活动中具有十分重要的作用，它影响着人的情绪、思维、意志等活动，是人类行为的原动力。古语云：“人生而有欲”，其中“欲”，就是欲望、意愿或需要。

消费者需要是指消费者在一定的社会经济条件下，为了自身的生存与发展而对商品的需求和欲望。消费者需要包括在人类一般需要之中，通常以对商品的愿望、意向、兴趣、理想等形式表现出来。经济学中的消费需要指的是在一定时间内有支付能力的市场需求。就消费者个体而言，消费需要反映消费者某种生理或心理体验的缺乏状态，并直接表现为消费者对获取以商品或劳务形式存在的消费对象的需求和欲望。

与相关课程的联系

欲望、需要等名词是经济学和管理学学中的重要概念。产品的设计一定要满足人们的需要，推销要选择有需要的人群才能事半功倍。

2. 消费者需要的特征

消费者由于不同的主观原因和客观条件，对商品或劳务有不同的需要，而且这些需要随着人们物质文化生活水平的不断提高而日益多样化。但是，无论消费者需要如何纷繁复杂、千变万化，仍会具有某些共同的特性和规律性。具体表现为以下特征。

(1) 需要的差异性和多样性。由于不同的消费者在年龄、性别、民族、职业、文化水平、经济条件、宗教信仰和个性习惯等方面的主客观条件千差万别，由此形成多种多样的消费需求差异。消费者需要的多样性可从 3 个方面理解：①对同一类商品的多种需要。人们往往要求某一商品除了具备某种基本的功能外，还要兼有其他的附属功能。如手机除了通话短信基本功能外，人们对其外观、影音、拍照等需要也越来越高。②对不同商品的多种需要。如随着生活水平的日益提高，消费者可能同时会产生购买手机、电脑、甚至外出旅游等需要。③显现的需要和潜在的需要同时存在于同一消费者身上。由于潜在需要的不确定性，消费者需要的多样性范围进一步扩大。

相关链接

中国地区间的消费差异

中国地区间之间消费的差异是非常大的，不同的气候、不同的土壤会滋生出不同的消费者。以中国具有一定区域代表性的几个城市为例，会发现不同区域的城市有着不同的文化，这使得不同区域的消费者有着不同的特性：北京作为政治、文化和教育的中心，北京人表现出大气、张扬和潜在的贵族意识，他们在生活中会对政治表现出兴趣；上海是中国的金融中心，也是最具有国际化气质的大城市，上海人的特点是非常精明，同时追求品位和格调；成都人的特点则表现出休闲和慵懒的态度，其生活节奏很慢，更加追求轻松的生活。

城市文化塑造了城市消费者的价值取向，如研究发现，上海人、成都人更倾向于超前消费；而北京人、武汉人、广州人更倾向于稳健的消费，其花费非常谨慎。

(2) 需要的层次性和发展性。消费者需要可以按照不同的划分方法，划分成若干个高低不同的层次。例如，充饥、御寒属于较低层次的需要，受人尊重、实现自我价值属于较高层次的需要。通常消费者首先要求满足低层次的需要，在低层次需要满足的基础上才会产生更高层次的需要。就发展而言，社会经济文化的发展不断创造新的消费对象，新的、更高层次的消费又反过来促进社会经济文化的发展。消费者需要的发展性在市场上主要表现为消费数量的增多和消费质量的提高。例如，手表开始只为计时，所以只有时、分、秒；后来为满足消费者计日的需要，于是研制出带日期、星期的手表；为解决消费者上发条麻烦的问题，又生产出机械表、电子表；同时考虑到消费者心理需要，又在手表的规格款式上不断推陈出新。

(3) 需要的伸缩性和周期性。伸缩性又称需求弹性，是指消费者对某种商品的需要会因某些因素的影响而发生一定限度的变化。消费者需要受到消费者自身条件和外部环境的制约。自身条件主要指消费者对需要欲望的程度和货币支付能力；外部环境包括企业所提供的商品、广告宣传、销售服务等。两者都会促进或抑制消费者的需要。同时，不同的商品对消费者生活的影响程度不同，消费需要的伸缩性也不一样。消费者日常生活中不可缺少的生活必需品，如粮食、食盐、肥皂等基本生活用品，消费需要的伸缩性就小；而属于满足享受需要的用品，如高档服装、高档化妆品、耐用消费品等，其消费需要的伸缩性就大。消费者需要还具有周期性的特点，一些需要得到满足后，一定时期内不再产生，但随着时间的推移还会重新出现，并显示出明显的周期性。例如，许多季节性商品、节日礼品等。人们对许多消费品的需要，都具有周期性重复出现的特点，只不过循环的周期长短不同而已。

(4) 需要的关联性和替代性。消费者的需要多种多样，各种消费需要之间往往具有一定的关联性。消费者为满足需要在购买某一商品时往往顺便购买相关的商品，如购买一套西装，可能顺便购买衬衫、领带、皮鞋等，而购皮鞋时，又可能顺便购买鞋油、鞋刷等。因此，企业在确定商品的范围和结构时应充分考虑到消费需求的关联性，甚至店址的选择都要考虑到毗邻商店的经营品种和服务项目。不仅如此，消费者需要还具有相互替代性。这种替代性使消费品常常出现某种商品销量增长，而另一种商品销量减少的现象。例如，消费者对洗衣粉的需要增加，对肥皂的需要相对减少；对空调的需要增加，对电风扇的需要相对减少等。

(5) 需要的可变性和可诱导性。消费者需要不是一成不变的，无论哪种内容、层次的需要都会因客观环境的变化而发生改变。社会政治经济的变革、生活工作环境的变迁、企业广告宣传和经营战略的调整等，都有可能诱发消费者的需要发生变化和转移，使此种需要变成彼种需要，使潜在的需要变成显现的需要，使微弱的需要变成强烈的需要。由此可见，消费者需要具有可诱导性质，即可以通过人为地、有意识地给予外部诱因或改变环境状况诱使和引导消费需要按照预期的目标发生变化和转移。实践中，很多企业正是利用消费需要的这一特点，开展广告宣传、倡导消费时尚、创造示范效应，施予优惠刺激等，来有效地影响、诱导消费者形成改变或发展某种需要。

3. 消费者需要的分类

消费者的需要既是主观欲望的反映，也是客观现实的反映。由于消费者的主观世界和客观环境十分复杂，所以消费者需要也是丰富多彩、多种多样的。按照不同的标志，对消费者需要的划分也有不同的分类，如表 4-1 所示，以下着重讲述前 4 种分类。

表 4-1　不同学者对消费者需要的分类一览表

划分方法	代表者	分类标准	分　类
两分法	传统的观点	按照需要的起源不同	生理需要、社会需要
		按照需要的对象不同	物质需要、精神需要
三分法	恩格斯	按照需要的生活形式不同	生存需要、享受需要、发展需要

续表

划分方法	代表者	分类标准	分　　类
五分法	马斯洛	按照需要的层次不同	生理需要、安全需要、社会需要、尊重需要、自我实现需要
二十分法	亨利·默里	按照需要的表现方式不同	贬抑需要、成就需要、交往需要、攻击需要、自主需要、对抗需要、防御需要、恭敬需要、支配需要、表现需要、躲避伤害需要、躲避羞辱需要、培育需要、秩序需要、游戏需要、抵制需要、感觉需要、性需要、求援需要、了解需要

(1) 按照需要的起源不同，可以分为生理需要和社会需要。

① 生理需要。是消费者为维持和发展个体生命而产生的对客观事物的需求和欲望，如饮食、睡眠、休息、运动、避暑、御寒等。这种需要是人作为有机体与生俱来的，由消费者的生理特性决定的。

② 社会需要。是消费者在社会环境的影响下所形成的带有人类社会特点的某些需要，如社会交往的需要、对荣誉的需要、被尊重的需要、表现自我的需要等。这些需要是人作为社会成员在后天的社会生活学习中习得的，是由消费者的心理特性决定的。

(2) 按照需要的对象不同，可以分为物质需要和精神需要。

① 物质需要。是消费者对以物质形态存在的、具体有形的商品的需要。这种需要反映了消费者在生物属性上的欲求，又可以进一步作低级和高级之分，低级的物质需要是指维持生命所必需的基本对象；高级的物质需要是指人们对高级生活用品，如家用电器、高档服装、美容用品、健身器材等，以及用于从事劳动的物质对象如劳动工具的需要。

② 精神需要。是消费者对于意识观念的对象或精神产品的需要。这种需要反映了消费者在社会属性上的欲求，具体表现为对艺术、知识、美、认识和追求真理、满足兴趣爱好，以及友情、亲情等方面的需要。

(3) 按照需要的形式不同，可以分为生存需要、享受需要和发展需要。

① 生存需要。包括对基本的物质生活资料、休息、健康、安全的需要。满足这类需要的目的，是使消费者的生命存在得以维持和延续。

② 享受需要。表现为要求吃好、穿美、住得舒适、用得奢华，有丰富的消遣娱乐生活。这类需要的满足，可以使消费者在生理和心理上获得最大限度的享受。

③ 发展需要。体现为要求学习文化知识，增进智力和体力，提高个人修养，掌握专门技能，在某一领域取得突出成就等。这类需要的满足，可以使消费者的潜能得到充分释放，人格得到高度发展。

(4) 按照需要的层次不同，可以分为生理需要、安全需要、社会需要、尊重需要、自我实现需要。美国人本主义心理学家马斯洛于1943年和1954年先后发表了《人类动机的理论》《动机和人》等著作，提出了著名的“需要层次理论”。按马斯洛的理论，个体成长发展的内在力量是动机。而动机是由多种不同性质的需要所组成，各种需要之间，有先后顺序与高低层次之分；每一层次的需要与满足，将决定个体人格发展的境界或程度。如图4.1所示。

① 生理需要。是个体为维持生存和发展对基本生活资料的需要，也是人们最原始、最

基本的需要，如吃饭、穿衣、住宅、医疗等。这种需要如果不满足，则有生命危险。

② 安全需要。是人们希望保护自己的肌体和精神不受危害的需要，包括劳动安全、生活稳定、有良好的医疗保健、希望免于灾难、希望未来有保障等。安全需要比生理需要较高一级，当生理需要得到满足以后就要保障这种需要。

③ 社会需要。是个人渴望得到家庭、团体、朋友、同事的关怀爱护理解，是对友情、信任、温暖、爱情的需要。它比生理和安全需要更细微、更难捉摸。它与个人性格、经历、生活区域、民族、生活习惯、宗教信仰等都有关系，这种需要是难以察觉，无法度量的。

④ 尊重需要。包括自我尊重和受人尊重两方面的要求，具体表现为渴望实力、成就、独立与自由，渴望名誉与声望，受到别人的赏识和高度评价等。尊重的需要很少能够得到完全的满足，但基本上的满足就可产生推动力。

⑤ 自我实现需要。是最高等级的需要，指人们希望发挥自己的特长和潜能，实现对理想、信念、抱负的追求，取得事业的成功，使自我价值得到充分实现。这也是一种创造的需要。有自我实现需要的人，似乎在竭尽所能，使自己趋于完美。自我实现意味着充分地、活跃地、忘我地、集中全力全神贯注地体验生活。

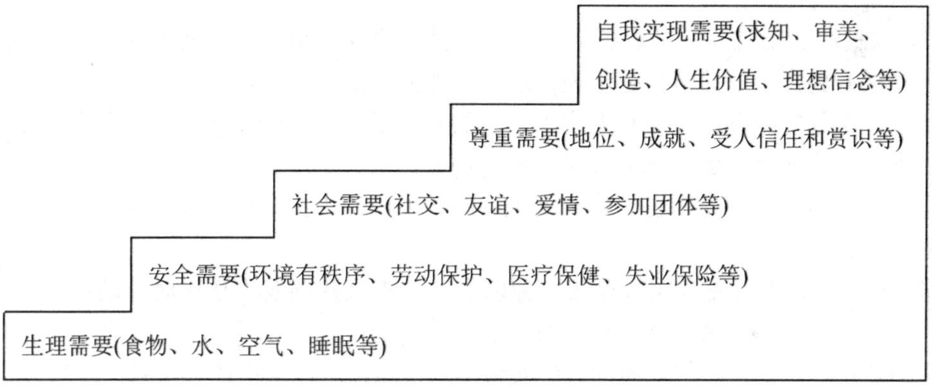

图 4.1　马斯洛需要层次

小练习

针对“需要层次理论”中提到的五种需要，分别举出相应的例子。

二、消费者的购买动机

购买动机是在消费需要基础上产生的、引发消费者购买行为的直接原因和动力。相对于消费者需要而言，动机更为清晰显现，与消费行为的联系也更加具体。研究消费动机可以为把握消费者购买行为的内在规律提供更具体、更有效的依据。

1. 购买动机的概念

动机这一概念是由美国心理学家伍德沃斯(R.Wood-worth)于 1918 年率先引入心理学的。他把动机视为决定行为的内在动力。他认为，动机是“引起个体活动，维持已引起的活动，并促使活动朝向某一目标进行的内在作用”。

所谓消费者购买动机，是指消费者为了满足自己一定的需要而引起购买行为的愿望或意念，它是能够引起消费者购买某一商品或劳务的内在动力。

2. 购买动机的特点

(1) 复杂性。消费者的购买动机是很复杂的。一种购买行为往往包含着若干个购买动机，不同的购买动机可能表现出同样的购买行为，相同的购买动机也可能表现出不同的购买行为。在消费者的诸多消费需求中，往往只有一种需求占主导地位(即优势消费需求)，同时还具有许多辅助的需求。当外部条件满足时，占主导地位的消费需求将会产生主导动机，辅助性的需求将会引起辅助性动机。主导性的动机能引起优先购买行为。

(2) 转化性。主导性的动机和辅助性动机有时会发生相互转化。当一个消费者的购买行为在多种购买动机驱使形成的过程中，主导动机往往起关键作用。但如果在决策或选购商品的过程中，出现了较强的外部刺激，如购买现场的广告宣传，或发现钱没带够，或某种商品价格调整，或售货员态度恶劣等，迫使消费者主导性动机被压抑，而主导性动机就可能向辅助性动机转化。

(3) 内隐性。动机并不是显露无遗的。消费者的真实动机经常处于内隐状态，难以从外部直接观察到。正如弗洛伊德所说，动机犹如海中的一座冰山，显现在海面上的只是很小一部分，大部分隐藏在看不见的水下。人的心理活动是极为复杂的，消费者经常出于某些原因不愿意让他人知道自己的真实动机。例如，某人购买了一辆名牌轿车，他也许会说买车是家庭消费需要，但真正的购买动机可能是要向别人显示他事业的成功、生活的优越和家庭的富有等。

(4) 冲突性。当消费者同时存在两种以上的动机且共同发生作用时，动机之间就会发生矛盾和冲突，使消费者在购买商品时内心出现矛盾、左右为难的情形。此时，消费者应该理智地对待，要在内心的矛盾冲突中实现购买决策，可以采用的办法有：在双趋式(利－利)冲突的情况下，采取趋大利的选择，即“两利相权取其重”；在双避式(害－害)冲突的情况下，采取避大害的选择，即“两害相权取其轻”；在趋避式(利－害)冲突情况下，采取趋利避害的选择；在难辨利弊的情况下，可采取随机选择的方法，即根据自己的喜好程度、经济能力而定。

(5) 指向性。消费者购买动机具有指向性，即方向性、目的性，它能使购买行为保持一定的方向和目的。由于动机是一个内在的心理过程，本身是看不见、摸不着的，只能从动机的行为来分析它的内容和特征。因此，动机和实践有着密切的关系。研究消费者购买动机，就要把握其发展变化的规律，根据其指向性特征，组织企业的营销活动。

3. 购买动机的类型

消费者需要的多样性，决定了消费者购买动机的复杂性。据有些心理学家分析，驱使人们行为的动机有600种之多，这些动机按照不同的方式组合和交织在一起，相互联系、相互制约，推动着人们沿着一定的方向行动，演奏出丰富多彩的人类社会生活的交响曲。在现实生活中，消费者的购买动机又呈现出一定的共性和规律性。概括起来，一般可以分为生理性和心理性两大类。如图4.2所示。

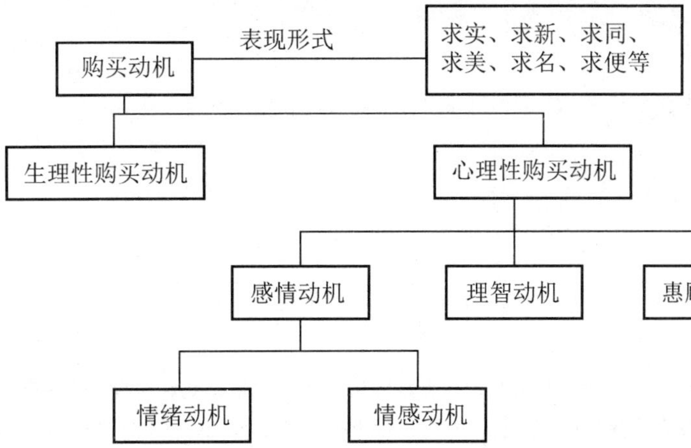

图 4.2　消费者购买动机类型

(1) 生理性购买动机。是消费者为保持和延续生命有机体而引起的购买动机。这种购买动机是建立在生理需要的基础之上的，具有经常性、普遍性、重复性、习惯性和主导性等特点。具体可以分为四种类型。

① 维持生命的动机，消费者饥时思食、渴时思饮、寒时思衣所产生的对食物、饮料、衣服等的购买动机均属于此类。

② 保护生命的动机，消费者为保护生命安全的需要而购买商品的动机，如为治病而购买药品、为建住房而购买建筑材料等。

③ 延续生命的动机，消费者为了组织家庭、繁殖后代、哺育儿女的需要而购买有关商品的动机就属于此类。

④ 发展生命的动机，消费者为使生活过得舒适、愉快，为了提高文化科学知识水平，为了强身健体而购买有关商品的动机属于此类。

(2) 心理性购买动机。是由消费者的认知、情感、意志等心理过程引起的购买动机，消费者个体心理因素是引起其心理性购买动机的根源，具体包括感情动机、理智动机和惠顾动机(信任动机)。

① 感情动机。是由消费者的情绪和情感两个方面所引起的购买动机。消费者在喜、怒、哀、乐、欲、爱、恶、惧等情绪推动下的购买行为，一般具有冲动性、情景性和不稳定性的特点；消费者在由道德感、理智感和审美感等人类高级情感所引起的购买动机推动下的购买行为，一般具有稳定性和深刻性的特点。感情动机主要表现在求新、求美、好胜、求名等方面。

② 理智动机。是消费者在对商品的分析、比较和深思熟虑的基础上所产生的购买动机。理智动机推动下的购买行为，具有客观性、周密性和控制性的特点。理智动机主要表现为求实、求廉、求便等方面。

③ 惠顾动机。是消费者根据感情和理智上的经验，对特定的商品、品牌、商店等产生特殊的信任和偏爱，形成习惯、重复消费的购买动机。产生惠顾动机的原因很多，如良好的信誉、礼貌周到的服务，物美价廉的商品，便利的购买时间、地点、交通条件，优美舒适的环境等。惠顾动机是以信任为基础的，因此，具有经验性、稳定性和重复性等特点。

与相关课程的联系

形象广告、公益广告就是利用了人们的感情动机，建议广告就是利用了理智动机，推广广告就是利用了惠顾动机。

相关链接

好妈妈时尚商城的开店策略

张先生是某财经大学营销专业的毕业生，一直跟踪研究新的营销模式和手段。他注意到，随着社会环境的快速变化，社会生活的节奏加快，消费者的购买行为也发生了很大的变化，电子商务及网络购物的兴起成为一种新的时尚。于是，张先生决定也开一家网店。

为了开好网店，张先生运用所学过的市场营销知识对消费者的网络消费行为进行了深入研究。他发现，消费者购买动机的转变是网络购物兴起的直接原因和动力。这些动机主要有：第一，求便动机。现代社会的生活节奏非常快，尤其是大城市的白领阶层，平时由于工作繁忙，无暇购物。因此，网络购物是适应现代生活的新型购物方式，可以帮助消费者节省体力和精力，使得消费者购物更加方便。第二，求廉动机。网络销售是一种直销模式，它免去了大量的中间环节，并且没有租赁店铺、仓库、水电、员工工资等费用，所以，同样的商品在网上商店的销售价格一般要比实体店的销售价格便宜。第三，追求时尚的动机。网民尤其是年轻人之所以愿意进行网络购物，是因为他们认为这是一种时尚。这种时尚体现在两个方面：一方面，网络购物本身就是一种时尚，如果自己连网络购物都没有尝试过，往往会在朋友面前很没有面子，进行网络购物则可以达到心理上的平衡；另一方面，网络商店的商品大多数比较新颖、时尚，很可能本地没有此类产品，而通过网络购物就比较容易满足这种需求，以展示自己独特的个性和魅力。第四，好奇性动机。网络购物是一种新鲜事物，而且这种网络虚拟商店又打破了时空和地域的界限，全国乃至全世界的产品都可以聚集到网络上，这就激发了消费者的好奇心，希望体验网络购物的与众不同之处。通过这些分析，张先生坚定了开网店的信心。

经过认真的考虑，张先生将他的网店命名为“好妈妈时尚商城”，专门从事准妈妈服装的销售。张先生联系了国内著名的生产孕妇装的厂家，取得了网络销售代理权。这样做的好处是张先生基本不用大量进货，只需进少量的样品即可，节省了大量的开店费用，只花了几千元钱就把网店开了起来。张先生在网店的营销上还下了很大工夫。为了便于传播，他花了几百元钱将网店“装修”了一番。此外，张先生还特别注重建立客户关系，以优质的服务取得消费者的信任。有一次，一个客户反映说她收到的衣服的扣子坏了一个，张先生二话没说，特地花了十元钱让快递公司给她又送去了两组扣子。由于张先生的信誉好，物美价廉，他的网络商店很快便红火了起来，客户不仅遍布全国，连远在美国、加拿大的网民都成了他的客户。很快，张先生网店的月收入便达到了5 000多元。

单元2　消费者购买决策

决策就是作出决定的过程，是为了达到某一目标，在两种或两种以上备选方案中选择最优方案的过程。购买决策是指人们为了合理地支配有限的财力和精力以达到最佳消费效益，搜集、筛选可行消费方案，并实施选定方案、评估消费效益的过程。

一、消费者购买决策与准备

消费者在占有一定市场信息的基础上，从实现购买目的的若干购买方案中选择一种最优的方案，据以作出决定就是消费者的购买决策。购买决策是消费者心理变化的最高阶段，它表现为权衡购买动机、确定购买目的、选择购买方式方法、制订购买计划等方面，是消费者在购买前的准备阶段。消费者的决策与购买准备过程，付出一定的时间和精力。

1. 购买决策的内容

消费者购买决策所包括的内容很多，概括起来，主要包括以下 6 个方面问题。

(1) 为什么买，即权衡购买动机。消费者购买商品的动机和原因多种多样，在诸多的甚至彼此间存在矛盾的购买动机中，消费者首先要进行权衡，作出选择。比如，某一消费者既想买空调，又想买冰箱，而实际货币支付能力只能选择其中一种，消费者就需要对购买两者的各种动机进行比较选择，然后决定购买。即使消费者购买同一种商品，也存在动机权衡的问题。

(2) 买什么，即确定购买对象。这是购买决策的核心和首要问题。消费者购买决策，要受商品自身特性，如商品的型号、款式、颜色、包装、品牌等因素的影响，还受市场行情、价格及售前、售后服务等因素的影响。

(3) 买多少，即确定购买数量。购买数量一般取决于实际需要、支付能力及市场的供应情况及其心理因素。

(4) 在哪里买，即确定购买地点。消费者对购买地点的选择，取决于购物场所的环境品位、商家信誉、交通便利程度、可挑选的品种数量、价格水平及服务态度等。该类决策既和消费者的惠顾动机有关，也与求名、求速、求廉等动机有关。

(5) 何时买，即确定购买时间。购买时间的选择，取决于消费者对某种商品需要的迫切性、存货情况、营业时间、交通情况和消费者自己可控制的空闲时间等因素。其中，消费者对某种商品需要的迫切性决定购买时间的决定性因素。

(6) 如何买，即确定购买方式。这是消费者取得商品的途径。购买方式包括直接到商店选购、邮购、函购、预购、代购、分期付款等。选择哪种购买方式，取决于购买目的、购买对象、购买时间、购买地点等因素。随着超市、便利店、仓储式销售、大型购物中心，以及电话订购、电视购物、直销、网络购物等新型销售方式的不断涌现，现代消费者的购买方式也更加多样化。

2. 购买决策的特点

从以上对购买决策内容的分析可以看出，消费者的购买决策具有以下共同的特点。

(1) 决策主体的单一性。由于购买商品是满足消费者个人或家庭消费需要的个体行为活动，所以通常表现为消费者个别的独立的决策过程，即由消费者个人单独决策，或与关系密切的参照群体，如家人、亲友共同制定决策。

(2) 决策范围的有限性。由于购买决策多是解决如何满足消费者个人及家庭的需要问题，所以同其他事项的决策相比，消费者的决策范围相对有限，仅仅限于购买哪种商品、购买时间、地点、方式等方面的决策。

(3) 决策影响因素的复杂性。影响购买决策的因素复杂多样，既有消费者的个性品质、兴趣爱好、态度倾向、生活习惯、收入水平等个人因素；又有社会时尚、所属相关群体、社会阶层、家庭等环境因素的影响。

(4) 决策内容的情境性。消费者的购买决策具有明显的情境性。影响决策的各种因素并非一成不变，而是随着环境、时间、地点的变化而不断变化的。这也使消费者在实际购买活动中需要具体情况具体分析，以便作出正确的决策。

3. 消费者的购买准备

作出购买或消费决策之后到购买行为实施的过程为消费者的购买准备。小件商品的购买准备较为简单，人们购买一块肥皂、一瓶饮料、一包面纸等，不需要做太多的购买准备，准备时间较短，从消费需要的产生到购买行为的实施可以迅速完成；而大件、高档商品的购买准备过程较复杂，花费时间较长，准备条件较多，在准备购买过程，消费者心理和行为还会受其他因素的影响甚至干扰，消费者个性也会影响购买的准备活动。

购买准备主要包括购买地点的确定、购买时间的确定、支付方式的准备、购后运输手段的准备。

(1) 购买地点的确定。消费者购买地点的确定，会影响商业经营单位的效益。消费者确定购买地点时，一般选择有经营特色的购买地点，比如服务质量好、购物环境优美、购买比较方便、离居住地或工作地点比较近一些的购买地点。

(2) 购买时间的确定。主要取决于消费者本人的工作、生活习惯等因素。

(3) 支付方式的准备。可以分为两类：一类是确定支付的方式，即现金、信用卡或是两者兼而有之的方式。在我国大部分的购物环境中，使用信用卡的比例仍然较低，消费者习惯于使用现金支付，随着经济活动的日益繁荣，这种支付方式必将被信用式支付手段代替，这一点值得营销者注意。另一类支付方式的准备，即消费者准备以一次结清的方式付款或是以分期付款的方式购买商品。这一类准备过程主要取决于消费者计划、个性特点、对商品的需要程度，以及现有的支付能力等。

(4) 购后运输手段的准备。是购买大件商品时必须考虑的一个问题。如果商店不给予运输方面的协助，消费者要么请人帮忙运回、要么自己租用或准备运输工具。所以，消费者购买大件商品时，营销者应当协助消费者或提供送货上门等服务，减少消费者的购买准备。

此外，消费者的个性也会影响购买准备，一般环境依赖型消费者的购物准备，比较重视他人的意见，购买前要请家人或朋友做参谋，有了这些人员的参谋，购物后觉得踏实放心。

购买专业性较强的商品，还包括安装条件的准备等。如音乐爱好者购买的 AV 中心，包括大屏幕彩电、高保真音响系统、影碟系统、CD 机等，使用 AV 中心对于居室环境有一定的要求。有些消费者并不精通家用电器安装管理，要把这些东西安装好并调试出美妙的效果有一定的困难，如果营销者能够提供完善的安装、维修服务，消费者可能迅速跃过购买准备的心理过程，实施购买行为。

相关链接

小李大学毕业后来到广州工作，不久，便建立了小家庭。夫妻俩，一个在研究所工作，一个在机关就职。由于天气炎热，便打算买一台空调。但他俩对空调不很了解，只好到处打听行情，还跑了好几家商店，掌握了大量的相关信息，并对各种信息进行分析、比较、综合和归纳，最后决定买一台海尔单制冷空调。小李是青岛人，远离家乡和亲人，对家乡的人和物有特殊的感情。确定了购买海尔空调后，他们立即行动起来，先去离家较近的几家商店了解销售服务情况，最后选中了海尔专卖店，高高兴兴地买了一台海尔空调。

小王购买空调经历了哪些过程？

二、消费者决策过程

消费者购买决策过程是消费者在各种内外因素和主客观因素影响下形成购买动机、促成购买行为的过程。只有对消费者决策过程进行深入分析，才能对消费者决策做出完整的理解。心理学家认为，消费者购买决策的过程是一个动态发展的过程，一般遵循 5 个阶段的模式，即认知需要、收集信息、比较评价、购买决策和购后行为，如图 4.3 所示。不过现实中，消费者并不是在购买每件物品时都要经过这 5 个步骤，某些购买决策过程可能非常简单，消费者可能跃过某个环节或倒置某个次序。

图 4.3　消费者购买过程 5 阶段模式

1. 认知需要

认知需要是消费者决策过程的第一个阶段，该阶段对消费者和营销者都非常重要。消费者对某类商品的需求源于消费者自身的生理或心理需要。当某种需要未得到满足时，满意状态与实际缺乏状态之间的差异会构成一种刺激，促使消费者发现需要所在，进而产生寻求满足需要的方法和途径的动机。引起消费者认知需要的刺激可以来自个体内部的未满足需要，如饥饿、干渴、寒冷等；也可以来自外部环境，如流行时尚、他人购买等。有时，需要还来自某种新产品介绍的引诱。

2. 收集信息

收集信息，简单理解就是寻找和分析与满足需要有关的商品和服务的资料。消费者一旦对所需要解决的需要满足问题进行了确认，便会着手进行有关的信息收集。消费者一般会通过以下 4 种途径去获取所需的信息。

(1) 个人来源，即消费者从家人、朋友、邻居、同事或其他熟人等处得到的信息。

(2) 商业来源，即消费者从广告、销售人员介绍、商品包装、说明书、商品陈列或展示会等方面得到的信息。

(3) 公共来源，即消费者从大众媒体的报道、消费者组织的评论或政府机构等方面得到的消息。

(4) 经验来源，即消费者通过接触、试验或使用商品得到的信息。

从消费者的角度看，从企业控制的商业性来源得到的信息主要起着通知性的作用，从其他非商业性来源得到的信息主要起着建议、评价和验评的作用。

通过信息的收集，消费者能够熟悉市场上一些竞争品牌和特性。在该阶段，营销者要设计信息传播策略，利用商业来源使消费者充分了解本企业的产品，也要设法利用和刺激其他信息来源，加强信息的影响力和有效性。

与相关课程的联系

市场调查与预测课程讲授内容的主要工作就是进行信息的收集和处理。

3. 比较评价

消费者在充分收集了各种有关信息之后，就会进入购买方案的选择和评价阶段。该阶段消费者主要对所收集的各种信息进行整理筛选，“去粗取精、去伪存真、由此及彼、由表及里”地分析比较，权衡各自的长短优劣，确定对某商品应持的态度和购买意向，以便作出最佳选择。

一般情况，消费者对商品信息比较评价的标准，主要集中在商品的属性、质量、价格三个方面，但有时也因人而异。不同的消费者，其消费需要的结构不同，对商品信息的比较和所得结果必然有异。同时，消费者对商品信息比较评价所用的时间也长短不一，一般对紧俏、名牌、低档商品、日常生活用品等，消费者比较评价的时间较短；而对高档商品，如计算机、汽车等高技术耐用消费品，比较评价的时间较长。

4. 购买决策

消费者在广泛收集商品信息并对其比较评价的基础上，形成了对某种商品的肯定或否定态度。肯定态度一旦形成，就会产生购买意图，最终进入购买决策阶段。但是，在形成购买意图和作出购买决策之间，仍有一些不确定的因素存在，会使消费者临时改变其购买决策。这些因素主要来源于两方面：一是其他人的态度，二是未预期到的情况，如图 4.4 所示。

(1) 其他人态度。如果在消费者准备进行购买时，其他人提出反对意见或提出更有吸引力的建议，就有可能使消费者推迟或放弃购买。他人态度的影响力大小主要取决于 3 个因素：他人否定态度的强烈程度；他人与消费者之间的关系；他人的权威性或专业水准。

(2) 意外因素，即未预期到的情况。包括消费者个人、家庭、企业、市场及其他外部环境等方面突然出现的一些有关的新情况，如家庭中出现了其他方面的紧迫开支、产品生产企业出现了重大的质量问题、市场上出现了新产品、经济形势出现了较大的变化等，都可能会使消费者改变或放弃购买决策。

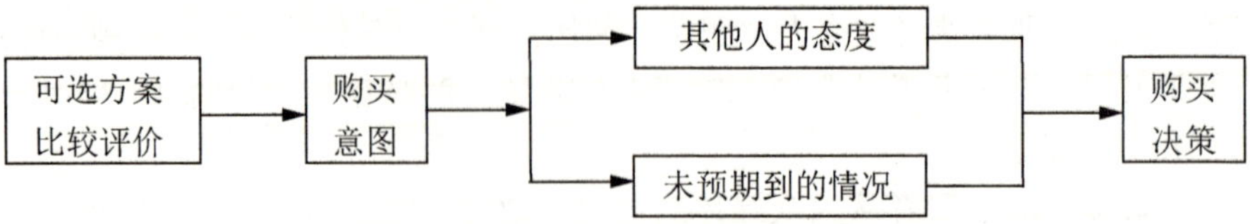

图 4.4 购买意图和购买决策间的不确定因素

5. 购后行为

消费者购买和使用了某种产品后，必然会产生某种程度的满意或不满意感。消费者是否满意会直接影响其购买后的行为。如果感到满意，以后就可能重复购买，并向他人称赞和推荐这种产品，而这种称赞和建议往往比企业为促进产品销售而进行的广告宣传更有效；如果感到不满意，以后就不会再购买这种产品，而且会采取公开或私下的行动来发泄不满。

消费者购买后的感受或满意程度大致有以下 3 种情况。

(1) 很满意，即所购商品很好地满足了买主的消费需求，这也加强了消费者对该品牌商品的喜好，坚定今后继续消费该商品的信心。

(2) 基本满意，即所购商品不能给买主以预期的满足，这会使消费者重新修正对该品牌的认识，甚至会动摇消费者今后继续消费该商品的信念。

(3) 不满意，即所购商品没有达到买主的预期目的，使消费者内心产生严重不协调的状况。消费者一旦对所购商品不满意，今后可能会中断对该品牌的购买和消费。因此，买后感受对购买行为有着重要的反作用，甚至是消费者购买决策过程认知需要的起点。

与相关课程的联系

销售管理、市场营销等课程售后服务的内容就是关注消费者的购后行为。

三、风险知觉与消费决策

1. 风险知觉的概念

消费者在决定购买商品的时候，经常会面临一些两难的问题：即购买商品带来满足、愉快的同时，也会带来一些不愿意、不希望的损失或者潜在的危险，甚至会带来一些现实的伤害。这些损失、危险性、甚至伤害使消费者清楚地意识到的，这就是消费者的风险知觉。

由于清楚意识到消费商品会带来损失、危险、甚至于伤害，消费者会尽量减少或避免这些不希望出现的后果，这种过程叫减少风险论。

2. 风险知觉的类型

消费者可能会遇到的风险知觉分为以下 4 种类型。

(1) 消费支出性风险。就是在购买了甲商品之后，影响了对乙商品的消费。对于普通消费者而言，购买汽车或住房等高价格的商品需要一段时间的积蓄，积蓄过程中，日常生活的开支必须酌情节减。节减日常生活的开支就是一种损失，日常消费受到影响。

(2) 社会性风险。当消费者使用某种商品时，可能会给他的社会关系带来不利影响甚至于损害并影响人际关系等，称为社会性风险。这种现象在风格新颖的服装、服饰类商品消费中比较典型。比如在特定的生活或工作环境中，服装风格与同事、朋友相差较大，可能招致他人较多的注意和议论，有些消费者心理会产生一定的焦虑与担心。这种焦虑心理来自于消费群体趋同性的无形压力，消费者本人会担心在生活群体或工作群体中失掉认同感(少数榜样型消费者除外)。在社会观念趋向于平均主义、内部联系相对紧密的消费群体内部，该类消费风险是比较常见的，所以，在公共环境中过于暴露、展示自我形象的商品，容易引发这一类风险知觉。

(3) 形象性风险。在消费了某种商品之后，会给消费者本人的形象带来直接损害和危险，称为形象性风险。该类风险知觉的情况比较复杂，比如食品消费方面，一些营养成分高、味道可口的食品大家都喜欢吃，如巧克力一类。但有些女性消费者为了身体健美，害怕吃多了之后体重增加、影响形体，所以购买这类食品之前头脑中已经产生回避心理；“基因食品”的概念在市场上已经被热炒，有些消费者试图赶上这一类消费时髦，但又担心基因食品的卫生标准是否达到了法律所规定的要求，转基因食品是否会对人体健康产生无法预料的影响，这都是风险知觉造成的效果。

(4) 功能性风险。购买了某种商品之后，商品本身会给消费者带来麻烦甚至带来潜在的危险，称为功能风险。比如家用煤气热水器可以大大方便消费者在家中的洗浴，但国内因使用不当或产品质量低劣造成中毒甚至死亡的情况时常出现。购买或使用这种商品就要面临这样的危险，不购买或使用，冬季生活中又有许多不方便。这样的风险知觉经常出现在购买质量差、但供应量少的商品中。

3. 减少风险知觉的方法

消费者一旦知觉到某种风险的存在，必然会想办法来降低风险。消费者应付风险知觉的办法多种多样，且不同的消费者在应付同种风险时所采取的办法也不尽相同。消费行为专家发现人们减少、消除风险知觉的方法有以下5种。

(1) 尽量全面地搜集与商品有关的信息，增加对该商品的了解程度。如通过报纸、电台、电视台等宣传媒体来了解这种商品的特点，通过与服务人员的交谈来了解该商品，通过有消费经验的人来了解这种商品的使用效果等。消费者对于商品的了解程度越深，对可能带来的风险与危害的认识也就越清楚，如果消费者认识到这种风险远远小于这种商品带来的益处，或可以用一定的办法减少风险的程度，消费者会坚持原来的购买心理，完成购买行为。如果对于这种风险的认识越多，发现消费这种商品可能带来的风险很大，消费者又无法自己来克服这种风险，他会放弃这种购买的心理。

(2) 在购买之前尽量请人提出参考意见，邀请有消费经验的人一起购买，或挑选商品的时候尽量请人提出参考性意见，找出商品的毛病或缺点，避免购买商品之后给自己带来的风险。在服装商品消费中，许多女性消费者愿意邀请同伴帮助挑选；在大件商品购买中，人们愿意请熟人或有经验的人帮助选购商品。

(3) 尽量认购那些知名度高、产品形象和企业形象都很好的商品。如商品牌子比较响亮的商品、名牌商品、在当地名气较高的商品，而尽量不去购买那些名气小、对商品的形象没有印象、商品的功能与特性不太熟悉的商品。在商店选择方面，尽量选择名气大、专业性强的商店。

(4) 保持原来的消费行为与品牌忠诚。明知有消费风险，又不能获得足够充分的信息，也不愿意花费相应的消费成本，消费者可能维持原来的消费行为，继续购买已经习惯的品牌，避免购买不熟悉品牌的风险。

(5) 采取从众型购买行为。大家都选择某种品牌，一定有相应的道理，应该没有大的问题，即使不是最好的选择，也不应该是最坏的后果，因此，从众型购买行为是消费者减少知觉风险的一种办法。

单元 3　消费者购买行为

相关链接

消费者购买空调的行为特点分析

1. 消费者关于空调的信息来源分析

调查数据显示，消费者了解空调的主要途径是电视(72.9%)、商场(11.8%)、周围人介绍(6.5%)和报刊(4.2%)。其他传播渠道(如广播、路牌、互联网、交通工具等)都不是主要途径。说明通过电视、商场、周围人和报刊传播空调的信息效果较好，特别是电视、商场和周围人的宣传感染力较强。

2. 空调购买地点分析

调查数据显示，25.0%的消费者从家电市场购买空调，23.5%的消费者从家电连锁店购买，18.2%的消费者从家电商店购买，15.7%的消费者从家电专卖店购买，14.4%的消费者从百货商店购买，只有 2.1%的消费者从大型超市购买，说明空调销售有五大主渠道，而大型超市不是空调的主要销售渠道。

3. 空调广告宣传、使用说明书的真实性分析

调查数据显示，在关于空调的广告宣传、使用说明书与实际是否相符的调查中，14.7%的调查对象回答“完全相符”，77.1%的调查对象回答“多数相符”，4.6%的调查对象回答“少数相符”，0.7%的调查对象回答“不相符”，2.9%的调查对象没有回答。

4. 空调促销活动对消费者购买决策的影响分析

调查数据显示，调查对象在购买空调的过程中，主要受到广告(30.9%)、别人推荐(21.2%)、商场营业员介绍(19.5%)和降价(15.0%)等促销活动的影响，而受到有奖销售(3.5%)、赠品(1.2%)等促销活动的影响很小。

5. 空调各品牌市场占有率情况分析

调查数据显示，调查对象购买使用各品牌情况，即各品牌市场占有率情况：海尔 14.1%、格力 11.4%、美的 8.3%、三菱 7.4%、春兰 4.7%、科龙 3.9%、松下 3.7%、海信 2.3%、奥克斯 2.2%、LG1.5%、其他品牌 40.5%。出现其他品牌市场占有率高达 40.5%，主要原因在于，早些年我国空调市场上品牌众多，并且空调是一种耐用消费品，其使用寿命可长达十几年。如果我们只限于调查一年内新购买的空调，则结果肯定不会这样，因为这些年许多小品牌空调已被市场淘汰，空调的市场集中度越来越高。

6. 消费者购买空调价格情况分析

调查数据显示，79.9%的调查对象购买的空调价格为 3 000 元以下，8.6%的调查对象购买的空调价格为 3 001～4 000 元，6.0%的调查对象购买的空调价格为 4 001～5 000 元。

7. 消费者购买空调时主要考虑因素分析

调查数据显示，调查对象在购买空调时，主要考虑因素：66.0%回答是制冷热效果，10.0%回答是品牌，7.6%回答是节能，7.2%回答是性价比，3.7%回答是健康，2.7%回答是售后服务，1.4%回答是外观，只有 0.2%回答是安装服务。

8. 消费者购买空调后获得售后服务的主要途径分析

调查数据显示，调查对象购买空调后，获得售后服务的主要途径是厂家特约维修网点(67.6%)，其他由零售商(17.8%)和一般维修店(8.7%)提供售后服务。

资料来源：http://www.cnft.org/中国科技成果转化网/2005年浙江市场消费者公认空调品牌调查/浙江消费者协会

所谓行为，就是有机体在外界环境的影响和刺激下，所引起的内在生理和心理变化的外在反应。所谓消费者购买行为，就是指消费者个人或家庭为了满足自己物质和精神生活的需要，在某种动机的驱使和支配下，用货币换取商品或劳务的实际活动。消费者的购买行为，总是以购买动机为先导，没有动机，就不会产生行为。研究消费者动机，主要解决消费者为什么购买的问题，而研究消费者购买行为，目的在于揭示消费者购买行为的规律。消费者购买行为具有动态性、互动性、多样性、易变性、冲动性、交易性等特点。

一、消费者对信息的评价

消费者对信息的评价，是消费者购买行为的重要组成部分。从信息论的角度看，可以说，消费者购买决策过程主要是围绕信息的搜集、获取、储存、提取、评价、比较和选择等活动展开。一个消费者产生了某种需要，并不一定能够转化为购买动机，进而实现购买行为。因为如果没有能够满足其需要的购买对象，需要只能仅仅停留在欲望阶段，却无法满足。要找到购买对象，必须先寻找、收集信息。同时，要实现购买行为效益最大化，也必须收集更全面、更准确的信息，并要对信息进行合理的分析评价。

1. 信息收集的过程

消费者在作决策时通常需要掌握三种类型的信息：解决某个问题合适的评价标准；各种备选方案或办法；每一备选方案在每一评价标准上的表现或特征。消费者在决策时信息收集过程如图4.5所示。

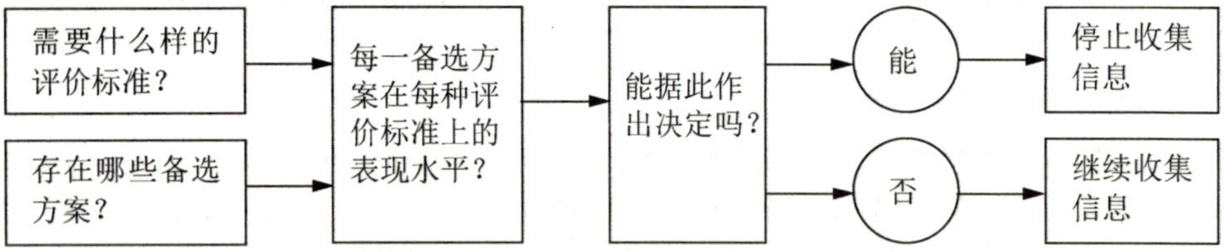

图4.5 消费者决策时信息收集过程

(1) 合适的评价标准。是指购买者希望买到的商品拥有的特征。例如，消费者想购买一款手机，他首先要确定他索要购买的手机应具有哪些特征。在一些国家，政府和消费者组织希望消费者使用“合理而明智”的评价标准，如食物中的营养成分，营销者则希望消费者使用与其品牌强度相匹配的评价标准。于是，政府机构和营销者都会向消费者提供旨在影响其评价标准的信息。

(2) 存在的备选方案。如目前市场上所存在的各种品牌和型号的手机。

(3) 备选方案的特征。如目前市场上不同品牌手机的款式、功能、价格、质量等方面情况。消费者所面临的可满足其需要的信息是众多的，他们一般会对各种信息进行逐步地筛选，直至从中找到最为适宜的方案。如图 4.6 所示，消费者在购买手机时对几种备选方案的筛选过程。

全部信息集	知晓信息集	考虑信息集	选择信息集	购买决策
苹果	苹果	苹果	苹果	?
三星	三星	三星	三星	
华为	华为	华为		
魅族	魅族			
OPPO	OPPO			
乐视				
联想				

图 4.6　消费者在购买手机时信息收集和筛选过程

从图 4.6 可看出，消费者一般不可能收集到全部产品的全部信息，他们只能在知晓的范围内进行选择。再对其知晓的信息进行比较评价后，会挑出其中一部分进行认真的考虑选择。最终又会在其中选出两三个进行最后的抉择，直至作出购买决策。在此逐步筛选的过程中，每进入一个新的阶段都需要进一步收集有关产品更为详细的资料和信息，如果某一产品被首先淘汰，除其不适应消费者的需要之外，可能很大程度上是由于所提供的信息资料不够充分。因此，积极向消费者提供产品和服务的有关资料，在消费者收集信息阶段是非常重要的。

2. 信息收集的影响因素

消费者在信息收集的过程中，可能会受到以下一些因素的影响。

(1) 参与购买的程度。购买决策可以分为高度参与和低度参与。消费者参与的程度越高，收集信息的积极性就越高，信息的获取量就越大。

(2) 风险预期。购买中预期的风险越大，信息的收集就越积极。同时，购买风险越高，消费者就越倾向于从人际来源和公共来源来收集信息。如购买股票期货等。

(3) 产品知识和经验。当缺乏产品的知识和经验时，消费者会更积极地搜寻信息。丰富的过去体验会减少信息的搜寻，但如果体验是消极的，消费者也会增加信息的收集。

(4) 目标确定与否。当消费者明确地知道其所追求的目标时，搜寻信息就会更积极。如消费者购车时，明确了追求安全的目标后，就会积极地搜寻关于汽车的安全气囊、碰撞安全指数等方面信息。

(5) 产品差异。如果产品间存在许多差异，那么消费者可能会更全面地了解信息。产品差异越大，消费者越可能去搜寻更多的信息。

(6) 收集信息成本。这里的成本主要包括货币成本、时间成本、精力成本和体力成本等。高成本会明显降低消费者收集信息的积极性。

3. 信息收集的意义

消费者收集的信息主要包括商品、价格、流行时尚、信贷利率等各种因素及其变化趋势，收集这些信息对于消费者的购买行为有多方面的意义。

(1) 扩大需要的种类和范围。许多需要是在消费者知晓了新的产品之后才产生的，如果不经常收集商品信息，消费者需要的种类和范围与现实的商品世界相比，就会变得越来越狭窄，生活方式也会跟不上社会发展的潮流。

(2) 扩大商品的选择范围。由于能够满足消费者同种需要的商品种类很多，同一类商品又有很多不同的品牌和型号。通过信息的收集，消费者能够获得更丰富的知识，了解到更多的商品类型、品牌及其性能、质量等，从而扩大了自己的选择范围。

(3) 纠正错误的认知。有时消费者因掌握的信息不够全面或不够准确，而容易造成片面、错误的认知。通过新信息的收集，对原有的信息进行鉴别，从而减少和纠正错误的认识。

(4) 减少决策风险。消费者通过直接或间接的途径收集大量准确的信息，能够更全面、客观、准确地了解实际情况，从而使决策更为合理、风险更低。

二、消费者的购买活动

在消费者的购买活动中，每个消费者的购买决策都与他人存有差异，这使得对购买决策的分析研究趋于复杂化。因此，有必要对不同消费者在购买活动中的角色进行判断，同时也有必要把消费者的购买行为按照一定的标准进行分类研究，为全面认识消费者行为奠定基础。

1. 购买活动的参与者

消费者的购买活动在许多情况下并不是由一个人单独作出的，而是有其他成员的参与，是一种群体决策的过程。这不仅表现在一些共同使用的产品(如电视、冰箱、住房等)，而且还表现在一些个人单独使用的产品(如服装、手机、化妆品等)的购买决策过程中。

一般来说，参与购买决策的成员大体可形成 5 种主要角色。

(1) 发起者，即首先提出或有意向购买某一产品或服务的人。

(2) 影响者，即其看法或建议对最终决策具有一定影响的人。

(3) 决定者，即对是否买、为何买、如何买、何处买等方面的购买决策作出完全或部分最后决定的人。

(4) 购买者，即实际采购人，比如与卖方商谈交易条件，带上现金去商店选购等。

(5) 使用者，即实际消费或使用产品或服务的人。

这 5 种角色相辅相成，共同促成了购买行为，是企业营销的主要对象。消费者以个人为单位购买时，如购买简单、价格较低的日常生活用品时，5 种角色可能同时由一人担任；以家庭为购买单位时，如购买价格昂贵的耐用消费品时，5 种角色往往由家庭不同成员分别担任，甚至还有家庭以外的人员参与进来。

相关链接

老年商品购买过程中的参与者

某一天，老年服装店里来了四五位消费者，从他们亲密无间的关系上可以推测出这是一家子，并可能是专为老爷子来买衣服的。老爷子手拉一位十来岁的孩子，面色红润、气定神闲、怡然自得，走在前面，后面是一对中年夫妇。中年妇女转了一圈，很快就选中了一件较高档的上装，要老爷子试穿；可老爷子不愿意，理由是价格太高、款式太新，中年男子说反正是我们出钱，你管价钱高不高呢。可老爷子并不领情，脸色也有点难看。营业员见状，连忙说，老爷子你可真是好福气，儿孙如此孝顺，你就别难为他们了。小男孩也摇着老人的手说："好的好的，就买这件好了。"老爷子则说："小孩子，懂什么好坏。"但脸上已露出了笑容，营业员见此情景，很快衣服包扎好，交给了中年妇女，一家人高高兴兴地走出了店门。

分析这次购买过程中的 5 种角色分别是谁。

2. 购买行为的类型

消费者的购买行为，实际上是一种解决问题的活动过程。消费者在购买活动中所遇到及所要解决的问题的复杂程度和重要性不同，其购买行为的复杂性程度和类型也就不一样。

消费者在购买活动中所遇到及所要解决的问题的重要性和复杂性程度，主要与以下几个方面的因素有关。

(1) 风险性。这取决于所购商品技术上复杂性、价值的高低及其对个人或家庭生活的影响范围和程度。风险性越大，消费者就越会加以慎重对待。

(2) 选择性。这主要取决于相同性替代产品和相关性替代产品的多少和差别程度。相同性替代产品有两种情况：品牌差别小的同种产品为同质产品，即产品并不因生产经营者不同而在质量、花色、式样、价格、服务等方面存在较大的差别；品牌差别大的同种产品为异质产品，即产品因生产经营者不同而在质量、花色、式样、价格、服务等方面存在较大的差别。在相同性替代产品和相关性替代产品较多且判别较大时，就会增加消费者选择的难度和工作量。

(3) 信息或知识的充实性。消费者在作出购买决策时通常都需要一定的与欲购商品有关的信息或知识，当需要的信息或知识比较多而消费者又知之甚少时，就会迫使消费者在这方面投入较多的精力来加以掌握。

不同的消费者在购买活动中，其购买决策过程的复杂程度不同。究其原因，是因为受诸多因素影响，其中最主要的是参与程度和品牌差异大小。亨利·阿萨尔(Henry Assael)根据购买者在购买过程中的介入程度和品牌之间的差异程度，区分了以下 4 种消费者购买行为类型，如表 4-2 所示。

表 4-2　消费者购买行为类型

类　　型	高度介入	低度介入
品牌间差异大	复杂型购买行为	多样型购买行为
品牌间差异小	协调型购买行为	习惯型购买行为

(1) 复杂型购买行为。如果消费者属于高度参与，并且了解现有各品牌、品种和规格之间具有明显差异，则会产生复杂的购买行为。当消费者购买一件贵重的、不常买的、有风险的而且又非常有意义的产品时，由于产品品牌差异大，消费者对产品缺乏了解，所以需要有一个学习过程，广泛了解产品性能、特点，从而对产品产生某种看法，最后决定购买。对于这种复杂购买行为，营销者应采取有效措施帮助消费者了解产品性能及其相对重要性，并介绍产品优势及其给购买者带来的利益，从而影响购买者的最终选择。

(2) 协调型购买行为。在这种购买行为中，消费者高度参与，但是并不认为各品牌之间有明显差异。购买后，消费者产生一种购后不协调的感觉。于是他开始收集信息，试图证明自己的决策是正确的，化解或减轻这种不协调。

现实中，有些产品品牌差异不大，消费者不经常购买，而购买时又有一定的风险，所以，消费者一般要比较、看货，只要价格公道、购买方便、机会合适，消费者就会决定购买。购买之后，消费者也许会感到有些不协调或不够满意。在使用过程中，会了解更多情况，并寻求种种理由来减轻、化解这种不协调，以证明自己的购买决定是正确的。经过由不协调到协调的过程，消费者会有一系列的心理变化。针对这种购买行为类型，营销者要提供完善的售后服务。通过各种途径经常提供有利于本企业和产品的信息。

(3) 多变型购买行为。指消费者购买产品有很大的随意性，并不深入收集信息和评估比较就决定购买某一品牌，在消费时才加以评估，但是在下次购买时又转换其他品牌。虽然有些产品品牌差异明显，但消费者并不愿花长时间来选择和评估，而是不断变换所购产品的品牌。这样做并不是因为对产品不满意，而是为了寻求多样化。针对这种购买行为类型，营销者可采用销售促进和占据有利货架位置等方法，保障供应，鼓励消费者购买。

(4) 习惯型购买行为。指消费者并未深入收集信息和评估品牌，只是习惯于购买自己熟悉的品牌。对于价格低廉、经常购买、品牌差异小的产品，消费者不需要花时间进行选择，也不需要经过搜集信息、评价产品特点等复杂过程，因而，其购买行为最简单。消费者只是被动地接收信息，出于熟悉而购买，也不一定进行购后评价。这类产品的营销者可以用价格优惠、电视广告、独特包装、销售促进等方式鼓励消费者试用、购买和续购其产品。

小实验

根据表4-2分析以下产品的购买行为各属于哪种类型，并解释原因：①购买一辆宝马汽车；②购买一瓶洗发水；③购买一台空调；④购买一瓶矿泉水。

三、购买后的评价

购买后的评价是消费者购买决策过程的一个阶段。在该阶段，消费者根据他们是否满意在购买产品之后采取进一步的行动。它包括一些在产品使用后可能产生的心理活动及消费者发生在购买以后的典型行为。了解消费者的购后评价，对提高消费者的满意度，加强消费者对企业的忠诚度，提高企业的竞争力，具有重要的意义。企业要注意增进与消费者之间的沟通，采取相应的对策，进一步改善消费者购后评价。消费者购买后的评价如图4.7所示。

1. 购后评价的内容

消费者的消费体验，会通过向别人交流自身的感受或表达对商品的评价等方式反映出来。这种评价的内容可能是多方面的，一般包括以下内容。

(1) 对品牌的评价。商品的品牌会保留在消费者的头脑中，形成记忆和印象。消费者会将自己心目中对某品牌的印象向他人、消费群体或其他群体传播，这种传播就构成了商品的知名度。这种知名度会影响消费者下一次的购买行为。

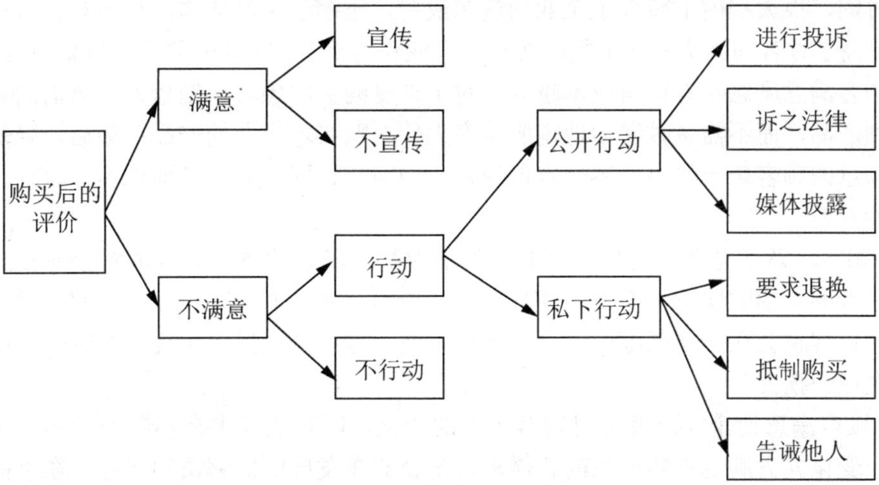

图 4.7 消费者购买后的评价

(2) 对质量的评价。消费者依据各种渠道获得的他人评价和个人的判断标准，来评价商品的质量。同时，消费者也从商品的价格、包装、功能和使用效果等方面综合起来对质量作出评价。商品的价格越高，消费者要求商品的质量也要越好；否则，消费者会作出质次价高的评价。

(3) 对企业的评价。包括对经销商、销售人员及生产厂商作出的评价。购物场所设施完备，环境优雅舒适，售货员的服务热情周到，消费者一般会作出良好的评价。消费者对产品或服务是否满意，还受到之前对质量水平期望的影响，生产厂商对商品的宣传与消费者购得的商品差别越小，或者实际购得的商品性能优于宣传所提到的效果，消费者对生产厂商也会作出较高的评价；反之，消费者实际购得的商品性能与预期不一样时，就会带来消极影响。

2. 购后满意的评价

感到满意的消费者在购后行为方面会有两种情况：一种是向他人进行宣传和推荐；另一种是不进行宣传。消费者能够主动对企业的产品进行积极的宣传是最为理想的，企业要设法促使消费者这样去做，因为“满意的顾客是企业最好的广告”。消费者对产品满意与否直接决定着以后的行为。顾客满意的价值，主要体现在以下几个方面。

(1) 顾客满意是企业的出发点又是落脚点。任何企业在提供产品和服务时，其目的都在于得到顾客的认可和接受。这就要求企业必须了解顾客需要什么样的产品和服务，否则再精美的产品，顾客不需要，也不会得到顾客的认可。因此，企业只有掌握了这个出发点，才能为顾客提供满意的产品和服务。同时，顾客满意的程度，决定了企业的经营效果，根据赖克海德和萨瑟的理论，一个公司如果将其顾客流失率降低 5%，其利润就能增加 25%～85%。因此，企业的落脚点也应在于使顾客满意。

(2) 顾客满意使企业获得更高的长期赢利能力。在采取各种措施做到使顾客满意的同时，企业也获得了许多能够长期赢利的优势。首先，在企业保证顾客满意度的过程中，企业越来越了解顾客的需求，因此节省了大量的用于市场调研的费用，新产品研制和生产也缩短了时间，很大程度上减少了企业的资源浪费，压缩了生产成本，从而获得价格优势；其次，提高了顾客的回头率，重复购买使得企业获得更多的利润；再次，降低了交易成本，越高的顾客满意度意味着销售成本越低，对于重复购买的顾客，销售人员只需向其推荐应该买哪种产品，而不需费时费力地说服顾客为什么购买本企业的产品；最后，降低了沟通成本，满意的顾客乐于将自己感受告诉他人，如朋友、同事甚至其他顾客，这种宣传效果更加直接有效。

(3) 顾客满意使企业在竞争中得到更好的保护。满意的顾客会形成对企业较高的忠诚度，并且能够长期的保持，而不会轻易转向其他的企业。即使在企业出现困难时，这些忠诚度高的顾客也会在一定范围内对企业保持忠诚。这给企业提供了缓冲的时间，最大限度降低了企业的损失。

(4) 顾客满意使企业能够应付顾客需求的变化。顾客的需求在不断的发展变化，如何抓住这一变化并去满足不断产生的新需求，是企业在发展中需解决的问题。在以提高顾客满意水平为目标的企业中，能够及时预测并发现顾客需求的变化，同时满意度高的顾客也会给企业的应变提供更充足的时间。例如，瑞士航空公司一直以来具有较高的顾客满意度，但在适应顾客的新需求，如介绍售票的分机情况、制订常客计划、加大头等舱座位等方面都落后于竞争对手，但顾客仍乘坐该航班，同时提供了大量反馈的信息。

相关链接

星巴克为顾客提供超过预期的服务

1971 年 4 月，在美国的西雅图帕克市场，星巴克第一家店正式开业。星巴克从一家小小的咖啡豆零售店成长为一家大型国际咖啡连锁店，星巴克不仅为顾客提供可口的咖啡，而且致力于体验的建立，使顾客购买和享用咖啡的过程非常美好。

星巴克将自己定位为独立于家庭、工作室以外的“第三空间”，星巴克在海外和中国的定位的落脚点是“您的邻居”，是其家庭客厅的延伸、价廉物美的社交场所、工作和家庭之外的第三个最佳去处，而绝非白领阶层的专属。

在星巴克，人们在购买咖啡的同时，也买到了时下在中国非常需要的，超出顾客满意预期一种东西：一种体验、一种生活方式。根据不同的口味提供不同的产品，实现一种“专门定制式”的“一对一”服务，真正做到真心实意为顾客着想。正是星巴克为顾客提供了超过预期的服务，使顾客获得了更大的满意，也使星巴克得到了快速的发展。

使顾客满意不是最终目的，使顾客的满意超过其预期才是双赢的真谛。

3. 购后不满意的评价

感到不满意的消费者可能会采取行动或不采取行动。一般而言，若不满意的程度较低或商品的价值不大，消费者可能不采取任何行动；若不满意的程度较高或商品的价值较大，消费者一般都会采取相应的行动。

不满意的消费者所采取的行动，一种是私下的行动，如要求对商品进行退换，将不满意的情况告诉亲戚朋友，并且以后不再购买此种品牌或此家企业的商品等，这种私下行动虽然对企业有不利的影响，但影响的程度相对较小；另一种是公开的行动，消费者将其不满意的情况诉诸公众，如向消费者协会投诉，向新闻媒体披露，甚至告上法庭，这种公开行动会对企业造成较大的负面影响，企业应尽可能地避免这种情况出现。对此，企业可以采取一些行之有效的措施来减少消费者购后不满意的程度。

(1) 树立全员“不满意危机公关”意识。企业只有具备了这种危机意识，意识到对不满意的处理不当会给企业造成的危害，才不会对顾客的投诉置之不理，或互相推诿，而是以一种积极的心态去处理顾客的不满意，直至顾客满意。

(2) 定期进行满意度调查。通过对顾客满意度的调查，企业可以得知顾客对企业产品或服务的满意程度，了解到企业对顾客满意度影响较大的是哪些方面，企业存在的不足是什么，应如何改进，进而作出对策，防患于未然。

(3) 设立专门的顾客投诉部门。据调查，95%的不满意顾客不会投诉，而仅仅是停止购买。因此，为方便消费者的投诉，企业应设立专门的顾客投诉部门并设置便捷的投诉方式，尽量将顾客的不满意在企业内部解决。对此，可安排意见簿、意见箱、免费投诉电话或电子信箱等。另外，专门的顾客投诉部门可使顾客的投诉更加便捷，也避免了顾客投诉时部门、员工间互相推卸责任的情况发生。例如，3M 公司就是采用设立专门的部门处理顾客的投诉，来迅速处理顾客的不满意，3M 公司骄傲地说，它的产品的改进有 2/3 来自于顾客的建议。

由此可见，即便出现消费者不满意的情况，企业如能采取恰当的措施，妥善处理，不仅能够及时化解不利的情况，而且可以帮助企业将不利的影响转化成有利的因素。

模块小结

研究消费者购买决策行为的前提和基础是了解消费者的需要和动机是什么。消费者需要是指消费者在一定的社会经济条件下，为了自身的生存与发展而对商品的需求和欲望。消费者的购买动机是消费者为了满足自己一定的需要而引起购买行为的愿望或意念，它是能够引起消费者购买某一商品或劳务的内在动力。一般可以分为生理性和心理性购买动机两大类。

消费者购买决策的内容主要包括 6 个方面问题，即为什么买、买什么、买多少、在哪里买、何时买和如何买。消费者购买决策的过程是一个动态发展的过程，一般遵循 5 个阶段的模式，即认知需要、收集信息、比较评估、购买决策和购后行为。

消费者对信息的评价，是消费者购买行为的重要组成部分。要找到购买对象，必须先寻找、收集信息。同时，要实现购买行为效益最大化，也必须收集更全面、更准确的信息，并要对信息进行合理的分析评价。

在消费者的购买活动中，参与购买决策的成员大体可形成 5 种主要角色，即发起者、影响者、决定者、购买者和使用者。购买行为的类型可分为 4 种：复杂的购买行为、减少失调的购买行为、寻找多样化的购买行为、习惯性的购买行为。

购买后的评价是消费者根据他们是否满意在购买产品之后采取进一步的行动。了解消费者的购后评价，对提高消费者的满意度，加强消费者对企业的忠诚度，提高企业的竞争力，具有重要的意义。

主要名词

消费者需要　马斯洛需要层次　消费者购买动机　购买决策　消费者购买决策过程　消费者风险知觉　消费者购买行为

自 测 试 题

一、单项选择题(10分，每题2分)

1．人类消费行为的复杂多样性是基于(　　)。

A．需要的复杂多样性　　B．动机的复杂多样性
C．消费品的复杂多样性　　D．生存环境的复杂多样性

2．按马斯诺需要层次论，最高层次的需要是(　　)。

A．安全需要　　B．自尊需要　　C．社会需要　　D．自我实现需要

3．消费者意识到某种消费需要后产生的心理状态是(　　)。

A．紧张　　B．调节　　C．平衡　　D．强化

4．最明显地反映出消费者需要周期性特征的需要是(　　)。

A．生理性需要　　B．社会性需要　　C．物质需要　　D．精神需要

5．在购买牙膏、牙刷等生活必需品时的购买决策主要依据以往的经验和习惯，这种购买类型属于(　　)。

A．协调型　　B．习惯型　　C．理智型　　D．多变型

二、多项选择题(10分，每题2分)

1．消费者理智性购买动机的特点可以包括(　　)。

A．客观性　　B．主观性　　C．周密性
D．控制性　　E．随机性

2．消费者为完成其购买行为必须具备的能力包括(　　)。

A．感知能力　　B．记忆能力　　C．分析能力
D．检验能力　　E．思维能力

3．影响消费者在认识商品、购买商品等活动中情感变化的因素主要有(　　)。

A．市场状况　　B．购物环境　　C．商品因素
D．心理准备　　E．货币收入

4．习惯性购买行为中的强化物包括(　　)。

A．收入水平　　B．社会文化　　C．商标
D．商品外形　　E．厂商知名度

5．人的消费需要转化为消费动机的条件包括(　　)。

A．社会条件　　B．消费习惯　　C．消费环境
D．商品诱因　　E．优势需要

三、判断题(10 分，每题 2 分)

1. 根据消费者的购买过程和购买结果可以评价一个消费者的购买动机。　　(　　)
2. 消费者意识到某种消费需要后产生的心理状态是强化。　　(　　)
3. 消费者对某种商品的心理需求越强烈，该商品价格的调节作用越高。　　(　　)
4. 在消费者购买活动中，如果消费者属于高度参与，并且了解现有各品牌、品种和规格之间具有明显差异，则会产生协调型的购买行为。　　(　　)
5. 消费者出现不满意的情况，企业如能采取恰当的措施，妥善处理，不仅能够及时化解不利的情况，而且可以帮助企业将不利的影响转化成有利的因素。　　(　　)

四、简答题(50 分，每题 10 分)

1. 什么是消费者需要？消费者需要的特征有哪些？
2. 什么是消费者购买动机？消费者购买动机如何分类？
3. 消费者的购买决策过程包括哪些步骤？
4. 消费者在购买活动中，参与购买决策的成员主要有哪些角色？
5. 企业可以采取哪些措施来减少消费者购后不满意的程度？

五、论述题(20 分，每题 10 分)

1. 简述马斯洛需要层次理论的内容，并说明各层次之间的关系。
2. 简述不同消费者购买行为类型的产生条件和相应的营销策略。

案例分析

阿雯选车的故事

阿雯是上海购车潮中的一位普通的上班族，35 岁，月收入万元。阿雯周边的朋友与同事纷纷加入了购车者的队伍，看着他们在私家车里享受美妙的音乐而不必忍受公交车的拥挤与嘈杂，阿雯不觉开始动心。另外，她工作地点离家较远，加上交通拥挤，来回花在路上的时间要近 3 小时，她的购车动机越来越强烈。只是这时候的阿雯对车一无所知，除了坐车的体验，除了直觉上喜欢漂亮的白色、流畅的车型和几盏大而亮的灯。

初识爱车。“我拿到驾照，就去买一部 1.4 自排的 Polo。”一位 MBA 同学对 Polo 情有独钟。虽然阿雯也蛮喜欢这一款小车的外型，但她怎么也接受不了自己会同样购一款 Polo，因为阿雯有坐 Polo 1.4 的体验，那一次是 4 个女生上完课，一起坐辆小 Polo 出去吃中午饭，回校时车从徐家汇汇金广场的地下车库开出，上坡时不得不关闭了空调才爬上高高的坡，想起爬个坡就要关上空调实实在在地阻碍了阿雯对 Polo 的热情，虽然有不少人认为 Polo 是女性的首选车型。

“宝来，是不错的车”，问周边人的用车体会，都反馈过来这样的信息：在差不多的价位上，还是德国车不错，宝来好。阿雯的上司恰恰是宝来车主，阿雯尚无体验驾驶宝来的乐趣，但后排的拥挤却已先入为主了。想到自己的先生人高马大，宝来的后座不觉成了她胸口的痛。

不久，一位与阿雯差不多年龄的女邻居，在小区门口新开的一家海南马自达专卖店里买了一辆福美来，便自然地向阿雯做了“详细介绍”。阿雯很快去了家门口的专卖店，她被展厅里的车所吸引，销售员也热情有加。此时的阿雯还不会在意动力、排量、油箱容量等抽象的数据，直觉上清清爽爽的配置，配合销售人员正对阿雯热心的介绍，令阿雯在这一刻已锁定了海南马自达。她乐颠颠地拿着一堆资料回去，福美来成了其心中的首选，银色而端正的车体在阿雯的心中晃啊晃。

亲密接触。阿雯回家征求先生的意见。先生说，为什么放着那么多上海大众和通用公司的品牌不买，偏偏要买“海南货”？它在上海的维修和服务网点是否完善？两个问题马上动摇了阿雯当初的方案。

阿雯不死心，便想问问周边驾车的同事对福美来的看法。“福美来还可以，但是日本车的车壳太薄”，宝来车主因其自身多年的驾车经验，他的一番话还是对阿雯有说服力的。阿雯有无所适从的感觉。好在一介书生的直觉让阿雯关心起了精致的汽车杂志，随着阅读的试车报告越来越多，阿雯开始明确自己的目标了，8万～15万元的价位，众多品牌的车都开始进入阿雯的视野。此时的阿雯已开始对各个车的生产厂家，每个生产厂家生产哪几种品牌，同一品牌的不同的发动机的排量与车的配置，基本的价格都已如数家珍。上海通用的别克凯越与别克赛欧、上海大众的超越者、一汽大众的宝来、北京现代的伊兰特、广州本田的飞度1.5、神龙汽车的爱丽舍、东风日产的尼桑阳光、海南马自达的福美来、天津丰田的威驰……各款车携着各自的风情，向阿雯亮着自己的神采，阿雯常用的文件夹开始附上了各款车的排量、最大功率、最大扭矩、极速、市场参考价等一行行数据，甚至于4S店的配件价格。经过反复比较，阿雯开始锁定别克凯越和本田飞度。

特别是别克凯越，简直是一款无懈可击的靓车啊！同事A此阶段也正准备买车，别克凯越也是首选。阿雯开始频频地进入别克凯越的车友论坛，并与在上海通用汽车集团工作的同学B联系。从同学的口里，阿雯增强了对别克凯越的信心。但不幸的是，随着对别克凯越论坛的熟悉，阿雯很快发现，费油是别克凯越的最大缺陷，想着几乎是飞度两倍的油耗，在将来拥有车的时时刻刻要为这油耗花钱，阿雯的心思便又活了。还有飞度呢，精巧、独特、省油，新推出1.5VTEC发动机的强劲动力，活灵活现的试车报告，令人忍不住想说就是它了。何况她在论坛里发现，飞度除了因是日本车系而受到抨击外，没有明显的缺陷。正巧这一阶段广州本田推出了广本飞度的广告，阿雯精心地收集着有关广本飞度的每一个文字，甚至于致电广本飞度的上海4S店，追问其配件价格。维修成员极耐心地回答令飞度的印象分又一次得到了增加。

只是纸上得来终觉浅，周边各款车的直接用车体验对阿雯有着一言九鼎的说服力，阿雯开始致电各款车的车主了。

朋友C已购了别克凯越，问及行车感受，说很好，凯越是款好车，值得购买。

同学D已购了别克赛欧，是阿雯曾经心仪的SRV，质朴而舒适的感觉，阿雯常常觉得宛如一件居家舒适的棉质恤衫，同学说空调很好的呀，但空调开后感觉动力不足。

朋友E已购了飞度(1.3)，她说飞度轻巧，省油，但好像车身太薄，不小心用钥匙一划便是一道印痕，有一次去装点东西感觉像“小人搬大东西”。

周边桑塔纳的车主，Polo的车主等，都成为阿雯的“采访”对象。

花落谁家？

阿雯的梦中有一辆车，漂亮的白色，流畅的车型，大而亮的灯，安静地立在阿雯的面前，等着阿雯坐进去。但究竟花落谁家呢？阿雯自己的心里知道，她已有了一个缩小了的备选品牌范围。但究竟要买哪一辆车，这个“谜底”不再遥远……

案例讨论

1. 试运用消费者决策过程的五阶段模型，分析阿雯选车所经历的相关阶段。
2. 根据消费者购买行为类型分析，阿雯选车是属于哪一类购买行为，为什么？
3. 如果你是阿雯，会如何进行购买决策？

实 训 练 习

1．选择某产品测试自己的三位同学或朋友，分析他们购买此产品的主要动机。

2．以自己最近的一次购买活动为主题，分析购买决策的全过程，并思考在各个阶段所遇到的营销策略。

3．如果你曾经有过一次不愉快的购买经历，你会如何评价这次购买的产品？你的购后行为有哪些？

模块5

探知文化、流行与习俗对消费心理的影响

内容提要

模块5主要介绍了社会文化、主流文化与外来文化对消费行为的影响，消费流行的概念与分类，消费流行周期各阶段的特征及营销对策，消费流行对消费心理的影响，消费习俗，影响消费习俗的因素，消费习俗对消费心理的影响，以及消费心理对消费流行的影响。

教学重点和难点

消费流行周期各阶段的特征及营销对策。

学习目标

知识点：掌握社会文化、主流文化与外来文化的内涵；消费流行的概念与分类；影响消费习俗的因素，消费习俗对消费心理的影响。

能力点：掌握文化对消费心理的影响，消费心理对消费流行的影响，消费流行对消费心理的影响，企业在市场营销过程中，如何进行有效运用。

导入案例

游客带“甄嬛传地图”逛故宫

“最近来故宫参观的人，进了门都喜欢往两边走。”林某是故宫的研究员，在故宫工作超过15年，她告诉记者，因为电视剧《甄嬛传》的热播，来故宫游客掀起了一股后宫热。2012年4月故宫的游客人数比上年同期增长超过20%，很多过去已经来过故宫的人又来了。皇后的景仁宫、华妃的翊坤宫、敬妃的咸福宫、安陵容的延禧宫、祺贵人的储秀宫，很多剧迷带着小抄来故宫，寻找剧中的宫斗主战场。让这些甄嬛迷遗憾的是，永寿宫等剧中关键宫殿尚未对公众开放。

很多年轻人结伴而来，手上都拿着 “甄嬛传地图”，上面标注着剧中宫殿的名字和位置。跟着旅行团到故宫的游客，很多也要求导游多走两边的东六宫和西六宫，一个游客竟问导游甄嬛和十七爷初遇的地方在哪里，一定要去看一看。

《甄嬛传》的热播，导致了游客参观故宫的后宫热，几年前的韩剧《大长今》，导致了北京等地韩式泡菜的热销，也激起去韩国旅游的热潮。

不同的消费者有不同的文化背景，其消费需求和消费习惯有很大的差异。企业应该如何根据不同文化背景的人，生产出适应不同文化特色的商品来满足消费者？在营销过程中，如何有效利用社会文化的特征取得优势呢？

单元1　社会文化与消费心理

一、社会文化概述

1. 文化的含义

文化是人类知识、信仰、艺术、道德、法律、美学、习俗、语言、文字，以及人作为社会成员所获得的其他能力和习惯的总称。文化是人们在社会实践中形成的，是一种历史现象的沉淀；同时，文化又是动态的，处于不断地发生变化之中。

笼统地说，文化是一种社会现象，是人们长期创造形成的产物；同时又是一种历史现象，是社会历史的产物。文化一般由两部分组成：第一，全体社会成员共同的基本核心文化；第二，具有不同价值观、生活方式及风俗习惯的亚文化。

2. 文化的特征

(1) 文化的习得性。每种文化都是通过人们学习而得到的。学习有两种形式：一是“文化继承”，即学习自己民族(或群体)的文化。正是这种学习，保持了民族(或群体)文化的延续，并且形成了独特的民族(或群体)个性。中华民族由于受几千年传统儒家文化的影响，形成了强烈的民族风格与个性，仁义、中庸、忍让、谦恭的民族文化心态表现在人们的消费行为中就是随大流、重规范、讲传统、重形式等。这同西方人重视个人价值，追求个性消费的生活方式正好形成了鲜明的对比。二是“文化移入”，即学习外来文化。在一个民族(或群体)的文化演进过程中，不可避免地要学习，融进其他民族(或群体)的文化内容，甚至使其成为本民族(或群体)文化的典型特征。例如，中国人现在习以为常的西装，就是学习借鉴西方服装文化的结果。

(2) 文化的共享性。构成文化的东西，必须能为社会中绝大多数人所共享。显然，共同的语言为之提供了基础，任何执行社会化任务的机构，都为文化的共享起到了作用。在现代社会，通过大众媒体不时地向受众传递着重要的文化信息：怎样穿着才合适，怎样装饰住宅才体面，拿什么样的食品招待客人才不落伍等。

(3) 文化的无形性。文化对消费者行为的影响就像一只“看不见的手”。文化对人们行为影响是自然而然的，也是自动的，因此人们根据一定文化所采取的行为通常被看作是理所当然的。例如，要理解有的社会中人们每天使用各自喜爱的牙膏刷两次牙是一种文化现象，就要知道另外一些社会中的人根本就不刷牙，或者以非常不同的方式刷牙。

(4) 文化的变化性。为了实现满足需要的功能，文化必须不断改变，以使社会得到最好的满足。导致文化变迁的原因很多，诸如技术创新、人口变动、资源短缺、意外灾害，在当代文化移入也是一大原因。文化的变迁，最明显的表现是为风尚演变。

3. 社会文化

社会文化指社会意识形态同人们的衣、食、住、行等物质生活、社会关系相结合的一种文化，如服饰文化、饮食文化、伦理道德观念和信仰等。

二、社会主流文化对消费者行为的影响

1. 社会主流文化对消费者行为的影响

每个国家，每个民族都有自己长期以来积累起来的文化。中国传统文化是中华民族在中国古代社会形成和发展起来的比较稳定的文化形态，是中华民族智慧的结晶。

中国主流文化对消费者行为具有以下影响。

(1) 中庸之道。中庸是中国人的一个重要的价值观，几千年来一直深刻地制约着中华民族的思想和行为。这种价值观反映在消费行为中，就是强调与他人看齐，强调与社会保持一致的重要性(消费中的集体主义取向)；反对超前消费，反对消费中的标新立异(求同，重传统)；物品能用则用，实在对付不下去了才去买新产品(精打细算，节俭)。

(2) 注重人之伦理。中国文化一向强调血缘关系，也就是以家庭为本位；现在虽然家庭核心化，三世或四世同堂的现象不太多，但传统的家庭伦理观念仍然保持着，亲子之间的相互依存关系很明显。个人的消费行为，往往与整个家庭紧密联在一起，一个人不仅要考虑自己的需要，而且更要考虑到整个家庭的需要。在目前的广告中，不少就是以温馨的家庭氛围为背景的。

(3) 面子主义。中国文化的一大特色是人际交往中讲究自己的“形象”和在他人心目中的地位，重视“脸面”。国人尤其特别注意通过印象装饰和角色扮演力图在他人心目中形成一个好的形象，获得一个众口赞誉的好名声。所谓的“面子”，是指个人在社会生活中借助勤奋努力和刻意经营而在他人心目中形成的声望和社会地位。所以，国人特别注重给别人，给自己留“面子”。这种“面子主义”的形成与中国传统文化对“礼”的强调有极为密切的关系。反映在消费行为中，中国消费者过于看重与自己的身份地位相一致，与周围的他人相一致的求同消费和人情消费，在许多时候出现了“死要面子活受罪”的不良消费行为。

(4) 重义轻利。注重情义和精神价值，强调人与人之间的感情和道义，是中国文化的一大特色，同时也是中西文化之间的主要差异之一。中国文化的这种重义轻利传统，主要表现在两个方面：一是在人际交往和正常的工作关系中过于重视超越规则的感情交流，忽视“正式规范”对双方行为的制约作用，其结果导致非正式的人情关系干预或影响正式的组织行为。二是在人际交往中热衷于互相馈赠各种礼品甚至金钱，以强化相互的关系。重义轻利在消费行为中的表现，就是人情消费盛行，在婚丧嫁娶中相互攀比，讲排场；购买产品时重视产品的美学价值和情感特征，忽视对产品进行认真细致的，科学理性的分析。

(5) 谦逊含蓄。中国文化一向崇尚谦逊含蓄。自我谦逊和尊重他人是中华民族的一贯道德准则，像谦称“在下”，尊称“您”“君”“阁下”等，现在还频繁地出现。要谦逊就得含蓄一些，一般来说，西方民族表现得较为外向和奔放，而中国人则比较内向和含蓄。民族性格上的这种差异直接导致了不同的审美情趣。中国人欣赏的是含蓄、柔和、淡雅、内敛、朴素而庄重的和谐美；而西方人则崇尚张扬的、外露的、色彩艳丽的美。消费审美情趣上的这种差异最明显地表现在三个方面：一是服装上中国人喜欢淡雅朴素的各式服装，而西方人则喜欢坦露，能够展示人体美的艳丽服装；二是建筑上中国建筑强调和谐与含蓄，西方建筑则注重冲突与明快的节奏；三是产品包装上中国的产品包装重在保护产品，不太讲究外包装的宣传和美化作用，西方的产品包装则强调充分展示产品的属性，重在美化和广告宣传。

2. *社会亚文化对消费者行为的影响*

亚文化又称副文化，指不占主流的或某一局部的文化现象，相对于某一国家或社会的主文化而言。一种亚文化可以代表一种生活方式。它不仅包括与主体文化共通的价值观念，而且还包括自己独特的价值观念。每个亚文化群体都有自身的某些生活行为方式，成员往往与其发生认同。

通常按民族、地域、宗教、性别、年龄等因素将消费者划分为不同的亚文化群。亚文化以直接的方式影响着人们的心理和行为，这一影响在消费行为中表现更为明显。

(1) 民族亚文化。不同的民族在观念、信仰、语言文字和生活方式等方面都有各自独特的文化特征。我国是一个由 56 个民族组成的大家庭，各民族都有自己独特的消费行为。例如，蒙古族穿蒙古袍、饮奶茶、喝烈性酒；朝鲜族喜欢鲜艳的服饰，食物以素食为主等。因此，市场营销人员应时刻注意文化、民族及其与产品之间的关系，以便推销适销对路的商品。

(2) 地域亚文化。不同地域的人由于生活环境和文化的影响，在需要、兴趣、爱好等方面表现出明显的差异，除了国别文化特色可以代表地域文化之外，统一国家也存在不同地区的亚文化，影响着该地区人们的观念和行为方式。例如，我国地域辽阔，通常习惯用南北东西来区分不同地域亚文化，有句俗语叫“南甜北咸，东辣西酸”，说的是不同地区的饮食特点，而八大菜系则不仅反映了我国丰富的餐饮文化，而且还反映了不同地方的人们在饮食方面有不同偏好。

除了饮食，南北方在生活习惯和行为方式上也有很多区别，经销商在推广产品和打开市场时，必须考虑到这种差别，否则就难以达到预期目的。例如，在江浙一带绿茶因其清凉消暑而颇受欢迎，但当经销商把其推销到北方某些城市时，并未得到预期的销售效果，原因在于当地人喜欢饮花茶，不习惯绿茶那种味道。

(3) 宗教亚文化。不同的宗教有不同的文化倾向和禁忌，影响着教徒的价值观念和行为准则，从而影响这些消费者的消费需求。作为营销人员，了解了信仰不同宗教的人的消费心理，对于扩大经营市场有重要的作用。宗教因素对于企业营销具有重要意义。

相关链接

宗教可能意味着禁用一些产品，如印度教禁食牛肉，犹太教和穆斯林禁食猪肉。这些禁忌往往一方面限制了一部分产品的需求，另一方面又会促进另一些产品特别是替代品的需求。伊斯兰教对含酒精饮料的禁忌，使碳酸饮料和水果饮料成了畅销品；牛奶制品在印度教徒和佛教徒中很受欢迎，因为他们当中很多人是素食主义者。宗教也可能意味着与一定宗教节日有关的高需求，高消费期如基督教的圣诞节。

与相关课程的联系

亚文化是进行市场细分的重要指标，在市场营销、广告、市场营销策划和推销等课程中被广为利用。

三、社会外来文化对消费者行为的影响

1. 外来文化

外来文化是指通过信息、文化、民族融合等途径把外国的文化引入中国，融中外文化为一体的新文化体系。

人类的交往，就提供了不同文化间的接触与交流的机会。在一个民族或群体的文化演变过程中，不可避免地要学习、融进其他民族或群体的文化内容，甚至使其成为本民族或群体的文化的典型特征。

从 19 世纪末期到 20 世纪上半叶，自给自足的农业社会仍是当时主要的经济特征。从整个社会的消费模式看，传统的节俭实用、满足生存基本需要的消费模式仍为主流。但伴随资本主义工商业的发展，外来文化的影响，一些与中国传统消费方式和文化有很大差异的生活方式也开始在当时的中上阶层出现。如留声机、自鸣钟、电影、霓虹灯、火车、电报、机动车等新技术产品的出现，意味着商业与娱乐方式的变化；广告和时尚杂志的出现，从时间、空间、感官、概念上开始改变人们的生活方式；电影院、歌舞厅、咖啡厅等消费场所开始在受外来文化影响较大的沿海城市出现，有一定经济能力又追求新鲜感的人开始通过这些与传统中国消费模式完全不同的方式来展现自己的生活品位。如民国时期，上海、广州、青岛等地中上阶层建造的深受西方建筑风格影响的花园别墅；城市中产人群开始以看电影、喝咖啡、品尝西餐、穿西装、举行西式婚礼、舞会等形式展开社交活动。

随着中国近几年来的迅猛发展和沟通的日益方便，外国文化及西方流行在中国处处可以见到。各种繁多欧美及日韩文化、产品在中国各大中小城市开始普及，外来文化对青少年的消费行为影响较大，如外来影视图书文化、节日文化、快餐文化、品牌服饰文化等。新兴媒体是外来文化的重要载体。

2. 社会外来文化对消费者行为的影响

随着国际交往的日益频繁，各国文化相互之间的交流、碰撞、融合必然对消费者的消费需求和购买行为产生影响。外来文化对消费者的消费心理和购买行为具有不可忽视的影响与制约作用，主要表现在以下几个方面。

(1) 影响消费者的购买基准。当消费者对某一外国商品缺乏购买经验，犹豫不决时，外来文化为其提供从商品的广告、商标、产品介绍中寻找和评价信息的知觉参考。

(2) 外来文化使消费者的消费心理和购买行为发生变化。例如，茶叶的消费已经成了历史悠久的文化现象。在中国，茶常常被作为大众日常交流的媒介，重感受、重交流；茶也是官场应酬的手段，如送礼讨教、端茶送客等。日本茶道则追求“和、敬、请、寂”，重精神、重仪式。这反映了两国各自不同的茶文化和消费文化。

在面对外来文化时，一定要坚持自己特有的价值观和民族自信心，在吸收的过程中善于分析，运用智慧有分辨力地吸收和融入。其实，任何一个国家的文化都没有优劣之分，只要这种文化适合这个国家的发展和进步就要发扬与支持。

单元2 消费流行与消费心理

消费流行会对社会生产有重大的影响。当企业推出一种新产品，如果成为流行商品以后，由于市场广阔，销量增长迅速，销售时间集中，能给企业带来巨大的利润；反之，如果对消费估计不足，产品产生大量积压，将会给企业带来很大的损失。消费流行也会给市场带来巨大的活力。同时，消费流行的商品是市场的重点商品，因为它们销售迅速、购买活跃，产销双方都能获得较多的利润，在流行商品的带动下与此有连带消费关系的商品，以及其他许多类商品也会大量销售，使市场购销活跃、繁荣兴旺。

相关链接

今天你用微信了吗?

微信是腾讯公司于2011年1月21日推出的一个为智能终端提供即时通信服务的免费应用程序，是支持跨通信运营商、跨操作系统平台通过网络快速发送免费(需消耗少量网络流量)语音短信、视频、图片和文字，同时，也可以使用通过共享流媒体内容的资料和基于位置的社交插件“摇一摇”“漂流瓶”“朋友圈”“公众平台”“语音记事本”等服务插件。

微信提供公众平台、朋友圈、消息推送等功能，用户可以通过“摇一摇”“搜索号码”“附近的人”、扫二维码方式添加好友和关注公众平台，同时微信将内容分享给好友及将用户看到的精彩内容分享到微信朋友圈。

微信作为时下最热门的社交信息平台，也是移动端的一大入口，正在演变成为一大商业交易平台，其对营销行业带来的颠覆性变化开始显现。微信商城的开发也随之兴起，微信商城是基于微信而研发的一款社会化电子商务系统，消费者只要通过微信平台，就可以实现商品查询、选购、体验、互动、订购与支付的线上线下一体化服务模式。

现在，不管是亲戚吃饭还是朋友聚会，常常看到这样的画面：几个人围坐在一张桌子旁，但彼此之间很久都不说话，只自顾自低着头摆弄手机，不停地发微信、语音、自拍、刷屏。

微信之所以流行，一方面它打破了传统的交流方式，如见面、电话等，使人与人之间的交流更便捷了；另一方面是使用面更广，信息的交流和反馈更及时，而且是免费的。

2014 年微信用户数量超过 6 亿，已超过 QQ 用户数量。微信的流行，对社交、电子商务等活动都带来了巨大的改变。

你了解目前还流行什么吗？你在消费过程中，是否追随流行？

一、消费流行的内涵

1. 消费流行的概念

消费流行是在一定时期和范围内，大部分消费者呈现出相似或相同行为表现的一种消费现象。具体表现为多数消费者对某种商品或时尚同时产生兴趣，而使该商品或时尚在短时间内成为众多消费者狂热追求的对象。此时，这种商品即成为流行商品，这种消费趋势也就成为消费流行。

消费流行出现的原因是多方面的。一方面，某些消费流行的发生是出于商品生产者和销售者的利益。他们为扩大商品销售，努力营造出某种消费气氛，引导消费者进入流行的潮流之中。另一方面，有些流行现象是由于消费者的某种共同心理需求造成的。大部分消费者在这共同心理的影响下，主动追求某种新款商品或新的消费风格，从而自发推动了流行的形成。

一般说来，一些吃、穿、用商品都有可能流行，尤其是穿着类商品、日用商品流行的机会更多。消费流行是客观存在的，是不以人们的意志为转移的。它一旦在某一消费者群体中出现，便会形成一种强大的社会心理强制。事实证明，消费流行往往是新的常规性消费行为形成的前驱。从消费流行中，可以把握住社会群体思想脉搏，超前把握消费潮流与趋向，增强营销的主动性。

2. 消费流行的特点

(1) 骤发性。消费者往往对某种商品或劳务的需求急剧膨胀、迅速增长。这是消费流行的主要标志。

(2) 短暂性。消费流行具有来势猛、消失快的规律。故而常常表现为“昙花一现”，其流行期或者三五个月，或者更短。同时，对流行产品，其重复购买率低，多属一次性购买，从而也缩短了流行时间。

(3) 一致性。消费流行本身由从众化需求所决定，使得消费者对流行产品或劳务的需求时空范围趋向一致。

(4) 集中性。由于消费流行具有一致性，这种从众化的购买活动，在流行产品流行时间相对短暂的影响下，使得流行产品购买活动趋向集中，从而易于形成流行高潮。

(5) 地域性。这是由于消费流行受地理位置和社会文化等因素影响造成的。在一定的地域内，人们形成了某种共同的信仰、消费习惯和行为规范，区别于其他地域。例如，甲商品在 A 地流行，但在 B 地就不一定流行，甚至是被禁止使用。

(6) 梯度性。这是由于消费流行受地理位置、交通条件、文化层次、收入水平等多种因素影响决定的。消费流行总是从一地兴起，然后向周围扩散、渗透，于是在地区间、在时间上形成流行梯度。这种梯度差会使得流行产品或劳务在不同的时空范围内处于流行周期的不同阶段。

(7) 变动性。从发展趋势来看，消费流行总是处于不断变化中。求新求美是消费者永恒的主题，也是社会进步和需求层次不断提高的反映，这势必引起消费者不断变化，流行品不断涌现。

(8) 群体性。一种消费流行往往是在特定区域的特定的人口群体中开始发生的。如果这种消费流行具有通用性和群众性，就会为更多的人口群体所接受和仿效，迅速发展壮大。

(9) 相关性。人们的消费需求不仅是相互关联、相互依存的，而且还往往组成某种消费需求群，表现出奇特的系统组合特征。例如，在西服热兴起的时候，消费者的需求并不仅仅局限于西服本身，而是随着对西服需求量的增加，对衬衫、领带、皮鞋、袜子等消费品的需求量也都同时上升。这里，消费者对西服的需求实际上就是一个需求群，或者说是一个需求系统。

(10) 周期性。消费流行尽管具有突发性、短暂性等特点，但同时，某种消费倾向自发端于市场到退潮于市场，有一个初发、发展、盛行、衰老、过时的过程，该过程即为消费流行周期。

与相关课程的联系

消费流行为企业加大产品研发、开发时髦产品提供了理论根据。它在产品策略中运用广泛，为概念营销提供了支持，对促销也有很大的帮助。

二、消费流行的分类

从现象上看消费流行的变化十分复杂，流行的商品、流行的时间、流行的速度都不一样，但是从市场的角度考察，消费流行仍有一定的规律性。

1. 按消费流行的性质不同分类

按消费流行的性质不同分类，可分为吃的商品、用的商品和穿的商品的流行。

(1) 吃的商品引起的消费流行。这种消费流行是由于吃的商品的某种特殊性质包含的内容比较广泛，流行的商品数种类也比较多，而且流行的时间长、地域广。流行食品的价格，往往要高于一般食品的价格；如20世纪五六十年代高热量食品、高蛋白食品(巧克力、牛奶及其制品，牛肉、鸡蛋等)曾经在一些国家十分流行；20世纪七八十年代以来，健康无公害食品、天然食品、绿色食品在一些国家形成消费流行。

(2) 用的商品引起的消费流行。用的商品由于能给生活带来巨大的便利而产生消费流行，如电视机丰富了人们的生活，使人们足不出户而知天下事，坐在家里就能欣赏戏剧、音乐，观看电影、电视剧。电冰箱具有食品保鲜、冷冻的特性，人们不必天天采购商品，可以节约时间。用的商品引起的消费流行，往往是性质相近的几种商品，流行的时间与商品的生命周期有关，流行的范围比较广泛，时间也较长。但比起吃的商品引起的消费流行，在地域和时间上要稍逊色一些。消费流行中用的商品一般价格较高。如果这些流行商品具有可比较商品，其价格往往高于可比较品的几倍甚至十几倍；如果没有相应的可比较品，其价格只是稍稍高于其价值。

(3) 穿的商品引起的消费流行。这类商品引起的消费流行，往往不是由于商品本身具有的性能，而是由于商品的附带特性而引起消费者的青睐。如时装由于其色彩、款式、面料而形成流行。一般来说流行的商品比较少，仅少数几种甚至只有一两种色彩、款式的商品，流行的时间也较短。所以，这种流行商品的价格往往要大大高于非流行商品，但是过了流行期，价格会大大下跌。

相关链接

在商品短缺的时期，商品流行表现得特别明显。20世纪70年代，当时所谓的“三大件”即手表、自行车、缝纫机成为流行商品，在城市和农村都曾形成过消费流行趋势，也成为当时年轻人结婚的必需品。20世纪80年代，从大中城市开始，出现了新的流行趋势，即电视机、洗衣机、收录机成为新的流行商品。改革开放初期，在经济发达地区，彩色电视机、电冰箱、录像机又形成了这一时期的消费流行。服饰类商品中消费流行变化更加频繁，蝙蝠衫、牛仔服、手织棒针毛衣，都曾经形成过消费流行。20世纪90年代以来，我国国民经济持续发展，告别了商品短缺时代。这期间，形成了多数商品供过于求的买方市场，居民“排浪式”的消费流行趋势发生了很大变化，消费流行更多地被消费时尚所替代。

2. 按消费流行的速度不同分类

按消费流行的速度不同分类，有迅速流行、缓慢流行和一般流行。商品流行的速度和商品的市场寿命周期有关，也和商品的分类和性质有关。由于社会生产力的不断发展，科学技术不断进步，商品的市场生命周期呈现逐渐缩短的趋势，所以导致消费流行的速度不断加快，但就消费流行本身而言，其流行的速度还是有快慢之分的。有些商品，市场生命周期较短，因而消费流行速度很快；有些商品市场生命周期相对较长，因而流行速度较慢；还有些商品市场生命周期无严格界限区分，流行速度介于上述两者之间。这种现象是由消费心理引起的。

消费流行速度与商品价格形成相关现象。流行商品价格高，流行速度较慢；流行商品价格低，流行速度就快。这是因为消费者在购物过程中，消费心理倾向于在购买价格高、贵重的商品时选择的时间较长，购买比较慎重；而对价格低使用频率高的商品，则决策时间短、购买比较迅速。

3. 按消费流行的范围不同分类

按消费流行的范围不同分类，有世界性、全国性、地区性的消费流行，还有阶层性的消费流行。

(1) 世界性的消费流行。这种流行范围大、分布广，一般来源于人们对世界范围一些共同问题的关心。如健康食品、保健食品的流行，来源于人们对环境问题的关心和担忧；仿古商品的流行，来源于人们对古代田园式生活情感的留恋。这种流行对发达国家的社会生产、消费产生的影响较大，对发展中国家而言，这种消费流行主要来源于两种消费心理：一是生产厂家为开拓发达国家市场，适应市场需要而大力生产、推广此类流行商品；二是发展中国家的高消费阶层为追求消费流行而模仿发达国家，这种情况产生了强烈的示范效应，不断扩大影响。

(2) 全国性的消费流行。我国是一个幅员辽阔的发展中国家，人口众多，经济发展不平衡，所谓全国性的消费流行并不能涵盖所有的消费地区和消费人口，而只是就大部分地区而言，全国性的消费流行有的是受到世界市场消费流行的影响而形成的，如健康、方便食品的流行。但是这种消费流行从总体而言，速度慢、时间长；有时受到消费习惯的制约，受到经济发展水平的影响，流行只停留在某些经济发达地区和高收入阶层。

全国性消费流行一般起源于经济发达地区、沿海城市，是根据我国的经济发展水平和生活条件而选择的某些商品。这类商品一般符合我国人民的消费习惯和消费心理。有些全国性的消费流行由于流行速度快，呈现出明显的波浪式，在一些地区是流行高潮，在其他地区可能是低潮，过一段时间这种情况又会反过来。时装的流行就具有这种鲜明的特点，如北京、上海、广州开始流行某种款式的服装，随后迅速向全国其他大中城市扩散，然后是在中小城市和广大农村流行，而这时北京、上海、广州又开始流行新的时装。

(3) 地区性的消费流行。从现象上看，这种消费流行是最普遍、最常见的；从实质上看，这种消费流行有的来源于全国性的消费流行，有的纯粹是一种地区性流行。全国性消费流行在地区上的反映，其特点是流行起源于大中城市、经济发达地区，流行的商品相同或相似，流行的原因不完全反映商品在该地区的消费特点。有些全国性的消费流行由于流行速度不同，在某个地区形成流行高峰，而在其他地区是低谷，因而给人一种地区性流行的感觉。

纯粹的地区性流行是由地区消费的特点所产生的。在一些经济发达地区，在沿海开放城市，消费流行此起彼伏并且不断变化。一些具有创新观念的消费者不断追求新商品、新式样，因而带动了商品的流行。即使在一些中小城市，也会由于地方特点，使一两种具有明显地方特色的商品引起一场消费流行。地区性消费流行还有这样一种现象，即由于经济交往的扩大，人员流动的增加，某些大中城市的人们一般消费使用的商品，也会成为相对封闭地区人们模仿消费的对象，因而形成一股消费流行浪潮。

(4) 阶层性的消费流行。按照市场细分化的原理，有高、中、低档收入的阶层，有婴儿、儿童、青年、中年、老年人市场，有大学、中学、小学、低文化程度消费者阶层的市场，有工人、农民、职员、知识分子市场等。有些商品只在某个市场部分引起很大反响，形成一种流行趋势。这种消费流行由于职业、年龄、收入的差异，一般只限于在某个阶层流行，但有时其影响力也超出了阶层的范围。

此外，按消费流行的时间分类，有长期流行(一般在 5 年以上)、中短期流行和短期季节流行。按流行时间分类，往往无严格的界限，由于各地区情况不同，即使是同一种商品流行，流行时间也有长有短，因此分类比较复杂。

最后需要指出的是，社会流行不同于消费习俗。流行是一种风尚，在一定时期内，迅速风行一时，然后消失；而风俗习惯则历史悠久，比较稳定，一旦形成，难以改变。一般来说，当流行的某类事物作为特定现象而为人们普遍接受，并经常重复出现时，流行就演化为风俗习惯。

相关链接

“山寨机”的流行

“山寨机”主要是指一些地下工厂生产的高仿或自有品牌的电子产品，如手机、数码播放器、掌上游戏机及其他电子设备，有的“山寨机”作出规模了，就堂而皇之以品牌机的面目出现在电子市场上。“山寨机”最大的特点就是便宜，而且功能很丰富，几乎把高端品牌的电子产品所具备的功能都包含在内，比如一款仿造高端三星手机的“山寨机”，在外形上不仅一模一样，而且具有拍照、摄像、MP3/MP4 播放、手写等功能，但价格只有正品行货的 1/10 左右。

高仿手机：价格出奇便宜，一款几千块钱的品牌手机，被高仿后，仅卖几百块钱，仅是品牌手机 1/3 的价钱，即使没有售后服务，消费者也愿意买。

贴牌机：贴着国产品牌手机牌子的山寨机，价格低廉、功能齐全。

杂牌手机：原创、个性化。

相关数据显示，2007 年中国手机总产量达到了 5.48 亿部，年增长率是 14.3%，中国国产手机总产量为 1.5 亿部。据不完全统计，2007 年，山寨手机产量至少有 1.5 亿部，几乎与国内市场手机总销量相当。

“山寨机”为什么如此流行呢？原因在于它的价格，“山寨机”手机成本构造中，最重要的三个部件是液晶屏、主板和电池，如果这三个部件的成本降低了，成品就会很便宜。如果山寨机制造商采购了 B 级液晶屏，过一两年屏幕就会发黄，看不清楚；同样，电池更不保险，即使没有安全隐患，其寿命能否支撑两年以上也是个问题。并且粗糙的焊接技术更是难以保证手机主板的质量，手机随时都有短路而报废的可能。售后就更别指望了，说不定哪一天那家工厂就关门转行了，到时候手机更换和维修都无从谈起。

尽管这样，“山寨机”现在仍有着强大的生命力，主要是因为现在一些年轻人平均一年就换一部手机，因此功能丰富、价格又便宜的“山寨机”在这些消费者中有很强的号召力，从而促成“山寨机”在市场的暂时热销。

从经济学的意义上讲，消费时尚与消费流行没有本质的区别，只不过前者是商品充裕时期的反映，而后者是商品短缺时期的表现。为了表现出连续性，在这里有时并不特别加以区别，但两者的不同特点还是存在的。在西方发达国家，商品的流行时间更加集中和短暂。例如，一种款式的汽车，至多只流行一两年；新推出一种型号的计算机；只风光一年左右；而时装更是某一个季节的时尚。

在我国，消费时尚商品也是存在的，如目前具有液晶显示器、Intel 酷睿的计算机，最新型号的手机，最新款式的汽车等都是一些地区、一段时间内的时尚商品。

三、消费流行周期各阶段的特征及营销对策

消费流行周期分为流行初发期、流行发展期、流行盛行期、流行衰减期和流行过时期。

1. 流行初发期

这是只有好奇心强、少数的消费者对某种即将流行的商品产生需求的阶段。在此阶段，市场上对即将流行的该商品需求量很小。不过，销售量可望缓慢上升、持续扩大。

在此阶段的对策应是：细心观察市场的变化，分析影响该商品流行的各种因素，迅速作出该商品是否能够流行的预测；同时，进行试销，采取适当的促销手段，“催发”流行。

2. 流行发展期

流行发展期表现为多数消费者对某种流行商品有所认识，开始产生大量需求。该商品成为流行品已露端倪，过去观望、等待的消费者已开始购买该种商品，因此需求量急剧增加，市场成为“卖方市场”，出现供不应求的局面。

此阶段企业采取的对策应是：利用现有设备和人力，最大限度地扩大生产规模，全力开拓市场，大量销售产品。消费流行具有时间相对短暂、购买行为集中、一致的特征，这就要求企业可采取“短渠道”和“宽渠道”的渠道策略，即流通环节要少，中间商要多。环节少，生产企业甚至直接推销，有助于消费流行高潮形成；中间商数目多，通过多个批发商、零售商销售流行产品，有助于消费流行范围的扩大，便于在相对较短暂的时间内将流行品销售出去。另外，中间商数目多，可弥补消费流行梯度性形成的空档，变滞后的消费流行市场机会为企业机会，扩大市场占有率。

3. 流行盛行期

流行盛行期是某种商品备受广大消费者青睐，在市场上广为流行。这一阶段，该种商品市场销售量达到高峰。预期价格回落，持观望态度的消费者极少。市场暂时出现供求平衡的态势。此时，生产、仿冒该流行品的厂家也在增多。

此阶段企业采取的对策应是：一要加强广告宣传，提醒消费者注意辨别伪劣假冒产品；二要提高产品质量，增加花色品种，扩大市场；三要加强市场预测，全力进行新产品开发，做好转产的准备工作，以便在竞争中处在主动地位。

在价格方面，当流行高潮过去之后，流行趋势大减，企业可继续降低价格，甚至采取大甩卖的形式处理过时的流行品，加速资金周转，并致力于新产品的开发工作。

4. 流行衰减期

此时，某种流行商品已基本满足了市场需求，销量渐呈降势，出现供大于求的局面。此时市场演变为“买方市场”，企业之间竞争激烈。企业在这一阶段应采取降价销售等策略，抓紧时机处理剩余产品；调整生产，试销新产品，适应新的市场需求，迎接新一轮消费潮流。

5. 流行过时期

在此阶段，人们对某种商品或劳务的需求热情逐渐消失，只能在少数人身上看到这一消费流行的痕迹。企业在此之前应进行“冷研究”，在思想上有所警觉，行动上有所准备，做到随机应变。

与相关课程的联系

市场营销学中产品的生命周期和消费流行周期有相似之处。

四、消费心理对消费流行的影响

消费心理对消费流行的影响非常大，例如，新潮时装往往是由于影视明星、体育明星或其他知名人士穿戴而成为流行商品；也有的是由于时装模特充分展示了商品的特性而形成流行。这往往和崇拜名人、模仿消费的消费心理有关。因为名人、明星具有一定的社会地位，受到社会的尊敬，他们在社会生活的各个方面会受到人们的注意，由于“爱屋及乌”的心理影响，对他们使用的商品、穿戴的服装也就成为很多人模仿消费的商品而形成消费流行。

1. 社会阶层对消费流行的影响

对消费流行产生影响的主要来自以下几个社会阶层。

1) 高收入阶层

由于收入高，消费水平也高，这一阶层的人生活消费支出有很大的选择自由，生活消费表现为高层次、多样化，对购买新商品态度坚决。

2) 社会地位较高阶层

如影视明星、歌星、体育明星等，由于其职业而受人崇拜，他们的生活消费也比较注意选择，并具有一定的倾向性。但并非这两个阶层中的全部人员都能够对消费流行产生影响作用。从消费心理角度考察，这部分人中那些具有良好的商品认知行为，购买商品追求时尚、美观、名牌、多功能心理的消费者，对消费流行的形成影响作用较大。由于他们对生活消费有较大的选择自由，所以对市场上新商品比较敏感，勇于购买和使用。有些人对美观、富于欣赏性的商品非常喜爱，他们追求的是商品美观带来的心理愉悦作用。有些新商品，具有较多的功能，便利、实用、符合高收入者中一部分人的购买心理偏好而产生消费流行。为了显示自己的社会地位、名望，有些人就专门购买名牌、贵重商品，而不计较价格高低。这种求名心理是许多收入较高的人为了满足炫耀自己的消费心理。当一种商品进入市场后，符合这些人的消费心理，这种商品就会形成一种消费流行浪潮，形成消费流行的第一阶段。

3) 其他阶层

对消费流行影响较大的还有一部分消费者，他们的收入中等或偏上，也具有某种社会地位但不及前一部分人社会威望高；还有些人是刚刚进入较高收入的人，他们的消费选择是攀比心理、模仿消费，这种消费带有较大的盲目性。有些企业就抓住这种心理，加强对有一定社会地位、有社会威望人士所使用商品的宣传，博得众多消费者的效仿，带动消费流行的产生和发展。这些中等收入阶层人数多，产生购买行为后，对其他人影响作用也大，他们的模仿消费心理可以带动社会其他阶层从众消费心理，从而使消费流行经历其发展的第二阶段。

相关链接

不同层次收入群体消费状况

1. 低收入群体的消费状况

这一群体主要包括四部分人群：一是下岗职工，或已经出了再就业服务中心但仍然没有找到工作的人。这部分人群中，女工多、年龄大、知识层次和再就业能力较低，他们没有稳定的收入来源。二是“体制外”的人，即那些从来没有在国有单位工作过，靠打零工、摆小摊养家糊口的人，以及残疾人和孤寡老人。三是进城的农民工。四是较早退休的“体制内”人员，这部分人主要是从企业退下来的，工资水平非常低。低收入消费者的家庭年人均收入为 2 500～5 000 元，其消费以基本生活消费为主，影响这一层次居民消费的主要原因是收入水平低且增加缓慢。由于收入水平越低，消费需求相对就越高，所以增加低收入居民的收入将对促进整体消费带来较大效用。

2. 中等收入群体的消费状况

中等收入群体的消费者家庭年人均收入一般为 5 000～25 000 元，这部分消费者的收入基本稳定，在满足日常消费之外略有结余，但是受近几年体制改革的影响，消费倾向下降很快。而且这一消费群体的家庭占到城镇家庭总数的 60.98%，收入占到居民收入总数的 58%，是我国消费的主体部分，他们的消费行为对我国整体消费状况的影响是最大的，对这一层次居民消费的启动将直接关系到经济启动的成败。

据我国城镇居民家庭基本情况调查结果的资料显示，目前中等收入消费群体占据较大比重，处于“多收少支”和金融资产积累阶段。这部分居民属温饱型消费群体，其基本的消费需求已经满足，正积聚资金向更高一层的消费提升。但由于住房、医疗、教育等各项改革的集中推进，使这些居民预期支出大增，有钱也不敢花，即期消费变得缩手缩脚，消费行为更加谨慎。大量的购买力沉淀下来，以获得“未来安全”需要。目前在城市居民中仍有相当一部分消费者抱有中长期的消费行为。

3. 高收入群体的消费状况

生活宽裕的高收入居民十分关注生活质量的提高，消费倾向也出现明显变化，投资意识日益高涨。越来越多的高收入居民，在消费时追求精神消费和期盼消费，教育、文化、通信、保健、住宅等成为消费热点，追求时尚化与个性化日趋明显。

2. 感性消费

消费者在日常生活中的经常性的购买行为，使其形成固定的消费习惯，称为一般消费习惯。由于消费需求的日趋差异化、多样化、个性化、复杂化，使现代社会进入了重视“情绪价值”胜过“机能价值”的时代，也就是说，人们更加重视个性的满足、精神的愉悦、舒适及优越感。这种消费现象被专家称为“感性消费”。

1) 感性消费的内涵

感性消费，即消费者购买商品是为了满足情感上的渴求，或是追求某种特定商品与理想的自我概念的吻合。他们在消费时，所追求的已不单单是产品的数量和质量，而是商品与自己关系的密切程度。

根据西方营销理论的研究，消费者的需求发展大致可以分为三个阶段：第一个阶段是“量的消费时代”；第二个阶段是“质的消费时代”；第三个阶段是“感性消费时代”。在感性消费需要的驱动下，消费者购买的商品并往往不是非买不可的生活必需品，而是一种能与其心理需求引起共鸣的感性商品。这种购买决策往往采用的是心理上的感性标准，即“我喜欢的就是最好的”等；其购买行为通常建立在感性逻辑之上，以“喜欢就买”作为行动导向。因此，所谓感性消费，实质上是现代消费者更加注重精神愉悦、个人实现和情感满足等高层次需要的突出反映。

2) 感性消费的特征

感性消费与物质消费的区别是比较明显的，从中可以分析出感性消费的特征。

(1) 从商品满足人们需要的属性看，在商品的物质性消费过程中，消费者是生存者，商品是满足人们生活需要的工具；在感性消费形态下，消费者既是生存者又是享受者，而商品则需要具备既满足人们生存需要又满足人们享受需要的双重属性。

(2) 从消费者的购买行为评价来看，在商品的物质性消费中，消费者是依据传统的经济上的理性标准来评价和选择商品；在感性消费条件下，消费者往往以自己的直观感觉作为衡量商品的重要标准，其购买行为建立在感觉逻辑之上。

(3) 从消费形态的复杂程度看，物质性消费，可以说是一种平面式的、单方位的、分立式的简单性消费；而感性消费则是一种立体的、多方位的、相关性的复杂型消费。因此，从消费所追求的目的、消费水平、消费意识、消费行为的复杂程度、对商品的利用范围，以及发展的先后顺序看，物质性消费是一种较低层次的消费，感性消费则是一种较高层次的消费。

3) 感性消费出现的原因

感性消费以人的直观感觉作为重要衡量标准的商品，感性消费心理是每一个消费者都可能产生的消费心理。影响这种心理形成的因素既有主观因素，也有客观因素。

(1) 激情引起的感性消费。人都有七情六欲，过度的悲伤、阴郁、愤怒和兴奋都可能使人情绪冲动。当人们的感情控制了理智时，就形成了感性消费行为。消费者的感性消费心理主要是由兴奋引起的，消费者兴奋情绪的产生来自多方面。

① 庆功的喜悦。当人们工作有了成就，受到表彰时，在亲朋好友的赞许祝贺下，心情往往十分开朗。如果此时作为消费者去逛商店，感性消费的行为很容易产生。

② 孩子的学业进步或成绩优异给家长带来的兴奋。孩子是父母心中的希望，孩子成长过程中的每一点进步，都会使父母感到欣喜和安慰。特别是当他们成绩优异或在中考、高考等关键时刻取得成功时，家长激动的心情丝毫不亚于孩子。在这种时候，他们带孩子购物时，高兴的情绪溢于言表，会尽量慷慨地满足孩子们提出的购物要求。

③ 意外惊喜带来的兴奋。如海外的亲属久别重逢、分别多年的好友意外相见、贵重物品失而复得、破灭的希望死灰复燃、久治不愈的疾病得到根治等，都会使人欣喜若狂。此时，人们消费的欲望格外强烈，购物的冲动毫不掩饰。

④ 团聚的欢乐。人们在紧张工作之余常常需要利用团聚来联络感情，团聚给人们带来的欢乐是不言而喻的。因此，无论是生日庆贺、家人团聚还是朋友聚会，都会使人分外高兴。怀着美好的心情去商场，购物的兴致格外高，随时都有可能被琳琅满目的商品吸引，产生感性消费行为。

⑤ 社会活动或他人欢乐的感染。每一个消费者都生活在一定社会环境中，环境的氛围常常感染着、包围着他们。所以，当环境充满欢乐气氛时，消费者自身情绪也热情奔放。当有重大活动或事件发生时，为庆祝胜利人们也极有可能产生购物的行为。

(2) 兴趣、爱好引起的感性消费。兴趣、爱好是人们对事物感觉喜爱和偏好的情绪。这种情绪影响消费者消费心理的变化和消费行为的产生。如足球球迷不仅对观看足球比赛有浓厚的兴趣，而且对与足球有关的各种商品也会产生强烈的购物欲望。只要能过足球瘾，他们随时都会产生购物的欲望，只要有承受能力，即使是花重金也在所不惜。

消费者对某种商品的兴趣越浓，购物冲动越容易产生。企业营销人员要诱导促成感性消费心理转化及实现购物行为，就要认真研究消费者消费兴趣的形成过程。

① 特长引起消费兴趣。特长既有天赋的，也有后天形成的。有特长的人在消费活动中，往往把注意力集中在与其特长有关的商品上。例如，画家特有的艺术鉴赏能力使他们对具有艺术魅力的美术品和工艺品会产生特殊的兴趣。

② 由所从事的工作产生的消费兴趣。人们从事某种工作时间一长，便对该项事业产生了感情，发生了浓厚兴趣。这种兴趣在消费活动中表现为，凡是与消费者的专业结合紧密的商品，他们都感兴趣，并随时会产生购物的欲望和行为。例如，教师在不断扩展知识领域时对书籍常常有浓厚的兴趣，他们外出采购物品时往往下意识地走进书店，看到新书、好书自然产生感性消费心理及行为。

③ 思维方式不同引起的消费兴趣。每一个生理健康的人都有一定的思维能力。有的人逻辑思维能力较强，如数学家、物理学家等；有的人形象思维能力较强，如文学家、艺术家等。不同的思维能力使他们对社会生活的兴趣不同，反映在消费活动中其兴趣爱好表现也有很大差别。物理学家可能对商品的功能、效用产生极大兴趣，而艺术家则对商品的美感、造型的艺术特色更感兴趣。

④ 气氛不同引起的消费兴趣。不同环境对人的兴趣、爱好有不同的影响。家庭和睦、工作气氛和谐、领导信任、同事间友好、邻里关系融洽会使人感到心情舒畅，对美好生活的追求更迫切，消费欲望更强烈，感性消费行为也容易产生。此种心境下，如果有人推荐某种新产品，马上就会得到响应，有时甚至引起一个消费群的兴趣。

(3) 猎奇心理引起的感性消费。客观世界变幻莫测，许多事物人们没见过或没听过，充满了神秘，往往引起人们极大的好奇。就商品而言，也有许多新奇的东西是人们不了解、不认识的，因此产生好奇心理是正常现象。在好奇心理驱动下，消费者随时可能形成感性购物欲望和购物行为。也有的消费者由于性格较活跃，生活中喜欢标新立异，他们除了具备一般好奇心理外，还养成了猎奇的癖好。凡是他们认为奇特的商品，无论式样、功能、造型还是色彩，只要能满足好奇心理，都会成为他们猎奇的对象。这些人往往会成为新产品消费的带头人。因此，精明的企业经营者在开发产品，开拓市场时，都非常注意观察和分析这类消费者的心理表现，从而为企业铺设成功的路。

(4) 价格波动引起的感性消费。价格是制约消费者购物欲望转化为购物行为的重要因素之一。因此，商品的涨价与降价常常引发消费者的购物行为的改变，人们常说："买涨不买落"，这是生意人对消费者购物心理的评价。意思是说，商品涨价对消费者带来一定心理压力，担心再不买还会再涨价；而商品降价，则使消费者容易形成"等一等，还会再降价"的心理。在这种心理支配下，每当听到某商品要涨价的风声时，市场上常会出现抢购风。正因为价格在促使消费者形成感性消费心理上有特殊作用，所以常被经营者作为心理经营术使用。

(5) 名人效应引起的感性消费。人们往往仰慕社会名流。其原因：一是敬重他们的人品或才气；二是借与名人的某种联系显示自己的地位、身份或财富。这种动机反映在消费过程中就产生了名人效应，由此而引起的购物行为时有发生。

每个人都有程度不同的自我表现欲望，而在社会地位、经济收入、文化品位较高阶层人士中，突出个性、注重自我形象的自我表现心理表现得更为突出、更为强烈。他们中的一些人为了显示自己的社会地位、经济地位、名望、身份，专门购买名、特、优、贵商品，格外重视由此而表现出的社会象征意义。这些商品对他们有很强的吸引力，往往能激起他们强烈的购买欲望，并且在购买后积极而频繁地进行消费。他们的积极消费，也就成为其他阶层人士攀比、模仿的对象。

(6) 外界环境引起的感性消费。每一个消费者都生活在一定的消费群体中，他人的消费习惯、生活方式都潜移默化地影响着消费者自身的消费心理和消费行为。当外界影响构成强烈刺激时，消费者会不自觉地被感染，从而产生感性消费心态。比如，人们在旅游活动中，置身于游览胜地，往往对当地的民俗、民风发生兴趣，许多旅游者会争相购买有纪念意义的旅游商品。在这种气氛中，作为旅游消费者都会自然而然地产生感性消费行为。

4) 感性消费情感的策略应用

(1) 抓住消费者的情感需要。情感诉求只有从消费者的心理需要出发，紧紧围绕消费者的情感需要进行诉求，才能产生巨大的感染力和影响力。需要是情绪情感产生的直接基础，若消费者没有类似的需要，任何刺激也无法激发起他的这种情感，在情感广告中，广告刺激必须以消费者的需要为中介才能发挥作用。广告要想打动消费者，必须针对消费者的需要进行诉求，同时，把产品与消费者的需要紧密联系，使消费者一出现类似需要就联想到该产品，这样才能取得良好的促销效果。情感诉求正是诉求产品能够满足消费者的某种需要，以达到使消费者产生共鸣的目的。

(2) 增加产品的心理附加值。人类的需要具有多重性，既有物质性需要，也有精神性需要，并且这两类需要常处于交融状态。一方面，物质需要的满足可以带来精神上的愉悦；另一方面，精神上的满足又可以强化物质需要的满足，甚至会代替物质需要的满足。从这种意义上说，产品的质量是基础，附加值是超值。作为物质形态的产品或服务，本来并不具备心理附加值的功能，但适当的广告宣传，会给产品人为地赋予这种附加值，甚至使该产品成为某种意义或形象的象征——购买这类商品时可以获得双重的满足，一是物质上的，二是精神上的，这对于有条件购买该产品的消费者会产生极大的吸引力。例如，“派克钢笔”是身份的象征，“金利来”代表的是成功男人的形象，而“万宝路”则是独立、自由、粗犷、豪放的男子汉的象征。

(3) 利用暗示，倡导流行。消费者的购买动机是多种多样的，有时购买者并不一定是使用者，许多产品是用来馈赠亲友的，通过馈赠礼品，表达某种情感，如果某产品正好符合这种愿望，他们就会主动去购买，而较少考虑产品的质量、功效等具体属性。当厂商通过广告传播把购买这种产品变为一种时尚或风气后，消费者就会被这种时尚所牵引，去购买这种产品。例如，“脑白金”广告被称为一种广告现象，“今年过节不收礼，收礼只收脑白金”的广告语被高频度播放后，几乎妇孺皆知，但该广告并没有引起人们的积极情感，甚至引起很多消费者的反感，2002年被评为中国十大恶俗广告之首。但不可否认，通过暗示，引导消费，该广告在促进销售方面还是比较成功的。

相关链接

基于感性消费的“海飞丝”洗发水营销策略

中国人原先对头发里的头屑根本不屑一顾，并没有把它作为一个问题放在心上。可是在“海飞丝”洗发香波的一场以制造流行时尚、创造市场的旷日持久的广告宣传下，中国消费者强烈意识到：有头屑是使用劣质洗发水的结果，使用劣质洗发水者是档次不高的人，结论是，有头屑者难以进入高层次社交圈，甚至还会影响恋人朋友间的感情。这引起了绅士、淑女的“恐慌”，这种“恐慌”迅速演化成必须使用海飞丝洗发水的时尚。于是海飞丝洗发水很快走俏市场，成为少男少女扮靓显阔的必需品和加深情侣感情的黏合剂，也成了发廊提高价码的宠物和砝码，从而形成了庞大的消费市场，而生产海飞丝的中美合资广州宝洁公司转眼间成了年销售额突破亿元的超级化妆品企业。近日，著名影星姚晨出任海飞丝全新代言人，在韩国为海飞丝拍摄新一辑的电视及平面广告。正如海飞丝所倡导的“自信、果敢、实力”的品牌精神，全新代言人姚晨充满自信实力，灿烂笑容更是给大家留下深刻印象。

3. 畸形消费

1) 畸形消费的概念

畸形消费是由于消费变态心理而引起的消费态势，是一种不良的消费方式。由于社会生活和消费心理特征的多样性，消费表现为正常消费和畸形消费。与正常消费相比，虽然畸形消费所占比重不大，但由于我国消费者众多，其消费总量的绝对数也不容忽视。

2) 畸形消费的表现及成因

由于社会生活和消费心理特征的多样性，即使是畸形消费，也会因其产生的内在原因和外在条件的不同而有多种表现。

(1) 抢购和待购消费及其形成原因。抢购是指消费者在短时间内由于某种因素的考虑发生的超过实际需要的购买行为。一般分为涨价抢购、俏货抢购和盲目抢购。严格地说，如果商品涨价和商品短缺的客观事实确实存在，那么涨价抢购和俏货抢购这两种抢购方式也应当归入理性消费之列；反之，如果并不存在上述的相应客观可能性时，那么这两种抢购就属于盲目消费的范畴。盲目抢购是不加分析、无计划、非理性的购买活动，属于畸形消费的范畴。

待购则是指消费者虽然确实有实际需求，但由于某种原因，消费者认为不是购买的最佳时机而表现出的暂时不消费的行为。待购可分为理性待购和盲目待购。不管是抢购还是待购，只有当其归属于盲目消费范畴时才可定性为畸形消费。产生盲目消费抢购或待购行为的原因主要在于消费者缺乏安全感，总想通过抢购或待购的方式来消除这种不安全感。当社会不安全因素增多或消费者个人心理承受力较差时，容易产生畸形消费。

(2) 癖好消费及其成因。癖好消费是指超过正常消费程度或正常范围的癖好消费。并非所有的癖好消费都属于畸形消费，只有当某种癖好消费对个人或社会可能造成有害影响时才可将其认定为畸形消费，如嗜酒如命、吸烟成癖、过度沉迷上网则应引起社会的关注和警惕。产生畸形癖好消费的缘由既有社会传统习俗的原因，也有个人性格和生活习性的原因，社会、组织、家庭和个人都应采取适当方式加以控制或限制，以免造成不良后果。

(3) 排斥消费及其成因。排斥消费是指由于某种原因导致消费产生了心理障碍而拒绝购买的暂时不消费态势。排斥消费一般分为差距消费排斥和信任消费排斥。差距消费排斥即由现实商品与消费者需求期望之间存在差距造成的排斥。如某家生产奶粉的企业被曝光生产销售了劣质奶粉后，消费者对其所有的奶制品都会产生怀疑和不信任，而产生抵触消费。排斥消费的具体表现是否属于畸形消费，取决于是否存在促使排斥心理障碍产生的客观事实，如果确实有客观事实，那么消费者不仅有理由而且也应该拒绝购买；只有当并不存在足够的客观事实，消费者仍坚持拒绝的态度时，则此种表现才属于畸形消费的范畴。

产生畸形消费的原因主要在于消费主体的偏执倾向。这些消费者往往不愿改变自己已经形成的观点，不管实际情况发生了怎样的变化，仍然以自己的主观判断作为评价事物的标准。

3) 畸形消费原理的应用

畸形消费原理的运用，并非意味着通过对相关问题的分析去迎合消费者不正常的消费心态，而是要通过对畸形消费的认识去指导企业的相关活动，为企业的稳定发展服务。

(1) 重视消费者的抢购与待购，消除消费者的不安全因素。不管是畸形抢购还是畸形待购，虽然在短时间内看似增加了企业的经济效益，但从长时间看，它们的存在均会对企业的长远利益造成危害。试想如果消费者对某企业怀有不安全感，即使是畸形抢购或是畸形待购，也会在社会上造成不良影响，给企业造成负面影响，从而破坏企业的声誉。所以，企业应认真对待畸形消费现象所产生的危害，并应采取一切可能的手段去消除消费者的疑虑。如加大正面宣传力度，尽可能使消费者和社会了解企业的发展前景；通过各种手段制止或消除对企业产生不利影响的信息传播；不从事可能给消费者产生各种误解的活动等。企业不应因不正常的抢购和待购属于畸形消费而听之任之；反之，应采取认真的态度给予对待，通过消除消费者的不安全感使其对企业的发展充满希望，树立企业的良好形象，同时也为维护正常的经济秩序作出贡献。

相关链接

高中生卖肾买苹果手机

2011年，为买“苹果”手机和iPad 2，17岁高中生小王通过网络找到黑中介，想卖肾换钱。在黑中介的牵线下，他奔波千里来到郴州，做了检查后，在郴州一家医院的“男性泌尿科”做了手术，事后得到2.2万元。

拿到钱后，小王去买了苹果手机和iPad 2，但他回家后身体越来越差，直到家长再三追问，他才坦承：把一个肾卖掉了。小王的母亲赶紧赶到郴州市报案，多名犯罪嫌疑人先后落网。经鉴定，小王的伤情构成重伤、三级伤残。

公安机关于2011年7月11日将何某、尹某、唐某、宋某、苏某抓获归案，并于2012年3月5日将其他4名起次要、辅助作用的被告人监视居住。检方认为，五名被告人故意伤害被害人王某身体致其重伤，其行为触犯了《中华人民共和国刑法》第二百三十四条第二款，犯罪事实清楚，证据充分，应当以故意伤害罪追究其刑事责任。

另据介绍，检方认为被告人黄某(护士)、杨某(协助手术助手)、黄某(麻醉师)、张某(巡回护士)伙同他人共同故意伤害被害人王某身体致其重伤，应以故意伤害罪追诉4人刑事责任。

(2) 树立社会市场营销观念，逐步消除畸形癖好消费。如果从短期的利益加以考虑，畸形的癖好消费对于企业来说可能是件好事。因为嗜酒如命和吸烟成癖的人越多，给酒厂和烟厂创造的利润就越高，似乎对企业有好处；但如果从长远角度考虑问题则情况恰恰相反。因为当畸形癖好消费达到一定程度后，其超过了正常的消费程度和消费影响，必然会由于其对社会造成的危害而遭到社会和大多数人的抵制，最后会致使相关企业失去生存空间。目前，许多烟厂倒闭、酒厂关门的事实正是这一过程的真实写照。所以，那些与畸形癖好消费有关的企业也应通过对畸形消费的认识，及早树立社会市场营销观念，尽快实现本企业投资方向的调整。社会各方也应共同努力，为早日消除传统陋习作出努力。

(3) 合理界定排斥消费，满足正常消费需求。通过对排斥消费产生原因的分析可知，如果不对排斥消费进行科学的分析，笼统地把所有的排斥都归结为畸形消费，就很可能使企业看不到自身所存在的问题而失去大量的消费者。一般来说，正常限度内的消费差距排斥和信任消费排斥的产生，是由于企业的技术或生产因素造成的，这些无疑给消费者在心理上造成障碍。因此，企业应认真寻找原因，制定合理的对策来消除这些心理上的障碍。如针对合理的差距消费排斥，企业应全面分析可能促使消费者产生心理障碍的所有因素，然后根据核查结果采取切实可行的办法或进行生产调整去缩短现实商品与需求期望之间的差距；针对合理的信任消费排斥，企业应认真核查给消费者造成信用危机的真正原因，然后采取恰当的方法、宣传或以新的形象来消除消费者的不信任感。由于消费者的不信任感一旦形成，便不会在短期内消除，所以企业可采取更换品牌的做法来消除这种排斥消费。如果企业已出现了畸形排斥消费，企业也不能坐以待毙，而应采取积极的对策，如加大促销攻势，通过说理的方式促使消费者改变态度，同时应加强对企业的宣传，给消费者一个美好的企业形象。总而言之，要想消除消费者心中已经形成的心理障碍，就必须采取符合人们心理机制规律要求的合理手段去施加影响，从而改变消费者对企业或产品的印象。

与正常消费相比，虽然畸形消费所占比重不大，但由于我国消费者众多，其消费总量的绝对数也不容忽视。特别对于相关企业来说，通过对不同消费的比较分析，研究消费心理学关于畸形消费的表现和成因，可以使企业更恰当地摆正自己的位置，因势利导地去处理自己与市场消费的关系，从而为增强企业的适应性和提高企业的社会地位创造条件。

所以，消费流行是一种重要的经济现象，研究消费流行的目的是要因势利导，促进经济的发展和生产水平的提高，同时追踪消费者心理的变化轨迹，为市场营销服务，为经济建设服务。

与相关课程的联系

目前消费者的持币观望，房地产市场出现了“量价齐跌”的现象。经济学基础中国家经济政策的调控，就要利用政策宣传等进行引导，恢复消费者的理性购房消费。

五、消费流行对消费心理的影响

在消费流行的冲击下，消费心理发生了许多微妙的变化，研究消费流行应看到消费心理对消费流行形成与发展的影响，同时还应看到消费流行引起消费心理的变化。考察这些具体变化，也就成为研究消费心理，搞好市场营销的重要内容。

1. 认知态度的变化

按正常的消费心理，顾客对一种新商品，往往在开始时持怀疑态度。按照一般的学习模式，对这个事物有一个学习认识的过程。有的是通过经验，有的是通过亲友的介绍，还有的是通过大众传播媒介传送的信息来学习。当然，这种消费心理意义上的学习过程，不同于正规的知识学习，它只是对自己有兴趣的商品知识予以接受。但由于消费流行的出现，大部分消费者的认知态度会发生变化，首先是怀疑态度取消，肯定倾向增加；其次是学习时间缩短，接受新商品时间提前。在日常生活中，许多消费者唯恐落后于消费潮流，一出现消费流行，就密切注视着它的变化。一旦购买条件成熟，马上积极购买，争取走入消费潮流之中，这样消费心理就从认知态度上发生了变化。认真分析后可以看到，这是消费流行强化了消费者的购物心理。

2. 驱动力的变化

人们购买商品，有时是由于生活需要，有时是因为人们为维护社会交往而产生的消费需求。由于这两种需求产生了购买商品的心理驱动力，这些驱动力使人们在购物时产生了生理动机和心理动机。按一般消费心理，这些购买动机是比较稳定的。当然有些心理动机也具有冲动性，如情绪动机。这种情绪变化是与个人消费心理相一致的，但是在消费流行中，购买商品的驱动力会发生新的变化。如有时明明没有消费需要，但看到时尚商品，也加入了购买商品的行列，对流行商品产生了一种盲目的购买驱动力。这种新的购买驱动力可以划入具体的购买心理动机之中，如求新、求美、求名、从众心理动机。但有时购买者在购买流行商品时，并不能达到上述心理要求，因此，只能说是消费流行使人产生了一种新的购买心理驱动力。研究这种驱动力对于认识消费流行的意义具有重要的作用。

3. 在消费流行中，会使原有的一些消费心理发生反方向变化

因为在正常的生活消费中，消费者往往要对商品比值比价，心理上作出评价和比较后，再去购买物美价廉、经济合算的商品。但是，在消费流行的冲击下，这种传统的消费心理受到冲击。一些流行商品明明因供求关系而抬高了价格，但是，消费者却常常不予计较而踊跃购买；相反，原有的正常商品的消费行为有所减少。如为了购买时装，对其他服装产生了等一等或迟一些时候再购买的消费心理。

在正常的消费活动中，消费者购买商品，是某种具体的购买心理动机起主导作用，如购买商品注重实用性和便利性的求实心理动机，但在消费流行中就会发生变化，对实用便利产生了新的理解。因为一些流行商品从总体上比较，比原有老产品有新功能，当然会给生活带来新的便利，特别是一些吃的商品和家庭用品。这些消费者加入消费流行，是心理作用强化的直接结果。

相关链接

2013年3月25日，随习近平总书记出访的夫人彭丽媛在参加坦桑尼亚“妇女与发展基金会”时，将“百雀羚”定制礼盒作为国礼赠予对方，吸引了全世界的目光，这个有着82年历史的国货经典品牌自此将重振雄风，继续演绎“东方美韵，护肤精品”的传奇。

4. 有些顾客原有的偏好心理受到冲击

有些消费者由于对某种商品的长期使用，产生了信任感，购物时非此不买，形成了购买习惯，或者对印象好的厂家、商店经常光顾。在消费流行的冲击下，这种具体的消费心理发生了新的变化，虽然这些人对老产品、老牌子仍有信任感，但整天不断耳濡目染地都是流行商品，不断地受到家人、亲友使用流行商品时的那种炫耀心理的感染，也会逐渐失去对老产品、老牌子的偏好心理。这时，如果老产品、老牌子不能改变商品结构、品种、形象，不能适应消费流行的需求，就会有相当一部分顾客转向流行商品，如果这些企业赶不上流行浪潮，就会失去老顾客。

个人购物偏好心理是消费生活中较长时间的习惯养成的，这种习惯心理的养成是建立

在个人生活习惯、兴趣爱好之上的。在消费流行中，这种偏好心理也会发生微妙的变化。有时，是消费者个人认识到原有习惯应该改变，有时是社会风尚的无形压力使之动摇、改变。

尽管这些常见的消费心理在消费流行中或多或少地发生了变异，但综合来看，其变化的基础仍然是原有的心理动机，形成强化或转移的形式并未从根本上脱离消费心理动机。

相关链接

中国的饮茶历史已经有近5 000年，中国人还没有养成喝咖啡的习惯，但星巴克却能成功地在中国大量贩卖价格不菲的咖啡。其秘密武器在于，它并不是单纯提供咖啡，而是提供一个可以炫耀自己有情调的场所、一种悠闲体面地喝咖啡的小资生活方式，让光顾的人可以在公共背景下表明他们是新潮一族。

一位公司白领说："我更喜欢茶的味道，我在家里喝茶，在公共场合则喝咖啡。"这就是星巴克改变中国人不喝咖啡习惯的突破口——喜欢炫耀、追求时尚的心理。很多人说星巴克的咖啡根本算不上正宗，有些喝起来简直更像一种冷饮。是的，与其他那些咖啡店靠正宗口味赢得顾客的手段不同，星巴克的咖啡究竟是什么味道其实并不重要，只要它的每一间店都坐落在恰当的闹市位置、高档写字楼之中，里面的家具和装饰让人感受到满溢的小资格调，有一面开向人们经过的大街或走道的足够大的玻璃，能让喝咖啡的人感受到自己的体面，星巴克的咖啡就会有人来喝，对这个场所的爱好会延伸到对它的产品的喜爱上。

单元3 消费习俗与消费心理

相关链接

"舌尖"的"魅力效应"

酸、甜、苦、辣、咸，这是我们舌尖每天碰触的味道。《舌尖上的中国》将这些抽象的感觉具化为生动、鲜活的镜头，用《自然的馈赠》《主食的故事》《转化的灵感》《时间的味道》《厨房的秘密》《五味的调和》《我们的田野》7集故事，记录下中国各地富有传奇色彩的美食文化。

《舌尖上的中国》勾起网友对味道的重温或想象："画面上那切了一刀的肉夹馍，那酥脆的声音，那晶莹剔透的油水……我流口水了!""从山东烙饼到新疆烤馕，从卤水豆腐到过桥米线……《舌尖上的中国》仿佛中华美食的影像辞典。""藕从河底挖出来，火腿抹好盐吊起来，满渔网活蹦乱跳的鲜鱼，蒸笼里冒着蒸汽的白馒头——多质朴而华美的中国饮食文化啊!"

华东师范大学人类学与民俗学研究所所长田兆元评论道，这部纪录片正是在号召人们对当下的饮食文化进行反思。中国的饮食文化原本是博大精深的，美食也是很丰富的。但现代社会中的人们生活饮食却单一化，每天多是工作餐，用餐被"标准化"。《舌尖上的中国》介绍的很多美食来源于自然馈赠，有助于倡导人们回归"真材实料"，寻求一种更为健康的饮食习惯。

北京的刘俊义本来为不知请女友父母吃什么而一筹莫展，《舌尖上的中国》介绍的一家极具民族特色的"蒙古包"餐厅，让他灵机一动：带他们去品尝地道的烤肉，欣赏京城的夜空。更夸张的是，这部纪录片引发的"吃货效应”。来自淘宝的数据显示:《舌尖上的中国》开播不久，淘宝零食特产的搜索量高达400万次，片中出现的毛豆腐搜索量甚至增长了48倍。有人在微博上爆料：第一集介绍云南火腿之后，某淘宝店产生33笔订单，其中32笔是在节目播出当晚。据说，有不少吃货是按图索骥，边看电视边下订单。有网友专门制作菜单，香菇灌汤包、西湖醋鱼、葱烧海参、剁椒鱼头等片中提到的食物悉数尽收；有网友提议开个相关食品实体店；有网友呼吁干脆组个美食旅行团走一路吃一路……《舌尖上的清华》《舌尖上的北大》等各种“舌尖体”也开始在网上雨后春笋般涌现。

对中国人而言，吃，大概是最能把所有中国人紧密联系在一起的事了。《舌尖上的中国》里讲了这样一个故事：在浙江慈城有一对空巢老人，他们最开心的时刻，就是儿孙从宁波回来，为儿孙制作可口的年糕，一家人吃着年糕唠家常。然而，短暂的团聚后，儿孙们各自开车离去，家里又剩下这对老人。

陕北的饽饽商贩、查干湖的捕鱼老者、云南的火腿匠人、兰州的拉面师傅……在《舌尖上的中国》里，每一个鲜活的个体背后都洋溢着朴实的气息。“片子里那些辛勤劳动、有着质朴笑容的人们，才是组成这个国家最重要最真实的存在。”网友云隐归舟说。

《舌尖上的中国》用一个个具体的人物故事串联起祖国各地的美食生态，这其中，有制作的技巧，有艰辛的劳作，有相濡以沫的真情，有端上桌的美食，也有食物的演变过程，有方寸间的方桌厨房，也有广袤的祖国山河……“《舌尖上的中国》这类片子其实是最好的爱国主义教育片。因为爱中国饮食，所以更爱中国。”资深媒体人陈女士在微博上这样写道。

“其实它讲的不是美食，而是深入美食背后，讲文化传承，探讨当今社会中人类该如何善待食物、如何与大自然和谐相处。”文化学者胡野秋这样评价《舌尖上的中国》。

人们在日常生活消费中，由于自然的、社会的原因，形成了各地区各具特色的消费习俗。这些消费习俗的形成有政治、经济的原因，也有消费心理的影响。消费习俗一旦形成，不但对日常生活消费产生直接影响，而且对消费心理也有一定的影响，因此认识消费习俗与消费心理的关系，就成为消费心理学的重要研究内容。

一、消费习俗概述

消费习俗是指人们在日常消费生活中，由于自然的、社会的原因所形成的不同地区各具特色的消费习惯，是各类习俗中的一种重要习俗。

1. 消费习俗的特点

(1) 长期性。消费习俗都是在漫长的生活实践中逐渐形成和发展起来的，一种习俗的产生、形成和发展要经过若干年乃至更长的时间。在长期的生活中，消费习俗潜移默化地进入生活的各个方面，不知不觉地发挥影响作用。

(2) 社会性。消费习俗是在共同的社会生活中互相影响产生的，是社会生活的有机组成部分，带有浓厚的社会色彩。

(3) 地区性。消费习俗是特定地区产生的，带有强烈的地方色彩，是与当地的生活传统相一致，是当地的地方消费习惯。

(4) 非强制性。消费习俗的产生、流行，往往不是强制颁布推行的，而是一种无形的社会习惯，千百万人的习惯也是一种无形的力量，使生活在这里的人们自觉或不自觉地遵守这些消费习俗，并以此规范自己的消费行为。

2. 消费习俗的类型

(1) 喜庆性的消费习俗。这是消费习俗中最主要的一种形式，它往往是人们为表达各种美好愿望而引起的各种消费需求。如中国人结婚喜欢穿红衣服，办酒席等。

(2) 纪念性的消费习俗。这是指人们为了表达某人对某事的纪念之情而形成的消费风俗和习惯。这是一种十分普遍的消费习俗，因各国家、民族的不同而形成各异。如端午节吃粽子，清明节踏青等。

(3) 信仰性的消费习俗。这是由于宗教信仰而引起的消费性的风俗习惯，这类习俗受宗教教义、教规、教法的影响，并由此衍生而成。如圣诞节、开斋节等节日消费。

(4) 社会文化性的消费习俗。这是在较高文明程度基础上形成的消费习俗。它的行程、变化和发展与社会经济、文化水平有密切关系。如花灯节、风筝节等。

(5) 地域性的消费习俗。这是由于地理位置的差别而形成的消费风俗习惯。不仅国家之间不同，而且同一国家由于地域不同习俗也不同。如饮食的“南甜北咸，东辣西酸”。

相关链接

农历的九月九叫“重阳”，在中国的《易经》中把“六”定为阴数，把“九”定为阳数。九月九，日月并阳，两九相重，故而叫重阳，也叫重九。中国传统节日是与节气相对应的，进入到这个时候，天气下降，地气上升，天地之气交接，古人为了避免不正之气，自古以来，在这一天人们要登高、插茱萸、饮菊花酒，以避害趋利，确保身体健康。

有花有酒，登高远眺，最能牵动文人墨客的诗情。从历史上的文化名人留下的那些篇章和故事中，我们能更清晰地看到重阳节中的风俗。

唐代，首都长安也有不少“京漂族”，王维15岁就到长安交游了。他天资聪明，多才多艺，据说曾根据画作中弹琴人的姿势而说出所弹曲目，甚至是某段音符。王维很快就在京城结交了不少王公贵族，成为王府的座上嘉宾。虽然他在京城混得还不错，但是少年孤身漂泊在外也难免思念故乡和家人。

他17岁那年的重阳，按照当时的民间风俗，登高望远，不由心中怀念故乡，吟出了“遥知兄弟登高处，遍插茱萸少一人”的思乡情。

古人将茱萸作为驱邪的神物，每逢重阳节，人人佩戴，在汉代时就已经成为重要习俗。唐代延续了旧俗，只是插茱萸比佩戴茱萸香囊更为流行。而且，唐朝时每年九月八日就开始做重九，直到初十，庆祝活动还会继续。

到宋代茱萸被称为“辟邪翁”，依然非常流行。只是到了近代，因为山茱萸的减少，佩戴茱萸香囊、插茱萸的习俗渐渐退出了人们生活。

二、影响消费习俗的因素

1. 模仿心理

上行下效，认同权威，补偿缺憾，寻求精神享乐，显示自身优越性，是广大消费者的共同心态。消费流行的带头人为从众者提供了模仿的榜样，参与者通过模仿带头人的消费行为，加入到消费流行的潮流中来。“高位层”的消费行为对“中位层”(指中等社会阶层，中等收入阶层和中等文化阶层)消费者的消费行为影响最为直接、最为显著，是他们模仿的主要对象，我们所说的“示范效应”主要体现在他们身上。“中位层”消费者处在一个“承上启下”的特殊社会阶层上，而且人数众多，影响面广。他们的模仿行为，不仅使消费流行得以发展，而且还会成为“下位层”和其他社会阶层消费者的模仿对象，从而在“梯度传播”中带动其他社会阶层的消费行为，使消费流行得到进一步、更深入的发展。在当今社会，由于社会活动的广泛性，引起人们仿效的榜样多不胜数。影视明星、体育明星、政府首脑、时装模特、企业界领袖等，他们的着装打扮、言行举止，用过各种传媒的宣传，都会引起追随者的仿效。

2. 攀比心理

这是一种争强斗胜，与他人攀比，赶上并超过他人的心理。社会阶层的划分只是相对而言的，如果把“上、中、下”社会阶层进一步细分，不难发现每两个相邻阶层间的距离是很近的。无论是社会地位，还是经济收入、文化品位，都相差无几，只不过在某些方面“略逊一筹”或“略胜一筹”而已。这样，阶层之间的攀比心理和攀比行为就会不可避免地发生。也正是这种攀比心理和攀比行为，进一步推动了消费流行的发展，使消费流行先后进入不同的流行阶段。

3. 从众心理

市场营销学把市场分为两大部分：一部分是生产资料市场；另一部分是生活资料市场(消费品市场)。研究表明，生产资料市场上的购买者是专家购买，而消费品市场上的购买者大都是非专家购买。也就是说，在消费品市场上，消费者由于缺乏必要的商品知识和市场知识，他们的购买行为极易被诱导。在购买行为理论中，有一种“风险理论”认为，消费者的购买行为是一种减少风险的行为。消费者由于缺乏市场知识和商品知识，一般情况下总是认为大多数人购买的商品一定是不错的商品。于是，受广告、人际传播等的影响，又见到人们纷纷购买和消费某类商品，自己便不知不觉地加入到其中去，成为其中的一员。也正是在这种从众心理的作用下，消费流行才可能在更广大范围内流行开来。这种从众心理是人们寻求社会认同感和社会安全感的重要表现，所以，服从多数人的心理和个体自觉接受社会行为规范的倾向，就成为消费流行产生和发展的重要条件。但值得注意的是，在从众心理作用下产生的购买行为大多是比较盲目的。“赶时髦”之所以被一些人理解为贬义词，其原因就在于从众心理的盲目性使消费者出现经济上、精神上的损失。

4. 同步心理

趋同从众，不甘落后，是常人常态。古人云：“物以类聚，人以群分”。不同的社会阶层、社会群体，购买行为是不一样的，同一阶层、同一群体的购买心理、购买行为是大致相同的。在同一阶层、同一群体中，每一个成员都不想被群体抛弃，这一心理表现在购买行为上，往往是争先恐后地与同阶层、同群体的购买行为保持同步。横向式消费流行比纵向式消费流行的速度一般要快一些，原因恰恰就在于同步心理规范了同阶层、同群体成员的购买行为，客观上推动了消费流行的发展。

与相关课程的联系

市场营销学中的市场细分变量，主要是按地理、人口、心理和行为来划分。消费习俗也是心理变量的一个，可以根据不同区域不同人群的习俗进行市场细分。广告实务中广告内容选择一定不能与习俗相违背。

相关链接

资料显示，在河南省农村居民的消费支出中，部分消费支出的比重过大，消费结构过度偏倚，这其中又以建房和婚嫁两项支出的增长最为显著，也最为浪费。先看建房，农村居民建房攀比心理比较严重，盲目地求大、求高，既不美观又造成巨大的浪费，不少地方农民拿出10年甚至20年的全部积蓄用来建房的事比比皆是，实际上许多农民本身也不愿意如此，无奈受农村不健康的风气所迫，被动跟风。另外婚嫁也是农民的一大重要支出，不少地方，农民一生的花费都主要集中在建房和为孩子娶媳妇上。农村居民消费结构的过度偏倚对农民的文化消费产生挤出效应，导致文化消费水平低下，精神文化生活匮乏。对此农民本身也抱怨很多，无奈大势所趋，形势使然。压缩这样的消费支出显然有利于增强农民的文化消费能力。因此，一方面，要加强对农村居民消费观念的引导，消除农村消费中的盲目攀比，求高求大的不良风气；另一方面，采取具体措施，消除农村消费结构中的过度偏倚现象。比如在建房上，利用新农村建设中各地正在实施的村庄规划，以“够用”为原则，统一面积、高度等建房标准。而对于婚嫁，要在人口政策上，大力宣传引导，优化农村的男女比例结构，同时，要加强宣传教育，改善不健康的婚嫁习俗，提倡节俭、庄重的婚俗礼仪。

三、消费习俗对消费心理的影响

1. 消费习俗对消费者心理的影响

随着社会的进步，人们的生活方式不断变化。新的消费方式进入人们的日常生活，虽然给消费习俗带来了冲击，但是消费习俗对消费心理的影响可以时时感觉到。

(1) 消费习俗给一些消费者心理带来了某种稳定性。消费习俗是长期形成的，对社会生活、消费习惯的影响是很大的，据此而派生出的一些消费心理也具有某种稳定性。消费者在购买商品时，由于消费习俗的影响，会产生习惯性购买心理，往往较长时间地去购买符合消费习俗的各种商品。

(2) 消费习俗强化了一些消费者的心理行为。由于消费习俗带有地方性，很多人产生了一种对地方消费习惯的偏爱，并有一种自豪感，这种感觉强化了消费者的一些心理活动。如广州人对本地饮食文化的喜爱，各族人民对本民族服饰的偏好等。

(3) 消费习俗使消费心理的变化减慢。在日常生活的社会交往中，原有的一些消费习俗有些是符合时代潮流的，有些是落伍的，但是由于消费心理对消费习俗的偏爱，使消费习俗的变化比较困难；反过来，适应新消费方式的消费心理变化也减慢了，变化时间延长了。有时生活方式变化了，但是由于长期消费习俗引起的消费心理仍处于滞后状态，迟迟不能跟上生活的变化。

相关链接

蒙古族的服饰具有自己的审美特征，蒙古族特别偏爱鲜艳、光亮的颜色，这些色彩都使人感到色调明朗、身心欢娱。蒙古族又崇尚白色、天蓝色这样一些纯净、明快的色彩。蓝天白云，绿草红衣，一种天然的和谐。另外，蒙古族居住于蒙古高原，气候寒冷又加之以游牧为主，马上活动的时间比较长，因此，其服饰必须有较强的防寒作用而且又便于骑乘，长袍、坎肩、皮帽、皮靴自然就成了他们的首选服饰。从蒙古民族服饰的款式看，褒衣博带，即能体现人体的曲线美，又能体现蒙古牧人宽厚大度、粗犷坦荡的性格。

还有比较有特色的是蒙古族摔跤服。摔跤比赛服装包括坎肩、长裤、套裤、彩绸腰带。坎肩袒露胸部。长裤宽大。套裤上图案丰富，一般为云朵纹、植物纹、兽纹等。图案粗犷有力，色彩对比强烈。膝盖处用各色布块拼接组合缝制图案，纹样大方庄重，表示吉祥如意。服装各部分配搭恰当，浑然一体，具有勇武的民族特色。

2. 消费习俗对购买行为的影响

由于消费习俗本身的特点，决定它所引起的购买行为同一般情况下的购买行为又有所区别，主要表现以下几个特征。

(1) 由消费习俗所引起的购买行为具有普遍性。任何消费习俗的形成都必须有一定的接受者。由此决定，它能够在某种特定的情况下引起消费者对某些商品的普遍需求。比如，在中国的传统节日春节里，人们要购买各种商品，肉类、蔬菜、水果、糕点、服装，以及各种礼品。这期间，消费者的需求要比平时增加好几倍，几乎家家如此。这就是消费习俗的普遍性引起购买行为的普遍性。

(2) 消费习俗不同于社会流行。是因为它形成之后就固定下来，并周期性地出现。例如，每年端午节吃粽子，中秋节吃月饼等。所以，随着这些节日的周期性出现，人们也要周期性地购买。

(3) 由消费习俗所引起的购买行为具有无条件性。消费习俗是社会风尚或习惯，它不仅反映了人们的行动倾向，而且反映了人们的心理活动与精神风貌。一种消费方式、消费习惯之所以能够继承相传并形成消费习俗，重要的原因是人们的从众心理。每个人都习惯于和别人去做同样的事，想同样的问题。因此，由消费习俗引起的购买行为几乎没有什么条件限制。虽然它引起的消费数量大、花费多，但消费者又可以克服许多其他方面的困难，甚至减少其他方面的支出，来满足这方面的消费要求。这就是购买行为的无条件性。

模块小结

文化对消费行为的影响，主要通过主流文化、亚文化和外来文化对消费行为的影响来阐述。

消费流行是在一定时期和范围内，大部分消费者呈现出相似或相同行为表现的一种消费现象，具体表现为多数消费者对某种商品或时尚同时产生兴趣，而使该商品或时尚在短时间内成为众多消费者狂热追求的对象。一般说来，一些吃、穿、用商品都有可能流行，尤其是穿着类商品、日用商品流行的机会更多。

消费流行是客观存在的，是不以人们的意志为转移的。它一旦在某一消费者群体中出现，便会形成一种强大的社会心理强制，之后演变成为习俗。通过学习消费流行周期各阶段的特征及营销对策，以及影响消费习俗的因素，可以更好地为企业制定营销策略。

主要名词

文化　社会文化　亚文化　外来文化　消费流行　消费习俗　感性消费　畸形消费

自 测 试 题

一、单项选择题(20 分，每题 2 分)

1．不同地区的消费文化(　　)。

A．大体相似　　B．差异很大　　C．差异较小　　D．完全不同

2．从众行为产生于(　　)。

A．内在压力　　B．消费压力　　C．个体压力　　D．群体压力

3．消费流行的本质在于认知标准的(　　)。

A．主观性　　B．客观性　　C．地域性　　D．社会性

4．消费者受群体规范影响的主要心理原因是(　　)。

A．仿效心理　　B．学习心理　　C．攀比心理　　D．追随心理

5．现代民族消费文化具有很强的(　　)。

A．独特性　　B．包容性　　C．区域性　　D．商品性

6．消费流行具有来势猛、消失快的规律指的是消费流行特点的(　　)。

A．短暂性　　B．一致性　　C．地域性　　D．群体性

7．消费习俗不具有的特点是(　　)。

A．长期性　　B．社会性　　C．地区性　　D．强制性

8．某一文化群体所属次级群体成员共有的独特的价值观念、生活方式和行为规范称(　　)。

A．文化　　B．亚文化　　C．区域文化　　D．民族文化

9．消费流行具有发生、发展、盛行和衰退的现象，这就是(　　)。

A．流行周期　　B．消费周期　　C．消费规律　　D．消费时尚

10．基督教的复活节有特定的消费活动的习惯做法是(　　)。

A．喜庆　　B．纪念　　C．宗教　　D．文化

二、多项选择题(10分，每题2分)

1．对于消费者的消费习惯，经营者应当(　　)。

A．阻止形成　　B．引导形成　　C．促其形成

D．创造出来　　E．进行设计

2．消费者能否接受群体行为规范主要取决于(　　)。

A．趋同心理　　B．从众心理　　C．学习心理

D．容忍心理　　E．异化心理

3．影响和制约人的消费需要的社会因素有(　　)。

A．民俗民风　　B．宗教信仰　　C．社会分层

D．政治制度　　E．社会时尚

4．民族消费文化心理寄托着本民族的(　　)。

A．价值观念　　B．社会责任　　C．文化传统

D．共同理想　　E．经济目标

5．消费流行的特点是(　　)。

A．时效性强　　B．地区差异大　　C．持续性长

D．周期性明显　　E．群体性崇拜

三、判断题(10分，每题2分)

1．文化有好坏之分。　　(　　)

2．不同文化层次的消费群体所表现的消费行为是不同的。　　(　　)

3．畸形消费一无是处。　　(　　)

4．消费流行就是时尚。　　(　　)

5．消费习俗具有稳定性。　　(　　)

四、简答题(40分，每题10分)

1．什么是消费习俗？什么是模仿、从众？

2．简述消费流行周期各阶段的特性及营销对策。

3．简述影响消费习俗的因素。

4．简述社会文化对消费行为的影响。

五、论述题(20分，每题10分)

1．论述传统文化对消费行为的影响。

2．阐述企业在消费流行的不同时期的销售策略。

案例分析

文化习俗对保险营销的影响

我国地域辽阔，历史悠久，不同地域受地理及历史影响，形成了以上海为代表的海派文化，以黄河流域为代表的农耕文化等各具特色的地域文化，地域文化对当地保险消费有着举足轻重的影响。一张保单，如果用同样的营销方式在全国推广，无疑会遇到障碍。

在我国东南沿海地区，由于与西方世界接触较早，交流频繁，文化相对主义强，更易于接受保险理念；同时，对于保险公司推出的新业务，人们也更愿意进行尝试。在文化相对主义较强的地区，面对外来事物或新鲜事物潜在的风险，人们更愿意选择风险转移，所以在该地区保险更容易被接受，保险公司进行展业的机会越多。

价值观和价值观体系是决定人的行为的心理基础。价值观是人们对社会存在的反映，是社会成员用来评价行为、事物，以及从各种可能的目标中选择自己合意目标的准则。价值观通过人们的行为取向及对事物的评价、态度反映出来，是驱使人们行为的内部动力。它支配和调节一切社会行为，涉及社会生活的各个领域。

持传统观念的人重视家庭，重视人际关系，重视健康。由于多数人认为家中老人可由家族成员赡养，形成一种家庭自保机制，对养老保险不感兴趣或者需求不大。另外，由于对健康的重视，消费者可能会对生存保险及健康险更加感兴趣。此外，人际关系对保险业务的影响主要体现在保险销售环节，一个善于处理人际关系的人可能会比其他同事有更好的销售业绩。

由此可见，针对各地文化的差异，保险公司需要做好两方面：一方面，因地制宜，确定险种投放比例；另一方面，因时制宜，不断更新销售方法，注意字斟句酌，培养优秀营销人员。这样不仅能有效降低保险公司的营业费用，而且还能提升保险行业的公众形象。

只有重视文化习俗对保险消费的影响，才能使保险营销更贴近市场，从而使保险产品更有的放矢，使保险市场更人性化，提高营销效率、扩大市场规模，并有效提升行业形象。

案例讨论

你是如何看待文化习俗对保险营销的影响？

实 训 练 习

1．调查身边同学使用手机的情况，分析消费流行对学生购买手机品牌、价位、功能有什么影响？

2．举出一些当地的消费习俗，并谈谈它们和购买行为的关系。

模块6

正确区分不同消费者群体的消费心理

内容提要

本模块主要介绍了消费者群体的内涵与分类，消费者群体对消费心理的影响，不同消费群体的心理分析，相关群体的消费行为及在市场营销中的作用。

教学重点和难点

不同消费群体如家庭、儿童、女性、中年、老年的消费行为和消费心理。

学习目标

知识点：掌握消费者群体的概念与分类，消费者群体影响力，消费者群体规范与消费行为；

能力点：企业在市场营销过程中，对于不同消费群体如何进行心理分析，采取相应策略。

导入案例

中国大妈的抢金事件

2013 年，“大妈”(Dama)作为一个新词被录入牛津词典，人们突然发现，中国社会中又多了一个特定群体。大妈通常有这样的特征：年龄大多为 55～65 岁；大多曾经工作过，但已经退休；不再需要为生存奔波；有一定的购买力，却延续着当年的节俭；不掌握大众传媒上的话语权，曝光率却极高。

2013 年 4 月 15 日，黄金价格一天下跌 20%，大量中国民众冲进最近的店铺抢购黄金制品，一买就是几公斤，他们被称作是抄底黄金市场的“中国大妈”。据统计，2013 年中国大妈买金狂热轰动世界，推动中国黄金消费需求增长 32%至 1 065.8 吨(包括珠宝、金条金币和其他铸造品)，创历史新高。中国已然成为世界上最重要的实物黄金市场。

2013 年，华尔街大鳄在美联储的授意下举起了做空黄金的屠刀，经过一年的酝酿造势，华尔街大鳄终于出手做空黄金了，黄金大跌，世界哗然，不料半路杀出一群“中国大妈”，1 000 亿人民币，300 吨黄金瞬间被扫，整个华尔街为之震动，华尔街卖出多少黄金，大妈们照单全收。做空大战中，世界五百强之一的高盛集团率先举手投降。一场“金融大鳄”与“中国大妈”之间的黄金阻击战，“中国大妈”完胜。

“最近你买黄金了吗？”这成为中国百姓 2013 年“五一”节里的新问候语。

中国大妈 2013 年的“五一”小长假上演了《满城尽带黄金甲》大片，以大妈大婶为主流的中国主妇狂买黄金，导致许多城市的商场黄金专柜被“一扫而空”，不仅如此，还有人到港台地区狂购。

中国大妈是普通老百姓，她们出手抢购实体金，当然也有传统观念的“存金藏银”因素，但主要还是期望财富保值和规避通货膨胀。“抢金潮”其实映衬着中国民间投资理财渠道的匮乏与不足，大妈们把钞票换成“黄货”，也更凸显提高内需消费的隐忧。

世界黄金协会发布的最新报告显示，受中国及印度市场强力推动，2013 年第二季度全球黄金消费需求大幅攀升 53%，黄金消费需求创下 5 年来的最高水平，其中中国市场金条和金币的需求量同比激增 157%。对黄金销售商而言，Dama 是绝对的金主。“中国大妈绝对是黄金抢购潮中的主角，她们很久没有见到金价如此低，对她们来说，这是一种巨大的吸引力。

Dama 走向世界后，更多的外国人开始讨论这个特殊的群体，有外媒撰文指出，Dama 挤进由英语把持的秩序森然的金融词汇队伍，有点儿瞎胡闹。“贴上 Dama 这个标签的群体大体是这样的：热情但冲动，精力充沛但经常盲从，擅长利益计算但缺乏能力眼光。一切都在暗示，Dama 很难是生意场上笑到最后的人。”其实，这些外国人并不明白，Dama 根本无意要与华尔街精英一决高下，支撑 Dama 对黄金不懈追求的，不全是升值诱惑，而主要是安全感的缺失。

为什么大妈钟爱黄金？其他群体如大爷、大叔、爷爷、奶奶为什么没成为“金主”？不同群体的消费行为和消费心理有什么特点？

消费者作为社会成员之一，必然生活在一定的社会环境中，其购买行为不可避免地要受其所处的社会环境和各种群体关系的制约与影响。

单元1 消费群体概述

相关链接

镶 牙

有一个白领年轻人的母亲老了，牙齿全坏掉了，于是他开车带着母亲去镶牙。一进牙科诊所，医生开始推销他们的假牙，可母亲却要了最便宜的那种。医生不甘就此罢休，他一边看着小伙子，一边耐心地给他们比较好牙与差牙的本质不同。可是令医生非常失望的是，这个看似大款的年轻人却无动于衷，只顾着自己打电话抽雪茄，根本就不理会他。医生拗不过母亲，同意了她的要求。这时，他母亲颤颤悠悠地从口袋里掏出一个布包，一层一层打开，拿出钱交了押金，一周后再准备来镶牙。

两人走后，诊所里的人就开始大骂这个大款儿子，说他衣冠楚楚，吸的是上等的雪茄，可却不舍得花钱给母亲镶一副好牙。正当他们义愤填膺时，不想大款儿子又回来了，他说："医生，麻烦您给我母亲镶最好的烤瓷牙，费用我来出，多少钱都无所谓。不过您千万不要告诉她实情，我母亲是个非常节俭的人，我不想让她不高兴。

从上述案例中，年轻人除了讲究孝敬父母的方法外，能看到老年人和年轻人的消费行为的差异吗？

一、消费者群体的内涵与分类

1. 群体的内涵

群体是指通过一定的社会关系结合起来进行共同活动而产生相互作用的集体，为了实现共同的特定的目标而形成的相互作用、相互影响和相互依赖的集合体，其成员之间存在一种稳定的联系和心理依附关系。最小的群体为家庭，每一个人都有属于自己的家，在这小小的空间里我们与家人相互互动，建立成亲密的关系；群体规模可以比较大，如几十人组成的班集体。经常一起上街购物的两位邻居也是一个群体。群体人员之间一般有较经常的接触和互动，从而能够相互影响。人们总是生活在不同规模与类型的群体之中，多样化的社会群体塑造了丰富多彩的人类行为，并满足着人们的各种需要。

社会成员构成一个群体，因此，群体应具备以下基本特征。

(1) 群体是一个有组织的结构，群体成员需以一定纽带联系起来。如以血缘为纽带组成了氏族和家庭，以地缘为纽带组成了邻里群体，以业缘为纽带组成了职业群体。同一群体的成员在共同的活动中会表现观念与行为的一致性，当与其他群体相比较时，成员就会产生一种属于自己群体的感觉，称为归属感。共同目标使群体成员有了极强的凝聚力和归属感。在群体中，每个成员都意识到了他人的存在，具有相关活动的意识，并通过成员的相互影响、相互作用和相互制约，达到群体行为的统一性和整体性。

(2) 成员之间有共同目标和持续的相互交往。公共汽车里的乘客、电影院里的观众不能称为群体，因为他们是偶然和临时性地聚集在一起，缺乏持续的相互交往。群体中的每个成员都能相互依存，在行为上互相影响，互相联系。群体成员有一致认同的特定目标，在组织的分工下，群体成员有了共同的行为方向，群体成员所做的一切工作都紧紧围绕群体目标展开。在目标的实现过程中，每个群体成员都具有一定的角色地位，并使行为与角色一致，彼此合作使群体朝着共同的目标前进。

(3) 成员之间具有认同感。同一群体的成员对重大事件和原则问题的认识倾向于与群体保持一致。当个人对外界情况不明时，这种认同就会发生很大的相互影响，有时甚至会是盲目的(比如在认知方面的影响)。

(4) 群体成员有共同的群体意识和规范。群体成员之间均进行观念、思想、情感等信息交流，成员之间有共同的群体意识和规范。

从消费者行为分析角度，研究群体影响至关重要。首先，群体成员在接触和互动过程中，通过心理和行为的相互影响与学习，会产生一些共同的信念、态度和规范，它们对消费者的行为将产生潜移默化的影响。其次，群体规范和压力会促使消费者自觉或不自觉地与群体的期待保持一致。即使是那些个人主义色彩很重、独立性很强的人，也无法摆脱群体的影响。再次，很多产品的购买和消费是与群体的存在与发展密不可分的。比如，加入某一球迷俱乐部，不仅要参加该俱乐部的活动，而且还要购买与该俱乐部的形象相一致的产品，如印有某种标志或某个球星头像的球衣、球帽、旗帜等。

与相关课程的联系

某一消费群体的消费行为具有很大的相似性，为企业进行市场细分提供了依据。

2. 群体的类型

群体的种类众多，可以按照不同的标准对群体进行分类。

(1) 以群体是否存在为标准，可以把群体分为假设群体和实际群体。假设群体是指为了研究、统计、市场区分的需要的有某些共同特点而没有联系没有组织的群体，比如40～50岁的知识分子组成的“中年知识分子”；实际群体则是客观存在的群体，如家庭、学校、机关、工厂等。

(2) 按群体的组织程度不同，可以把群体分为正式群体和非正式群体。正式群体是指有明确的组织目标、正式的组织结构，成员有着具体的角色规定的群体。一个单位的基层党组织、大学里的教研室、工厂里的新产品开发小组均属于正式群体。非正式群体是指人们在交往过程中，由于共同的兴趣、爱好和看法而自发形成的群体。非正式群体可以是在正式群体之内，也可以是在正式群体之外，或是跨几个群体，其成员的联系和交往比较松散、自由。

(3) 按个人卷入的程度不同，可把群体分为主要群体和次要群体。主要群体又叫初级群体，是指成员之间具有经常性面对面接触和交往，形成亲密人际关系的群体。这类群体主要包括家庭、邻里、儿童游戏群体等。次要群体又叫次级群体，指的是人类有目的、有组织地按照一定社会契约建立起来的社会群体。典型的次要群体是各类社会组织，如公司、政府机构、学校等。次要群体规模一般比较大，人数比较多，群体成员不能完全接触或接触比较少。在主要群体中，成员之间不仅有频繁的接触，而且有强烈的情感联系，正因为如此，像家庭、朋友等关系密切的主要群体，对个体来说是不可或缺的。

(4) 根据群体发展的水平和层次不同，可以把群体分为松散群体、联合群体和集体，集体是群体发展的最高水平。衡量这种发展水平的标准通常有三个：第一，共同活动。松散群体只在共同的时间、空间里集群，没有共同活动，或没有共同活动的内容。联合群体仅有共同活动的内容；而集体的共同活动不仅有共同活动的内容，而且有广泛的社会意义，即成员能认识到活动对个人、对所在集体和整个社会的意义。第二，人际关系的基础。人际关系可以有两种基础：一是直接性的人际关系，主要是凭彼此的好感与厌恶、相互能否接受影响、相互能否积极交往等。二是间接性的人际关系，即群体的价值与评价，共同活动的任务和目的。松散群体的人际关系以直接性人际关系占主导地位；集体则是间接性的人际关系占绝对优势；而联合群体则介于二者之间。第三，“集团意识”的强弱，即成员个人是否意识到自己是该群体中的一员、在该群体中的地位、与群体中其他成员的关系。松散群体的“集团意识”最差，成员以“私”字当头；集体的“集团意识”最强，成员把个体看成是集体的一部分；联合群体介于两者之间。

(5) 按照个人是否为一个群体的成员，可把群体分为隶属群体和参照群体。隶属群体又叫成员群体，是消费者实际参加或隶属的群体，如家庭、学校等。参照群体是指这样一个群体，该群体的看法和价值观被个体作为他或她当前行为的基础。因此，参照群体是个体在某种特定情境下作为行为指南而使用的群体。美国社会学家H·海曼于1942年最先使用参照群体这一概念，用以表示在确定自己的地位时与之进行对比的人类群体。当消费者积极参加某一群体的活动时，该群体通常会作为他的参照群体。

二、消费者群体对消费心理的影响

通过对消费者群体的分析，可以看到消费者群体对消费心理的影响体现在以下5点。

1. 群体规范

所谓群体规范，是指人们共同遵守的行为方式的总和，它是群体对成员确定的行为标准。广义的群体规范包括社会制度、法律、纪律、道德、风俗和信仰等，都是一个社会里多数成员共有的行为模式。不遵循规范就要受到谴责或惩罚。群体规范的基本作用是对成员具有比较和评价的作用，它可以为成员提供认知标准和行为准则，用以调节、制约成员的思想和行为，使他们保持一致，群体规范还可以作为成员彼此认同的依据。

但是群体规范并不是对成员的一言一行都加以约束，而是规定了成员的思想行为的可接受和不可接受的范围。群体规范因群体存在的正式性和非正式性，以及有无文明规定和监督、处罚，而分为正式的规范和非正式的规范。群体内的期望或规范可能不为局外人所觉察，但置身于其中的成员却能明显地体验到这些规范的存在，并对他们的购买心理与行为产生影响。例如，大学老师购买服装的时候一般不购买过于炫耀的服装，因为太炫耀的着装，以及浓妆艳抹都不符合大学老师这个知识分子阶层的规范或期待。

2. 从众心理

个人的意见、行为与群体不一致时，会产生一种紧张、恐惧心理，促使他产生与群体行为求得一致的愿望，甚至会受到很大压力，产生顺从群体规范的倾向，这种现象称为从众或者顺从。例如，某消费者原计划购买甲品牌的电视机，后来发现群体中的大多人，认为乙品牌电视机更好，那么他会在从众心理的支配下转而购买乙品牌电视机。

3. 群体的一致性

群体的一致性表示群体中各成员间相互影响、相互吸引和共同性的程度。一致性，既是群体得以形成的前提，又可在群体活动中得到发展。例如，一群素不相识的人，起先只是由于手段性目的上的某种一致性，聚合成一个整体。但随群体活动的展开，各个成员间逐渐了解，找到更多的共同点，由此建立起信任和友好的人际关系，一致性程度逐渐加深。消费者为了维持与群体的一致性，会经常对照其他成员的偏好和购买行为，自觉或不自觉地选择与群体内其他人一致的品牌和商品。

4. 群体规模

群体规模对消费者心理具有一定的影响。一般群体人数越多，对个体成员压力越大，个体的顺从心理也越强；反之，压力相应降低，个体的服从心理也逐步减弱。这种群体规模对消费者心理的影响，尤其在日常购物活动组成的临时群体中表现得更为显著。例如，某消费者一人去商场购物，除了有明确目标外，面对商品时往往犹豫不决，而两个人或三四个人同时结伴购物，则很容易作出是否购买的决策。

5. 群体的内聚力

内聚力是成员被群体吸引并愿意留在群体内的愿望。内聚力指的是群体成员彼此之间的“粘合力”。没有内聚力，一群人不能被称作为一个群体。美国社会心理学家 S·沙赫特等人的研究证明，群体内聚力越强，其成员就越遵循群体的目标和规范。群体内聚力的实质是群体对成员，成员对成员的吸引力，它对于群体的存在、活动，有着至关重要的作用。

由于社会交往中的人们在利益、价值观、兴趣、爱好、观点、习惯、态度、个性特征、社会背景等一方面或几方面存在一致性，这种一致性正是形成相互认同的基础。有了一致性就会形成认同，有了相互的认同就会产生内聚力，有了内聚力就会形成群体。

三、决定消费者群体影响力的因素

任何社会群体都会对与之有关或所属的消费者心理产生一定的影响，影响程度的大小主要取决于以下几个方面。

1. 消费群体的特征

消费群体的特征包括该群体的权威性、合法性、强制力、规范与压力等众多方面。通常情况下，规模较大、正式的、长期的拥有社会广泛认可的合法力量或法律所赋予的权力的、有严格的群体规范与适当压力的群体，对其成员的影响较大；反之亦然。

2. 消费者个体特征

消费群体内部成员由于个人性格、生活经历和知识经验等方面的差异，导致其对群体规范的认识与遵从程度不同。一般来说，性格内向、生活阅历浅、受教育程度较低的消费者往往缺乏自信心，易受外来干扰，对群体的依赖性较强，容易受到群体的影响与制约。

3. 商品的特征

对于不同的商品，群体对消费者个体选择品牌与品种的影响也不同。这种不同的影响主要体现在两个方面：第一，产品的必需与非必需程度。产品的必需程度越高，群体对其影响越小。例如，每个家庭都会经常使用生活必需品，且已经形成了稳定的消费习惯，此时，群体对其影响较小；相反，对于非必需品，如住房、汽车、高档时装等商品的购买，群体对其影响较大。第二，产品与群体的关系，即他人对该种产品的认识程度，是公众的还是私人的。通常情况下，一个产品的公众性越强，产品或品牌的使用可见性越高，受群体影响就越大。

4. 信息沟通状况

信息沟通是决定消费群体影响力的重要因素。群体成员之间交际活动越频繁，信息沟通越顺畅，越有助于加强群体规范的形成，并对消费者个人行为及群体的共同行为产生积极影响。另外，适宜的信息沟通内容、方式、范围、速度也会大大加强对消费群体的影响力度。

单元2　不同消费群体的心理分析

一、家庭消费的心理特点

1. 家庭的内涵

1) 家庭的概念

家庭是指以婚姻、血缘和有继承关系的成员为基础组成的一种社会生活组织形式。它是社会结构的基本单位，也是消费的基本单位。一方面，家庭是社会这个综合系统的一个基本组织单位(简称社会细胞)，它为其成员参加社会经济活动提供了基本立足点；另一方面，家庭又是社会的基本经济收支单位(简称经济细胞)，这特别表现在家庭是消费品的基本消费单位，对市场以及市场的消费品而言，是基本的货币支出单位。世界上消费品市场的消费几乎都是以家庭为单位进行的购买活动。家庭的这种双重身份，称为家庭的二重性。

2) 家庭的功能

家庭具有多种功能，其中与消费心理行为密切相关的功能有经济功能、情感交流功能、赡养与抚养功能、教育功能等。经济功能是指为每一个家庭成员提供生活的条件和保障。情感交流功能是指家庭作为成员的思想与情感交流最充分的场所。赡养与抚养功能是指家庭抚养未成年家庭成员、赡养老人和丧失劳动能力的家庭成员。教育功能是指家庭成员接受价值观、学习社会行为模式的场所，这种功能对儿童尤为重要。

3) 家庭的类型

我国目前的家庭结构形式大致有四种：一是三代人或更多代人同堂的家庭，即年轻夫妇的子女和父母，或者包括祖父母合居的家庭，这类家庭被称为主干家庭，主干家庭是我国传统的家庭组成形式；二是核心家庭，是指由异性的两个成年人组成，生活在社会所准许的男女婚姻关系中并拥有自己子女的家庭，这类家庭在整个社会中代表着社会习俗等方面的普通要求和形式，或者说是一种典型的为现代社会所普遍接受的家庭类型；三是单身家庭，是指只有一个家庭成员所组成的家庭；四是联合家庭，是指由两个或两个以上的核心家庭联合、合并而组成的家庭，如父母去世，兄弟姐妹们分别结婚后合并在一起居住而形成的大家庭，这类家庭在我国不多见。家庭结构形式不同，其家庭的轴心即主持家务的人也不同。

2. 不同家庭生命周期的消费行为

家庭生命周期是根据家庭主人的婚姻状况、家庭成员的年龄、家庭规模等因素所构成的家庭发展阶段。在我国，家庭一般经过以下几个不同的发展阶段。

1) 单身期

单身主要是指已长大成人但尚未结婚者，在国外，这种家庭被称为单身家庭；在我国这种情况多不构成家庭。在这一时期，单身消费者的消费心理多为自我消费中心观。这部分人最大的特点是在交往中表现的大方、慷慨、阔绰，呈现出明显的炫耀心理。这部分消费者个性特征和个人爱好表现突出，舍得花大钱满足自己的爱好。由于这段时期的消费者大多没有经济负担，又有较多可支配的货币，所以他们的消费弹性大、稳定性差。因此，这部分消费者是市场经营者最好的争取对象。

2) 新婚期

新婚期即青年男女结婚自立门户，但没有要孩子的阶段。这种家庭多是处在独立生活时期，在经济上一般也很独立，无过重的家庭负担。这一时期的消费者多以二人世界为主，以规划自己的小家庭为目的，物质和精神消费都比较充分。随着社会的进步，在开放地区和文化层次较高的地区，这一时期有延长的趋势，而且出现了越来越多不打算要孩子，只有夫妻两人共同生活的所谓“丁克”族。

这一时期的消费心理多以夫妻为中心消费观，即以规划自己的小家庭为目的的消费心理。这时候消费较多且带有浪漫色彩，吃的比重较低，多进行家庭的装修及美化，服饰的购买等。精神消费是这一时期的主流，如外出旅游和用于文化、体育方面的消费等。

3) 生育期

生育期即夫妻生养子女的阶段。这一时期往往持续很长，具体可分为以下两个阶段。

第一个阶段是青年夫妻子女较小时期，这一时期的家庭较前一时期有明显的变化，子女出生至上学，家庭的经济负担开始加重。由于家庭生育观念的转变，子女的生活开支在家庭消费支出中的比例日趋增加。在这一时期，家庭消费多是以子女的一般生活费用、教育、保健费用为主，教育投资的比重逐年加大。夫妻对自身消费表现出务实的消费心理。培养子女望子成龙的强烈愿望使围绕孩子产生的消费较多，而家长的消费水平由于经济原因往往很难提高，有时甚至下降。

第二个阶段是子女长大尚未独立时期，指子女在中学或大学读书，以及刚参加工作的家庭。这一时期家庭的基本消费状况稍好于上一时期，但以子女消费为中心的观念已稍有淡化。其表现形式也不同于前一时期，主要以培养子女未来的自主生活能力为主，父母开始为子女的预期消费做更充分的准备，如婚嫁、出国深造等。这一时期家庭消费开始逐步由比较紧张转向宽松，家庭日常消费最突出的是求实心理，而预防性储蓄意识的增强是这一时期最明显的特点。

4) 离巢期

离巢期也称空巢期，即子女工作、成家独立，剩下两位老人的时期。这时，夫妻已退休或接近退休，家庭经济状况一般较好，其消费观念往往表现为两种类型：一类是继续以子女甚至下一代为消费的着眼点，但实际支出比例大为下降；另一类则基本上与子女无过多经济往来，较为重视自身的存在价值，消费也趋向以营养、保健、舒适为主，注重健康导向，对自我教育方面的消费也很感兴趣，更多地体现自我的消费情趣。随着人口老龄化的加剧，老年家庭将急剧增加，他们对社会服务的消费需求也将大为增加。

5) 鳏寡期

鳏寡期即两位老人先后谢世的时期。这一时期的家庭多以夫妻双方一方去世或生活自理能力极大下降为标志，进而转向依靠子女。由于自身生活能力不足，消费行为降低，甚至没有购买能力。这时的消费基本上以吃和保健为主，家用方面的消费极低。对于有较多退休养老金的老人，这时的嗜好心理往往趋于增强，同时也舍得花钱满足嗜好，如养花、鱼、鸟或读书、书法等。

相关链接

“银发族”消费观念的改变

老年人处于家庭生命周期的空巢期，子女已经成家立业，家庭负担明显减少，各项收入和积蓄基本上可用于自我消费。一般来说，社会保障、养老金和积蓄是老年人退休收入的三大来源。随着社会的进步与经济的发展，老年人收入明显增加。价值观念与生活方式也在不断更新，许多老年人不再像前辈那样，只管填饱肚子，而是更多地按照营养要求安排饮食；不再身着多年不改的呆板衣服，而是追求款式新颖的服装；不再被繁重的家务拖累，而是期望更多地参与社会活动，参加各种文化、娱乐、体育健身活动，或者外出旅游。老有所乐，老有所为，受到年轻人现代消费观念的熏陶，老年人的消费观念也在不断现代化。一些经济条件好的老年人对时尚产品和新潮消费品同样感兴趣，消费上也日见大方，尤其是在保健品、卫生用品、医疗服务、生活照料等延年益寿、增进健康的支出上，老年人更舍得花钱，被称为“银发族”。

6) 家庭决策角色

在家庭购买决策中，充当决策的家庭成员可能有以下几种类型。

(1) 丈夫决策型，即家庭主要商品的购买决策由丈夫决定。这在有较强中国传统的家庭中是常见的。这种家庭的特点是：旧的传统观念较强，文化水平相对较低，家庭的主要经济来源仍以丈夫为主。因此，男性的购买行为与心理在很大程度上代表了家庭的购买行为。同时，还有一类丈夫决策型家庭，即丈夫的生活能力大大高于妻子，有较强的理家购物能力，这也形成另一特色的丈夫决策型家庭。

(2) 妻子决策型，即家庭主要商品的购买决策由妻子决定。这种类型的家庭成因是较复杂的。一类是由于丈夫忙于工作和事业，家务消费从决策到具体购买都由妻子承担；另一类是家庭收入很高，消费支出的决策已不构成家庭生活的主要话题，生活内容是家庭成员关心的对象，而在这一类家庭中，消费支出的货币量已不是家庭成员关心的对象；再一类是妻子生活、购物、理家能力大大超过丈夫。前两类妻子决策型家庭在购买行为上是比较随意的，并且机动性较大；而后者的购买则是很精明的，往往是市场上的挑剔购买者。

(3) 共同决策型，即由家庭成员主要是夫妻双方共同协商决策。这种家庭的主要特点是：夫妻双方关系融洽，有过良好的教育基础，思想较为开放，适应时代潮流。这类家庭的购买决策往往较为慎重、全面，购买行为较理智。

(4) 夫妻自主决策型，即构成家庭的夫妻双方在经济上相对独立，各自都能自主地作出决策而对方也从不过多干预。这种类型的多数开放型家庭，一般在经济收入较宽裕、层次较高的家庭中常见。这类消费者在购买中，自主性和随意性都比较强。

相关链接

孩子在家庭生活中的影响力

随着消费水平不断提高，儿童可以参与做主的项目越来越多，同时也说明了儿童的消费地位在提高，在家庭生活中，有越来越多的儿童成为家庭的中心，父母的权威正在进一步弱化。一家监测机构在对全国 15 个城市青少年进行消费调查后发现，在与自己生活息息相关的吃、穿、用等方面，青少年对父母的影响最大，60.7%中学生表示，在父母为他们购置运动鞋和休闲服、牛仔衣时，他们有着非常大的影响或比较有影响，54.9%的中学生认为他们对父母购买食品有较大影响力。此外，在家庭购置计算机、电视机等花费相对较大的家用电器时，青少年对父母的购买决策也显现出较强的影响力。但在购买化妆品、家庭常用药品、洗衣机、电冰箱等方面，青少年的影响力相对较弱。

3. 家庭消费的特征

1) 阶段性

每一个家庭都有自身发生、发展、消亡的过程。这个过程被称为家庭的生命周期，即一个家庭从建立至解体、消亡的全部过程。在其家庭生命周期的不同阶段，消费者的购买心理与购买行为有着明显的差异。

2) 相对稳定性

我国大多数家庭的收入相对稳定，日常消费的支出及其他各项支出也相对均衡和稳定。同时，我国传统道德观念、法律规范的约束也能使大多数家庭维系住持久而稳定的婚姻关系，从而使家庭消费相对稳定。

3) 传承性

由于每一个家庭都可以归属于不同的群体和社会阶层，具有不同的价值观念，并受一定经济条件的制约，所以形成了不同的家庭消费特色、消费习惯和消费观念等。这些具有家庭特色的消费习惯和观念，对家庭成员的日常消费行为具有潜移默化的影响。如当子女脱离原有家庭并组建自己的家庭时，必然带有原有家庭消费特征的某些痕迹。

4. 不同社会阶层的消费特点

相关链接

我国家庭社会阶层分类

随着我国经济的发展，人们的收入差距不断增大，2003 年中国社会科学院研究人员参照国际标准，结合我国国情，对不同家庭社会阶层的经济及消费情况进行了调查，并对消费阶层进行了以下分类。

(1) 富豪型家庭(10%以下)。即由工商界杰出人士、明星、著名作家、著名画家组成。他们社会地位显赫，经济收入丰厚，生活中追求物质、精神生活的高品位，高档商品的购买与使用在其生活中已日常化、随意化。

(2) 富裕型阶层(10% 以上)。即由高级技术人员、管理人员或成功的个体经营户组成。这类家庭阶层的生活条件也相当充裕，他们追求商品消费的个性化，是高档住宅、汽车、名牌商品的主要消费者。

(3) 小康型家庭阶层(40%)。即由我国大部分城市家庭及较发达农村家庭组成。由于家庭生活不再拮据，消费领域日渐扩大，消费能力也大大加强，不仅满足于日常生活消费，而且也涉及休闲、文化娱乐等精神方面的消费。

(4) 温饱型家庭阶层(20%左右)。即由中小城市的工薪阶层家庭组成。家庭经济来源少，收入一般，往往消费谨慎，考虑长远。在维持生理性需要的同时，略有节余，实用的、经济实惠的商品是他们追求的主要目标。

(5) 贫困型家庭(20%)。由城市下岗人员、低收入者和边远贫困地区的农村家庭组成。这类家庭的收入几乎全部用于维持基本的生活费用，他们没有清醒的消费意识。低档、廉价的商品往往成为他们关注的对象。

社会阶层是指按照一定的社会标准，如收入、受教育程度、职业、社会地位及名望等，将社会成员划分成若干社会等级。不同社会阶层的人由于价值观、消费观、审美观和生活习惯等的不同，形成不同的消费需求和购买行为。不同阶层的消费特点如表 6-1 所示。

表 6-1　不同阶层的消费特点

阶　　层	特　　点
现实的温饱型	安定、传统的中国式家庭生活，消费中档品
积极的小康型	努力工作、追求高档消费品的小康型家庭
富裕层	首先购买的富裕人，人口数少，但购买力很强
保守的老百姓阶层	比质量更重视数量的一般家庭，主要是低收入的城市居民和贫民
知识分子	开放性的，重视文化消费的知识分子
专门人员和管理人员	重视金钱、生活节奏快、从事专门或管理职业的白领人，流行的倡导者
新一代	缺乏传统观念，关心股票、体育、广告等

社会阶层对消费行为的影响主要表现在几个方面。

1) 消费观念不同

社会阶层对人们的消费心理与行为具有较大的影响。同一阶层的消费者其消费心理具有相似性，如富有阶层的消费者求新求异心理突出，追求高档消费；富裕阶层的消费者追求消费个性化是其消费主题；温饱阶层的消费者存在一种立即获得满足感的消费心理，追求经济实惠、物美价廉的商品，支持子女教育、储蓄是其主要消费心理倾向；贫困阶层的消费者几乎要将全部收入用来维持基本生活，求廉求实是其主导性消费动机。不同阶层的成员由于其收入水平、教育程度、职业等方面存在明显的差异，其消费心理和行为存在较大差异。

2) 购物方式的不同

一般而言，人们会形成哪些商店适合哪些阶层消费者惠顾的看法，并倾向于到与自己社会地位相一致的商店购物。通常，较高阶层特别青睐那些购物环境优雅、品质和服务上乘的商店，而且乐于接受新的购物方式；中层消费者比较谨慎，对购物环境有较高要求，但也经常在折扣店购物；下层消费者由于受资金限制，对价格特别敏感，多到廉价的地摊、批发市场购物。

3) 获取信息的渠道不同

一般低阶层消费者习惯于口碑式人际传播，而高阶层消费者爱从专业性刊物上或其他大众传播媒介中获取信息。此外，在产品选择和使用上、休闲活动、认知方式、心理感受等方面也会存在差异。

二、少年儿童群体的消费心理特点

少年儿童消费者群体是由 0～14 岁的消费者组成的群体。这部分消费者在人口总数中占有较大比例。从世界范围看，年轻人口型国家中，0～14 岁的少年儿童占 30%～40%；老年人口型国家中，儿童占 30%左右。我国这一比例为 30%～40%，这一年龄阶段的消费者构成了一支庞大的消费大军，形成了具有特定心理的消费者群体。

这一部分消费者又可根据年龄特征分为儿童消费者群体(0～10 岁)和少年消费者群体(11～14 岁)。这里分别就这两个年龄阶段的消费者群体的心理特征进行探讨。

1. 儿童消费者群体的消费心理

从出生婴儿到 10 岁的儿童，受一系列外部环境因素的影响，他们的消费心理变化幅度最大。这种变化在不同的年龄阶段表现最为明显，即乳婴期(0～3 岁)、学前期(3～6 岁，又称幼儿期)、学初期(6～10 岁，又称童年期)。在这三个阶段中，儿童的心理出现三次较大的质的飞跃，即开始了人类的学习过程，逐渐有了认识能力、意识倾向、学习、兴趣、爱好、意志及情绪等心理品质，学会了在感知和思维的基础上解决简单的问题。这种心理特征在消费者活动中表现为以下几种情况。

1) 从纯生理性需要逐渐发展为带有社会性的需要

儿童在婴幼儿时期，消费需要主要表现为生理性的，且纯粹由他人帮助完成的特点。随着年龄的增长，儿童对外界环境刺激的反应日益敏感，消费需要从本能发展为有自我意识加入的社会性需要。例如，四五岁的儿童就学会了比较，表现出了有意识的支配行为，年龄越大，这种比较也就越深入。然而，这时的儿童仅仅是商品和服务的使用者，很少成为直接购买者。处于幼儿期、学前期的儿童，已经具有一定的购买意识，并对父母的购买决策发生影响。有的还可以单独购买某些简单商品，即购买行为由完全依赖型向半依赖型转化。

2) 从模仿型消费逐渐发展为带有个性特点的消费

儿童的模仿性非常强，尤其在学前期，对于其他同龄儿童的消费行为往往有强烈的模仿欲望。随着年龄的增长，这种模仿性消费逐渐被有个性特点的消费所代替，购买行为也开始有了一定的目标和意向，如自己的玩具用品一定要好于其他同龄儿童。

3) 消费情绪从不稳定发展到比较稳定

儿童的消费情绪极不稳定，易受他人感染也易变化，这种心理特性在学前期表现得尤为突出。随着年龄的增长，儿童接触社会环境的机会增多，有了集体生活的锻炼，意志得到增强，消费情绪逐渐趋于稳定。

总之，儿童的消费心理多处于感情支配阶段，购买行为以依赖型为主，但已有影响父母购买决策的倾向。

2. 少年消费者群体的消费心理

少年消费者群体是指10～14岁年龄阶段的消费者。少年期是儿童向青年过渡的时期。在这一时期，生理上呈现第二个发育高峰。与此同时，心理上也有较大变化，如有了自尊与被尊重的要求，逻辑思维能力增强。总之，少年期是依赖与独立、成熟与幼稚、自觉性和被动性交织在一起的时期。少年消费者群体的消费心理特征可以从以下几点表现出来。

1) 有成人感，独立性增强

有成人感，是少年消费者自我意识发展的显著心理特征。他们认为自己已长大成人，应该有成年人的权利与地位，要求受到尊重，学习、生活、交友都不希望父母过多干涉，而希望能按自己的意愿行事。在消费心理上，表现出不愿受父母束缚，要求自主独立地购买所喜欢的商品。他们的消费需求倾向和购买行为尽管还不成熟，有时会与父母发生矛盾，却在形成之中。

2) 购买的倾向性开始确立，购买行为趋向稳定

少年时期的消费者，知识不断丰富，对社会环境的认识不断加深，幻想相对减少，有意识的思维与行为增多，兴趣趋于稳定。随着购买活动次数的增加，他们的感知性经验越来越丰富，对商品的分析、判断、评价能力逐渐增强，购买行为趋于习惯化、稳定化，购买的倾向性也开始确立，购买动机与实际的吻合度有所提高。

3) 从受家庭的影响转向受社会的影响，受影响的范围逐渐扩大

儿童期的消费者主要受家庭的影响。少年消费者则由于参与集体学习、集体活动，与社会的接触机会增多、范围扩大，受社会环境影响比重逐渐上升。这种影响包括新环境、新事物、新知识、新产品等内容，其消费影响媒介主要是同学、朋友、明星、书籍、大众传媒等。与家庭相比，他们更乐于接受社会的影响。

3. 面向少年儿童消费者群体的市场营销心理策略

少年儿童消费者构成了一个庞大的消费市场。企业把握少年儿童的心理特征，是为了刺激其购买动机，满足他们的心理和物质需求，积极培养、激发和引导他们的消费欲望，从而大力开发这一具有极大潜力的消费市场。为此，针对少年儿童消费者群体可以采用以下几种策略。

1) 根据不同对象，采取不同的组合策略

乳婴期的儿童，一般由父母为其购买商品。企业对商品的设计要求、广告诉求和价格制定可以完全从父母的消费心理出发。商品质量要考虑父母对儿童给予保护、追求安全的心理，生活用品和服装要适应不同父母审美情趣的要求，玩具的价格要适当。学龄前期的儿童不同程度地参与了父母为其购买商品的活动，因此，企业既要考虑父母的要求，也要考虑儿童的兴趣。玩具用品的外观要符合儿童的心理特点、价格要符合父母的要求、用途要迎合父母提高儿童智力及各方面能力的需要。

2) 改善外观设计，增强商品的吸引力

少年儿童虽然已能进行简单的逻辑思维，但直观的、具体的形象思维仍起主导作用，

对商品优劣的判断较多地依赖商品的外观形象。因此，商品的外观形象对他们的购买行为具有重要的支配作用。为此，企业在儿童用品的造型、色彩等外观设计上，要考虑儿童的心理特点，力求生动活泼、色彩鲜明。如用动物头像做成笔帽，用儿童喜爱的卡通形象作为服装装饰图案等，以此增强商品的吸引力。

3) 树立品牌形象

少年儿童的记忆力很好，一些别具特色并为少年儿童喜爱的品牌、商标或商品造型，一旦被其认识，就很难忘记；相反，如果他们对某商品产生不良印象，甚至有厌恶情绪，则很难改变。因此，企业在给商品命名、设计商标图案和进行广告宣传时，要针对少年儿童的心理偏好，使他们能够对品牌产生深刻印象，并且还要不断努力在产品质量、服务态度上狠下工夫，使少年儿童能够长期保留对企业及商品的良好印象。

三、青年群体的消费心理特点

青年是指由少年向中年过渡时期的人群。处于这一时期的消费者，形成了青年消费者群体。不同的国家和地区由于自然条件、风俗习惯、经济发展水平不同，人的成熟早晚各异，青年的年龄范围也不一致。在我国，青年一般指年龄为 15～35 岁的消费者。

1. 青年消费者群体的特点

(1) 青年消费者群体人数众多，是超过少年儿童消费者群体的另一个庞大的消费者群体。

(2) 青年消费者群体具有较强的独立性和很大的购买潜力。进入这一时期的消费者，已具备独立购买商品的能力，具有较强的自主意识。尤其参加工作以后有了经济收入的青年消费者，由于没有过多的负担，独立性更强，购买力也较高，所以，青年消费者群体是消费潜力巨大的消费者群体。

(3) 青年消费者群体的购买行为具有扩散性，对其他各类消费者都会产生深刻影响。他们不仅具有独立的购买能力，而且其购买意愿也多为家庭所尊重。新婚夫妇的购买代表了最新的家庭消费趋势，对已婚家庭会形成消费冲击和诱惑。孩子出生后，他们又以独特的消费观念和消费方式影响下一代的消费行为。这种高辐射力是任何一个年龄阶段的消费者所不及的。因此，青年消费者群体应成为企业积极争取的对象。

相关链接

高校学生消费群体的特点

(1) 人数多，消费容量大。

(2) 拥有一定的即期购买力。

(3) 能够建立品牌的长期效应。

(4) 消费刺激点是价格、品牌、文化、潮流、购买便利性。

(5) 消费群体性：学生一起学习、工作、生活，年龄差不多，具有许多共同的消费特点。高校是人口密度非常高的地区，学生人数非常集中。

(6) 消费具有随大流的特点，大学生很容易接受新东西，但他们也容易随大流，别人怎么样，我也怎么样。

(7) 学生是消费者中的弱者。

(8) 大多数学生，特别是高年级学生不在校内消费，消费基金大量流向社会。

(9) 学生的消费呈稳健增长趋势。

2. 青年消费者群体的消费心理

在消费心理上青年消费者群体与其他消费者群体有许多不同之处。

1) 追求时尚，表现时代

青年人典型的心理特征之一就是思维敏捷、思想活跃，对未来充满希望，并具有冒险和创新精神。任何新事物、新知识，都会使他们感到新奇、渴望并大胆追求。这些心理特征反映在消费心理方面就是追求新颖与时尚，力图站在时代前列，领导消费新潮流。他们始终对现实世界中新兴事物抱有极大的兴趣，渴望更换品牌体验不同的感受。所以，青年消费者强烈的求新、求异思维决定了他们往往是新产品、新消费方式的追求者、尝试者和推广者。

2) 追求个性，表现自我

处于青春时期的消费者自我意识迅速增强。他们追求个性独立，希望确立自我价值，形成完美的个性形象，因而非常喜爱个性化的商品，并力求在消费活动中充分展示自我。

3) 追求实用，表现成熟

青年消费者的消费倾向从不稳定向稳定过渡，因而在追求时尚、表现个性的同时，也注重商品的实用性和科学性，要求商品经济实用，货真价实。由于青年人大多具有一定的文化水准，接触信息较多，所以在选择与购买过程中盲目性较少，购买动机及购买行为表现出一定的成熟性。

4) 注重情感，冲动性强

青年消费者处于少年到成年的过渡阶段，思想倾向、志趣爱好等还不完全稳定，行动易受感情支配。这些特征反映在消费活动中，表现为青年消费者易受客观环境的影响，情感变化剧烈，经常发生冲动性购买行为。同时，直观选择商品的习惯使他们往往忽略综合选择的必要，款式、颜色、形状、价格等因素都能单独成为青年消费者的购买理由，这也是冲动购买的一种表现。

3. 面向青年消费者群体的市场营销心理策略

企业要想争取到青年消费者市场，必须针对青年消费者群体的心理特征，制定相应的市场营销心理策略。

1) 满足青年消费者多层次的心理需要

产品的设计、开发要能满足青年消费者多层次的心理需要，以商品功能刺激他们产生购买动机。青年消费者进入社会后，除了生理、安全保障需要之外，还产生了社会交往、自尊、成就感等多方面的精神需要。企业开发的各类商品，既要具备实用价值，又要满足青年消费者不同的心理需要。个性化的产品会使青年消费者感到自己与众不同，比如，名牌皮包、时装会表现拥有者的成就感和社会地位感，特别受到青年消费者的青睐。

2) 开发时尚产品，引导消费潮流

青年消费者学习和接受新事物快，富于想象力和好奇心，因此在消费上追求时尚、新颖。每个时期、每个年代，时尚是不断变化的，企业要研究预测国际国内消费的变化趋势，适应青年消费者的心理，开发各类时尚产品，引导青年消费者消费。

3) 注重个性化产品的生产、营销

个性化的产品、与众不同的另类商品被青年消费者人称为“酷”而大受欢迎。企业在产品的设计、生产中，要改变传统思维方式，要面向青年消费者开发个性产品。尤其是服装、装饰品、书包、手袋、手机等外显商品的设计生产，要改变千篇一律的大众化设计，寻求特性，以树立消费者的个性形象。在市场销售过程中也应注重个性化，如在商场设立形象设计顾问，帮助顾客挑选化妆品、设计发型。在时装销售现场，帮助青年消费者进行个性化的着装设计，推荐购买穿着类商品和饰物。

4) 缩小差距，追求商品的共同点

青年消费者由于职业、收入水平不同，产生了不同的消费阶层。他们在商品的购买上，也有因收入不同带来的差别。但是，青年人好胜、不服输的天性又使这种差别的表现方式不十分明显。例如，城市中青年人结婚的居室布置也广为农村青年所模仿，房屋装修、家用电器一应俱全，但是其商品的品牌、质量还是有所不同。企业在开拓青年消费者市场时，要考虑到这些不同的特点，生产不同档次、不同价格水平、面向不同收入水平的同类产品。这些产品在外观形式上差别不太大，但在质量价格上应能形成多种选择，以满足不同收入水平青年消费者的需要。

5) 做好售后服务工作，使青年消费者成为推动市场开拓的力量

青年消费者购买商品后，往往会通过使用和其他人的评价，对购买行为进行评判，把他的购买预期与产品性能进行比较。如果发现性能与预期相符，就会基本满意，进而向他人推荐此产品。如果发现产品性能超过预期，就会非常满意，进而大力向他人展示、炫耀，以显示自己的鉴别能力；相反，如果发现产品达不到预期，就会感到失望和不满，会散布对此商品的否定评价，进而影响这种商品的市场销路。企业在售出商品后，要收集相应信息，了解顾客反映以改进产品。同时，要及时处理好顾客投诉，以积极的态度解决产品存在的问题，使青年消费者对企业的服务感到满意。

四、女性的消费心理与消费行为

据第六次人口普查统计，我国女性消费者有65 287万人，占总人口的48.73%，其中在消费活动中有较大影响的是中青年妇女，即20～50岁这一年龄段的女性，约占人口总数的21%。女性消费者不仅数量大，而且在购买活动中起着特殊重要的作用。女性不仅对自己所需的消费品进行购买决策，而且在家庭中她们承担了母亲、女儿、妻子、主妇等多种角色，因此，也是绝大多数儿童用品、老人用品、男性用品、家庭用品的购买者。

据网络调查显示：不管女性的社会地位如何，在家庭消费上，女性可谓绝对地当家做主。在家庭消费中，女性完全掌握支配权的占到了 51.6%，与家人协商做一半主的占到44.5%，二者合计达96.1%。同时，女性的审美观影响着社会消费潮流，年轻女性的心境和感性支配着流行，女性不仅自己爱美，还注意恋人、丈夫、儿女和居家的形象。可见，商品的流行大多是随女性的审美观的变化而变化的，因此研究女性消费，尤其是青年女性的

消费，可以洞悉社会消费心理的变化和趋势。

1. 女性消费者群体的消费心理

由于女性消费者在消费活动中处于特殊的角色地位，所以形成了独具特色的消费心理。

1) 情感性心理

女性消费者在个性心理的表现上具有较强的情感性特征，即感情丰富、细腻，心境变化剧烈，富于幻想和联想。这种特征反映在消费活动中，就是在某种情绪或情感的驱动下产生购买欲望从而进一步实行购买行为。这里导致情绪或情感萌生的原因是多方面的，如商品品牌的寓意、款式色彩产生的联想、商品形状带来的美感、环境气氛形成的温馨感觉等都可以使女性萌发购买欲望，甚至产生冲动性购买行为。在给丈夫或男朋友、子女、父母购买商品时，她们的这种心理特征表现得更加强烈。

2) 注重商品的实用性和细节设计

由于女性消费者在家庭中的地位及从事家务劳动的经验体会，使她们对商品的关注角度与男性有所不同。她们在购买生活日常用品时，更关注商品的实际效用，关心商品带来的具体利益。商品在细节之处的设计优势，往往更能博得女性消费者的欢心，如家庭洗涤剂精巧的喷头设计、家用微波炉使用的专用器皿，多用途的家庭刀具等。她们在购买商品时所表现出来的反复询问，了解使用方法，使人明显感觉到女性消费者的细心。

3) 注重商品的便利性和生活的创造性

现代社会，中青年妇女的就业率很高，她们既要工作，又要担负着家庭的大部分家务劳动，因此，她们对日常生活用品的方便性具有强烈的要求。每一种新的、能减轻家务劳动强度、节省家务劳动时间的便利性消费品，都能博得她们的青睐。例如，人性化设计的整体洗碗机、多用搅拌切片机、消毒柜、微波炉等以家庭为对象的厨房用品，成为现代女性的新选择。同时，女性消费者对于生活中新的、富于创造性的事物，也充满热情，如购置新款时装、布置新房间、烹调一道新菜等。

4) 有较强的自我意识和自尊心

女性消费者一般都有较强的自我意识和自尊心，对外界事物反应敏感。在日常消费活动中，她们往往以选择的眼光、购买的内容及购买的标准来评价自己和别人。当自己购物时，她们希望通过明智的、有效的消费活动来体现自我价值。当别人购物时，即使作为旁观者，也愿意发表意见，并且希望自己的意见被采纳。在购买活动中，营业员的表情、语调、介绍及评论等，都会影响女性消费者的自尊心，进而影响其购买行为，比如营业员所说的“您穿这件衣服衬得人特别年轻”这类的恭维话会鼓动起女性的购买欲望。

5) 购买商品挑剔

由于女性消费品品种繁多，弹性较大加之女性特有的细腻、认真，所以她们通常在选择商品时比较细致，注重产品在细微处的差别，通俗地讲就是更加“挑剔”，产品某些细微的优点或不足都会引起女性消费者的注意。另外，女性通常具有较强的表达能力、感染能力和传播能力，善于通过说服、劝告、传话等方式对周围其他消费者的购买决策发生影响。

6) 攀比炫耀心理

炫耀心理是以购物来显示自己某种超人之处的心理状态，是爱美心理和时髦心理的一种具体表现。当代女性，特别是家庭收入较高的中青年女性，喜欢在生活上与人攀比，总希望比自己的同事、亲友过得更舒适，显得更富有。她们在消费活动中除了要满足自己的基本生活消费需求或使自己更美、更时髦之外，还可能通过追求高档次、高质量、高价格的名牌产品或在外观上具有奇异、超凡脱俗、典雅、洒脱等与众不同的特点的产品或前卫的消费方式，来显示其地位上的优越、经济上的富有、情趣上的脱俗等。

2. 面向女性消费者群体的市场营销心理策略

女性消费者在购买活动中地位重要，影响决策力强，她们的消费心理具有情感性、挑剔性、求实性等特点。根据上述特点，面向女性消费者的市场营销心理策略主要有以下几种。

(1) 销售环境布置要典雅温馨、热烈明快，具有个性特色。女性消费者在购买家庭装饰品、穿着类商品、首饰、化妆品时，追求浪漫的心理感觉。因此，销售这类商品的环境布置要符合女性消费者心理，要创造条件营造一个相对安静、舒适的场所，使女性消费者能休闲地观赏、浏览商品，使环境能给她们带来感情联想，从而产生购买动机。如在销售现场提供良好的服务，有更多的人情味效果会更好。

(2) 女性商品设计要注重细节，色彩、款式、形状要体现流行、时尚，并且使用方便。如一些厨房刀具、小型电器、家庭日常卫生用品，多为女性经常使用。这类商品的生产设计要为使用者着想，应简单、方便、实用。一些方便食品、半成品，要能为女性消费者节省时间、减轻劳动强度；品种样式要丰富，使女性消费者可以有更多选择，以避免产生生活单调的心理，使女性消费者不愿意接受。

(3) 对女性消费者个人消费和经常购买的商品要进行广告宣传。广告要针对女性心理特点，注重传递商品的实用性、具体利益等信息，传递有关商品的质量、档次、时尚的信息、传递商品的品牌、性能、价格等方面的信息。要靠特色打动女性消费者，开拓市场。

(4) 现场促销推广活动要关注女性消费者的情绪变化。营业员用语要规范，有礼貌，讲究语言表达的艺术性，尊重女性消费者的自尊心，赞美女性消费者的选择，以博得消费者的心理满足感。切忌对消费者已购商品的选择、评价下简单或生硬的断语，更不能抢白、顶撞。现场促销面向女性消费者的折扣商品，要注意说明理由，允许消费者挑选。实践表明，喧闹的促销现场有时反而会使女性消费者“敬而远之”，收不到预期的效果。

五、中年消费群体的消费心理

中年消费者群体指 35～55 岁的消费者组成的群体。中年消费者购买力强，购买活动多，购买的商品既有家庭日用品，也有个人、子女、父母的穿着类商品，还有大件耐用消费品。争取这部分顾客，对于企业巩固市场、扩大销售具有重要意义。

1. 中年消费者群体的消费心理

中年消费者群体的消费心理大多表现为以下几个方面。

1) 经验丰富，理智性强

中年消费者生活阅历广，购买经验丰富，情绪反应一般比较平稳，能理智地支配自己的行动，感情用事的现象较少见。他们注重产品的实际效用、价格与外观的统一，从购买欲望形成到实施购买往往要经过分析、比较和判断的过程，随意性很小。在购买过程中，即使遇到推销人员不负责任的介绍与夸大其词的劝诱，以及其他外界因素的影响，一般也不会感情用事，而是冷静理智地进行分析、比较、判断与挑选，使自己的购买行为尽量正确、合理。

2) 量入为出，计划性强

中年处于青年向老年的过渡阶段，而中年消费者大多肩负着赡老抚幼的重任，是家庭经济的主要承担者。在消费上，他们一般奉行量入为出的原则，养成了勤俭持家、精打细算的习惯，消费支出计划性强，很少出现计划外开支和即兴消费的现象。他们在购物时往往格外注重产品的价格和实用性，并对与此有关的各项因素，如产品的品种、品牌、质量、用途等进行全面衡量后再选择。一般来说，物美价廉的产品往往更能激发中年消费者的购买欲望。

3) 注重身份，稳定性强

中年消费者正处于人生的成熟阶段，大多数生活稳定。他们不再像青年时那样赶时髦、超前消费，而是注意建立和维护与自己所扮演的社会角色相适应的消费标准与消费内容，如中年消费者更注重个人气质和内涵的体现。

2. 面向中年消费者群体的市场营销心理策略

根据中年消费者群体的心理特征，企业可采取以下市场营销心理策略。

1) 注重培育中年消费者成为忠诚顾客

中年消费者在购买家庭日常生活用品时，往往是习惯性购买，习惯去固定的场所购买经常使用的品牌商品。生产者、经营者要满足中年消费者的这种心理需要，使其消费习惯形成并保持下来。不要轻易改变本企业长期形成历史悠久的商品品牌包装，以免失去顾客。商品的质量标准和性能价格比，要照顾到中年消费者的购买习惯，也不要轻易变动。

2) 在商品的设计上要突出实用性、便利性

在商品销售现场，要为顾客着想，提供良好的服务。中年消费者消费心理稳定，追求商品的实用性、便利性，华而不实的包装，热烈、刺激的造型，强烈对比、色彩动感的画面往往不被中年消费者喜爱。在销售那些中年人参与购买的商品时，应根据中年人的消费习惯，提供各种富有人情味的服务，如提供饮水、休息、物品保管、代为照看小孩等，这样会收到良好的促销效果，使中年消费者成为下次光顾、经常光顾的忠诚顾客。

3) 切实解决购物后发生的商品退换、服务等方面的问题

中年消费者购物后发现问题，多直接找经营者解决，而且态度坚定、理由充分。经营者应切实给他们解决问题，冷静面对，切忌对他们提出的问题推诿、扯皮、不负责任，避免失去忠诚顾客。

4) 促销广告活动要理性化

面向中年消费者开展商品广告宣传或现场促销活动要理性化。中年消费者购物多为理性购买，不会轻易受外界环境因素影响和刺激。因此，在广告促销活动中，要靠商品的功能、效用打动消费者，要靠实在的使用效果、使用人的现身说法来证明。在现场促销时，营业员面对中年顾客要以冷静、客观的态度及丰富的商品知识说服顾客来推荐商品并给顾客留下思考的空间和时间，切忌推销情绪化，过分热情反而招致中年消费者反感。

总之，面向中年消费者开展市场营销，要充分认识中年消费者的心理特征，采取适宜

的策略。当然，这里介绍中年消费者的心理特征，是就多数人行为特点而总结归纳的，并不排除特殊情况。如现代社会中，一些 40 岁左右的消费者更有一种接近青年人的心理特征。因此，在制定市场营销策略时不能绝对化。

六、老年消费群体的消费心理

老年消费者群体一般是指退休后离开工作岗位的，男 60 岁以上、女 55 岁以上的消费者组成的群体，在我国这部分人占人口总数的 10%以上，并且仍有增长的趋势。按有关机构分类，我国已步入老龄化人口国家。由于老年人在吃、穿、用、住、行方面都有特殊要求，因此，这个群体要求有自己独特的产品和服务。对老年消费者消费需求的满足，从一个侧面反映了一个国家的经济发展水平和社会性稳定程度。因此，研究老年消费者群体的消费心理特征，满足老年消费者的消费需求是非常必要的。老年消费者由于生理演变的结果，他们的消费心理与其他消费者群有许多不同之处。

1. 老年消费者群体的消费心理

1) 消费习惯稳定

老年消费者在几十年的生活实践中，不仅形成了自身的生活习惯，而且形成了一定的购买习惯。这类习惯一旦形成就较难改变，并且会在很大程度上影响老年消费者的购买行为，所以这会使老年型商品市场变得相对稳定。因此，为争取更多的老年消费者，企业要注意“老字号”及传统商标品牌的宣传，经常更换商标、店名的做法是不明智的。由于年龄和心理的因素，与年轻人相比，老年人的消费观较为成熟，消费行为理智，冲动型热情消费和目的不明的盲目消费相对要少。对消费新潮的反应会显得较为迟钝，他们不赶时髦，讲究实惠。

2) 商品追求实用

老年消费者把商品的实用性作为购买商品的第一目的性，他们强调质量可靠、方便实用、经济合理、舒适安全，至于商品的品牌、款式、颜色、包装装潢都是放在第二位考虑的。我国现阶段的老年消费者经历过较长一段时间的并不富裕的生活，他们生活一般都很节俭，价格便宜对于他们选择商品有一定的吸引力。但是随着人们生活水平的改善，收入水平的提高，老年消费者在购买商品时也不是一味地追求低价格，品质和实用性才是他们考虑的主要因素。

3) 消费追求便利

老年消费者由于生理机能逐步退化，对商品消费的需求着重于其易学易用、方便操作，以减少体力和脑力的负担，同时有益于健康。老年消费者对消费便利性的追求还体现在对商品质量和服务的追求上，老年消费者对商品质量和服务质量的要求高于一般消费者，这是老年消费者的质量特征。质量高、售后服务好的商品能够使老年消费者用得放心、用得舒服，不必为其保养和维修消耗太多的精力。

4) 需求结构发生变化

随着生理机能的衰退，老年消费者对保健食品和用品的需求量大大增加。只要某种食品或保健用品对健康有利，价格一般不会成为老年消费者的购买障碍。同时，由于需求结构的变化，老年消费者在穿着及其他奢侈品方面的支出大大减少，而对满足其兴趣、嗜好的商品购买支出明显增加。如穿着类商品需求下降的原因是，老年人不再追求时尚流行，活动、运动少，一件衣服可以穿许多年，所以添置的少；而用的商品从生活日用品占较大比重开始转向对旅游、休闲、娱乐、健身用品的需求比例上升；文化和休闲用品已成为一个热点。全面提升人们的生活标准和精神需要是老年人生活的重点，尤其是“空巢老人”，他们更渴望精神消费和服务消费，以满足他们的精神和文化的需求。

5) 部分老年消费者抱有补偿性消费心理

在子女长大成人独立、经济负担减轻之后，部分老年消费者产生了强烈的补偿心理，试图补偿过去因条件限制而未能实现的消费愿望。他们不仅在美容美发、穿着打扮、营养食品、健身娱乐、旅游观光等方面和青年消费者一样有着强烈的消费兴趣，而且还乐于进行大宗支出。

6) 注重健康，增加储蓄

对于一些身体状况较差的老年人来说，健康无疑是他们最关心的问题。这些人一般更加注重保养身体，较多购买医疗保健品。此外，老年人退休之后，他们的收入都有所下降，特别是大多数农村的老年人，一旦不再劳作，就几乎没有收入来源，而得依靠自己以往的储蓄来生活，或是由子女抚养。因此，随着年龄的增加，为了保证以后有足够的医疗支出，他们会更加节省开支以增加储蓄，为以后治疗疾病做更多的准备。

2. 面向老年消费者群体的市场营销心理策略

针对以上老年消费者的消费心理特点，企业不但要提供老年消费者所希望的方便、舒适、有益于健康的消费品，而且还要提供良好的服务。同时，要考虑老年消费者娱乐休闲方面的要求，提供适合老年人特点的健身娱乐用品和休闲方式。此外，老年消费者用品的购买者既可能是老人自己，也可能是子女、孙子女等，因此，针对老年消费者可采取以下市场营销心理策略。

(1) 生产商要针对老年消费者注重实用性、方便性、安全性及舒适性的消费心理，开发、生产出适合老年消费者需要的各类商品。目前我国市场上真正适合老年人的商品品种仍显单调，大有潜力可挖。如可专为老年消费者生产各种食品、保健品，并直接面向他们销售，挖掘传统产品并赋予时代特色，则更能适合老年消费者的心理。

精明的日本企业家就瞧准了“银色市场”的有利可图，在老年产品开发上大做文章，并将其引入高科技领域：针对老年消费者患高血压者众多，而普通血压计又使用不便，他们就推出了体积小、易携带的“手指式自动血压计”；针对老年消费者血脉不通，冬天特别怕冷的生理特征，他们又推出了防冻背心和设计别致的暖脚器。他们生产的老年产品，由于充分考虑到了老年消费者的特殊需要，为他们解决了具体困难，因而备受欢迎，走俏市场。

(2) 帮助老年消费者增强消费信心。老年消费者由于体力和智力都处于明显的衰退状态，所以他们的心理可能会变得脆弱、敏感、失落，在购买心理和行为上常常表现出反复权衡、仔细挑选、犹豫不决。针对这种情况，应采取一些策略，帮助老年消费者恢复自信，增强消费信心。例如，选派商品知识丰富、富有亲和力、态度热情的售货员为老年消费者服务，制定商品无理由退换制度、售前咨询、售后服务制度，送货上门、服务到家制度，以及免费试用、先尝后买、操作演示等都是提高老年消费者购买欲望的有效措施。

(3) 广告促销活动不但针对老年消费者，还可以针对老年消费者的子女开展。例如，有些商品，像老年人健身用品、营养品等，不但可以面向老年人设计广告，而且可以面向青年人，提倡尊老敬老的社会风尚，激发青年人孝敬老人的心理，从而产生购买行为。又如，专门服务于老年人的旅游团，很多情况下是子女为父母付款，有些营养保健品也是子女购买送去孝敬老人。因此，老年人用品的广告面向青年人，也常能取得较好的销售效果。

总之，企业在策划老年消费市场的营销策略时，要考虑老年消费者的购买特点，根据老年消费者心理制定各项营销策略，满足老年消费者群体的需求。

与相关课程的联系

不同消费群体的消费心理有很大的差异，产品的设计、包装、品牌的策划要适合目标市场的需要。因此，可根据不同群体划分出相应的目标市场。

单元3　相关群体对消费心理的影响分析

相关链接

韩国整容一条街无公休日全力接待中国顾客

2014年国庆黄金周期间，选择出境游的中国游客在境外消费增长最多的是哪些国家?大家在境外消费的项目又有哪些变化?

这个黄金周中国之声联合了中国银联通过大数据的分析来解密这些问题，截至10月6日银联卡跨行交易系统统计出来出境游情况，黄金周境外消费交易量增长最快的国家是韩国，大家更喜欢去韩国购物。

韩国的各大商家全力以赴来迎接这一波内地客的到来，其中大部分的百货公司超市都挂出了中文巨幅欢迎标语，而且酒店业不仅增加会说中文的职员，而韩国的旅游发展局还推出了一个新的项目叫做“家常菜体验”，让到访韩国的中国客人，可以到真正的韩国人家里面去买菜做饭体验当地的生活。

韩国首尔江南区的狎鸥亭是传说中的韩国整容一条街，10月3日还是韩国传统节日开天节为国家公休日，但这条大街并没有因此冷静许多，许多整形医院都在开门营业，这几天来做整容的中国人很多。

有着二百余家的整容中心规模的狎鸥亭洞整容一条街，形成于1997年韩国经济危机开始的时候。狎鸥亭洞能形成整容一条街的原因主要是经济性和交通位置的便利。即在生活水平到达一定的高度，经济比较宽裕的时候人们才可能有美容消费的欲望，而狎鸥亭洞所在的江南区是韩国的富人区，在经济上是最适合开整容中心的。另外，江南交通条件便利，无论是从汉江以北的地区，还是从地方来首尔的高速，到达江南都很方便，因此上述条件客观上为整容中心在江南的聚集创造了客观条件。另外，目前狎鸥亭洞的整容中心已趋于饱和，因此，最近新开的店开始选择在江南站附近落户。

一、消费者群体规范与消费行为

群体规范是在群体成员互动过程中形成的。它通过群体成员日常生活中对某些行为的强化和对某些行为的负强化而逐渐形成的。群体规范的形成有一定心理机制。人们在共同的生活中，对于外界事物的经验具有一种将其格式化、规范化的自然倾向，这种规范化的经验被称为定型，它有助于人们在重新遇到此类事物时作出尽快的反应。群体规范就其形成过程来说也属于定型。

另外，群体规范的形成还受模仿、暗示、从众、服从等因素的影响，是群体成员为着目标的实现而发生相互作用的结果。群体规范一旦形成，它就会影响成员的行为。群体规范具有一种无形的压力，约束着人们的行为表现，而这种约束力往往没有被人们所意识到。因而群体规范一旦形成，就会成为群体成员的行为准则，自觉地或被迫地来遵守它。为了成为某一个群体的一员，人们往往尽力做到符合其所在群体的规范，因为不符合群体规范的代价也许是受到群体成员的排斥，甚至被嘲笑。从某种程度上说，群体规范是控制人们行为的有效办法。

相关链接

群体规范压力实验

美国心理学家谢里夫的实验说明了群体规范的形成过程，实验是在暗室里进行的。一个被试者坐在暗室里，面前的一段距离内出现一个光点，光点闪现几分钟后消失，然后让被试者判断光点移动的距离。实际上，光点并未移动，但在暗室中看光点，每个人都会觉得光点在移动，这是一种视错觉现象。这样的实验进行几次，每个被试者都建立了个人的反应模式。有的人觉得光点向右上方移动，有的人觉得向左下方移动，有的人觉得向上方移动等，每个人的反应模式各不相同，随后让被试者一起在暗室内看出现的光点，大家可以相互讨论，说出自己的判断。实验反复进行，一段时间过后，大家对光点移动方向的判断逐渐趋于一致，这就是说，群体的规范代替了个人的反应模式。

实验继续进行着，出现了一个有趣的现象。当把这些被试者重新分开单独作判断时，每个人并没有恢复它原先建立的个人反应模式，也没有形成新的反应模式，而是一致保持群体形成的规范。这表明群体的规范会形成一种无形的压力，约束着人们的行为，甚至这种约束并没有被人们意识到。

(资料来源：荣晓华．消费者行为学[M]．大连：东北财经大学出版社，2006.)

1. 群体规范的种类

(1) 正式规范。正式规范就是明文规定的规范，一般存在于正式群体之中。这类规范往往是通过群体成员讨论，以文字形式保存下来，并辅之一系列配套制度来维护，如奖励制度及其实施办法等。

(2) 习惯性规范。习惯性规范就是自发形成或约定俗成的规范，主要存在于非正式群体之中，也存在于正式群体之中。在一定情况下，习惯性规范比正式规范对人的约束和压力更大。如经常可以听到大家议论某人说话比较放肆，某人过分表现自己等，一般都是这种规范在起作用。因此，了解群体规范既要注意看得见、摸得着的正式规范，还要特别注意多种多样的习惯性规范的影响。

(3) 反社会规范。反社会规范是指不被社会所承认的规范，所以具有很大的危害性和反动性。比如流氓团伙、危害社会的集团等群体的特定规范都属于这一类规范。

2. 群体规范的功能

(1) 群体规范有利于增进凝聚力，促进群体生存。群体规范通过保护群体的特性，拒绝其成员的越轨行为，强化那些能够增加成功机会的规范，把群体成员的意见和行为统一起来，实现共同的目标，从而尽量减少其他群体和个人的干扰，防止“一盘散沙”，增强群体的整体性，对群体起到维护作用。

(2) 群体规范有利于增加群体成员行为的可预测性。群体规范通过建立共同准则和行为基础来促进群体的平稳运行，降低人们预期行为中的不确定性，从而使群体和群体成员能够相互预测彼此的行为，简化群体的工作方式，并作出适当的反应，从而提高群体的效率。

(3) 群体规范有利于减少摩擦，改善人际关系。群体规范通过界定成员间的适当行为，有利于减少和避免尴尬或难堪的人际关系，从而尽可能减少人际摩擦，防止对抗，使群体成员在一种相对“安全”的心理环境中进行工作。因此，没有群体就没有群体规范，没有群体规范也就没有群体。

(4) 群体规范成为认知的标准化。群体规范就像一把尺子，摆在每个群体成员面前，约束着他们，使他们的认知、评价有一个统一的标准，从而形成了共同的看法和意见。群体规范不仅约束着成员的认知和评价，而且还约束着他们的行为，使他们表现出一定的群体行为特点。群体规范对行为的定向作用，主要是为成员划定了活动的范围，制定了日常的行为方式，也就是告诉人们应该做什么，不应该做什么，怎样去做等方面的要求。

群体规范也有消极的一面，群体规范会使群体成员产生惰性。规范是一种多数人的意见，并且要求所有成员都无原则地遵守，从而把成员的行为限制在一个中等水平，既不能积极，也不能落后。在规范的限制下，人们往往把一些创造性行为看做是越轨的，不符合社会要求的行为，这些行为者往往会受到打击和排斥，因而不利于群体成员积极性和创造性的发挥。

3. 消费者群体规范因素对消费行为的影响

消费者群体规范因素对消费行为的影响有以下 3 个方面。

(1) 消费者群体规范为消费者提供可供选择的消费行为或生活方式的模式。社会生活是丰富多彩、变化多样的。处于不同群体中的人们，行为活动会有很大差别。例如，营业员在为顾客服务时，要求仪表整洁、服装得体、举止文雅，但不要打扮得过于时髦；而电影明星在表演时要适应剧中角色的要求，更换各种流行服装和发式。这些不同的消费行为通过各种形式传播给消费者，为其提供模仿的榜样。特别是对于缺乏消费经验与购买能力的人，他们经常不能确定哪种商品对他们更合适。在这种情况下，消费者对消费者群体的依赖性，超过了对商业环境的依赖性。

(2) 消费者群体引起消费者的仿效欲望，从而影响他们对商品购买与消费的态度。模仿是一种最普遍的社会心理现象，但模仿要有对象，即我们通常所说的偶像。模仿的偶像越具有代表性、权威性，就越能激起人们的仿效欲望，模仿的行为也就具有普遍性。而在消费者的购买活动中，消费者对商品的评价往往是相对的，当没有具体的模仿模式时，不能充分肯定自己对商品的态度。但某些消费者群体为其提供具体的模式时，而消费者又非常欣赏时，那么会激起其强烈的仿效愿望，从而形成对商品的肯定态度。

(3) 消费者群体促使行为趋于某种“一致化”。消费者对商品的认识、评价往往会受到消费者群体中其他人的影响。这是因为相关群体会形成一种团体压力，使团体内的个人自觉不自觉地符合团体规范。例如，当消费者在选购某种商品，但又不能确定自己选购这种商品是否合适时，如果群体内其他成员对此持肯定的态度，就会促使他坚定自己的购买行为；反之，如果群体内其他成员对此持否定的态度，就会促使他改变自己的购买行为。

二、相关群体

1. 相关群体的概念

相关群体也称为参考群体或参照群体，指消费者在认知、情感的形成过程和消费行为的实施过程中，用来作为参照标准的群体。相关群体能对消费者心理与行为产生持续性影响，并对其消费决策产生重要作用。相对于一般的消费者群体，它与个体消费者的关系更为密切，对消费活动的影响更大，主要包括家庭、朋友、购物群体、工作群体、成员群体等相关团体。

2. 相关群体的类型

相关群体主要分以下 3 类。

(1) 主要团体，包括家庭成员、亲朋好友和同窗同事。主要团体对消费者的购买行为发生直接和主要的影响。

(2) 次要团体，即消费者所参加的工会、职业协会等社会团体和业余组织。这些团体对消费者购买行为发生间接的影响。

(3) 期望群体。消费者虽不属于这一群体，但这一群体成员的态度，行为对消费者有着很大影响，比如歌星和球星等。

与相关课程的联系

推销学中寻找顾客的“中心开花法”，就是要找到意见领袖，歌星、球星等名人。

3. 相关群体对消费行为的影响

相关群体对消费者的行为影响表现在以下几个方面。

(1) 信息性影响。相关群体的价值观和行为被个人作为有用的信息加以参考。

(2) 功利性影响。相关群体的价值观和行为对消费者发生作用后可以帮助其获得奖赏或避免惩罚。

(3) 价值表现的影响。相关群体的价值观和行为方式被个人所内化，无须任何外在的奖罚就会依据群体的价值观或规范行事。

三、相关群体在市场营销中的作用

相关群体消费者对企业生产经营和消费活动都有重要的影响。

(1) 相关群体消费者能够为企业提供明确的目标市场。通过对不同消费者群体的划分，企业可以准确地细分市场，从而减少经营的盲目性和降低经营风险。企业一旦确认了目标市场，就可以根据其消费心理，制定正确的营销策略，提高企业的经济效益。

(2) 相关群体消费者的形成对消费活动，有调节、控制消费的意义，可以使消费活动向健康的方向发展。任何消费，当消费活动以群体的规模进行时，不但对个体消费产生影响，而且还有利于推动社会消费的进步。因为消费由个人活动变为群体行为的同时，将使消费活动的社会化程度大大提高，而消费的社会化又将推动社会整体消费水平的提高。

(3) 相关群体消费者的形成，还为有关部门借助群体对个体的影响力，对消费者加以合理引导和控制，使其向健康的方向发展提供了条件和可能。

模块小结

生活在一定社会环境中的消费者，其购买行为不可避免地要受其所处的社会环境和各种群体关系的制约和影响。准确区分不同的消费者群体，可以让企业细分各个市场，从而减少经营的盲目性和降低经营风险。企业一旦确认了目标市场，就可以根据其消费心理，制定正确的营销策略，提高企业的经济效益。

群体消费者的形成对消费活动，有调节、控制消费的意义，可以使消费活动向健康的方向发展，也有利于推动社会消费的进步。消费的社会化又将推动社会整体消费水平的提高。

主要名词

消费者群体　家庭消费　少年儿童　青年　女性　中年　老年　群体规范　相关群体

自 测 试 题

一、不定项选择题(20 分，每题 2 分)

1. 以下属于群体的是(　　)。
   A. 团支部　　B. 路上来往的行人
   C. 公园里的游人　　D. “肾友会”等病友组织
2. 按照各种群体的概念，消费者群体属于(　　)。
   A. 实际群体　　B. 假设群体　　C. 正式群体　　D. 非正式群体
3. 群体成员在群体中能感受到的心理影响有(　　)。
   A. 群体凝聚力　　B. 群体归属感　　C. 群体认同感　　D. 群体心理压力
4. 由尚未入学的孩子和青年夫妇组成的家庭时期属于家庭生命周期中的(　　)阶段。
   A. 家庭新建时期　　B. 家庭发展中期
   C. 家庭发展后期　　D. 家庭空巢时期
   E. 家庭衰亡期
5. 子女与父母分开居住，家中剩下中老年的夫妻二人的家庭时期属于(　　)阶段。
   A. 家庭新建时期　　B. 家庭发展中期
   C. 家庭发展后期　　D. 家庭空巢时期
   E. 家庭衰亡期
6. 下列不属于我国现阶段社会阶层的划分依据的是(　　)。
   A. 职业　　B. 年龄　　C. 经济收入

D．受教育程度　E．政治地位

7．针对少年儿童群体，可以采用(　　)药品营销策略。

A．重视知识营销，提供专业化服务　B．药品应体现文化内涵

C．广告有艺术性和渲染力　D．采用小动物、卡通人物等包装图案

E．选择中年影星做形象代言人

8．老年群体的消费心理特征包括(　　)。

A．注重商品的科技成分　B．对保健品的需求加大

C．品牌忠诚度高　D．追求方便舒适

E．群体性突出

9．女性群体的消费心理特征包括(　　)。

A．注重商品外观

B．购买行为带有情感性和冲动性

C．讲求商品的精神价值而不是实际效用

D．希望别人对自己的购买行为作出好的评价

E．讲求实际效用和具体利益

10．在现实生活中，人们的社会交往较多发生在同一阶层内，比如不同学历的人之间的联系远低于同学历者之间的联系，体现出社会阶层的(　　)特点。

A．等级分布　B．多维性　C．对成员行为的约束性

D．同质性　E．动态性

二、判断题(10分，每题1分)

1．家庭对个人的消费心理和消费行为有着决定性影响。(　　)

2．针对家庭新建时期药品购买的特点，可以通过大量的广告宣传促进销售。(　　)

3．家庭购买的倡导者、影响者、决策者和执行者可能是同一个人，也可能是不同的人。(　　)

4．中年群体往往是新产品的试用者和推广者。(　　)

5．男性是绝大多数儿童用品、老人用品、男性用品、家庭用品的主要购买者。(　　)

6．电视媒体对越高层的消费者影响越大，印刷媒体相反。(　　)

7．在我国13亿多消费人群中，以产业工人阶层和农业劳动阶层为主的体力劳动阶层占大多数。(　　)

8．针对体力劳动阶层，营销策略应在价格上走中低档路线，薄利多销。(　　)

9．针对女性消费者，在产品广告和宣传中要给予更多的人文关怀，利用好情感因素打动她们。(　　)

10．文职阶层的药品消费者越来越倾向于价格低、疗效一般、毒副作用小的药品。(　　)

三、简答题(50分，每题10分)

1．消费者群体的概念和分类是怎么样的？

2．影响相关群体消费的因素是什么？

3．简述针对少年儿童家具的营销策略。

4．简述针对老年群体的旅游营销策略。

5．简述针对老年群体的药品营销策略。

四、论述题(20 分，每题 10 分)

1．试论述女性消费者的消费行为。

2．试论述群体规范对消费行为的影响。

案例分析

一个新型的消费群体——大学生

又值新的学年，大学生陆续到校，伴随着开学新一轮的消费又将开始。大学生，作为一个特殊的消费群体，在当前的经济生活，尤其是在引领消费时尚、改善消费构成方面起着不可替代的作用。同时，他们的消费现状、消费特点在一定程度上折射出当前大学生的生活状态和价值取向。

1. 大学生的经济来源

大学生的经济来源主要包括家庭供给、亲友资助、勤工俭学、贷款、特困补助和奖学金。据有关方面调查统计：家庭供给约占其经济来源的 82.3%。大学生传统必需型消费呈下降趋势。其饮食和穿戴费用已从以前由原来占学生消费额的 80%降至总支出的 57%左右，并且仍处于下降态势。大学生除去学费、住宿费和交通费等必要开支外平均每月花费为 300～500 元，最高为 2 000 元。

2. 大学生消费不够理性

大学生消费个性化和多元化是当代青年文化的重要特点。大学生的个性化更多体现了一种时代性和随意性。他们不再满足宿舍和教室两点一线的生活，尽管书籍仍是他们重要的消费对象，但已不是首选，更不是唯一的消费项目。大学生的消费的另一个特点是呈现明显的多元化趋势，主要包括以下几种方式：基本生活费(衣 、食、住、行)、学习消费(学费、书籍杂费、考证费、计算机等)、休闲娱乐消费(休闲、健身、旅游、娱乐等)以及人际交往消费(人情往来、恋爱)四大方面。

已上大三的小费说，他每学期用在人情交往上的费用还是比较可观的，同寝室的同学不定期下馆子，外地同学来玩，同学过生日送礼，这方面的费用每学期要近千元。他说，不少大学生和他一样。大四的小王说：“我是来自农村的学生，因为经济状况不好，大一时看到很多同学有手机很羡慕，自己买不起。后来通过做家教、假期打工挣了些钱，也买了部手机。你看，除了个别新生，大二以上的学生，几乎都有手机了。”

有份调查表明，旅游消费：46.5%大学生在节假日曾和同学或朋友外出旅游。有 12.3%的同学在假期和家人一起旅游过。旅游被大学生视为一种有意义的消费行为，他们一年的旅游费用最高达数千元，最低在 100 元左右。

计算机消费，1995 年计算机开始步入大学生宿舍，现在已经成为大学生不可或缺的一部分。大学生们都试图通过掌握最先进的技术来提高自己，使自己在未来的信息社会中立于不败之地。目前，计算机在大学生中的普及率已达 21.1%，部分宿舍高达 100%，而购买计算机的经济来源 71.2%的同学是家里提供，15%的学生是自己节省的生活费，9% 的同学是勤工助学，3.8%的同学是来源于奖学金。

3. 大学生不理性消费

大学生的消费也有很多不理性的现象，主要表现以下几个方面。

现象一：“别人有的我也一定要有”。这是部分大学生的心态。美院的大三学生小丽，穿着 NIKE 刚上市的新款波鞋，挎一个价值不菲的名牌包站在校门口，摆弄一只高端拍照手机。问及她消费这些名牌的心理动机，得到的回答是：这些都是生活必需品，可以增强自信、提升自身形象，获得别人尊重。她对修养和学识才是获取别人尊重的必要条件，却不以为然："修养学识是要有，但是如今的社会就是'先敬衣冠后敬人'，再有修养，如果穿得不上台面，出门吃饭买东西连服务员都不热情。退一步讲，别的同学都有，我要是没有，怎么抬得起头？"

现象二：节衣缩食只为"面子工程"。大学生每月的饮食费用至少应在300元左右，男生相应还要高些。然而在采访中，绝大部分女生和相当比例的男生饮食费用在300元以下。一位并不算胖的女生说出她的观点："女孩子么，越漂亮才越有自信，所以化妆品和衣服是无论如何缺不得的。至于吃饭，本来也不能吃太多，何况我还要减肥呢！"

现象三：恋爱经费也是大学生支出的主项目。"一束花30元，一条裙子200元，饭钱另算。"这是一位男生开给记者的"爱情月单"，据说遇上生日、情人节、圣诞节等特别日子还要节衣缩食，甚至借债。

现象四：崇拜偶像买上千元球鞋。大部分大学生表示有明星代言的广告看后印象深刻，对这类产品认同率也较高。有相当一部分表示会买自己偶像代言的产品，会模仿偶像的衣着。在轰动一时的超女总决赛时，有学生花掉上万元高额话费为自己的支持对象投票。

4. 消费状况折射经济等级

有少数学生家境富裕，可供支配的生活费也高于常人。有一位男生，嫌学校的住宿条件差、学校餐厅的饭菜不好吃，干脆在校外租房过起小日子，偶尔找同学玩游戏时才回宿舍住一晚，并且经常打的下馆子，几乎每个周末去娱乐场所消费。问他是否觉得自己这么生活太奢侈、浪费钱，他满不在乎地回答：这怎么能叫浪费钱呢？钱这东西本来就是为人服务的，我得到了享受，这钱才体现了存在价值。

大学生没有经济来源，经济独立性差，消费没有基础，经济的非独立性决定了大学生自主消费经验少，不能理性地对消费价值与成本进行衡量。大学生没有形成完整的、稳定的消费观念，自控能力不强，多数消费都是受媒体宣传诱导或是受身边同学影响而产生的随机消费、冲动消费。这也正是大学生消费示范效应的结果。拿手机产品来说，目前，有手机的大学生中，一部分有通信的需要，且家庭经济条件允许；另一部分有通信需要，但是在家庭经济条件负担不起的情况下超前消费；还有一部分是既无通信需要又无家庭经济条件的奢侈消费。而奢侈消费则是由大学生消费的示范效应、攀比心理导致的。

随着大学生的逐渐成熟，大学生的消费也呈阶段性。大一学生主要侧重于娱乐休闲消费，旅游、参加体育文艺活动等；大二逐渐转向学习消费，过四、六级，参加计算机等级考试等，从报名费到购买学习、复习资料费到培训费，加起来也数目不菲；大三的消费主要集中于为自己就业"加砝码"或准备考研，许多同学考诸如驾照、微软认证之类的证书，还有的同学准备出国考试、公务员考试等，此外就是考研；大四的学生主要是就业消费，找工作首先要包装自己，其次就是去不同地方应聘的路费、住宿费等。

高校一直呼吁大学生加强道德修养，大学相关部门也在积极做这方面的工作。强调"合理与适度"消费，反对过度消费、高消费、超前消费，提倡"量入为出"有计划地消费；强调节约、勤劳俭朴等节俭消费观；强调理性消费、理性行为，反对非理性的盲目消费，包括盲目攀比、盲目从众的病态消费等浪费现象。同时，充分利用校内大众传媒工具，引导高校消费舆论，培养合情合理的消费习惯、消费理念和科学的消费观，促进大学生的合理、适度消费，提高大学生的消费能力和消费水平。努力在校园内形成良好的消费舆论，把大学生消费行为引向正确的方向。

(周傅瀚，镇江日报，2009年9月8日)

案例讨论

1. 大学生作为一个新型的消费群体，有哪些特点？
2. 如何引导大学生正确的消费观念？

实 训 练 习

1．做一简单调查，了解自己和周围同学的消费水平，并分析如果商家开拓大学生市场可从哪些方面着手。

2．分别访问 10 名男性与女性国家机关工作人员、工人、教师、农民，并总结性别群体与职业群体的消费特点。

模块 7

摸准商品价格脉搏 实现利益最大化

内容提要

模块 7 主要介绍了商品价格的内涵、影响因素和价格的功能，价格的心理机制。消费者的价格心理表现与价格判断，以及价格制定和调整的心理依据及方法。

教学重点和难点

价格的需求弹性；消费者的价格心理特征和反应，定价的心理策略。心理策略与技巧，商品定价、调价的心理策略。

学习目标

知识点：理解价格弹性；了解定价的方法，掌握定价和调价的心理技巧；

能力点：掌握消费者的价格心理表现，价格变动对消费心理和消费行为的影响，掌握商品定价和调价的心理策略，并能在实际工作中进行运用。

导入案例

小沙弥卖石头

有一个小沙弥告诉老和尚："师父、师父，我们已经没有盘缠了，怎么办？"老和尚听了，在路边随便捡起一颗石头，告诉小沙弥："你把这颗石头拿到菜市场，记得喔，无论人家喊多高的价格，都不能卖。"小沙弥半信半疑地将石头拿到菜市场中央，来往的人看了觉得很奇怪，纷纷围观，议论着这颗石头有什么特别之处？这时，一个好奇的人跳出来，他说："我出 10 元钱。""不卖。"小沙弥摇头。"15 元。"另一个人出价。"不卖。"因为看到小沙弥一直不卖，更激发了人们的好奇心，大家一路喊价，竟然喊到了 100 元。小沙弥忍不住了，他非常想把石头卖掉，却又挂念着师父的话，只好拿起石头跑回去找师父，并告诉师父这个消息。"你明天再将这颗石头拿到黄金市场，记得喔，还是跟今天一样，只能让人家喊价，不能卖。"师父说。

第二天，小沙弥带着石头到黄金市场，果然和昨天一样，吸引了一堆围观者。"1 000 元!""不卖。""3 000 元!""不卖。""1 万元!""不……卖。"听到石头被喊价到 1 万元，小沙弥又受不了了，他带着石头回去找师父。"师父，这颗石头已经从不值钱变成 1 万元的身价了，为什么还不卖？"小沙弥好奇地问。师父没有回答，只是告诉小沙弥："明天，你带着石头到珠宝市场，记得喔，无论人们如何喊价，这颗石头还是不能卖。"

第三天，小沙弥又乖乖地按照师父的话，捧着石头放在珠宝市场的橱窗内。和前两天一样，好奇的围观者越来越多。大家都议论纷纷，这颗石头那么大，里面的宝石一定也是价值连城。

于是……"10 万。"有人开口了。"不卖。"小沙弥摇头。"30 万。""不卖。""50 万。""不卖。""100 万。""不……卖。"听到石头被喊价到 100 万，小沙弥又受不了了，他急忙回去找师父，告诉师父这个不可思议的消息。　"奇怪了，这明明只是一颗普通的石头，为什么竟然有人会出 100 万来买？"

师父听了，只是淡淡地说："我告诉你，当它被放在菜市场的时候，就只有菜市场的价钱；当它被放在黄金市场的时候，就有了黄金的价钱；当它被放在珠宝市场的时候，就是价值连城。"

价格是一只看不见的手，合理的定价是产品竞争的主要手段，也是企业利润来源的重要方面。在自由竞争的市场上，价格是由市场决定的，那么企业应该如何对产品进行正确的定价呢？在消费过程中，价格的变动应该考虑哪些心理因素？你又是如何看待买涨不买跌的？

单元 1　商 品 价 格

在现实生活中，影响消费者心理与行为的因素很多，然而，毫无疑问，价格是影响消费者购买决策的最具刺激性、敏感性的重要因素之一。在现代市场经济条件下，价格的制定、调整和价格水平的涨落，既调节市场供求和企业的经营活动也影响与制约着消费者的消费活动。

一、商品价格的概念

在激烈的市场竞争过程中，价格已经成为众多商家展开厮杀的重要利器，那么，什么叫做商品的价格？

经济学理论认为，价格是商品价值的货币表现，是商品与货币交换比例的指数，是商品经济特有的一个重要经济范畴；而营销心理学有关价格的含义则是指建立在消费者心理基础之上的各种商品价值的货币表现形式。

商品价格是消费者每天都要直接或间接接触的经济现象，它像一只看不见的手，通过涨落、波动无形地指挥着生产者、经营者、消费者的行为，牵动着亿万消费者的心。

二、需求价格弹性

需求价格弹性是指因价格变动而引起的需求量的相应变动率，它反映了需求变动对价格变动的敏感程度。需求价格弹性的大小，会因为商品种类的不同和消费需求程度的不同而有所差别，一般来说，与消费者生活密切相关的生活必需品的需求弹性较小，而非生活必需品的需求弹性较大。需求价格弹性的强弱，主要受两个方面的因素影响，即商品的需求强度和商品的替代性。

商品的需求强度与该商品的需求弹性相关。一般情况下，人们对生活必需品的需要程度高于生活享受用品，因而生活必需品的价格变化对其需求量的影响作用小，即生活必需品的需求弹性小；反之，生活享受用品因其需要程度低而表现为富有弹性，即生活享受用品的需求弹性大。

商品的替代性与该商品的需求弹性正相关。商品的替代性是指不同商品使用效果类似、使用价值可以互相代替的性质，如羊毛衫与绒衣、塑料杯与玻璃杯之间都存在着不同程度的替代关系。替代性强的商品，其价格的提高会引起消费需求向其他可替代商品转移，这种需求转移强化了价格变动对该种商品需求量的影响，从而表现出较大的需求弹性；反之，某种商品难于替代，消费者别无选择，只能提高对价格变动的承受能力。这种需求对价格反映的低敏感程度，使得该商品表现为较小的需求弹性，如图7.1所示。

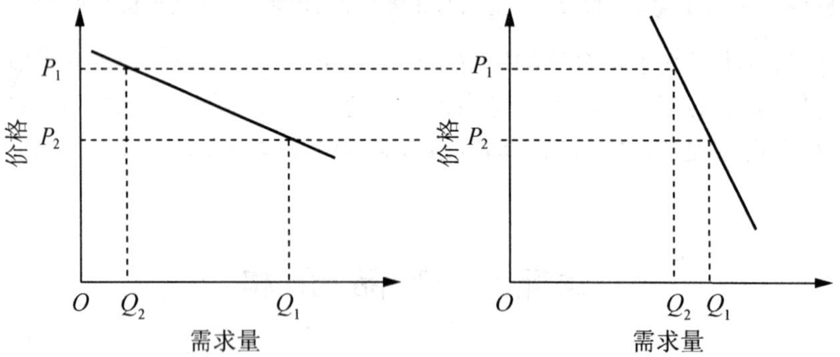

(a) 弹性需求大　　(b) 弹性需求小

图7.1　弹性需求

与相关课程的联系

价格是微观经济学、市场营销学4P中的重要内容，价格是影响消费需求最重要的因素。

三、商品价格的功能

相关链接

巴黎的迪士尼乐园不成功的定价

巴黎的迪士尼乐园 1992 年开业，1994 年，每天亏损高达 100 万美元。公司认为，顾客为了获得迪士尼的产品不会太计较价格的高低，一项市场调查显示，法国顾客对主题乐园门票的心理极限是 200 法郎，于是迪士尼悬崖勒马，在 1995 年将门票从 250 法郎降到 195 法郎，在当年，实现了盈利。

迪士尼一开始并不了解顾客的心理价位，在随后的几年里，法国家庭对超过 200 法郎的门票价格的抵触消失，他们的承受能力在上移，2000 年，门票又上升到 220 法郎。目前，成人每人 49 欧元，约合人民币 490 元。

在消费者行为学的研究中，商品价格的功能是指商品价格对消费者心理的影响，以及影响过程中消费者所产生的价格心理现象。

消费者在选购商品时，通常把价格与商品的其他要素，如质量、品牌、性能等综合起来加以评价，在此基础上决定是否购买。然而，就对消费者的影响而言，价格又有着与其他商品要素不同的心理作用机制。具体表现在以下几个方面。

1. 衡量商品价值功能

商品价值是价格的内在尺度，价格围绕价值上下波动，并最终趋向于价值。商品价值凝聚了生产过程和流通过程中活劳动和物化劳动的时间耗费，从理论意义上讲，消费者在选购商品时应以商品的价值为尺度来判断是否购买。然而，人们常常可以看到，有些内在质量相似的产品，因包装、装潢不同而价格相差较多时，消费者却宁愿购买价格高的产品，而对于一些处理品、清仓品，降价幅度越大，消费者的心理疑虑越重，不敢贸然购买。

这类现象的产生，是由于价格的心理功能在起作用。由于产品信息的非对称性，以及消费者购买行为的非专业性，消费者在选购产品时，总是自觉或不自觉地把价格同产品品质及内在价值联系起来，把价格作为衡量产品品质优劣和价值大小的最重要的尺度。他们往往认为，产品价格高，则意味着产品的质量好，价值大；产品价格低，则说明产品的质量差，价值小。所谓“一分钱，一分货”“好货不便宜，便宜没好货”，便是消费者在现实生活中通常奉行的价格心理准则。同样两件衬衣，质地看上去很相似，款式也差不多，如果其中一件用精制的盒子包装，标价 280 元，另一件只用普通的塑料袋包装，标价 140 元，顾客的第一反应就是认为 280 元的那件品质好、价值高，另一件则相反。

在现实生活中，由于科学技术的迅猛发展，生产技术和方法的日新月异，新产品层出不穷，商品种类急剧增加，商品品质日益提高，一般消费者难以了解商品的真正价值。他们在选购商品时，总是自觉或不自觉地把价格同商品品质和商品价值联系起来，把价格作为衡量商品价值大小和品质高低的标准。

2. 自我意识比拟功能

从价格心理的角度分析，产品价格不仅被消费者用于比较产品价值和产品品质，还能使消费者产生自我意识比拟的心理功能。消费者在购买产品的过程中，通过联想和想象等心理活动，把产品价格与个人的偏好、情趣、个性心理特征等联系起来，通过价格的比拟来满足其社会心理需要和自尊心理需要。

价格的自我意识比拟主要有以下几种形式。

(1) 社会经济地位比拟。有些消费者只到高档、大型百货商店或专卖店购买“名、特、优、新”产品，以显示自己的社会地位和经济地位；有些消费者则是大众商店、低档摊位的常客，专门购买折价、过季降价、清仓处理的廉价产品。假使这两类人的行为发生了错位，则第一种消费者会为去低档次的场所购物而感到不安，认为有损自己的社会形象；而第二种消费者去高档购物场所消费，则会产生局促不安、自卑压抑的感觉。

(2) 文化修养比拟。有的消费者尽管对书法字画缺乏鉴赏能力，却要花费大笔支出购买昂贵的名人字画挂在家中，希望借此来显示自己具有很高的文化修养，得到心理上的慰藉。还有一些消费者既没有看书的习惯，又没有藏书的爱好，却购置大量豪华精装的书籍，以显示自己的博学及高品位。

(3) 生活情趣比拟。有些消费者既缺乏音乐素养，又没有特殊兴趣，却购置钢琴或高档音响设备，或者亲身实地去欣赏体验自己听不懂的高雅音乐会，以期得到别人“生活情趣高雅”的评价，获得心理上的满足。

(4) 观念更新比拟。一些消费者怕别人说自己落伍，跟不上潮流，即使不会使用计算机，也要花一大笔钱买台最先进的计算机作为摆设，希望能够以此获得“与时代发展同步”的心理安慰。还有一些消费者受广告影响，萌发追赶科技潮流的冲动。例如，“商务通”掌上电脑的电视广告“呼机、手机、商务通，一样都不能少”，曾经引发了一批中高收入阶层消费者的购买热情。很多人购买掌上电脑并无多大实际用处，其潜在心理是树立自己观念前卫的形象。

自我意识比拟这种心理功能，在消费者心理上的反应可能是有意识的，也可能是无意识的，但有一个共同点，就是从满足社会需求和自尊需求出发，更多地重视产品价格的社会价值象征意义。

3. 调节需求功能

商品价格对消费需求有巨大的影响。通常，在其他条件不变的情况下，当市场上某种商品的价格下降时，其消费需求量会增加；反之，价格上涨，需求量会减少。即价格的变动与消费需求量的变化呈相反的方向。这是由于消费者会认为，商品价格上涨意味着购买这种商品会给他带来损失，而价格下降则意味着购买这种商品会给他带来更多的利益。例如奢侈品，价格稍有变动，需求量就会发生较大的变化；生活日用品，价格变动很小，需求量变化很小，需求对价格变化反应增强；生活必需品如粮食、食盐等，需求对价格变动无反应。价格对需求的调节，还与消费者需要强度和预期心理有关。消费者对某种商品的需求越强烈、越迫切，对价格的变动就越敏感；反之则相反。当某种商品价格上涨时，消费者认为还会上涨，他就会去抢购，这就是生活中常见的“越涨越买”“买涨不买跌”的现象。

单元 2　消费者的价格心理

消费者的价格心理，是指消费者在购买过程中对价格刺激的各种心理反应及其表现。它是由消费者自身的个性心理和对价格的知觉判断共同构成的。消费者的价格判断既受其心理影响，也受到某些客观因素，如销售环境、气氛、地点和商品等因素的影响。价格判断具有主观性和客观性的双重性质。

一、消费者的价格心理特征

相关链接

越贵越畅销的绿宝石

美国亚利桑那一家珠宝店采购到一批漂亮的绿宝石。此次采购数量很大，老板很怕短期内销不出去，影响资金周转，便决定按通常惯用的方法，减价销售，以达到薄利多销的目的。但事与愿违，原以为会一抢而光的商品，好几天过去，购买者却寥寥无几。老板谜团重重，是不是价格定得还高，应再降低一些？

就在这时，外地有一笔生意急需老板前去洽谈，已来不及仔细研究那批货降价多少，老板临行前只好匆匆地写了一张纸条留给店员："我走后绿宝石如仍销售不畅，可按 1/2 的价格卖掉。"由于着急，关键的字体 1/2 没有写清楚，店员将其读成"1～2 倍的价格"。店员们将绿宝石的价格先提高一倍，没想到购买者越来越多；又将价格提高一倍，结果大出所料，宝石在几天之内便被一抢而空。老板从外地回来，见宝石销售一空，一问价格，不由得大吃一惊，当知道原委后，店员、老板同时开怀大笑，这可真是歪打正着了。

消费者的价格心理具有以下特征。

1. 消费者对价格的习惯性

消费者对价格的习惯性是指消费者根据自己以往的购买经验，对某些商品的价格反复感知，从而决定是否购买的习惯性反应。

消费者对商品价格的认识，往往是从多次的购买活动中逐步体验的结果。特别是一些日用消费品，消费者由于长期购买，在大脑中留下深刻的印象，并形成了习惯价格。在习惯价格的基础上，形成了一种对商品价格上限和下限的概念。如果商品价格高于上限则会令人认为太贵；如果价格低于下限则会令人产生怀疑。只有商品价格处于上限和下限之间，消费者才会乐于接受。如果商品价格恰好为消费者所认同，消费者则会产生最大的依赖感。

消费者的价格习惯心理一旦形成，往往要稳定并维持一段时间，很难轻易改变。当有些商品价格必须变动时，企业一定要认识到价格的习惯心理对消费者购买行为的影响，在制定和调整商品价格时，对那些超出消费者习惯性价格范围之外的商品要慎重行事，一定要弄清这类商品的价格在消费者心目中的价格上限和下限的幅度。价格超过了上限，就应该千方百计地让消费者了解其商品的优秀品质；价格低于下限，则要想法打破消费者对此类商品是低档货或质量上有问题的顾虑，促使其尽快由不习惯转为习惯，增加购买。

2. 消费者对价格的敏感性

消费者对价格的敏感性是指消费者对商品价格变动的反应程度。由于商品价格直接影响着消费者的生活水平，所以消费者对价格的变动会作出不同程度的反应。消费者对价格变动的敏感心理，既有一定的客观标准，又有经过多年购买实践形成的一种心理价格尺度，因而具有一定的主观随意性。消费者对价格的敏感性是因商品而异的，对那些与消费者生活关系密切的商品的价格，由于购买频度较高，消费者的敏感性较高，如食品、蔬菜、肉蛋类等，这些商品的价格略有提高，消费者马上会作出强烈反应；而一些高档消费品，如计算机、音响、钢琴、家具等，由于其购买频度较低，即使价格比原有价格高出几十元，甚至上百元，人们也不太计较，即消费者对这类商品的价格敏感性较低。如学校的师生每天在餐厅就餐，饭菜价格哪怕是变动了 0.5 元，他们也会议论纷纷；而市场上同样一台电冰箱的价格就是涨了 300 元，他们也不会放在心上。

3. 消费者对价格的感受性

消费者对价格的感受性是指消费者对商品价格高低的感知程度。消费者对商品价格的高与低的认识和判断，不完全基于某种商品价格是否超过或低于他们认定的价格尺度，他们还会通过与同类商品的价格进行比较，以及与购物现场不同种类商品价格的比较来认识。这种受背景刺激因素的影响，导致价格在感受上的差异，被称为价格错觉。不同的商品或服务，不同的环境和营销氛围，消费者的不同心境和个性，都会产生不同的价格感受。这种感受性会直接影响消费者的价格判断。如一瓶葡萄酒，商场售价二十几元，而在三星级以上酒店里饮用，定价达上百元，这是因为豪华优雅的环境和气氛影响了消费者对价格的感受性。

消费者对商品价格的感受性心理在他们购买商品时的反应是普遍的，企业在市场营销中可以用优质的产品、优良的服务、优美的装潢、优雅的环境来影响消费者的心理活动，影响消费者的观念态度，从而影响其对商品价格的感受性，取得较好的销售效果。

4. 消费者对价格的倾向性

消费者对价格的倾向性是指消费者在购买过程中对商品价格选择所表现出的倾向。商品的价格有高、中、低档的区别，它们分别标志着商品不同的品质与质量标准。一般来说，当消费者对同类产品进行比较时，如果没有发现明显的差别，往往倾向于选择价格较低的产品。对各种不同种类商品的价格，消费者在比较时的倾向性也是不同的。对日常生活用品、短期时令商品，消费者倾向于选择价格较低的；对耐用消费品、高级奢侈品，消费者则倾向于价格较高的。目前，我国消费者的消费心理明显地呈现出多元化特征，既有追求高档名贵的求“名”心理，又有追求经济实惠的求“廉”心理，还有居于二者之间的要求价格适中、功能适中的求“中”心理。此外还有满足情感、文化需要的求“情”、求“乐”、求“知”心理。由于不同的消费者的社会地位、经济收入、文化水平、个性特点的差异，在选购商品时的价格倾向也不同，他们会根据自己的不同需求特点，作出不同的价格选择。

企业在制定营销决策时，要充分考虑不同层次消费者的不同需要，研制生产高档、中档、低档等系列产品，采用合适的定价策略，满足消费者对价格的倾向性需求。

5. 消费者对价格的逆反性

消费者对价格的逆反性是指消费者在某些特定情况下对商品价格的反向表现。正常情况下，消费者总希望买到物美价廉的产品，对于同等质量的产品总是希望其价格更低。但是在某些特定情况下，商品的畅销性与其价格却呈反向表现，即并非价格越低越畅销，这是由于消费者对价格的逆反心理造成的。

商品的主观价格是依据其客观价格而形成的，但是主观价格与客观价格经常会出现相互不一致、甚至背离的情况，在顾客心目中常会产生这样的判断：商品的价格太高，或者商品的价格偏低。主观价格是构成商品形象的一个组成部分。对于一个有较高自我比拟意识的人来说，购买一件他认为价格偏低的商品会感觉有失身份，所以有这样一个传说：一件女式风衣在一家商店出售，刚开始的标价是 68 元，这个价格是低于同等商品平均价格水平的，但在商店挂了很久都无人问津。消费者在购买时看到这一低价会很自然地认为这件风衣可能是滞销货，或者存在质量问题，即使价格偏低也不愿意购买；但是当商家把价格改成 680 元之后，就有很多消费者因为这一高价而注意到这件风衣，很快这件风衣便以 500 元的价格出售了。

相关链接

凡勃伦效应

在商店里，标价偏低的衣服会挂置很久，倘若在价格上加几个零，转眼就可能被卖掉；差不多的一块手表，标价 68 000 元比标价 680 元要卖得火。这种价格越贵人们越疯狂购买，价格便宜反倒卖不出去的“反常”现象，最早由美国经济学家凡勃伦注意到，因此被命名为“凡勃伦效应”。它还有一个更为通俗的提法，叫做“炫耀性消费”。

二、价格变动与消费者的心理反应

在经营实践中，商品价格的变动与调整是经常发生的。调价的原因除了生产经营者的自身条件发生了变化以外，还包括市场供求状况、商品价值变动、市场货币价值与货币流通量变动、国际市场价格波动、消费走向变化等多方面的因素的影响。企业在调整商品价格时，既要考虑这些因素的影响，又要考虑消费者对商品调价的心理要求。

相关链接

汉堡的价格战术

肯德基的汉堡 10 元钱一个，购买套餐时价格只合计 8 元，加上定期的派发优惠券，可能你购买一个汉堡实际付出的价格只是 7 元，“实惠看得见”，心动到永远。但是假如单买汉堡，10 元就是 10 元，9.5 元也不可以。这就是美国的快餐文化，也是麦当劳、肯德基带给中国独特的经营文化。

1．消费者对价格调整的心理及行为反应

价格调整可分为两种情况：一种降价，另一种是提价。价格的变动会使消费者的利益受到影响，引起消费者心理与行为上的反应。此外，消费者对企业调整价格的动机、目的的理解程度不同，也会作出不同的心理反应。通常消费者无法直接了解企业调整价格的真实原因，因此，对价格调整的理解不易深入、准确，在心理和行为反应上难免出现偏差。

(1) 调低商品价格。调低价格通常有利于消费者，理应激发消费者的购买欲望，促使其大量购买。但在现实生活中，消费者会作出与之相反的各种心理和行为反应，往往会“持币待购”“越降越不买”。之所以如此，主要是由于以下几点。

① 消费者由“便宜—便宜货—质量不好”“便宜没好货，好货不便宜”等一系列联想而引起心理不安。

② 消费者自认为不同于一般低收入阶层，不可以购买低档货，因为“便宜—便宜货—有失身份，有损自尊心和满足感”。

③ 消费者猜测企业可能有新产品即将问世，所以降价抛售老产品；老产品不久就会被淘汰，买了这种商品会很快落伍；可能企业不再生产该种商品的零部件，零部件的维修更换无法保证。

④ 降价商品可能是过期商品、残次品、库存品或低档品，功能少、质量不好，不再适合未来发展趋势。

⑤ 商品已降价，可能还会继续降，暂且耐心等待，期待新一轮的降价来临，从而可以买到更便宜的商品。

这些想法在消费者当中具有一定的普遍性。典型的例子就是中国的房地产市场，数据显示，2014年8月，全国100个城市(新建)住宅平均价格为10 771元/平方米，环比上月下跌0.59%，连续第4个月下跌。“金九银十”的市场销售量很难持续回升，“金九银十”已经变为“铜九铁十”。

(2) 调高商品价格。调高价格通常对消费者来说是不利的，理论上会抑制消费者的购买欲望，挫伤其购买积极性，减少实际购买需求。但在现实生活中，消费者同样会作出与之相反的各种反应。

① 商品涨价，可能是因其具有某些特殊的使用价值，或具有更优越的性能，好东西应该赶快购买。

② 商品已经涨价，可能还会继续上涨，应尽快抢购，以防将来购买会更吃亏。

③ 商品涨价，说明它是热门货，有流行的趋势，应尽早购买。

④ 商品还在涨价，可能是限量发行，说明它有升值的潜力，不如购买一些囤积起来，待价而沽。

⑤ 商品在涨价，可能出现断货，为保证急用而预先购买。

此外，消费者对价格调整的反应还表现出其他复杂的心理动机。例如，在保健品市场上，各种保健品之所以可以在市场上以高昂的价格“各领风骚两三年”，最主要的原因就是消费者盲目相信它真的具有一些意想不到的保健功能，而且看到价格在上涨，很多人在抢购，自己也冲动地跟随别人去购买。又如，在艺术品市场上，由于艺术品总是限量发行的，价格上涨则说明它具有增值潜力，所以很多收藏者出于投机或投资心理会考虑购买。

可见，商品价格的调整引起的心理反应非常复杂。既可能激发消费者的购买欲望，促使商品需求增加；也可能抑制其购买欲望，导致商品需求减少。因此，企业在调整价格的时候，一定要仔细分析各种因素的影响，准确把握消费者的价格心理，事先做好市场预测工作，采取行之有效的调价策略，以便达到扩大销售总额、增加利润的目的。

2. 价格调整的心理策略及技巧

根据消费者对商品降价和提价的心理与行为反应，企业可以采取相应的降价策略和提价策略。

(1) 商品降价的心理策略及技巧。造成商品降价的原因有诸多方面，如某些商品升级换代造成的冷背残次品；商品保管不善造成的品质降低；市场行情不明造成的盲目进货；新技术、新科技的应用使成本下降等。凡此种种，都有可能导致商品降价出售。商品降价能否促进销售，关键在于商品是否具备降价条件，企业是否能够及时准确地把握降价时机和幅度，以及能否正确应用相关技巧。

① 企业考虑降价的原因。企业的生产能力过剩，需要扩大销售，而又不能通过改进产品和加强销售来达到目的；在强大的竞争压力下，企业市场份额下降，不得不降价竞销；企业的生产成本费用低于竞争对手，试图通过降价提高市场份额。

② 商品降价应具备的条件。消费者注重产品的性能与质量，而较少将所购产品与自身的社会形象相联系；消费者如对产品的质量和性能非常熟悉，某些日用品和食品降价后仍对产品保持足够的信任度；消费者需要企业向其充分说明削价的理由，并使其感到能够接受；即使制造商和产品品牌信誉度高，消费者只有在以较低的价格买到“好东西”时才会满意。

③ 降价的时机。时尚和新潮商品，进入流行阶段后期就应降价；季节性商品，应在换季时降价；一般商品，进入成熟期的后期就应降价；“假日经济”现象，重大节假日可实行降价优惠；商家庆典活动可实行降价；市场领导品牌率先降价，作为竞争对手采取跟进策略；其他特殊原因降价，如商店拆迁、商店改变经营方向、柜台租赁期满等。

④ 降价的幅度。降价幅度要适宜。幅度过小，不能激发消费者的购买欲望；幅度过大，企业可能会亏本经营，或造成消费者对商品品质产生怀疑。经验表明，降价幅度在 10%以下时，几乎收不到什么促销效果；降价幅度至少为 10%～30%，才会产生明显的促销效果。降价幅度超过 50%时，必须说明大幅度降价的充分理由，否则消费者的疑虑会显著加强，消费者会怀疑这是假冒伪劣商品，反而不敢购买。

⑤ 降价的原则。产品降价必须坚持“一步到位”的原则，不能过于频繁地不断降价，否则会造成消费者对降价不切实际的心理预期或者对产品的正常价格产生不信任感。

⑥ 降价的技巧。企业在降价的操作方式与技巧上要注意以下问题：少数几种商品大幅度降价，比起很多种商品小幅度降价的促销效果来得好，因为这样更具有轰动效应。

商家向消费者传递降价信息的一般做法是把降价标签直接挂在商品上，这样能最大限度地吸引消费者立刻购买。因为顾客不但一眼能看到降价前后的两种价格，或降价金额、幅度，同时还能看到降价商品，眼见为实，从而立即作出购买决策。有的商家会把前后两种价格标签同时挂在商品上，以证明降价的真实性。

(2) 商品提价的心理策略及技巧。一般来讲，产品价格的提高会对消费者利益造成损害，引起消费者的不满。但在营销实践中，成功的提价可以使企业的利润增加。提价策略的掌握对企业来说，既具有现实意义，又有较大的困难和阻力。

① 企业考虑提价的原因。由于通货膨胀，物价上涨，企业的成本费用提高，企业不得不提高产品价格；企业的产品供不应求，不能满足其所有消费者的需要，在这种情况下，企业就可适当提价；资源稀缺或劳动力成本上升导致产品成本提高。

② 商品提价应具备的条件。消费者的品牌忠诚度很高，是品牌偏好者，他们忠诚于某一特定品牌，不因价格上涨而轻易改变购买习惯；消费者相信产品具有特殊的使用价值，或具有更优越的性能，是其他产品所不能替代的；消费者有求新、猎奇、追求名望、好胜攀比的心理，愿意为自己喜欢的产品支付高价；消费者能够理解价格上涨的原因，能容忍价格上涨带来的消费支出的增加。

③ 提价的时机。商品在市场占据优势地位；商品进入成长期；季节性商品达到销售旺季；一般商品在销售旺季；竞争对手商品提价。

总之，提价要掌握好时机，看准火候。提价后，可能有大批消费者将转向其他品牌，分销商也会因此而放弃商品的经营，这就给竞争对手抢占市场提供了可乘之机。如果企业提价失败，再想恢复原价，后果将更加严重，单单是企业品牌信誉的损失就足以使企业大伤元气。

④ 提价的幅度。提价的幅度不应过大。幅度过大，会损失一大批消费者。但是提价幅度并没有统一的标准，一般视消费者的价格心理而定。国外一般以 5%为提价幅度界限，认为这样符合消费者的心理承受能力，而我国某些商品以 30%、50%甚至更高的提价幅度出现，也能引起消费者的购买行动。企业应尽可能避免大幅提价情况的出现。

⑤ 提价的原则。企业提价要信守谨慎行事的“走钢丝”原则。要尽量控制提价的幅度和速度，即提价的幅度宜小不宜大，提价的速度宜慢不宜快。要循序渐进，不能急于求成；要走小步，走一步看一步，而不能走大步，追求一步到位。

⑥ 提价的技巧。在提价技巧与方式的选择上，企业有直接提价和间接提价两种。直接提价就是以一定幅度提高原有商品的标价；间接提价就是商品的市面标价不变，通过产品本身的变动，实际提高价格。企业通常的做法是暗地里更换产品型号、种类，变相提价，这种方法多用于家用电器，如减少一些不必要的产品功能等；另外一种是减少商品数量而价格不变，这种方法多用于食品上，如减少食品净含量。企业应尽可能多采用间接提价，把提价的不利因素降到最低程度，使提价不影响销量和利润，而且能被消费者普遍接受。

为使消费者接受上涨的价格，企业应针对不同的提价原因，采取相应的心理策略。这些心理策略包括通过各种渠道向顾客说明提价的原因，做好宣传解释工作；帮助顾客寻找节约途径，组织替代品的销售；提供热情周到的增值服务；尽量减少消费者的损失等，以求得消费者的谅解和支持，增强消费者信心，刺激消费需求和购买行为。

总之，商品提价要充分考虑消费者的心理要求，提价幅度应与消费者对商品的觉察价值基本相符。只有这样，商品提价才会被消费者所接受。

与相关课程的联系

很多企业的促销手段就是降价，结果并不如人意。市场营销策划中价格策划一定要考虑消费者的心理感受、竞争对手的反应和企业的利润目标。

单元 3　商品定价的心理策略

相关链接

与顾客共享 300 万元

中国台湾一家眼镜店别开生面地在商店的玻璃橱窗上，张贴出一个醒目的告示：凭本店的气魄和规模，本可以每月花 300 万元广告费，以保持产品的声望不衰。可是为了让顾客买到价廉的眼镜，本店决定不在电台和电视上做广告了，而把这笔 300 万元广告费与顾客共享。

该店由于没花广告费，眼镜售价肯定要便宜。消费者的一个共同心理是买到物美价廉的产品，这家眼镜店巧妙地利用了消费者的微妙心理，从而获得了成功。

一、定价的方法

定价方法是企业为实现定价目标所采取的价格制定方式。企业制定价格是一项复杂的工作，必须考虑各方面的因素，企业产品价格的高低要受市场需求、成本费用和竞争情况等因素的影响和制约。成本是价格的最低点，竞争对手和替代产品的价格是公司在考虑定价时的出发点，顾客对公司产品独有特征的评价是价格的上限。下面重点介绍几种定价方法。

1. 成本导向定价法

成本导向定价法是一种以成本为主要依据，按卖方意图定价的一种方法，它主要包括几种方法。

(1) 成本加成定价法。所谓成本加成定价是指按照单位成本加上一定百分比的利润来确定产品销售价格。成本加成定价法的公式为

$$单位产品售价=单位产品成本\times(1+成本加成率)$$

其特点就是计算方便，同行业加成率基本一致，若成本也接近，按此法定价可避免价格竞争；而且对买方较公平，不会因需求量大增而大幅度抬价。但其缺点也很明显：仅限于卖方市场，它缺少对市场竞争的适应性和对市场供求反映的灵活性；加成率的确定缺乏科学的依据，而且单位产品成本是个估计值。

相关链接

天然气的成本加成定价

2015 年我国天然气消费目标约为 2 600 亿立方米，消费量年均增速将达到 25%以上。但现有政府主导的“成本加成”天然气定价方法等影响，国内天然气价格与国际天然气市场严重脱轨，价格水平明显偏低，影响了企业勘探和开发的积极性。

这种方法通常被拥有丰富天然气资源的国家在天然气发展初级阶段采用，例如美国在天然气市场发展初期就曾采用过这种定价方法。实践表明，成本加成定价便于政府监管，可以较好地维护消费者利益，问题是，由于信息不对称，政府难以掌握企业真实、合理的成本，对生产者进行勘探开发投资和努力降低成本、提高效率缺乏有效的激励和约束，更重要的是容易低估天然气的市场价值，造成资源浪费，刺激天然气需求盲目增长，加剧供求矛盾。美国就曾因采用成本加成定价严格管制天然气井口价格，造成了20世纪70年代的天然气“短缺”，给居民生活和国民经济发展带来严重影响。

(2) 售价加成法。这是商业企业普遍采用的一种定价方法，其公式为

$$\text{单价}=\frac{\text{单位产品成本}}{1-\text{售价加成率}}$$

式中，$\text{售价加成率}=\frac{\text{预期到期利润}}{\text{价格}\times\text{销售量}}$

这种售价加成法的特点基本同成本加成定价法。

(3) 投资收益率定价法。投资收益率定价法也叫目标收益率法，企业希望确定的价格能带来目标投资收益率。例如，通用汽车公司就使用目标定价法，规定汽车的投资收益率为15%～20%，对于投资收益率限制在合理范围内的公用事业来说，也适用目标定价法。其计算公式为

$$\text{单位产品价格}=\frac{\text{总成本}\times(1+\text{目标利润率})}{\text{预计销售量}}$$

投资收益率定价法有利于加强企业管理的计划性，可较好地实现投资回收。但这种方法要求企业有较高的管理水平，能够正确地测算价格与销量之间的关系，以避免价格过高导致销量达不到计划水平的被动局面。同时，目标收益率法还有一个显著弱点，即企业以估计的销售量求出应制定的价格，殊不知价格恰恰是影响销售量的重要因素，应该注意到这一点。

(4) 边际成本定价法。边际成本定价法也叫边际贡献定价法，该方法以变动成本作为定价基础，只要定价高于变动成本，企业就可以获得边际收益(边际贡献)，用以抵补固定成本，剩余即为盈利。计算公式为

$$\text{单位产品价格}=\frac{\text{总的变动成本}+\text{边际贡献}}{\text{预计销售量}}$$

式中，边际贡献=预计销售收入-总的变动成本

如果边际收益(边际贡献)等于或超过固定成本，企业就可以保本或盈利。这种方法适用于产品供过于求，卖方竞争激烈的情况。在这种情况下，与其维持高价导致产品滞销积压，丧失市场，不如以低价保持市场，不计固定成本，尽力维持生产。

(5) 盈亏平衡定价法。盈亏平衡定价法，它是按照生产某种产品的总成本和销售收入维持平衡的原则，来制定产品的保本价格。计算公式为

$$\begin{aligned}\text{单位产品保本价格}&=\frac{\text{固定成本}+\text{总的变动成本}}{\text{预计销售量}}\\&=\frac{\text{固定成本}}{\text{预计销售量}}+\text{单位变动成本}\end{aligned}$$

盈亏平衡定价使企业无利润可言，只有在市场不景气时，企业为了维持生产不得已而采取的定价方法。

2. 需求导向定价法

需求导向定价法是一种以市场需求强度及消费者感受为主要依据的定价方法。它包括理解价值定价法，区分需求定价法和可销价格倒推法、拍卖定价法。

(1) 理解价值定价法。就是适用于一般企业的认知价值定价法。越来越多的企业根据对产品的理解、认知价值来制定价格。它们认为定价的关键是顾客对价值的认知，而不是销售的成本，它们利用市场营销组合中的非价格变量，在购买者心目中确立认知价值，制定的价格符合顾客心目中理想的价值，这种方法与市场定位思想非常相符。企业要开发出一组新产品，就要对其质量和价值严格把关，并根据这个条件下能销售的产品数量等定出价格。

由于理解价值定价法的关键在于准确地评价市场对企业产品的价值认识，所以，如果卖方高估了自己产品的价值，则其产品定价就会偏高；相反，如果卖方低估了自己的产品价值，则其产品定价就会偏低。为了有效地定价，企业就必须考虑消费者的购买心理和需求价格弹性，有效地进行市场调查。因此，可以将其分为以下几个步骤。

① 以理解价值为基础确定初始价格。

② 预测销量。

③ 确定目标和税值。

④ 预测目标成本。预测目标成本=初始价格×预测销量-目标利税。

⑤ 作出决策。若目标成本＞实际成本，初始价格可行；若目标成本＜实际成本，初始价格不可行；然后采取措施，降低目标利税或实际成本。

(2) 区分需求定价法。区分需求定价即是同一质量、功能、规格的商品或劳务，对待不同需求的顾客采取不同的价格，但这种价格差并非以成本差异为基础，而是依据顾客需求的差异来制定。区分需求定价主要包括以下做法。

① 以不同的顾客群为基础。同一产品在不同市场上以不同的价格出售，使每一市场的边际收入相等，以达到总收入最大的目的。另外，在同一市场中，针对不同的买方，同一产品可以定不同的价格，因为不同买方的需求是有差异的，甚至在定价时可以灵活运用讨价还价的技巧。

② 以产品特征为基础。对于外观、功能不同的产品规定不同的价格，有时为满足不同顾客的心理需要，对产品特征、功能、用途等予以不同的描述，制定不同价格。

③ 以地区效用为基础。不同地区由于存在自然环境、人文背景的差异，同一种产品的效用是有差异的，如空调器在夏季气温差异很大的不同地区，其效用是不同的，针对这种差异对同一产品可以制定不同价格。

④ 以时间效用为基础。许多产品的需求有时间性，如服装、旅游需求有淡季旺季之分；经济周期的各个阶段，需求呈现明显的差异。以这些差异为基础，企业可制定不同的价格。

相关链接

健身房按需求实行差异化定价

按时间不同需求分为：小时价、日价、月费、年费；
按时段不同需求分为：白天价、夜间价、周末价；
按内容不同需求分为：增强肌肉价、减肥价；
按服务不同需求分为：请教练价、请陪练(教练也分一级、二级、三级)价；
按设施不同需求分为：专业价、非专业价。

(3) 可销价格倒推法。产品的可销价格，就是消费者或进货企业能够接受的价格。该方法是根据消费者可以接受的价格水平或下一个环节的买主愿意接受的利润水平来倒推计算产品销售价格的定价方式。这种定价方法不以实际成本为主要依据，而是以市场需求为定价出发点，力求使价格被消费者或下一个环节的买主所接受，分销渠道中的批发商和零售商多采取这种定价方法。

(4) 拍卖定价法。拍卖定价法一般用于文物、古董、旧货等物品，因为这些物品的成本与价值都难以确定。在拍卖时，顾客根据自己对被拍卖的物品的爱好和需求程度报出自己愿付的价格，大家互相竞争，价格可能越抬越高，到最后无人愿意再提高价格时，该物品即按已报出的最高价格卖出。

现在，拍卖定价法已被应用于一些权利和配额的拍卖。如美国政府曾经把一些商品的进出口配额加以拍卖，结果是最有效率的企业获得了这些配额，同时，政府也获得了一笔收入，一举两得。这比先前由政府官员分配配额的方法要有效得多，同时也避免了企业为得到配额而向政府官员行贿的问题。

3. 竞争导向定价法

在竞争十分激烈的市场上，企业通过研究竞争对手的生产条件、服务状况、价格水平等因素，依据自身的竞争实力，参考成本和供求状况来确定商品价格，这种定价方法就是通常所说的竞争导向定价法。其特点是：价格与商品成本和需求不发生直接关系，商品成本或市场需求变化了，但竞争者的价格未变化，就应维持原价；反之，虽然成本或需求都没有变动，但竞争者的价格变动了，则相应地调整其商品价格。当然，为实现企业的定价目标和总体经营战略目标，谋求企业的生存或发展，企业可以在其他营销手段的配合下，将价格定得高于或低于竞争者的价格，并不一定要求和竞争对手的产品价格完全保持一致，竞争导向定价主要包括以下方法。

(1) 随行就市定价法。在垄断竞争和完全竞争的市场结构条件下，任何一家企业都无力凭借自己的实力而在市场上取得绝对的优势，为了避免竞争特别是价格竞争带来的损失，大多数企业都采用随行就市定价法，即将本企业某产品价格保持在市场平均价格水平上，利用这样的价格来获得平均报酬。此外，采用随行就市定价法，企业就不必去全面了解消费者对不同价差的反应，从而为营销、定价人员节约了很多时间。

采用随行就市定价法，最重要的就是确定目前的“行市”。在实践中，“行市”的形成有两种途径：第一种途径是在完全竞争的环境里，各个企业都无权决定价格，通过对市场的无数次试探，相互之间取得默契而将价格保持在一定的水准上；第二种途径是在垄断竞争的市场条件下，某一部门或行业的少数几个企业首先定价，其他企业参考定价或追随定价。

(2) 竞争价格定价法。区别于随行就市法，这是一种主动竞争的定价方法，一些实力雄厚、信誉好的企业多采用此法，这种定价法的关键在于知己知彼，勤于分析，随时调整。一般情况下，企业通过多方面因素与其竞争对手进行竞争定价，例如：比价格，与其他竞争对手的同类产品进行价差比较定价；通过对产量、成本、性能、品质、式样等产品的基本特点进行比较定价，明确本产品优势、特色，凭借本企业实力进行定价。

(3) 密封投标定价法。密封投标定价法主要适用于投机交易的方式，投标目的就在于中标并获利。故无须在预测竞争者的价格意向的基础上提出自己的报价，最佳报价应该是使预期收益达到尽可能高的价格。

在招标投标方式下，投标价格是企业能否中标的关键性因素。高价格固然能带来较高的利润，但中标的可能性小；低价格能使中标的概率增大，但中标机会成本可能大于其他投资方向。那么，企业应该怎样确定投标价格呢？

首先，企业根据自身的成本，确定几个备选的投标价格方案，并依据成本利润率计算出企业可能赢利的各个价格水平；其次，分析竞争对手的实力和可能报价，确定本企业各个备选方案的中标机会，竞争对手的实力包括产销量、市场占有率、信誉、声望、质量、服务水平等项目，其可能报价则在分析历史资料的基础上得出；最后，根据每个方案可能的赢利水平和中标概率，计算每个方案的期望利润，公式为

$$\text{预期收益}=(\text{报价}-\text{直接成本})\times\text{中标概率}-\text{失标损失}\times(1-\text{中标概率})$$
$$=\text{毛利}\times\text{中标概率}-\text{失标损失}\times\text{失标概率}$$

显而易见，企业在报价时，既要考虑实现企业的利润目标，也要结合竞争状况考虑中标概率。

二、定价的心理技巧

制定合理的价格，是产品成功走向市场、满足顾客需要的重要前提。在对产品定价时，企业除了要考虑前面阐述的成本、需求和竞争等因素外，由于一种产品价格推出，必须得到消费者的认可和接受，才能称为成功的定价。因此，企业制定产品价格时必须考虑消费者的心理，深入探求消费者的价格心理表现，采取适当的心理定价技巧，从而制定出令企业满意、让消费者易于接受的合理价格。

1. 新产品定价的心理技巧

随着科学技术的不断进步，生产工艺的不断提高，新产品不断涌现，企业也面临着一个新的课题，即如何为新产品定价。新产品定价是企业定价的一个重要方面，它关系到新产品能否顺利进入市场并站稳脚跟，能否取得较好的经济效益以实现预期目标。可见，新产品定价问题既关系到产品的命运，也关系到企业的前途。所以，根据新产品的具体特点选择合理的定价技巧具有重要意义。

对于新产品的价格，消费者缺少参照物，也没有形成习惯，因此，在企业制定新产品

销售策略时，新产品的定价是最复杂、最困难的一个环节。因新产品投入市场初期处于产品生命周期的第一个阶段——导入期，消费者对产品的质量、性能、先进性和适用性等了解甚少，特别朦胧，只有价格是实实在在的，消费者最易了解，价格的高低决定了消费者对新产品的最初认识。因此，新产品价格合理与否，是消费者对新产品作出主观判断的至关重要的影响因素，而要制定合理的新产品价格，关键在于新产品定价技巧的选择。

(1) 撇脂定价。撇脂定价以在鲜牛奶中撇取奶油，先取其精华，后取其一般为比喻，指在新产品进入市场初期，利用消费者的求新、猎奇和追求时尚的心理，将价格定得很高，大大超出商品的实际价值，其目的在于从市场上“撇取油脂”，以便在短期内获取厚利，尽快收回投资，减小经营风险。以后，随着竞争对手的日益增多，“奶油”已被撇走，此时企业可根据市场销售状况逐渐降低价格。

这种定价技巧的优点是：①能尽快收回成本，赚取利润，减少经营风险；②提高新产品身份，塑造其优质产品的形象，从而提高新产品的知名度；③扩大价格调整的回旋余地，提高了价格的适应能力，有助于企业的盈利能力。

当然，这种定价技巧也存在一定的缺陷：①由于价格过高，在一定程度上有损消费者的利益；②当新产品尚未在消费者心中树立起较高声誉时，价格超过消费者的心理标准，可能会导致商品无人问津，不利于开拓市场；③利润丰厚迅速吸引其他竞争者进入，会诱发竞争，最终迫使企业降价；④长期占领市场或进一步提高市场占有率比较困难，除非具有绝对优势的产品迎合目标市场的需要，企业才能在快速赚取暴利的同时，提升市场占有率。

因此，在选择撇脂定价时，企业必须考虑自身的实际情况。适宜采取撇脂定价的情况有：①在市场上有相当一部分消费者对这种产品具有缺乏弹性的需求，这样，即使价格再高，人们也愿意购买；②小批量的生产和销售产品的成本和费用并不高，如果成本和费用高，将会抵消高价，难以实现厚利；③高价在一定时间内不致引起竞争者的加入，若较高利润引致更多企业加入，导致竞争激烈，则会引起价格暴跌，好景难以维持；④高价能给产品树立高级品的形象，这是对产品质量、档次方面的要求。高质量、高档次产品在消费者心中，高价产品应该是质量好、档次高的产品，如果新产品达不到档次和质量标准，高价不但难以给产品树立高级产品的形象，反而会使人们认为企业唯利是图。

相关链接

一个打火机价格是 29.9 万元，因为它的品牌是“都彭”；一件西服的价格是 1 万元；因为他是“圣大保罗”；同样，一瓶白酒的销售价格可以是 8 888 元…… 定位为“奢侈品”的产品成为身份和地位的象征，用“一字千金”来形容奢侈品品牌的含金量一点也不为过。

(2) 渗透定价。渗透定价与撇脂定价相反，是以低价投放新产品，利用消费者求实惠、求价廉的心理，使产品在市场上广泛渗透，以便提高企业的市场份额。然后随着市场份额的提高调整价格，实现企业赢利。这种定价技巧特别适用于需求弹性较大的新产品。

采用这种技巧的好处是：①低价能迅速打开新产品销路，有利于提高企业的市场占有率，为新产品的生存打下根基；②物美价廉的产品，能够争取到较多的消费者，使新产品一进入市场就能在消费者心中树立良好的价格形象；③低价薄利不易引发竞争，有利于企业长期占领市场。随着销售量的增加，市场份额的扩大，成本可随之降低，从而为增加利润提供了可能。而且，随着生产的扩大，市场占有率的提高，生产成本的逐步下降，企业可以提高产品的价格以赚取较丰厚的利润。这时，其他企业即使想加入，由于生产能力、技术水平、市场拥有量和生产成本等诸多因素的影响，难以与原有厂家相抗衡，也只能是望尘莫及。

这种技巧的不足之处有：①投资回收期较长，且价格变动余地小，难以应付在短期内骤然出现的竞争或需求的较大变化，增大了企业的经营风险；②逐步提高价格会使消费者产生抵触心理，有些顾客会转而购买其他品牌；③要求新产品必须具备较高的品质，能够在一投入市场时，就迅速建立起良好的声誉，吸引大量的购买者，为今后逐步提高价格打下基础。因低价商品往往给人一种档次较低的印象，这种印象一旦形成，很难改变。

适宜采取渗透定价的情况有：①对于价格弹性大的产品，低价会促进销售。虽然单位利润低，但销量增加仍会提高利润总额；②企业将之作为先发制人的竞争策略，有助于夺取市场占有率；③在成熟市场上竞争，往往要采取这种策略，以便和竞争者保持均势；④当大多数竞争者都降低了价格，尤其当消费者对产品价格很敏感，并且企业的主要竞争对手提供了本企业无法提供的附加价值时；⑤对于需求价格弹性大、购买率高、周转快的产品，如日常生活用品，适宜采用薄利多销、占领市场的定价技巧。

(3) 满意定价。满意定价是介于撇脂定价和渗透定价之间的一种定价技巧。它既不像撇脂定价那样，一开始就把新产品的价格定得很高，也不像渗透定价那样，一开始就把新产品价格定得很低，而是根据消费者对该种新产品所期望的支付价格，将其定在高价和低价之间，兼顾企业和消费者的利益，使两者均满意的价格策略。这种定价策略适用于那些日常生活消费品和技术含量不高的新产品。企业选择这种定价策略的目的是在长期稳定的销售增长中获取平均利润。

由于撇脂定价把价格定得过高，虽然在一定条件下对企业是有利的，但它既有可能遭到消费者的拒绝，也有可能招致竞争者的加入，使企业的利益受损。渗透定价把产品价格定得过低，虽然从一般意义上讲对消费者有利，但也有可能引起消费者对产品质量、性能等的怀疑。而且，价低利薄，资金回收期长，增加了企业的经营风险。而满意定价使新产品价格介于高价与低价之间，考虑到了消费者的购买能力和购买心理，比较容易建立稳定的商业信誉，能较大程度地适应广大消费者的需要，增强消费者的购买信心，使消费者比较满意此种价格标准。在国内外定价实践中，对新产品定价采用这种策略者较多。

2. 一般产品定价的心理技巧

企业对于那些已经进入市场的处于成长期、成熟期和衰退期的商品，也要考虑它们的价格在消费者心目中的变化情况，运用适当的定价心理技巧，来组织这些商品的销售活动。一般而言，处于成长期和成熟期的商品多数是市场上的旺销商品，此时的商品生产技术已经成熟，生产具备了一定的规模，拥有较高的市场占有率，消费者对商品的认识程度提高，从而降低了产品的成本。这时，企业应重视影响利润高低的重要因素之一是如何利用消费者的心理因素，制定适合消费者心理标准的价格。对处于衰退期的商品，企业应继续维持商品在消费者心目中的形象，以避免经营中的亏损。

(1) 习惯定价。习惯定价是根据消费者的价格习惯心理而制定的符合消费者习惯的商品价格。由于某些商品如日用品、生活便利品及一些服务类的价格，在长期的销售实践中已形成了消费者习惯的价格，企业在确定这些商品价格时要尽量去适应这些消费习惯，一般不应轻易改变，以免消费者拒绝购买。采取这种定价技巧的特点是商品的质量和零售价格具有稳定性。像消费者经常购买的日用小商品，因消费者经常使用，对商品的性能、质量、替代品等方面的情况有详细的了解，形成了自己的购买经验、消费习惯和主观评价，从而在心理上对商品的价格有一个不易改变的标准。即使商品的生产成本略有升降，也不应过快地变动销售价格，否则容易引起消费者的逆反心理。提价，容易促使消费者去寻找代用品和替代品，导致市场占有率的下降；降价，往往容易造成消费者对产品质量的怀疑，反而使销售量下降。可见，商品价格偏离了习惯价格，消费者的心理倾向会促使消费者缩减商品的购买量。

(2) 声望定价。声望定价是企业利用自己在长期的市场经营实践中，在消费者心目中树立起的声望，通过制定较高的价格，来满足消费者的求名心理和炫耀心理的一种定价技巧。消费者的求名心理通常表现为对名牌产品的追求，对去名牌商店购物的追求，对购物地点的追求，对某种特定服务的追求等。所以，这种定价策略只适用于高档名牌商品、奢侈品及确有特色的服务、商店或特定地点等。当消费者在得到某种特定服务或购买到某名牌商品时，心理上会感到自己的声望、地位也随之提高了，这样，求名心理和炫耀心理同时得到了满足，往往认为支付高价也值得。企业采取这种定价技巧时，必须注意以下几点。

① 经营的商品和服务必须保证高质量，以维持和巩固消费者对商品、服务和企业的信任，维护商品、服务和企业的声誉。

② 价格并不是越高越好，应将其定在买主愿意接受的适当水平上，否则，价格过高，会抑制消费。

③ 重视消费者对商品和服务的反应，不断改善商品的质量及功能，加强售后服务，提高服务质量，以增强消费者对商品、服务和企业的安全感、信赖感。

④ 切忌将这种定价策略滥用到一般的商品和服务上或一般商店中，造成消费者的反感，给企业经营招致不可挽回的损失。

相关链接

瓶装水的价格

一些超市、便利店销售的水，如康师傅、冰露等相当部分是 1 元/瓶。一食杂店的张先生说，以前他的店卖两种价位的水，分别为 1.5 元/瓶、1 元/瓶，前者进货价 1.2 元左右，后者进货价 0.7 元左右，两者利润差不多。不过，在零售上 1 元/瓶的水比较好卖，所以他现在干脆只卖“一元水”，这就是习惯定价。

产自英国艾塞克斯郡的 Elsenham 就只有二十多年历史，它是产自一块厚度大约在 400 米的优质承压含水层的泉水。如今，一瓶 750 毫升的 Elsenham 已经卖到 30 英镑，是世界上最贵的瓶装水之一。另外，美国田纳西州的 Bling 瓶装水在包装似乎已经做到了极致。它的瓶子上有数十颗手工镶嵌的施华洛氏奇水晶，每瓶售价 36.75 美元。这类高端品牌瓶装水的定价就是采用的声望定价法。

(3) 尾数定价。尾数定价是指商品的价格处于整数和零头的分界线时，定价不能取整数而取零头的定价技巧。这是一种典型的心理定价技巧，利用消费者对商品价格的感觉、知觉的差异所造成的错觉来刺激他们的购买行为。一般情况下，多数消费者在购买日用商品时，比较愿意接受零头价格，而不喜欢接受整数价格，特别是对于购买次数频繁的日用品。求廉心理促使消费者更偏爱零头价格。例如，4 元钱一瓶的饮料，若定价为 3.95 元，虽然只减少了 5 分钱，但消费者会认为这是属于 4 元钱以内的开支，符合一般消费水平，从而激起消费者的购买欲望，使产品销售量增加。

目前，尾数定价技巧是国际市场上广为流行的一种零售商品的定价技巧。但是由于世界各地的消费者有着不同的风俗习惯和消费习惯，所以，不同国家和地区运用这种定价技巧时存在着一些差别，其关键在于零头部分的设计上。因受不同风俗习惯的影响，有些数字是人们乐于接受的，而有些数字却是人们忌讳的，为此，零头部分定得好，有利于促进销售，否则就会阻碍销售。一些商业心理学家的调查表明，美国市场上零售商品的价格尾数以奇数居多，以奇数为尾数的价格中又以 9 为最多，一般是 9 美分、49 美分、99 美分等。在调查中还发现，49 美分的商品的销售数量远远超过 50 美分和 48 美分的商品的销售数量。对 5 美元以下的商品，零头为 9 最受欢迎，而 5 美元以上的商品，价格的零头部分为 95 的，销售效果最佳。在日本和我国的港澳台地区，人们喜欢偶数，认为偶数给人以稳定、安全的感觉，在商品价格尾数中尤以偶数 8 更受欢迎。因为 8 在日本被认为是吉祥如意的象征，而在我国港澳台地区则将 8 与“发”(发财致富)联系在一起。西方人则认为 13 是不吉利的数字，商品定价尽量避免使用 13。在我国，4、7 这样的数字因它们的谐音为“死”和“气”，有人认为不吉利而受到冷落。

尾数定价给消费者以下心理感受。

① 商品价格非常精确。企业制定的商品价格非常精确，连角和分都计算得清清楚楚，工作是认真负责的，从而认为定价准确合理，企业是可信的；相反，把价格定在整数位上，如 50、100、200、500、1 000 等，则给消费者一种概略定价，不负责任的感觉。

② 尾数定价给消费者以价格偏低的感觉。消费者总希望能买到物美价廉的商品，尾数定价正是利用了这种心理倾向，如一件商品定价为 98.50 元与定价 100 元，虽只差 1.50 元，但给消费者心理上造成的差距远不止 1.50 元钱。

③ 尾数定价易使消费者产生价格下降的心理错觉。当一种商品价格在整数以下时，会使消费者产生价格下降的印象，而当商品价格在整数以上时，会给消费者造成商品可能提价的印象，从而抑制了购买。

尾数定价策略给人以计算精确，价格已达最低限度的感觉，而深受广大消费者欢迎。但这种定价技巧只适用于价值小、数量大、销售面广、购买次数频繁的日用消费品，且价格宜低不宜高。

(4) 整数定价。整数定价指企业把商品价格定在整数上的一种定价技巧。它与尾数定价正好相反，其特点是舍零取整，价格宜高不宜低。这种定价技巧实质上利用了消费者的“一分钱、一分货”的心理及炫耀心理，它主要适用于对名、优、特或高档耐用消费品的定价。消费者常常把价格看作是商品质量的象征，如果价格定得较低，消费者会认为价低则质次，不愿意购买；相反，如果把价格定得稍高一些，而且是一个整数，可以在消费者心目中树立价高质优的产品形象，给人以可靠性强的心理感受。对一些高档耐用消费品，价格若为一个数目较大的整数，还可以显示购买者的高贵和富有，满足其炫耀心理，从而达到刺激购买的目的。对于一套进口组合音响，将价格定为 9 800 元比定为 9 795 元更适合消费者的心理。

从经营的角度看，价格定为整数既便于记忆，又方便购买，免去了价款找零的麻烦，因此，对价值较低的方便商品也适合选择这种定价策略。如一些儿童食品定价为 1 元、2 元，就有利于吸引儿童的购买，起到了促进销售的作用。

(5) 分级定价。分级定价是指企业根据市场细分理论，对不同档次的商品采取差别定价的技巧。即企业在出售商品时，将不同厂家生产的同一类产品，按品牌、规格、花色、型号和质量等标准划分为若干个档次，对每一个档次的商品制定一个价格，以适应不同消费者的不同心理需要。如冬季商场里出售的羽绒服，经常按品牌分为几个档次，每个档次之间都存在差价，使消费者很容易相信这是由质量差别而引起的，给消费者以“一分钱一分货”的感受。又如我国一些国产名酒纷纷推出其二线、三线品牌以扩大市场面，适应不同层次的消费需求。如五粮液集团的“五粮春”“金六福”“浏阳河”等。这种定价策略既便于消费者购买合适的商品，也便于简化交易手续，通过制定不同档次的商品价格，来反映不同商品的品质水平，从而满足不同消费者的消费心理、消费习惯和消费水平。

选择分级定价时必须充分考虑不同消费者的心理需要，商品档次的划分应根据不同的商品而定，既不能过多，也不能太少，要便利消费者挑选；价差要符合消费者的购买心理，既不能过大，也不能过小，应以消费者能够接受，且有利于企业促销为原则。

(6) 折扣定价。折扣定价是指企业在一定的市场范围内，以目标价格为标准，为维持和扩大市场占有率而采取的减价求销的价格策略。如我们经常见到的“全场商品六折起”、“六一”儿童节儿童用品打折、寒暑假期间学生购买飞机票打五折、教师打七五折等，均为企业在促销中利用消费者的折扣心理而常用的手法。消费者的折扣价格心理是一种求“实惠”、抓“机会”的心理，企业利用这种心理，采取低于原有价格的优惠价格来吸引消费者，使消费者感到有“利”可图，以激发购买欲望，促使消费者大量购买、重复购买，甚至超储购买。在实际运用时，折扣定价策略有不同的形式。

① 数量折扣。数量折扣是企业根据消费者所购商品数量的多少，给予不同的减价优惠，即批量作价。消费者购买的数量越多，折扣越大。从表面上看，这种价格技巧似乎降低了企业的利润，其实不然。购买者的购买数量越大，产品的销售速度就越快，从而使企业的资金周转速度加快、流通费用减少，不但不会降低利润，而且还会迅速收回投资，降低企业的经营风险，这不失为薄利多销的一种很好的形式。数量折扣有累计数量折扣和一次性数量折扣两种具体形式。累计数量折扣是指在一定时期内(如一个月、半年、一年等)，消费者的购买数量累计达到一定数量时，按总量给予一定的折扣，目的是在企业和顾客之间建立起长期的、较稳定的合作关系，有利于企业合理安排生产经营。一次性数量折扣是按一次性购买数量的多少而给予的折扣，目的在于鼓励顾客加大一次购买的数量，便于企业大批量生产和销售。

② 付款折扣。付款折扣是指企业按照顾客在不同的约定日期付款而给予不同折扣的一种定价技巧，它是在“信用购货”这个特定的条件下产生的，在美国和日本相当流行。付款折扣的目的在于鼓励顾客尽早付款，以加速企业的资金周转。例如，在美国的食品行业，典型的付款折扣具有这样的形式：5/15，Net(净)30。其含义是：交易和延期付款 30 天，买

主若在开出发票的 15 天内付款，可得到 5%的折扣；超过 15 天但在 30 天以内付款不给折扣；超过 30 天付款则需加付利息。在我国房地产经营企业的商品房销售中，也经常采取这种策略，如购房者若一次付款，则给予 10%～15%的优惠；若分期付款或通过银行按揭，则不给折扣。

③ 季节折扣。季节折扣是企业为了促进这季商品的销售，利用优惠价格，激发消费者违时购买热情的一种价格技巧。对于过季商品，若不采取一定的措施促进销售，往往会造成积压，有的要积压半年、一年，而有的可能会成为永久性积压品，如时装，有着较强的流行性，一旦过时，处于淘汰期，则会成为滞销品，影响到企业的资金周转。如果在临近换季时或换季以后，在价格上给予一定的减让，仍可刺激那些追求实惠的消费者，减轻企业的滞销压力。

折扣定价注意到实际市场价格与目标价格的差异，是一种竞争力较强、弹性较大、买卖双方都愿意接受的价格策略。不过，减价优惠的幅度要适中，时机要把握准，以免遭到买方的拒绝。为此，企业必须深入研究市场供求、竞争状况、消费者心理及企业的经济利益，才能使目标价格保持较高的灵活性，增强商品在市场上的竞争力，扩大销量，加速资金周转，节省流通费用，以取得较高的经济效益。

相关链接

对谁打折？

公司总是很好心地给爷爷奶奶、学生提供特价优惠。实际上，在美国，大多数的年长消费者比 30 多岁的夫妇有更多的钱可以花，30 多岁的夫妇上有老下有小，要付房贷、车贷、学费贷款、信用卡。但是，老人有更多的时间进行挑选，货比三家，所以公司会给老人折扣，不管他们有钱没钱。学生也会花很多时间进行挑选，货比三家，因为他们没钱。所以，给老人和学生折扣不是公司发善心，而是尽量根据每一个人的支付意愿程度进行定价的一种体现。

(7) 招徕定价。招徕定价是指企业为了招徕更多的顾客，有意将某些日用消费品的价格定得很低，甚至远远低于成本，以吸引顾客由此及彼购买其他商品，从而增加总盈利的一种定价技巧。这种定价技巧利用了消费者的从众、求廉、投机的心理。对于习惯性消费的日用品，消费者普遍存在着求廉心理，一旦某种商品价格低于市价，消费者就会蜂拥而至，这种冲动性从众心理使很多消费者根本不考虑该商品对自己是否有用或用途有多大而盲目购买，许多滞销品正是通过这种定价策略而打开销路的。

有些企业在采用这种定价策略时，利用了消费者的投机心理。它们经常在报纸、电视、广播等新闻媒体上做广告，决定以比平常或其他企业低得多的价格(有时会低于成本)出售某种或某几种商品，消费者往往怀有侥幸心理，光顾这些企业购买“特价”商品，企业正是以此招徕顾客的。因为这些企业经营的品种很多，顾客既然光临，除购买特价商品外，也许还会购买一些其他商品，这样，企业虽然在某种或某几种商品经营上受到损失，但总的营业额却会因此而增加。

相关链接

家乐福的招徕定价

家乐福卖场，商品不会少于3万种，他们的经营策略是在3万种商品里，选出3%的价格敏感商品作为特价品，让利给消费者。除去这900件的其他商品呢？就分成：

A. 钻石产品，进口的，你没有对比性(高利润)

B. 黄金铂金产品，一个区域独家垄断的(高利润)

C. 贴牌的产品(一般利润)

D. 一般的、大众的产品(平均利润)

在卖场，这900件商品为诱饵，让消费者来占便宜。把消费者先引进来，他们几乎不会只买了特价品就走，900件以外的商品都是赚钱的！

值得注意的是，采用招徕定价技巧时，选择用来招徕顾客的“特价”商品应该是消费者熟悉的、质量得到公认的或容易鉴别的日常用品或生活必需品。

(8) 组合定价。组合定价指企业在生产经营两种或两种以上的互相关联、互相补充的商品时，根据消费者的心理而采取的相互补充的定价技巧。一个企业一般要经营多种产品，而这些产品之间往往具有替代或互补关系。在这种情况下，如果只从某一种产品的竞争状况、生产特点等出发定价，往往会影响另一种产品的销售，从而影响企业总的经营目标。因此，企业在定价时，应着眼于长远利益，从全局出发，对于有补充关系的商品应区别对待。对那些价值大、购买次数少、消费者对价格变动较为敏感的商品价格定得低些，以吸引消费者；而对与他们补充使用的、价值小、购买次数多和消费者对价格变动反应迟钝的商品，价格可适当定得高些。例如，有一家企业生产一种新型的高档圆珠笔，同时生产专用笔芯，根据这两种产品的互补关系和消费特征，厂家把圆珠笔的价格定为5.80元，低于正常价格0.20元，使消费者感到便宜，愿意购买。同时，把笔芯的价格定为1.20元，高于正常价格 0.10 元。由于笔芯是“低价易耗品”，价格高一角、两角钱、消费者并不在意。圆珠笔的价格较低，促进了销售，从而将带动笔芯的销售。这样，圆珠笔销售上的损失可以从笔芯的销售中得到弥补，盈亏相抵后，甚至还可以增加总利润。

对于配套商品，既可以实行成套购买优惠价也可以实行赠送配套小商品的定价技巧，以促进消费者成套购买，节约营销成本，扩大销售量，加速资金周转，增加盈利。例如销售西装，对于单独购买一件上衣的顾客，可按原价出售；若购买成套西装(包括上衣、裤子和马甲)，则给予一定的价格优惠，或免费赠送配套的衬衣或领带，这样既会扩大销售，节约销售费用，又可以达到增加利润的目的。

三、影响定价的因素

1. 影响定价的一般因素

(1) 产品价值量。产品的价值量是凝结于产品中的社会必要劳动时间，是产品价格的内在决定因素之一，其外在形式则通过货币表现为某种产品的价格，也就是说，价格是价值的货币表现。因此，价值成为产品价格的支配性因素。在实际中，产品价格由于受供求等多种因素的影响而表现活跃，并不总是与其价值相一致，而是常常与其价值相背离。但这种背离始终以价值为中心，是围绕价值上下波动的，从长远的发展及波动的平均值考察，价格与价值应是基本吻合的。

(2) 货币价值。这是除了产品价值量之外，决定产品价格的另一个内在要素。当货币代表的价值发生变化时，即使产品本身的价值不变，其价格也必然发生变化。一般来讲，货币价值量的变动会引起产品价格的反向变动。在现实经济活动中，纸币是由国家发行并强制流通的价格符号，纸币所代表的价值，主要取决于产品和货币之间流通数量的合理比例，即要求社会货币流通量与产品流通相适应。一旦纸币的发行量超过了流通中实际需要的货币量，就会引起纸币贬值，从而导致市场物价普遍上涨，这就是通货膨胀；反之，通货紧缩会使物价下降，也可能造成流通不畅，市场不景气，从而导致经济萎缩。

(3) 产品供求关系。在市场经济条件下，产品价格是通过消费者心理选择过程及其表现出的购买行为来实现的。价格的最终形成表现为同消费者直接见面并为消费者接受的价格。因此，在现实购买行为中，价值并不能直接决定价格，而直接影响现行市场价格的是产品供求关系。一般来讲，当产品供给量高于市场需求量时，价格呈下降趋势；反之，则价格呈上涨趋势，只有当二者基本持平时，产品的市场价格才是均衡价格。因此，产品供求关系对产品价格表现出最直接、最外在的影响。

(4) 市场竞争。竞争是市场经济的重要机制。市场竞争包括消费者竞争和生产者竞争。这两种竞争都会影响市场产品价格的变动。在充分竞争的市场条件下，竞争对企业产品定价有较大的影响和限制作用，一个企业在决定其产品价格时，自主权的大小很大程度上取决于生产者竞争和消费者竞争的强度。从生产者角度分析，生产某产品的企业数量、产品质量、产量，以及采取的营销策略，都直接影响企业对该产品的价格决策。从消费者角度分析，消费者对产品的认知程度、需求迫切性、价格心理标准及消费偏好等，同样对企业的价格决策有重要影响。如果企业是市场上唯一的产品提供者，在确定产品价格时就有广泛的自主决策权。如果某产品的弹性系数较小，企业甚至可以不考虑消费者的心理倾向；反之，如果市场上有多个企业参与竞争且实力相当，那么其中任何一家企业都无法对价格产生决定性影响，而只能接受市场上由消费者心理倾向所反映出的价格标准。这时企业应按照消费者心理标准决定的市场价格来调整自身的生产与经营，公式化的价格策略将会受到极大的限制。

(5) 国际市场价格。随着改革开放步伐的加快，特别是中国加入 WTO 后，产品的国际市场价格对国内产品价格的影响越来越大。在不考虑通货膨胀和供求关系等因素的情况下，国际市场价格高的产品，会拉动国内产品价格的攀高；反之，国际市场价格低的产品，会迫使国内价格趋降。

2. 影响定价的社会心理因素

社会心理是人们在一定的社会环境、文化和社会条件影响下，通过人员传播、潜移默化等作用，由社会现象引起的感情、意识等心理现象。当消费者的社会心理表现为外部消费活动时，便促成了人们的消费行为。这种行为在一定程度上是企业经济活动和消费者消费行为的调解器，也影响产品价格的形成与变动。消费者的社会心理因素对市场价格的调整、涨跌起着明显的影响和牵制作用，对企业价格策略的制定和调整产生抑制或推动作用。影响定价的社会心理因素主要有以下几个。

(1) 价格预期心理。价格预期心理是指在经济运行过程中，消费者群体或消费者个人对未来一定时期内价格水平变动趋势和变动幅度的一种心理估测。从总体上看，这是一种主观推测，它是以现有社会经济状况和价格水平为前提的推断和臆想。如果形成一种消费者群的价格预期心理趋势，就会较大地影响市场某类产品现期价格和预期价格的变动水平。因此，企业在制定价格策略时，必须考虑这一重要心理因素。

相关链接

罗伯特·西奥迪尼(Robert Cialdini)做了个实验，对于来买台球桌的客户，有的先给他们看3 000美元的台球桌，有的先给他们看价格1 000美元的台球桌，结果，前者最后买的台球桌平均价格为1 000多美元，而后者买的台球桌平均价格为550美元。

心理学上，这种效应被称为“锚定”。3 000美元的台球桌也许大大超过客户的预算，但是它会使得客户购物时愿意增加开支。古董家具店打折的货品标的原价总是高得离奇。客户进来一看，嗤之以鼻，自以为聪明，觉得傻瓜才会花这么多钱去买这个东西，然后花2倍于预算的钱买了一堆东西，还挺乐。

(2) 价格攀比心理。攀比心理是人们普遍存在的一种常见心理活动。价格攀比心理常表现为不同消费者之间的攀比和生产经营者之间的攀比。消费者之间的攀比心理会导致抢购、超前消费乃至诱发和加重消费膨胀态势，成为推动价格上涨的重要因素。拍卖市场中的竞相抬价就是这种心理的突出表现。生产经营者之间的价格攀比会直接导致价格的盲目涨跌，进而冲击消费者在正常时期的消费判断能力，使市场出现较突然的盲目波动。

(3) 价格观望心理。价格观望心理是指消费者对价格水平变动趋势和变动量的观察等待，当其达到自己期望的水平时，才采取购买行动，从而取得较为理想的对比效益，即现价与期望价格之间的差额。价格观望心理是价格预期心理的一种表现形式，是以主观臆断为基础的心理活动。它一般产生于市场行为比较活跃的时期。消费者往往根据自身的生活经验和自我判断及社会群体的行为表现来确定等待、观望的时间。消费者观望心理对企业营销活动的影响多表现为隐形的。但这种心态一旦成为消费者群体的意识后，会对企业乃至社会造成很大的压力，可表现出社会性的购买高潮和社会性的拒绝购买两种极端行为。这种心理在耐用消费品及不动产的消费方面表现较为突出。企业在确定价格策略、广告策略时，应增加市场信息的透明度，注意信息传播的广泛性，以减少观望心理带来的盲动行为。

(4) 倾斜心理与补偿心理。倾斜心理在心理学中反映了某种心理状态的不平衡；补偿心理则反映掩盖某种不足的一种心理防御机制。二者都是不对称心理状态的反映。这种心理状态来自利益主体对自身利益的强烈追求。在日常生活中，许多人都可以被认为既是营销者又是消费者。对营销者而言，这种心理状态可导致价格决策中的心理矛盾和选择错误。他们总希望自己产品的价格越高越好，而他人产品的价格则越低越好；购入价格越低越好，而销售价格则越高越好。而作为消费者，总希望自己的收入越多越好，产品价格越低越好。这种不平衡的心理态势，会促使人们成为“价格两面人”。这种心理态势如果在社会群体中不断强化，就会产生一种社会的冲动，在法制不健全的情况下，这种冲动将演变为市场上的假冒伪劣、低质高价、以次充好、短斤缺两等不正当行为，扰乱多年来消费者心目中形成的价格心理标准，使消费者失去对价格质量的信任感。

相关链接

对定价策略的认识

(1) 打折时讲绝对金额，收费时讲百分比。
(2) 开发价值，宣传价值。
(3) 要谈价值，而不是价格。
(4) 价格永远不是第一个 P。
(5) 低价格信号对买方管用，所以对卖方也管用。
(6) 价格实际是低的，但是看着不低，这招可能对你管用。
(7) 价格尾数是 9，很好，5 也不错，在亚洲，8 也很好。
(8) 不要自作聪明。
(9) 价格要因人而异。
(10) 价格歧视是生财之道，要运用创造力、新发明、研发来寻找价格歧视新方法。
(11) 定价的重要性再怎么强调也不为过。

模块小结

价格是消费心理中最敏感的因素。深入研究价格对消费者的心理影响，把握其价格心理特性，是企业正确制定价格策略的基础和前提。价格的心理功能主要有衡量商品价值、自我意识比拟、调节消费需求。

价格心理，是指消费者在购买过程中对价格刺激的各种心理反应及其表现。它是由消费者自身的个性心理和对价格的知觉判断共同构成的。消费者的价格心理特征主要有习惯性心理、敏感性心理、感受性心理、倾向性心理和逆反性心理。消费者的心理随着商品价格变动而变化，因而，企业无论是降价还是提价，都应清楚认识到各种调价方式的优势和不足，选准适当的时机进行价格变动，以免超越消费者对价格变动的心理接受程度。

商品价格是影响商品销售的重要因素，制定商品价格要讲究策略。制定商品价格时，除了依据商品的成本、需求和竞争等因素外，还要考虑消费者的各种心理因素，针对不同种类的商品及不同的购买对象选择正确的价格策略，以达到促进销售，提高市场占有率的目的。

主要名词

价格　需求弹性　价格功能　价格心理　成本导向定价法　需求导向定价法　竞争导向定价法

自 测 试 题

一、单项选择题(10 分，每题 2.5 分)

1. 在市场上影响消费行为的主要因素是(　　)。
A. 营销活动　　B. 促销手段　　C. 消费心理　　D. 货币收入
2. 比较适宜于消费者地位显示心理的定价策略是(　　)。
A. 反向定价策略　　B. 组合定价策略
C. 尾数定价策略　　D. 整数定价策略
3. 消费者对某种商品的心理需求越强烈，该商品价格的调节作用越(　　)。
A. 强　　B. 弱　　C. 真实　　D. 隐蔽
4. 针对消费者对新产品的求新、好奇心理而在定价时采用先高价后低价的方法是(　　)。
A. 撇脂定价法　　B. 渗透性定价法
C. 满意定价策略　　D. 习惯性定价法

二、多项选择题(10 分，每题 2 分)

1. 迎合消费者求廉心理的定价策略是(　　)。
A. 整数定价　　B. 尾数定价　　C. 招徕定价
D. 习惯定价　　E. 撇脂定价
2. 商品价格的功能包括(　　)。
A. 商品价值功能　　B. 比拟功能
C. 减少支出功能　　D. 调节需求功能
3. 产品定价的方法主要有(　　)。
A. 成本导向定价　　B. 需求导向定价
C. 竞争导向定价　　D. 任意定价
4. 消费者的价格心理特征主要包括(　　)。
A. 消费者对价格的习惯性　　B. 消费者对价格的敏感性
C. 消费者对价格的感受性　　D. 消费者对价格的倾向性
E. 消费者对价格的逆反性
5. (　　)是影响定价的一般因素。
A. 产品价值量　　B. 货币价值　　C. 产品供求关系
D. 市场竞争　　E. 国际市场价格

三、简答题(70 分，每题 10 分)

1. 什么是商品价格？商品价格有哪些功能？
2. 消费者的价格心理主要有哪些特征？
3. 简述消费者对价格调整的心理及行为反应。
4. 价格调整的心理策略及技巧有哪些？

5．简述常用的商品定价方法。

6．商品定价有哪些主要的心理技巧？

7．简述影响定价的因素。

四、论述题(10分)

试论述影响商品定价的因素。

案例分析

百分比和绝对数字

工厂的职责是确保低成本，市场营销的职责是确保高价格。定价的重要性再怎么强调也不为过。

平均来讲，一个公司的产品价格哪怕只上涨1%，利润就会上升11.3%，所以你在定价策略上花再多的精力也不算过分。相比于促销和品牌打造，定价得到的注意力和尊重是远远不够的。公司都会聘用广告公司和公关公司等，但是却没有定价公司。

有一个实验，让精神病学家决定要不要释放某一精神病患者，当精神病学家被告知“100个相似的病人中有20个”会在被释放后6个月内发生暴力行为时，59%的精神病学家会选择释放这个病人；而当被告知“相似的病人有20%”会在被释放后6个月内发生暴力行为时，79%的精神病学家会选择释放这个病人。

所以，如果你希望人们把一个数字想得大一点，你就讲绝对数字，而不是百分比；如果你希望人们把一个数字想得小一点，你就讲百分比。汽车公司搞促销，优惠条件是如果你在月底前买车，那么可以享受“2 000美元的现金折扣”，2 000美元听起来比8%的折扣(假设汽车售价为25 000美元)要大得多；相反，华尔街金融怪才——基金经理每年只收取1.9%的“费用”。

打折时讲绝对金额，收费时讲百分比。

案例讨论

1．对于“定价公司”，你认为是否可行？

2．打折时讲绝对金额，收费时讲百分比，利用了消费者什么定价心理？

实 训 练 习

1．到各大零售商场进行调查，了解目前它们主要采取的定价技巧有哪些。

2．调查身边同学最近的消费行为，分析学生对商品价格变动的心理反应与社会普通消费者有什么异同？

3．你在商品降价时参与过抢购吗？如果参与过，分析当时的消费心理。

模块8

追求卓越产品赢得顾客之心

内容提要

本模块主要介绍商品名称、品牌对消费心理的影响，企业需在遵循品牌设计原则的基础上，选择合适的品牌策略迎合消费者的消费心理。本模块同时介绍了包装的主要功能及其对消费心理的影响，重点讲解包装设计的心理要求和心理策略。

教学重点和难点

品牌、包装的含义及特征；品牌的心理效应；品牌策略；包装的功能；包装设计的心理策略。

学习目标

知识点：掌握商品名称、品牌、包装的含义及特征；品牌、包装的心理效应；品牌、包装设计的心理策略。

能力点：充分认识商品名称、品牌、包装对消费心理的影响，能根据品牌、包装设计的心理策略，设计商品的品牌及包装。

导入案例

可口可乐名字的由来

可口可乐能在中国所向披靡，除了积累百年的品牌，还因为它有一个无可比拟的中文名字。可口可乐，一直被认为是广告界翻译得最好的品牌名称，不但保持了英文的音译，还比英文更有寓意。

可口可乐四个字生动地暗示出了产品给消费者带来的感受——好喝、清爽、快乐——可口亦可乐，让消费者胃口十足，“挡不住的感觉”油然而生。也正因如此，可乐逐渐成为饮品类的代名词和行业标准。可口可乐是怎么创造出来的，大家可能早有耳闻，但它的命名过程，恐怕知道的人就不多了。

1886 年，美国亚特兰大市的药剂师约翰·潘伯顿无意中创造了可口可乐。他的助手，会计员罗宾逊是一个古典书法家，他认为有两个大写字母 C 会很好看，因此用 Coca-Cola 作为这个奇异饮料的名称。

20 世纪 20 年代，可口可乐已在上海生产，一开始翻译成了一个非常奇怪的中文名字，叫“蝌蝌啃蜡”，被接受的状况自然可想而知。于是可口可乐专门负责海外业务的出口公司，公开登报悬赏 350 英镑征求译名，当时身在英国的一位上海教授蒋彝，便以“可口可乐”四个字击败其他所有对手，拿走了奖金。

现在看来可口可乐真是捡了个大便宜，350 英镑的成本换来今天在中国数十亿的销售额。

单元 1　商品名称与消费心理

如今的市场经济已不是从前的“酒香不怕巷子深”的时代了，现在好的产品也需要好的包装、好的策划。产品名称就在其中起到了举足轻重的作用。商品名称就是企业为产品取的名字，是运用语言文字对商品的主要特性概括反映的称号。一个好的名字，是一个企业、一种产品拥有的一笔永久性的精神财富。一个好名字能时时唤起人们美好的联想，刺激消费者的购买欲望，更使其拥有者得到鞭策和鼓励。

因而，根据消费者的心理特点进行商品命名对刺激消费欲望、扩大商品影响，促进市场营销等方面都有着十分重要的作用。

一、商品命名

商品命名，就是选定恰当的语言文字，概括地反映商品的特征、用途、形状、性能等属性。例如，健胃消食片是一种具有健胃消食功能的药片；抽油烟机是清除油烟的机器；山地车是便于山地行走的自行车等。这些名称都明确地传达了它所代表的商品的基本用途和性能，使消费者能够迅速地获得商品的相关信息。

此外，商品名称也是消费者记忆和识别商品的重要标志之一。一个引人注意、富于美感、言简意赅、符合消费者购买心理的商品名称，不仅能使消费者了解商品的基本情况，还会刺激消费者的购买欲望，给消费者带来享受；反之，一件名称粗俗不堪的商品，即使质量再优良、包装再精美，也会大大降低或抑制消费者的购买欲望。

以我国体操王子李宁的名称命名的“李宁牌”体育用品系列，寄寓了企业要以李宁的拼搏精神改变我国体育系列用品落后的局面，追求世界一流产品的企业精神。“李宁牌”对于他们来说，与其说是一个商标，不如说是一个企业精神的缩略语。商品命名一般具有以下具体作用。

(1) 标志作用。商品名称就像人的名字一样，它是代表商品的一种符号。无论给商品起什么名字，一旦命名与产品基本实体紧密联系在一起了，只要一提起这一名称，就能让人想到这一商品。

(2) 显示作用。以商品的某一特点加以命名，能显示商品内在的或与商品相联系的某一特点，或者能显示商品的某种功效，从而帮助消费者对商品作出正确判断。

(3) 记忆作用。对于大多数消费者而言，记忆文字性的商品名称比记忆商品实体本身要简单方便。朗朗上口、言简意赅的名字，能给人留下深刻的印象，当消费者有购买需求的时候，就会想起这种商品。

(4) 传播作用。不论是大众传播还是人际传播，都必须借助于商品名称来传递信息。

(5) 刺激作用。一个富有刺激性的商品名称，能激发消费者的兴趣，对产品产生良好的情感，产生购买欲望。

(6) 增值作用。一个富有情感和文化内涵的商品名称，还能增加商品的心理价值。

二、商品名称的消费心理效应

1. 商品命名的心理原则

商品命名应能够概括并准确地反映商品的主要特点和性能，易于消费者的理解和引起联想、进而激发购买欲望。美孚石油公司商品名称的确立，花费了 40 万美元，调查了 55 个国家的语言，编写了一万多个用罗马字组成的商标后才定了下来。他们之所以肯花大本钱用在商品的命名上，就是因为他们深深认识到，一个商品的名称，代表着一定的商品质量与特征，是企业经营信誉的象征和标志。企业在商品命名时要注意遵循以下几项心理原则。

(1) 名实相符。名实相符是指商品的名称要与商品实体的主要性质和特点相适应，而不应出现商品的名与实不相称或有损商品形象的现象。这样消费者就能够通过商品的名称直观地了解商品的主要功效和特性，有助于他们进行选择购买，如电冰箱、洗衣机等命名都是遵循了这项原则。

(2) 便于记忆。商标的名称要简洁明了；用词要通俗易懂，不要用艰深冷僻、古奥晦涩的词；用字要力求笔画简单，易于书写印刷，不要用笔画繁杂，难以辨认或已被淘汰了的古字、废字；读音要响亮顺口有音乐美感，要避免平仄不分；此外名称的文字也不能过长。心理学研究表明，人的注意力、记忆力难以容纳五个以上的要素，超过五个字，阅读就会绕口，因而商品名称使用的字数最好在五个字以内。例如，位于北京崇文门原名为“金朗美丽殿大酒店”的酒店，因名字过长，且绕口，后来改成“金朗大酒店”。

(3) 引人注意。商品命名要对产品有恰当的形象描述，应根据商品目标消费者的年龄、职业、性别、知识水平等所产生的不同心理要求进行商品命名，使消费者产生良好的印象和兴趣。例如，女性商品名称应突出商品的柔和洁丽，高雅大方；男性商品名称应突出刚柔相济，浑厚朴实；青年用品名称应体现年轻人的青春气息；老年用品名称则应以朴素庄重为宜。但是，商品命名不必拘泥于固定的格式，只要突出了商品特点，考虑了消费者的心理特征，就可以做到为商品起一个引人注意、独具特色的商品名称。如“王麻子剪刀”

“蒙妮纱服装”“老头乐”等。

(4) 诱发情感。积极的情感是消费者购买商品的增效剂，如果消费者对商品没有良好的情感，就很难促进其购买行为完成。例如 1996 年，锐步公司(Reebok)推出了一款名为“梦魇”(Incubus)的女士运动鞋。可是公司没有想到，在中世纪的民间传说中，Incubus 是一个趁女人熟睡时强暴她们的魔鬼。在受到提醒后，锐步公司马上宣布停止生产这个牌子的运动鞋。又如，消费者熟悉的“舒肤佳”香皂通过强调“舒”和“佳”两大焦点，给人以使用后会全身舒爽的联想，使其产品更具亲和力。因此，商品的命名应根据不同的购买者和使用者的个性心理特征，使其具有某种情绪色彩和特殊意义，以诱发消费者肯定和积极的情绪，增强购买欲望。

(5) 启发联想。启发消费者关于商品的美好联想，是商品命名应当具备的一项内在功能，是通过商品命名使消费者从名称上引发联想。为达到这一目的，商品命名应力求具有形象性、趣味性、科学性和艺术感染力，以便启发消费者的美好联想，刺激消费者的购买欲望。如对历史典故、生活经历、故乡风情、美好事物的联想，唤起消费者对美好事物的追忆和对未来生活的向往，刺激其购买欲望。如“白桦林餐厅”“忆苦思甜大杂院”等，对一代知识青年具有特殊的意义和心理感受。

总之，商品命名要避免雷同和一般化，应力求寓意深远，美好、高度概括商品的特性，富于情趣，健康向上，便于记忆。只有这样，才能既满足消费者的心理需要，又促进其购买行为。

2. 商品命名的心理方法

商品命名的方法很多，每一种都有其特点和使用范围，但所有命名方法的核心都是使产品名称更好地适应消费者的心理特点，满足他们的需要。由于商品性质的差异和用途的限制，选择命名方法时要注意在使用时恰当与否和实际效果，而不能千篇一律或信手拈来。

(1) 根据商品的主要效用命名。这种命名方法就是用直接反映商品的主要性能和用途的文字作为商品名称。其心理意义在于：能突出商品的性能和功效，便于消费者望文生义，迅速了解商品，并迎合消费者对商品求实用、实效的心理要求。在日用工业品和医药品等商品的命名中多用这种方法，如治疗感冒的药品“感康”、牙膏品牌“康齿灵”等均属此类。

(2) 根据商品的主要成分命名。这种命名方法就是商品所含的重要成分体现在商品名称里，通常多用于食品、药品的命名上。如板蓝根冲剂，从名称上就可以了解到该药品的主要成分是中草药板蓝根。根据商品的主要成分进行命名的心理意义在于：它可以直接或间接反映商品的主要成分，为消费者了解商品的价值、功效等提供资料，使商品在消费者心目中有信任感和名贵感，从而引起购买欲望。一些化妆品如“人参胎盘膏”“银耳珍珠霜”等名称，突出商品所使用的名贵材料，以此刺激消费者的购买欲望。

(3) 根据商品的产地命名。这种命名方法就是用商品出产地或传统商品生产所在地作为商品名称，如贵州茅台酒、青岛啤酒、西湖龙井茶等。根据产地命名商品意在反映商品的历史渊源和天时地利之秉赋，通过人们对于地域的信任、进而衍生为对产品和商业品牌的信任感，给消费者以货真质好、独具地方特色、历史悠久、工艺精湛的印象，从而激发信任感、名贵感，产生购买欲望。

相关链接

贵州茅台酒

在1999年国家技术监督局发布《地理标志产品保护规定》(2005年5月16日变更为《地理标志产品保护规定》)后不久，“贵州茅台酒”与“绍兴黄酒”“杭州龙井茶”等先后被认定为原产地域产品标志，“茅台”也因此成为在中国贵州茅台镇特定条件下按照特定工艺生产的白酒的地理标志。至此，茅台用地名(茅台镇)命名的知识产权形成了从著作权、企业名称(商号)、驰名商标、原产地域名称等多方面的完整的保护体系。

(4) 根据人名命名。这种命名方法是用历史或现代名人、民间传说人物、产品首创人的名字作为商品名称。其心理意义在于：借助于消费者对名人的崇拜和创造者的崇敬心理，以语言文字为媒介，将特定人物和特定商品相联系，诱发消费者的名人遐想和购买欲望。此种命名又分两种情况：第一种是以历史人物的名字命名，如“东坡肘子”“中山装”等；第二种是以产品首创人的名字命名，如“张小泉剪刀”“麻婆豆腐”等。

相关链接

麻婆豆腐的由来

麻婆豆腐是中国豆腐菜肴中最富地方风味特色菜之一，已成为风靡世界的川菜名肴。此菜有一百多年的历史，是成都“陈麻婆豆腐店”传世佳肴。凡到四川的游客莫不以一尝为快事。麻婆豆腐，是清同治初年成都市北郊万福桥一家小饭店店主陈森富(一说名陈富春)之妻刘氏所创制。刘氏面部有麻点，人称陈麻婆。她创制的烧豆腐，则被称为“陈麻婆豆腐”，其饮食小店后来也以“陈麻婆豆腐店”为名。1909年成都通俗报社出版的《成都通览》(清·傅崇矩著)已将此店及“陈麻婆之豆腐”列入与包席馆正兴园、钟汤圆等店齐名的22家“成都之著名食品店”。《锦城竹枝词》《芙蓉话旧录》等书对陈麻婆创制麻婆豆腐的历史均有记述。清末诗人冯家吉《锦城竹枝词》云：“麻婆陈氏尚传名，豆腐烘来味最精，万福桥边帘影动，合沽春酒醉先生”。麻婆豆腐由于名声卓著，已流传全国，乃至日本、新加坡等国家，但仍以四川陈氏麻婆豆腐为正宗。

(5) 根据商品的外形命名。这种命名方法是用商品独特的外形和色彩作为商品名称，其心理意义在于：能突出商品的优美造型，引起消费者兴趣和注意，便于消费者辨别或满足消费者审美欲望，还因其形象独特，使消费者留下深刻印象和记忆。例如，月饼、动物饼干、半圆仪、三角板、鸭舌帽等。采取这种命名方法，做到了名称和形象相统一，使人产生强烈的立体感，从而加深对商品的印象和记忆。特别是小食品、儿童食品，以商品的外形命名，名称和实物相统一，加快了儿童认识事物的速度，可以迅速激起儿童的购买欲望。

(6) 根据商品的制作方法命名。这种方法是以商品独特的加工过程或传统工艺作为商品的名称。其心理意义在于：能使消费者了解商品制作方法或不寻常的研制过程，提高商品的威望，容易使消费者产生货真价实、质量可靠的感觉。例如，220红药水，俗称“二百二”，就是因为经过220次实验出来的结果，才以此命名。

(7) 根据美好形象的事物或形容词命名。这种命名方法是根据商品的使用效果和感情色彩加以形容比喻作为商品的名称。其心理意义在于：通过形容词褒誉商品，使消费者产生美好联想，满足各种心理欲求，激发购买欲望。例如，修车工具“千斤顶”能够力顶千斤、“百岁酒”暗示此酒具有延年益寿的功效。这种命名方法可以暗示商品的性能和质量。

我国中药的命名中，有些动物、植物可憎可怕，让人厌恶，但药效极好，考虑到病人的心理作用，命名时避免了对病人的不良心理影响。例如，蚯蚓中药中称为“地龙”，壁虎称为“天龙”，“夜明砂”是指蝙蝠的粪便，而尿碱称为“人中白”。这些美妙的名称，给消费者留下了美好的印象，拉近了消费者与商品的距离。

(8) 根据外文译音命名。这种命名方法就是用商品的外文直译为中文的谐音作为商品的名称。其心理意义在于：能够激发消费者的好奇心理，满足求新、求变、求异的需要，也克服了某些外来语翻译上的困难。例如，“沙发”“咖啡”“可口可乐”“凡士林”等，都是以外文译音命名的。

相关链接

从“金狮”到“金利来”

“金利来，男人的世界”。这句广告词早以为众人所熟悉。现在金利来家族中，除了响当当的领带外，还有其他种类颇多的男式服装、饰品、用品等，真是一个男人的世界！

1968 年，“金利来”商标的创造者曾宪梓看到香港当地生产的领带质量低劣，全都摆在地摊上，便立志在香港生产出做工精良的领带来。曾宪梓在泰国时，跟着哥哥学做过几个月领带，掌握了一些制作技术。所以，在香港，他凭着剪刀、尺子、缝纫机，这些简单的工具，真的做出了质优款新的领带。

有了领带，还要给领带确定个商标，因为领带没有牌子，不能进入高档商品柜台。曾宪梓最初起的商标名称叫“金狮”，并兴致勃勃将两条“金狮”领带送给他的一位亲戚。可没想到他的亲戚拒绝了他的礼物，并不高兴地说：“金输、金输，金子全给输了！”

原来，在香港“狮”与“输”读音相近，香港人爱讨个吉利，对“输”字很忌讳。

当晚，曾宪梓彻夜未眠，绞尽脑汁改“金狮”的名字，最后终于想出个好办法，将：“金狮”的英文名“Goldlion”由意译改为意译与音译相结合，即“GOLD”仍为意译“金”，而“LOIN”(狮)取音译,为利来即成为金利来名称。

金利来，金与利一起来，谁听了不高兴！

除了以上列举的商品命名的方法外，商品的命名方法还有很多。不管是哪种命名的方法，商品的名称应该既能反映出商品的特性，又要有强烈的感染力和诱惑力，只有这样才能引起消费者的注意和联想，在一定的程度上满足消费者对商品的某种心理要求，激发其购买欲望。

与相关课程的联系

商品名称策划是产品策划的重要内容，像特仑苏、莫斯利安等，开创了牛奶概念营销之路。

单元2 品牌创立与消费心理

相关链接

宏碁品牌的诞生

被誉为华人第一国际品牌、世界著名的宏碁(Acer)电脑1976年创业时的英文名称叫Multitech，经过十年的努力，Multitech刚刚在国际市场上小有名气，但就在此时，一家美国数据机厂商通过律师通知宏碁，指控宏碁侵犯该公司的商标权，必须立即停止使用Multitech作为公司及品牌名称。经过调查，这家名Multitech的美国数据机制造商在美国确实拥有商标权，而且在欧洲许多国家都早宏碁一步完成登记。商标权的问题如果不能解决，宏碁的自有品牌Multitech在欧美许多国家恐将寸步难行。在全世界，以后缀“~tech”为名的信息技术公司不胜枚举，因为大家都强调技术(tech)，这样的名称没有差异化；又因雷同性太高，在很多国家都不能注册，导致无法推广品牌。因此，当宏碁加速国际化脚步时，就不得不考虑更换品牌。宏碁不惜成本，将更改公司英文名称及商标的工作交给世界著名的广告公司——奥美(O&M)广告。为了创造一个具有国际品位的品牌名称，奥美动员纽约、英国、日本、澳大利亚、中国台湾省分公司的创意工作者，运用计算机从4万多个名字中筛选，挑出1 000多个符合命名条件的名字，再交由宏碁的相关人士讨论，前后历时七八个月，终于决定选用Acer这个名字。

宏碁选择Acer作为新的公司名称与品牌名称，出于以下几方面的考虑。

(1) Acer源于拉丁文，代表鲜明的、活泼的、敏锐的、有洞察力的，这些意义和宏碁所从事的高科行业的特性相吻合。

(2) Acer在英文中，源于词根Ace(王牌)，有优秀、杰出的含义。

(3) 许多文件列举理事长或品牌名称时，习惯按英文字母顺序排列，Acer第一个字母是A，第二个字母是C，取名Acer有助宏碁在媒体的资料中排行在前，增加消费者对Acer的印象。

(4) Acer只有两个音节，四个英文字母，易读易记，比起宏碁原英文名称Mutitech，显得更有价值感，也更有国际品位。

宏碁为了更改品牌名和设计师新商标共花费近一百万美元。应该说宏碁没有在法律诉讼上过多纠缠而毅然决定摒弃平庸的品牌名称Multitech，改用更具鲜明个性的品牌名称Acer，是明智之举。在不良名称上只有负的财产价值；如今，Acer的品牌价值超过1.8亿美元。

在现代市场经济当中，品牌已被公认为是企业极为重要的无形资产，其价值甚至远远超过企业的有形资产。消费者熟知的“苹果”这一品牌，其价值高达1 242亿美元，是世界上价值最高的品牌之一。此外，“微软”“可口可乐”“麦当劳”这些知名品牌都价值不菲。这些品牌之所以价值百万，是因为它们已在消费者心中树立了稳固而持久的良好形象。消费者只要看到这些品牌，内心充满激情，真想马上拥有这些品牌的商品。可口可乐的CEO曾经说过：“可口可乐的品牌可以让倒闭的可口可乐重新再次成为一个跨国大公司。”

因此，企业树立并维持一个良好的品牌形象，就等于拥有了一笔巨大的财富。

一、品牌的内涵

1. 品牌的含义

品牌是一个复合概念，它由品牌外部标记(包括名称、术语、图像)、品牌识别、品牌联想、品牌形象等内容构成。菲利普·科特勒对品牌的定义是：品牌是一种名称、术语、标记、符号或图案，或是他们的相互组合，用以识别某个消费者或某消费人群的产品或服务，并使之与竞争对手的产品或服务相区别。

在品牌的构成中，通常把可用语言称呼的部分，如单词、字母和数字叫做品牌名称，例如，麦当劳、海尔、长虹等；品牌中可被认识，但不能用语言称呼的部分叫做品牌标志，品牌标志常常是某种符号、设计、图案等。其中，品牌名称是品牌的核心要素，它作为一种语言符号是品牌在人际间进行传播的基础。

例如，汉语“麦当劳”、英语“McDonald’s”、金黄色的大拱门“M”，以及它们的组合与麦当劳快餐厅里的“麦当劳大叔”人物形象等，都是麦当劳快餐店的“品牌”或品牌构成部分；汉语“阿里巴巴”、拼音字母“Alibaba”及图案一张微笑的人头侧面，变体的字母 A 是阿里巴巴品牌构成要件。汉字“微软”及英文字母“Microsoft”和飘动的窗口图案则是美国著名软件制造商微软公司的品牌。

2. 品牌的特征

品牌具有以下特征。

(1) 品牌的专有性。品牌是用以识别生产或销售者的产品或服务的。品牌的专有性是指产品一经企业注册或申请专利等，其他企业不得再用。一件产品可以被竞争者模仿但品牌却是独一无二的，品牌在其经营过程中，通过良好的质量、优质的服务建立良好的信誉，这种信誉一经消费者认可，很容易形成品牌忠诚，它也强化了品牌的专有性。

(2) 品牌的价值性。品牌拥有者可以凭借品牌的优势不断获取利益，可以利用品牌的市场开拓力形成扩张力，因此品牌具有价值性。品牌是企业的一种无形资产，这种资产并不能像有形资产那样用实物形式表述，它必须通过一定的载体来表现自己，直接载体就是品牌元素，间接载体就是品牌知名度和美誉度。表 8-1 列举了全球最具价值的十大品牌。

表 8-1　2014 福布斯全球品牌价值 100 强排行榜名单(前 10 名)

排　名	品　牌	品牌价值/亿美元	一年价值变动/(%)	品牌营收/亿美元
1	苹果/Apple	1 242	19	1 709
2	微软/Microsoft	630	11	867
3	谷歌/Google	566	19	514
4	可口可乐/Coca-Cola	561	2	238
5	IBM	479	−5	998
6	麦当劳/McDonald's	399	1	891
7	通用电气/General Electric	371	9	1 260
8	三星/Samsung	350	19	2 096
9	丰田/Toyota	313	22	1 822
10	路易威登/Louis Vuitton	299	5	97

资料来源：福布斯中文网 http://www.forbeschina.com，2014 福布斯全球品牌 100 强。

(3) 品牌发展的风险性和不确定性。正因为品牌是无形资产，所以其收益具有不确定性。品牌创立后，需要不断地投资，在其成长的过程中，由于市场的不断变化，需求的不断提高，企业的品牌资本可能壮大，也可能缩小，甚至在竞争中退出市场，企业如不注意市场的变化及时进行调整，则就可能面临“品牌贬值”的危险。品牌的成长由此存在一定风险，对其评估也存在难度，品牌的风险有时产生于企业的产品质量出现意外、有时由于服务不过关、有时由于品牌资本盲目扩张、运作不佳，如诺基亚。

(4) 品牌的表象性。品牌是企业的无形资产，不具有独立的实体，不占有空间，但它的目的就是让人们通过一个比较容易记忆的形式来记住某一产品或企业，因此，品牌必须有物质载体，需要通过一系列的物质载体来表现自己。品牌的直接载体主要是文字、图案和符号；间接载体主要有产品的质量、产品服务、知名度、美誉度、市场占有率。优秀的品牌在载体方面表现较为突出，如“可口可乐”的文字，使人们联想到其饮料的饮后效果，其红色图案及相应包装也能起到独特的效果。

相关链接

海尔集团商标“海尔兄弟”的寓意

一个是中国小孩，一个是外国小孩，这就是海尔的吉祥物——“海尔兄弟”。海尔集团在所有45个商品和服务国际分类上均申请注册了“海尔”“Haier”和“海尔图形”商标。

海尔集团公司的前身是1984年由濒临倒闭的两个集体小厂合并成立的“青岛电冰箱总厂”。该厂于1985年引进德国“利勃海尔”公司的先进技术和设备，生产出了亚洲第一代“四星级”电冰箱，为体现出双方的合作，海尔人将产品名称定为“琴岛—利勃海尔”，并且成功地设计了象征中德儿童的吉祥物“海尔图形”(现在的海尔兄弟)，其商标由“琴岛—利勃海尔”文字和“海尔图形”组成，此标志寓意中德双方的合作如同这两个小孩一样充满朝气和拥有无限美好的未来。后来，海尔以这两个小孩为原型制作了212集的动画片《海尔兄弟》，受到广大少年朋友的喜爱。

1991年，该商标被认定为驰名商标。“青岛电冰箱总厂”的名称经过几次变更后，于1991年变更为“青岛琴岛海尔集团公司”，并推出了以“大海上冉冉升起的太阳”为设计理念的新商标，该商标由“琴岛海尔”中英文文字和“海尔图形”组成。1993年5月，“青岛琴岛海尔集团公司”在深入调查研究的基础上，将企业名称变更为海尔集团公司，其商标由中文“海尔”、英文“Haier”和“海尔图形”组成。

2005年，海尔集团又推出了海尔新的文字标志，由汉字海尔与海尔的汉语拼音组成，与原来的标志相比，新的标志延续了海尔20年发展形成的品牌文化；同时，新的设计更加强调了时代感。拼音每笔的笔划比以前更简洁，共9划，“a”减少了一个弯，表示海尔人认准目标不回头；“r”减少了一个分支，表示海尔人向上、向前决心不动摇。海尔启用的新标志，喻意着海尔又站在了一个新起点上，这个新起点就是战胜自我，打破平衡，重新开始，争取更大的发展。

Haier

(5) 品牌的扩张性。品牌具有识别功能，代表一种产品、一个企业。企业可以利用这一优点施展品牌对市场的开拓能力，还可以帮助企业利用品牌资本进行扩张。

与相关课程的联系

品牌策略、品牌策划都是市场营销和市场营销策划的重点内容。

3. 商标的含义

商标是指生产者、经营者为使自己的商品或服务与他人的商品或服务相区别，而使用在商品及其包装上或服务标记上的由文字、图形、字母、数字、三维标志和颜色组合，以及上述要素的组合所构成的一种可视性标志。

商标是一个法律术语。一个品牌，经过必要的法律注册后，就成为“商标”。商标具有专有权，并受法律保护。

(1) 商标是用于商品或服务上的标记，与商品或服务不能分离，并依附于商品或服务。

(2) 商标是区别于他人商品或服务的标志，具有特别显著性的区别功能，从而便于消费者识别。商标的构成是一种艺术创造。

(3) 商标是由文字、图形、字母、数字、三维标志和颜色组合，以及上述要素的组合的可视性标志。

(4) 商标具有独占性。使用商标的目的就是为了区别与他人的商品或服务，便于消费者识别。所以，注册商标所有人对其商标具有专用权、受到法律的保护，未经商标权所有人的许可，任何人不得擅自使用与该注册商标相同或相类似的商标；否则，即构成侵犯注册商标权所有人的商标专用权，将承担相应的法律责任。

(5) 商标是一种无形资产，具有价值。商标代表着商标所有人生产或经营的质量信誉和企业信誉、形象，商标所有人通过商标的创意、设计、申请注册、广告宣传及使用，使商标具有了价值，也增加了商品的附加值。商标的价值可以通过评估确定。商标可以有偿转让，经商标所有权人同意，许可他人使用。

(6) 商标是商品信息的载体，是参与市场竞争的工具。生产经营者的竞争就是商品或服务质量与信誉的竞争，其表现形式就是商标知名度的竞争，商标知名度越高，其商品或服务的竞争力就越强。

4. 品牌与商标的关系

品牌和商标是两个概念有着不同的内涵。品牌是个市场概念，而商标是个法律概念。品牌必须使用而无须注册，品牌一经注册即成为商标；商标只有注册后方可受法律保护并享有商标专用权，仅注册不使用的商标不是品牌，一个企业品牌和商标可以一致，也可以不同，品牌比商标有更宽泛的外延。

商标和品牌实际上是一个问题的两个方面。

(1) 从市场的角度来说，品牌积累的是市场利益。

(2) 从法律的角度来说，通过商标来保护品牌积累的市场利益。所以品牌只有转化为商标，其积累的市场利益才能得到合法的保护。但品牌转化为商标，必须要支付一定的费用，有些企业不愿意支付这笔费用，其品牌就得不到法律的保护。

(3) 从数量的角度来说，品牌和商标的数量是不等的；商标是品牌的一部分，是品牌当中获得了商标专用权的那一部分。品牌要想做活、做长、做久、做远、做大，必须转化成商标，只有获得合法的保护才能够使品牌延续下去。

二、品牌的功能

当今社会，绝大多数的企业、产品都有自己的品牌。那么给企业、产品一个品牌究竟有什么作用呢？只有弄清楚这个问题才能充分认识品牌的价值。

1. 识别功能

消费者通过品牌可以知道产品是哪一家企业生产的，是在哪个国家设计的，产地在哪里。现在，许多消费者都知道，飘柔洗发水、舒肤佳香皂是保洁公司的产品；奥妙洗衣粉、力士香皂则是联合利华的产品；茅台酒产地在贵州，五粮液产地在四川。

2. 导购功能

市场上的商品琳琅满目，在挑选商品时，消费者只要按照品牌，就可以迅速找到所需要的产品，从而减少消费者在搜寻过程中花费的时间和精力。

消费者在购买产品时，一般要对各种同类产品的性能、用途、质量、价格等各个方面加以分析、比较，然后作出判断、进行选择。在这个过程中，消费者需要大量的信息。信息的来源有两种：一种是外部来源如广告；另一种是内部来源即记忆。搜寻外部信息费时费力，最简便的方法就是直接从记忆中提取。品牌是记忆中有关产品的提取线索，一个品牌，往往与很多产品有关的信息相联系。因此，消费者只要知道是什么品牌，就可以直接由品牌提取出大量有关信息，而无须再去搜寻。

例如，当你想购买家电产品时，其中一个选择是“海尔”，不需过多调查也能知道，海尔是知名品牌，有完善的售后服务。当消费者所要选择的品牌都是知名品牌时，其信息搜寻就很简单了。

3. 降低购买风险功能

消费者都希望买到自己称心如意的产品，同时还希望能得到周围人的认同。选择信誉好的品牌则可以帮助降低精神风险和金钱风险。消费者在购物的过程中，购买风险总是存在的。购买风险有时是产品的功能是否满足需要，有时是会不会花冤枉钱，有时是购买的产品会不会得到别人的认同，更大的担心可能是会不会对身体、生命造成危害。因此，在购买之前消费者会想方设法避免买到不好或不满意的产品，将购买可能遇到的风险降到最低程度。降低购买风险的方法有很多，选择信誉良好的品牌或重复购买同一种品牌是消费者常用的策略。

4. 契约功能

品牌从最初建立到被大众熟悉，需要生产者付出巨大的努力，它是为消费者提供稳定优质产品和服务的保障。消费者凭借对品牌的信任，选择购买产品，用长期忠诚的购买回报制造商，双方最终通过品牌形成一种相互信任的契约关系，使消费者和企业之间保持长期的合作。

5. 个性展现功能

进行品牌消费，不仅可以满足消费者的物质需要，而且可以极大地满足消费者的社会心理需要。品牌经过多年的发展，能积累独特的个性和丰富的内涵，而消费者可以通过购买与自己相适应的品牌来展现自己的个性、身份、地位，以及个人所在的群体等。

例如，有些人喜欢购买名贵品牌，来显示自己的经济实力和社会地位，明星通过包装自己的各种名牌产品或服务来体现自己的身价。相应的，产品品牌也会利用明星、政客来凸显自己的定位、档次，表达品牌适合的消费群体。每个消费者在品牌选择时，心里往往会考虑，这个品牌是不是适合自己。

三、品牌设计的原则

1. 简洁醒目，清晰可辨

品牌设计的首要原则就是简洁醒目、清晰可辨，使品牌能在一瞬间吸引消费者的注意。心理学分析结果表明：人们接受的外界信息中，83%的印象通过眼睛，11%借助听觉，3.5%依赖触摸，其余的源于味觉和嗅觉。冗长、复杂、令消费者难以理解的品牌名称不容易记忆，不宜把过长的和难以识别的字符串作为品牌名称。图案和商标设计应醒目、形象鲜明。

人们熟悉的金色拱门是麦当劳的招牌，无论在哪个国家，哪座城市，只要看到“M”型的金色拱门，就看到了麦当劳。鲜艳的金黄色拱门“M”，棱角圆润、色泽柔和，给人以自然亲切之感，麦当劳这个“M”型标志已经出现在全世界 120 多个国家和地区数以千计的城市的闹市区，在许多城市里，金色的“M”都是当地最醒目的路标之一。

2. 新颖别致，暗示属性

品牌设计应力求构思新颖，造型美，既要有鲜明的特点，与竞争品牌有明显的区别，又要切实反映出企业或产品的特征，暗示产品的优良属性。

农夫山泉的品牌，表达出农夫山泉的矿泉水来自浙江千岛湖、长白山天然矿泉水靖宇水源保护区、南水北调中线工程源头丹江口、华南最大国家级森林公园万绿湖四大天然水源地；而且其“农夫山泉，有点甜”的广告语，更是塑造了农夫山泉与众不同的品牌形象。中美合资生产的“强生牌”是儿童护肤用品的品牌名称，“强生”二字表示儿童使用“强生”护肤品后可以茁壮成长。饮品“果珍”(TANG)则直截了当地表示了“水果中的宝贵精华”的含义，从而在消费者心目中或概念里确定了味道浓郁、“有益于健康”的主题。

3. 容易发音，利于传送

品牌名称设计应力求简短、容易发音，这样才能朗朗上口，易于传送。如可口可乐(Coca cola)、百事可乐(Pepsi cola)均既易发音又易记忆，成为世界上最畅销的饮料品牌。我国的“乐百氏”“娃哈哈”等品牌名称也因其朗朗上口，深受儿童的喜爱，一举占领我国儿童营养液市场，成为著名品牌。

相关链接

娃哈哈品牌的由来

娃哈哈是深受小朋友喜爱的儿童饮料品牌，用“妇孺皆知”一词来形容并不过分。可这样一个产品名称的由来，却颇费周折，甚至有点传奇。最初，娃哈哈集团与有关单位合作开发儿童营养液这一冷门产品时，通过新闻媒介，向社会大众广泛征集产品名称，并组织专家组对数百个应征名称进行了市场学、心理学、传播学、社会学、语文学等多方面的研究论证。受传统营养液习惯的影响，人们的思维多在素啊、精啊、宝之类的名称上兜圈子，谁也没有留意源自一首新疆民歌的“娃哈哈”三字。

厂长宗庆后却独具慧眼地看中了这三个字。他的理由有3个：①“娃哈哈”三字中的元音a，是孩子最早最易发的音，极易模仿，且发音响亮，音韵和谐，容易记忆，容易接受。②从字面上看，“哈哈”是各种肤色的人表达欢笑喜悦之欢。③同名儿歌以其特有的欢乐明快的音调和浓烈的民族色彩，唱遍了天山内外和大江南北，把这样一首广为流传的民族歌曲与产品商标联系起来，便于人们熟悉它、想起它、记住它，从而提高它的。

一言以蔽之，取这样一个别致的商标名称，可大大缩短消费者与商品之间的距离。宗厂长的见解得到了众多专家的赞同。商标定名后，厂里又精心设计了活泼可爱的娃娃形象作为商标图形，以达到和商标形象的有机融合。虽然娃哈哈目前在商业上所取得的佳绩与其科学的发展方针，良好的服务意识密不可分，但娃哈哈这一名称，无疑也为其进一步的壮大成长，起到了至关重要的作用。

4. 品牌名称与品牌标志协调互映

品牌名称与品牌标志协调互映，容易加深消费者和社会公众对品牌的认知和记忆。“雀巢”(Nestle)是广大消费者十分熟悉的品牌名称，它是瑞士学者Henri Nestle发明的育儿用乳制品品牌，此品牌是以他的名字命名的，由于Nestle的英文含义有“舒适而温暖地安顿下来”“偎依”等意思，与英文Nest(雀巢)是同词根。所以，在中文中一并译作“雀巢”。值得提及的是，“雀巢”品牌标志是鸟巢图案，这极易诱引人们联想到待哺的婴儿、慈祥的母亲和健康营养的雀巢产品。如此，“雀巢”名称与“雀巢”图案的紧密结合，互相映衬与协调，使人们视名称即知图形，视图形即知名称，有较强的感召力。

5. 符合传统民俗，喜闻乐见

由于世界各国在历史文化传统、语言文字、风俗习惯、价值观念、审美情趣等方面具有很大差异，对于一个品牌的认知和联想也有很大差异。所以，品牌名称和品牌标志要特别注意各地区、各民族的风俗习惯、心理特征和思维模式，力求避免某些隐喻及不妥之处。特别是出口商品的品牌更要予以注意，最好能针对目标市场的特点专门命名和设计，注意意译或音译在外文中的含义是否妥当。我国的“白象”牌电池出口到欧洲国家备受冷落的主要原因是品牌设计失误，因为在欧洲人眼里，大象是“呆头呆脑”的象征，并且英文White Elephant(白象)是指“无用而累赘的东西”，谁愿意购买无用而累赘的东西呢？还有，我国的“芳芳”牌化妆品在国外也是因品牌设计失误而受到冷落，“芳芳”的汉语拼音是

Fang Fang，而 Fang 的英文却指“毒蛇的牙”，“毒牙”之类的东西怎能用于健康肌肤，美化容颜呢？这无形中引起了消费者的反感，所以，以 Fang Fang 作为品牌的产品在英语国家的销售未能如愿。

相关链接

“狗不理”包子名称的由来

清朝道光年间，天津武清县有一户农家，四十岁喜得贵子，为求平安取名“狗子”。狗子十四岁开始学艺，在一家蒸食铺做小伙计，很快就练就一手好活。随后，狗子自己摆起了包子摊。他发明了水馅、半发面的工艺，做出的包子柔软、鲜香、形似白菊花，引得十里八乡的人都来吃包子。狗子生意忙得顾不上说话，有人说：“狗子忙得都不理人了。”这样天长日久，人们就都叫他“狗不理”了。

直隶总督袁世凯吃过狗不理包子后连声叫绝，随即进京入宫将包子奉献给慈禧太后。慈禧品尝后凤颜大悦，盛赞曰：“山中走兽云中雁，腹地牛羊海底鲜，不及狗不理包子香矣，食之长寿也。”从此，“狗不理”名声大振。随着时间的推移，狗不理包子铺的生意更加兴隆，狗不理包子受到越来越多人的青睐。

资料来源：http://www.chinagoubuli.com.

四、品牌的消费心理效应

在现实生活中，品牌与消费的活动密切相关，对消费者的购买心理产生重要影响。在消费者购买过程中，商品是最具直接意义的外部刺激物，而品牌作为商品特性的综合、抽象体现，能以其鲜明的标志或口号、匠心独具的设计、通过对商品外观及内在功用的阐释加强对消费者的刺激，激发其购买欲望。当消费需求发生时，品牌的提示作用促使消费者作出相应的反应，根据需要选取品牌商品的购买行为。

品牌对于消费行为具有强化的心理功能。一个形象鲜明、富于想象力、声誉卓著的品牌能够吸引消费者对商品的消费指向，促使其产生购买冲动，并坚定购买行为；相反，一个与消费者心理不符，甚至相悖或使其产生厌恶的品牌，会导致消费者在选购时对其商品的拒绝行为。成功品牌的一个重要特征，就是始终如一地将品牌的功能与消费者心理上的欲求联结起来，通过这种形式，将品牌信息传递给消费者，在心理上产生效应。

1. 品牌忠诚

1) 品牌忠诚的内涵

品牌忠诚是指消费者在购买决策中，多次表现出来对某个品牌有偏向性的而非随意的行为反应。它是一种行为过程，也是一种决策和评估的心理过程。

形成品牌忠诚的原因很多，可能是由于重复购买所致，可能是品牌形象在消费者的记忆中占据了显著位置，也可能是消费者品牌形象联想或对品牌赋予了某种意义。品牌忠诚反映了消费者内在的品牌态度。如果品牌忠诚度较高，当消费者需要这一类产品时，就会始终如一地购买这个品牌。尽管品牌忠诚并不能代表消费者会永远购买这个牌子，但至少在考虑购买的各种品牌中。

品牌忠诚水平一般有3种程度：品牌认知、品牌偏爱和品牌执着。

(1) 品牌认知是消费者品牌忠诚程度最轻的形式。引进一个新的品牌的最初目的就是使品牌被广泛地认识，从而达到品牌认知。

(2) 品牌偏爱则是体现了对一种品牌偏爱较深的程度，此时消费者能明确地喜欢一个牌子，排斥其他竞争品牌，只要能够买到，他便买这个牌子。此时，如果买不到这个牌子，消费者可能会接受其替代品牌，而不会花费更多的精力去寻找、购买这个牌子的产品。对企业而言，只要有相当一批顾客建立起了对其特定品牌偏爱，他们便能在市场中有效地进行竞争。

(3) 品牌执着则反映出消费者强烈地偏好某个品牌，不愿接受其他替代品，并且愿意为得到这个牌子的产品花费大量时间和精力。如果一个执着于某个品牌的消费者买不到他所要的那个品牌，他是不会买替代品牌的产品。品牌执着是品牌忠诚的最高阶段。

2) 提高品牌忠诚度的策略

忠诚联系着价值的创造，企业为顾客创造更多的价值，有利于培养顾客的品牌忠诚度，而品牌忠诚又会给企业带来利润的增长。

(1) 人性化地满足消费者需求。企业要提高品牌忠诚度，赢得消费者的好感和信赖，企业一切活动要围绕消费者展开，为满足消费者需求服务。让顾客在购买使用产品与享受服务的过程中，有难以忘怀、愉悦、舒心的感受。因此，企业在营销过程中必须摆正短期利益与长远利益的关系，必须忠实地履行自己的义务和所应尽的社会责任，以实际行动和诚信形象赢得消费者的信任和支持。这是品牌运营的市场规则，也是一个普遍的经营规律，是提高品牌忠诚度最好的途径。品牌应不遗余力地做实做细、尽心尽力，不能为追求短期利益犯急躁冒进的错误；否则必将导致品牌无路可走，最终走向自我毁灭。

人性化的满足消费者需求就是要真正了解消费者，不是只向消费者提供产品的主要使用价值与功能，而是从消费者的角度出发，切实考虑他们的内心世界和潜在需求。例如，双汇火腿肠味道营养俱佳，考虑到消费者每次食用都要找剪刀剪开包装袋，食用非常不方便，就在包装袋上留了一条方便撕开的口子，体现了商品人性化的设计。

(2) 产品不断创新。产品的质量是顾客对品牌忠诚的基础，在某种意义上说，消费者对品牌的忠诚也就是对其产品质量的忠诚。产品只有不断创新才能让消费者感觉到品质在不断提升。海尔的空调、洗衣机每年都会有新功能、新技术产品推出，让人感觉到企业一直在努力为消费者提高产品品质，树立了良好的品牌形象，增强消费者的忠诚度。

(3) 提供物超所值的附加产品和服务。产品的好坏要由消费者的满意程度来评判，真正做到以消费者为中心；不仅要注意核心产品和有形产品，还要提供更多的附加产品和服务。在市场竞争日趋激烈的今天，企业提供的产品越来越同质化，而谁能为消费者提供物超所值的额外利益谁就能最终赢得顾客。海尔的产品不仅质量卓越，而且其完善的售后服务，也是吸引消费者购买的重要原因。企业在向消费者提供额外的利益时，应注意这些附加的产品和服务应该与企业主营的商品有同样的质量要求；否则，同样会影响企业的形象。

(4) 有效沟通。企业只有通过与消费者保持有效沟通，才能及时了解顾客的需求并有效满足顾客所需。企业可以通过建立顾客资料库、定期访问、公共关系、广告等方式，与顾客建立长期而稳定的互需、互助的关系来维持和提高品牌忠诚度。

2. 品牌形象

1) 品牌形象的含义

品牌形象是存在于人们心理的关于品牌的各要素的图像及概念的集合体，主要是品牌知识及人们对品牌的主要态度。良好的品牌形象是企业在市场竞争中的有力武器，深深地吸引着消费者。品牌形象内容主要有两方面构成：一方面是有形的内容；另一方面是无形的内容。

品牌形象的有形内容又称为“品牌的功能性”，即与品牌产品或服务相联系的特征。从消费和用户角度讲，“品牌的功能性”就是品牌产品或服务能满足其使用功能性能力。例如，洗衣机具有洗净衣物，减轻家庭负担的能力；照相机具有留住人们美好的瞬间的能力等。品牌形象的这一有形内容是最基本的，是生成形象的基础。品牌形象的有形内容把产品或服务提供给消费者的需求满足与品牌形象紧紧联系起来，使人们一接触品牌，便可以马上将其功能性特征与品牌形象有机结合起来，形成感性的认识。

品牌形象的无形内容主要指品牌的独特魅力，是营销者赋予品牌的，并为消费者感知、接受的个性特征。随着社会经济的发展，商品越来越丰富，人们的消费水平、消费需求也不断提高，人们对商品的要求不仅包括商品本身的功能等有形表现，也把要求转向商品带来的无形感受，精神寄托。品牌形象的无形内容主要反映了人们的情感，显示了人们的身份、地位、心理等个性化要求。

人们在选择品牌时，一方面是品牌功能的满足；另一方面是由品牌唤起的联想、情绪、情感满足。当相同产品竞争时，最能唤起记忆、联想、情感的品牌就最先被消费者选中。

2) 品牌形象的驱动要素

品牌形象树立的最重要因素是人们对品牌的联想，或者说一提到一个品牌消费者便会想到一些东西。这种联想使品牌形象与众多要素联系起来，驱动品牌形象的建立与发展。

(1) 产品或服务自身的形象。构成品牌形象的基础就是产品和服务自身的功能性。消费者判断产品或服务形象的最重要的标准，就是它们能在多大程度上满足消费者的使用需求，使用需求满足的程度越高，则产品或服务形象越好，在消费者心中其品牌形象也越高；反之，则品牌形象越低。

产品或服务的形象从硬性表现形象讲有价格、功能、耐用性、舒适性、应用等；从软性表现形象讲可能是青春感、高雅、体面、珍爱、豪放、贵族、魅力等。

(2) 产品或服务提供者的形象。产品或服务提供者的形象也是驱动品牌形象的重要因素。提供者的形象的指标有科技能力、企业规模、资产状况、服务状况、人员素质等。消费者往往判断形象、口碑好的企业，它们的产品也不会差。在品牌形象的树立过程中，营销者常利用已有的企业自身的形象促进品牌的形象，如五粮液集团推出的一种新品牌酒时，使用的广告语为“系出名门”，欲借“五粮液”的美好形象驱动新品牌形象的确立。

(3) 使用者的形象。“使用者”主要是指产品或服务的消费群体，通过使用者的形象，反映品牌形象。其硬性指标有使用者年龄、职业、收入、受教育程度等；软性指标有生活形态、个性，气质、社会地位等。消费者在选择购买商品时，会考虑自己的身份、地位，总是购买符合自己社会层次的商品，同时其购买的商品总会体现出其独特的个性偏好。这样，也会给品牌的形象有一个定位，如高端品牌、奢侈品牌等。因而，使用者形象成了驱动品牌形象的重要因素之一。

以上3个因素对品牌形象的影响在不同的产品特性、文化背景、人文个性等条件下是不一样的，在塑造品牌形象的过程中，应注意判断三者是如何影响品牌形象的，从而加强其驱动作用。

五、品牌策略

相关链接

加多宝的品牌策略

近年来加多宝通过与“王老吉”官司风波、仲裁、更改广告语、清库存、亮合同、公证、专利，甚至不惜产品被查扣……最终都是在吸引媒体和广大民众的眼球的同时，免费借助媒体的大量报道，将原本在大众记忆中不曾存在的加多宝捧红了，像其凉茶一样！而这些动作，与其直接发布广告而言，达到了比预期还要好的宣传效果。一时间，仿佛人们都开始关注议论起“加多宝”。

2012年，加多宝看准浙江卫视《中国好声音》，用6 000万冠名费用，让当时还在凉茶之争中的加多宝确立了品牌印象；2013年，携两个亿冠名费的加多宝打败了诸多对手，再续“好声音”的缘分；2014年，2.5亿冠名费和连续两年的操作经验，让加多宝与“好声音”的“恋爱”再次升级。

加多宝自从与《中国好声音》合作以来，其广告收视率与节目同样攀升，推出的罐装产品也在市面上形成购买风潮。伴随着节目的火爆，加多宝的正宗诉求与品牌内涵得到了充分的传递，更进一步实现了加多宝品牌与消费者的沟通与互动。在与好声音的合作中，加多宝更多地是以一个投资人的身份在“培育”好声音这档节目，将自己与节目绑定，以一句“正宗好凉茶，正宗好声音”，让加多宝和好声音成为一个“共生体”——说到好声音，必提加多宝；提到加多宝，必说好声音。在某种程度上，可以说“加多宝中国好声音”已经成为一个新的品牌。

加多宝连续三年在同一个娱乐节目上深耕细作，已经成为品牌玩转娱乐营销的标杆。以正宗为核心，加多宝借助中国好声音，不断丰富产品的饮用场景，强化产品饮用的情感驱动力，并由此塑造出更加多元与丰富的品牌文化。

产品品牌化向企业提出了富有挑战性的决策问题，正确的品牌决策能使自己的产品在众多的竞争对手面前脱颖而出，被消费者选择和接受，获得更多的利润。

1. 品牌化决策

品牌化决策首先要解决的问题，就是企业要不要给产品建立一个品牌。商品品牌化的发展非常迅速。时至今日，已经很少有产品不使用品牌了。品牌意味着市场定位，意味着产品质量、性能、技术、装备和服务等的价值，它最终体现了企业的经营理念。但是，建立并塑造一个品牌，企业需要做巨大的投入，同时也面临着失败的风险。所以，仍然有一些企业的产品不使用品牌。无品牌策略的目的，是为了节约广告和包装费用，以降低成本和价格，增强产品竞争力，吸引消费者。以下情况下企业可以考虑使用无品牌策略。

(1) 未经过加工的原料产品，如大米、棉花、大豆、矿砂等可使用无品牌策略。随着经济的发展和人民生活水平的提高，消费者的需求水平也不断提高，许多农产品经过加工包装，加品牌出售，可以获得更多的利润。例如，盘锦大米、五常大米等都是大米的品牌。

(2) 生产过程简单、选择性不大的小商品。如工业用原材料、电力，以及矿石等。

2. 品牌归属决策

品牌归属决策就是为品牌选择负责人，确定品牌所有权，由谁负责和管理。品牌归属有以下 3 种情况。

(1) 生产者品牌。也叫做制造商品牌，即商品或服务的生产者用自己的品牌来标志产品。我国的国内品牌，几乎都是生产者品牌。例如，蒙牛、方正、红塔山等品牌均属生产者品牌。

(2) 中间商品牌。中间商品牌就是批发商或零售商开发并使用的自有品牌。一般而言，中间商品牌策略的使用者基本上是实力雄厚的大型零售商。例如，世界零售业巨头沃尔玛，利用自己的品牌推出的商品即为中间商品牌。例如，“家优鲜”就是家乐福超市重点打造的自有生鲜品牌。

(3) 两种品牌共存。即一部分使用生产者品牌，另一部分使用中间商品牌。企业具体使用生产者品牌还是中间商品牌，需要全面分析两种品牌的利弊、自身产品的特点及消费者的特点后，才能作出正确的判断。当生产者本身拥有良好的市场声誉和较大的市场份额时，应使用生产者品牌；如果中间商实力雄厚、知名度高、拥有广阔的销售渠道时，可考虑使用中间商品牌。

3. 品牌质量策略

企业做品牌决策时，还必须决定其品牌的质量水平，以保持其品牌在目标市场上的地位。所谓品牌质量，是指反映产品耐用性、可靠性、精确性等价值属性的一个综合尺度。

(1) 决定其品牌的最初质量水平。品牌的质量水平分为低质量、一般质量、高质量、优质量四个档次。一般来讲，企业的赢利能力、投资收益率会随着品牌质量的提高而提高，但是不会直线上升，优质产品会提高投资收益率，而低质量品牌则会使企业投资收益率大大降低。因此，企业应当不断提高品牌的质量。

(2) 品牌质量管理。企业决定其品牌的最初质量水平以后，随着时间的推移还要决定如何管理其品牌质量。在这个方面企业有三种可供选择的决策：第一种选择是提高品牌质量，以提高收益和市场占有率；第二种选择是保持品牌质量；第三种选择是当企业的产品处于衰退期，准备退出市场时，企业可以减少品牌投入，逐步降低品牌质量。

4. 品牌使用策略

大多数企业都采取多元化经营，同时生产多种不同种类、不同规格、不同质量的商品，这是企业需要选择的是所生产的产品使用一个统一的品牌，还是分别使用不同的品牌。品牌使用策略主要有以下两种。

(1) 统一品牌策略。即企业决定其所有的产品统一使用一个品牌名称，如格力电器的所有的产品都统一使用“格力”这个品牌。使用统一品牌策略，可以集中人力、物力、财力等资源，综合塑造大品牌，同时节省大量的广告费用，增强企业信誉。利于消除顾客对新产品的不信任感，借助原有品牌的声誉可以使新产品迅速打开销路；有利于壮大企业的声势，树立超级企业和超级品牌的市场形象。采用这种策略的企业必须对所有产品的质量严格控制，以维护品牌声誉。缺点是如果某一产品出现问题，易给整个品牌带来负面影响。

(2) 多品牌策略。是指企业在同一类型的产品上，使用两种或两种以上相互竞争的品牌。这种策略是宝洁公司首创的。在第二次世界大战以前，该公司的“潮水”牌洗涤剂畅销；1950年公司又推出“快乐”牌洗涤剂。快乐牌虽然抢了潮水牌的一些生意，但是两种品牌的销售总额却大于只经营潮水一个品牌的销售额。自此，宝洁公司开始了多品牌经营之路，如，宝洁公司在中国市场上推出的“飘柔”“海飞丝”“潘婷”三个品牌的洗发水。三个品牌之间虽然存在竞争，但是它们却在日常护理、去屑、修复三个方面满足消费者的不同需求，不仅吸引了更多的消费者，提高了市场占有率，同时还可以把竞争机制引入企业内部，提高产品的质量和服务水平。但是，多品牌策略也会增加品牌管理难度，使企业增加成本和费用，企业必须在经过权衡之后作出正确的品牌决策。

单元3 商品包装与消费心理

相关链接

“酒鬼酒”外包装设计的立意孤绝

酒类市场竞争激烈，一个无知名度的新品牌怎样才能在较短时间内争得一席之地？“酒鬼”酒的包装设计可以说在全国众多的酒品中脱颖而出，除了产品自身的品质外，品牌及包装设计的创新是重要因素。“酒鬼”酒在传达品牌的传统文化、历史特点、商品性、民族情感、价格规律上都具有典型性。“酒鬼酒”为典型的异类包装：瓶体采用湘西土陶工艺制成，质朴、典雅、瓶形是扎口的麻袋造型。一侧是看上去充满东方式幽默的酒鬼背酒鬼的写意画，另一侧为收藏印章一样打着“无上妙品”四个大字。这与瓶标上红底黑字狂草体的“酒鬼”二字里外呼应、动静结合。酒鬼酒之名，拜著名画家黄永玉先生所赐，并题曰：“酒鬼”背“酒鬼”千斤不嫌赘；“酒鬼”喝“酒鬼”，千斤不会醉；“酒鬼”产湘西，涓涓传千里。

包装在产品整体概念中占有重要的地位，尤其是在现代市场营销中，包装的重要意义已经远远超越了它作为容器保护商品的重要作用，而是成了树立企业形象，促进和扩大商品销售的重要因素之一。因此，企业越来越重视产品的包装。

一、商品包装及其功能

1. 商品包装的含义

根据GB/T 4122.1—2008《包装通用术语》定义，商品包装是指在流通过程中保护商品，方便运输，促进销售，按一定的技术方法而采用的容器、材料及辅助等的总体名称。也指为了上述目的而在采用容器材料和辅助物的过程中施加一定技术方法的操作活动。

按照上述定义，在理解包装时，应注意它有两层含义：一方面是指盛装商品的容器，通常称作包装物，如箱、袋、筐、桶、瓶等；另一方面是指包扎商品的过程，如装箱和打包等。本书说的包装，主要是指其名词属性。

商品包装包括三个层次：第一层包装称为内包装，是指最接近产品的包装，例如，装有“美白爽肤水”的瓶子是最接近产品的内包装；第二层包装是指保护第一层次包装的材料，当产品使用时，它即被丢弃，用来包装瓶装的“美白爽肤水”的硬纸板盒就属于第二层次的包装，它为产品提供了进一步的保护和促销机会；第三层包装是外包装，也称运输包装，指产品储存、辨认和运输时所必需的包装，如装有六打“美白爽肤水”的大波纹盒就是运输包装。

2. 商品包装的功能

商品包装是为保护产品数量与质量的完整性而必需的一道工序。由于商品的包装直接影响到产品的价值与销路，因而对绝大多数的商品来说，包装是产品运输、储存、销售不可缺少的必要条件。包装主要具有以下 5 项功能。

(1) 保护功能。商品包装的主要目的和重要功能首先在于保护产品在运输、流通过程中最大限度地免遭挤压或碰撞的损坏，以及减少因气候、温度、干湿度等自然因素的侵蚀，同时也为储存和储存空间问题提供了解决方法。

商品在从出厂到用户的整个流通过程中，都必须进行运输和储存，即使到了用户手中，从开始使用到使用完毕，也还有存放的问题。商品在运输中会遇到震动、挤压、碰撞、冲击，以及风吹、日晒、雨淋等损害；在储存时也会受到温度、湿度和虫蛀、鼠咬、尘埃损害和污染。合理的包装就能保护商品在流通过程中不受自然环境和外力的影响，从而保护产品的使用价值，使产品实体不致损坏、散失、变质和变形。

(2) 促进销售。包装是一种不花钱的广告媒体，它能唤起消费者的购买欲望。在商品陈列时，包装是“无声的推销员”。良好的包装，往往能为广大消费者或用户所瞩目，从而激发其购买欲望，成为产品推销的一种主要工具和有力的竞争手段。有时，同类产品的质量可能不相上下，这样，包装就往往会成为消费者或用户选购产品的主要考虑因素。由于包装的改进，可以使一款旧产品给人带来一种新的印象。英国曾进行一次抽样调查，1 000 名家庭主妇中，92%的妇女是在邻近的自助商店里购买已包装好的商品，对于包装不佳的商品根本不予理睬。优良、精美的包装往往可以提高商品的身价，使顾客愿意付出较高的价格购买。由此可见，包装能够有效地帮助产品上市销售，维持或扩大市场占有率。

(3) 传递信息。包装是商品的信息载体之一，一项好的包装设计应使消费者很容易明了其产品性能、使用方法、注意事项等，对消费者或用户使用、保养、保存产品进行必要的指导。此外，在商品包装上还有标签，标签上一般印有包装内容和产品所包含的主要成分、商标、产品质量等级、生产厂家、生产日期和有效期等。一件商品的包装应如实地向顾客传递一切基本的使用信息。

(4) 心理感应。这是包装设计所应传递的另一种特殊信息，它要求通过包装表面或打开包装的刹那间感受来向顾客传达某种设计者所刻意追求的效果。这种感觉完全是依商品性质和所追求的形象目标通过包装装潢设计来达到的。如寻求新颖、奇特、自然流畅的现代意识，或是追求高贵华丽的豪华风格，或强调清洁而安全的精美品位等。

(5) 形象意识。包装的材质、形状、颜色和精美程度往往与产品本身的性能和价值相适应，也就是说，包装象征着商品的使用价值和价值。因而人们可以利用包装作为消费活动中的象征，如作为礼品、作为摆设或作为私下场合消费的商品。商品包装在塑造产品印象中起着很主要的作用，良好的包装设计建立起的商品的形象识别体系，能充分显示出商品的特点，从而有效地树立形象并扩大销路。另外，商品包装后，可与同类竞争产品相区别，精美的包装不易被仿制、伪造，有利于保持企业良好的信誉。

相关链接

一个价值600万美元的玻璃瓶

说起可口可乐的玻璃瓶包装，至今仍为人们所称道。1898年鲁特玻璃公司一位年轻的工人亚历山大·山姆森在同女友约会中，发现女友穿着一套筒型连衣裙，显得臀部突出，腰部和腿部纤细，非常好看。约会结束后，他突发灵感，根据女友穿着这套裙子的形象设计出一个玻璃瓶。

经过反复的修改，山姆森不仅将瓶子设计得非常美观，很像一位亭亭玉立的少女，他还把瓶子的容量设计成刚好一杯水大小。瓶子试制出来之后，获得大众交口称赞。有经营意识的山姆森立即到专利局申请专利。

当时，可口可乐的决策者坎德勒在市场上看到了山姆森设计的玻璃瓶后，认为非常适合作为可口可乐的包装。于是他主动向山姆森提出购买这个瓶子的专利。经过一番讨价还价，最后可口可乐公司以600万美元的天价买下此专利。要知道在一百多年前，600万美元可是一项巨大的投资。然而实践证明可口可乐公司这一决策是非常成功的。

山姆森设计的瓶子不仅美观，而且使用非常安全，易握不易滑落。更令人叫绝的是，其瓶型的中下部是扭纹型的，如同少女所穿的条纹裙子；而瓶子的中段则圆满丰硕，如同少女的臀部。此外，由于瓶子的结构是中大下小，当它盛装可口可乐时，给人的感觉是分量很多的。采用山姆森设计的玻璃瓶作为可口可乐的包装以后，可口可乐的销量飞速增长，在两年的时间内，销量翻了一倍。从此，采用山姆森玻璃瓶作为包装的可口可乐开始畅销美国，并迅速风靡世界。600万美元的投入，为可口可乐公司带来了数以亿计的回报。

二、包装对消费心理的影响

包装是保护功能和艺术美感的融合，是实用性和新颖性的创造性结合。成功的商品包装是生产者的意念心理、创作者的思维心理和购买者的需求心理的共鸣。商品销售包装只有把握消费者的心理，迎合消费者的喜好，满足消费者的需求，激发和引导消费者的情感，才能够在激烈的商战中脱颖而出，稳操胜券。

商品的包装主要从以下几个方面对消费心理产生影响。

1. 识别商品

消费者的记忆中保存着各种商品的常规现象，他们常常根据包装的固有造型购买商品。当商品的质量不容易从产品本身辨别的时候，人们往往会凭包装作出判断。包装是产品差异化的基础之一，它不仅可以说明产品的名称、品质和商标，介绍产品的特效和用途，还可以展现企业的特色。消费者通过包装可以在短时间内获得商品的有关信息。因此，恰当地针对目标顾客增加包装的信息容量可以增强商品的吸引力。

2. 便利消费

包装划分出适当的份量，提供了可靠的保存手段，又便于携带和使用，还能够指导消费者如何使用。因此，在满足同样的使用需求的基础上，消费者会考虑自己携带或保存的需要，对商品的包装进行挑选。

3. 增加价值

设计成功的包装融艺术性、知识性、趣味性和时代感于一身，高档的商品外观质量可以激发购买者的社会性需求，让消费者在拥有商品的同时感到提高了自己的身份，内心充满愉悦。虽然，消费者判断商品的优劣不仅仅以包装为基准，包装只是从属于商品，商品的质量、价格和知名度才是消费者权衡的主要因素，但是包装的“晕轮效应”能把消费者对包装的美好感觉转移到商品身上，达到促销的目的。

三、商品包装设计的心理要求

1. 满足求实心理

包装的设计必须能够满足消费者的核心需求，也就是必须有实在的价值。虽然对于同质量的商品，包装较精美的比起包装较普通的更能引起消费者的购买欲望。但如果过度强调包装的作用，以致包装超过商品的使用价值对长远的商品销售是不利的。例如，在各年龄层的消费群体中，中老年人最讲究质朴、实在，但是现在五花八门的老年人健康滋补品却普遍是“形式大于内容”的过度包装。这些产品即使能够吸引到偶然的礼品购买，也难以赢得消费者的忠诚，缺乏长远发展的动力。

2. 满足求信心理

消费者在购买产品时，都会考量企业及产品的信誉，他们会尽可能多地获得有关产品的信息，希望购买到货真价实的产品。在产品包装上突出厂名、商标，有助于减轻购买者对产品质量的怀疑心理。特别是有一定知名度的企业，这样做既可以满足消费者求信心理，也可以对企业和产品进行宣传，一举两得。

3. 满足求美心理

每个人都有对美的追求，商品的包装设计是装饰艺术的结晶。在许多场合下，富有美感的包装更有可能在同类商品中获得竞争优势。精美的包装也能激起消费者高层次的社会性需求，设计精美的包装对购买者而言是一种美的享受，是促使潜在消费者变为现实消费者，变为长久型、习惯型消费者的驱动力量。大凡是世界名酒，其包装都十分考究。从瓶到盒都焕发着艺术的光彩——这是一种优雅且成功的包装促销。

四、商品包装的心理策略

1. 类似包装策略

企业对其生产的产品采用相同的图案、近似的色彩、相同的包装材料和相同的造型进行包装，便于顾客识别出本企业产品，有利于扩大和强化商品的影响，提高企业的信誉，树立企业的形象。企业还可以因此而节省包装的设计、制作费用。但类似包装策略只能适宜于质量相同的产品，对于品种差异大、质量水平悬殊的产品则不宜采用。

2. 配套包装策略

按消费者的消费习惯，将几种有关联的产品配套包装在一起成套供应，便于消费者购买、使用和携带，同时还可扩大产品的销售。如果在配套产品中加入某种新产品，可使消费者不知不觉地习惯使用新产品，有利于新产品上市和普及。如，现在的很多礼盒装化妆品，将具有同样功能的洗面奶、护肤水、日霜、晚霜等配套包装，方便消费者使用，同时也扩大了销量。

3. 再使用包装策略

指包装内的产品使用完后，包装物还有其他的用途。如各种形状的香水瓶可作装饰物，精美的食品盒也可被再利用等。这种包装策略可使消费者感到一物多用而引起其购买欲望，而且包装物的重复使用也起到了对产品的广告宣传作用。但是企业在使用该策略时，避免因成本加大引起商品价格过高而影响产品的销售。

4. 附赠品包装策略

即在商品包装物中附赠奖券或实物，或包装本身可以换取礼品，吸引顾客的惠顾效应，使他们重复购买。例如，现在的很多儿童食品中，都附有各种小玩具作为赠品，而且这些玩具大多数要收集多个才能组成完整的一套，以此来吸引少年儿童反复购买产品。

5. 等级包装策略

企业根据产品的质量和档次的不同选择不同的包装。不同档次的包装在材料选用、设计风格、制作工艺等方面都保持一定的差异，使不同收入水平的消费者心理都能得到满足。高档商品采用豪华精美的包装，以此突出商品的高贵品质；中低档次的商品，采用与其价值相符的包装，使消费者易于接受。此种策略经常用于酒类、糕点等商品的包装。

6. 改变包装策略

即改变和放弃原有的产品包装，使用新的包装。由于包装技术、包装材料的不断更新，消费者的偏好不断变化，原有的包装已经落后、过时，企业会采用新的包装以弥补原包装的不足。应用该策略时要注意，在改变包装的同时必须配合做好宣传工作，以消除消费者以为产品质量下降或其他的误解。

与相关课程的联系

包装在物流课程、市场营销课程中防止串货、市场定位等方面有重要意义。

模块小结

商品名称是消费者认识和识别产品的重要指示器，在消费者的购买行为中发挥着重要作用。企业在给商品命名时应注意遵循名实相符、便于记忆、引人注意、诱发情感和启发联想的原则。企业可以根据商品的主要效用、成分命名；也可以根据商品的产地、发明人的名字或历史人物的名字命名；另外，也可以根据商品的制作方法命名、根据以美好形象的事物或形容词命名；对于外来商品可以根据外文译音命名。

在现代市场经济当中，品牌已被公认为是企业极为重要的无形资产，其价值甚至远远超过企业的有形资产，品牌对消费有重要的作用。企业在选择品牌策略时，首先要确定要不要为产品选择品牌，进而确定品牌的归属策略、品牌的使用策略。

商品包装是指在流通过程中保护商品，方便运输，促进销售，按一定的技术方法而采用的容器、材料及辅助物等的总体名称。也指为了上述目的而在采用容器材料和辅助物的过程中施加一定技术方法的操作活动。包装主要在识别功能、便利功能、增值功能上对消费者的消费心理产生影响。

主要名词

商品名称　品牌　商标　品牌策略　包装　包装策略

自 测 试 题

一、单项选择题(15 分，每题 3 分)

1．为商品适当命名，能够诱发的消费心理是(　　)。
　A．购买欲望　B．积极情感　C．消极情感　D．特殊情感
2．按照商品的质量、档次的不同设计不同的包装，此种策略为(　　)。
　A．分量包装　B．等级包装　C．方便包装　D．再使用包装
3．等级包装主要是真对消费者的不同(　　)。
　A．消费水平　B．消费习惯　C．消费心理　D．消费特点
4．某些消费者购物时只追求某一个品牌的商品，这样的消费心理属于(　　)。
　A．品牌认知　B．品牌偏爱　C．品牌执着　D．品牌迷信
5．商品包装对消费者首要的心理功能是(　　)。
　A．认识功能　B．记忆功能　C．情感功能　D．联想功能

二、多项选择题(15 分，每题 3 分)

1．商品名称的心理功能主要表现为(　　)。
　A．认识功能　B．联想功能　C．自我表现功能
　D．情感功能　E．便利功能
2．企业采用多品牌策略的主要优点是(　　)。
　A．分散企业经营风险　B．满足消费者的不同需求
　C．降低经营成本　D．在企业内部引入竞争机制
　E．利于建立企业识别系统
3．为诱发消费者的美好情感，在商品命名时应当注意(　　)。
　A．科学性　B．艺术性　C．禁忌性
　D．简明性　E．通俗性

4. 企业名称商标化策略比较适合于(　　)。

A. 大企业　　B. 知名度低的企业

C. 小企业　　D. 信誉好的企业

E. 知名度高的企业

5. 品牌策略包括(　　)。

A. 品牌化决策　　B. 品牌归属决策

C. 品牌质量决策　　D. 品牌使用决策

E. 品牌放弃决策

三、简答题(40分，每题5分)

1. 商品命名的含义是什么？
2. 简述商品命名时应遵循的心理原则及心理方法。
3. 简述品牌的含义及特征。
4. 简述品牌的心理效应。
5. 简述品牌的重要作用。
6. 简述品牌策略。
7. 简述包装的含义及功能。
8. 简述商品包装的心理策略。

四、论述题(30分)

试述如何针对消费者的差异性采用不同的商品包装策略。

案例分析

香奈尔5号香水瓶成为艺术品

1921年5月，当香水创作师恩尼斯·鲍将他发明的多款香水呈现在香奈尔夫人面前让她选择时，香奈尔夫人毫不犹豫地选出了第五款，即现在誉满全球的香奈尔5号香水。然而，除了那独特的香味以外，真正让香奈尔5号香水成为“香水贵族中的贵族”却是那个看起来不像香水瓶，反而像药瓶的创意包装。

服装设计师出身的香奈尔夫人，在设计香奈尔5号香水瓶型上别出心裁。“我的美学观点跟别人不同：别人唯恐不足地往上加，而我一项项地减除。”这一设计理念，让香奈尔5号香水瓶简单的包装设计在众多繁复华美的香水瓶中脱颖而出，成为最怪异、最另类，也是最为成功的一款造型。香奈尔5号以其宝石切割般形态的瓶盖、透明水晶的方形瓶身造型、简单明了的线条，成为一股新的美学观念，并迅速俘获了消费者。从此，香奈尔5号香水在全世界畅销八十多年，至今仍然长盛不衰。

1959年，香奈尔5号香水瓶以其所表现出来的独有的现代美荣获“当代杰出艺术品”称号，跻身于纽约现代艺术博物馆的展品行列。香奈尔5号香水瓶成为名副其实的艺术品。对此，中国工业设计协会副秘书长宋慰祖表示，香水作为一种奢侈品，最能体现其价值和品位的就是包装。“香水的包装本身不但是艺术品，也是其最大的价值所在。包装的成本甚至可以占到整件商品价值的80%。香奈尔5号的成功，依靠的就是它独特的、颠覆性的创意包装。”

案例讨论

分析香奈尔5号香水瓶成功的原因。

实 训 练 习

手机营销与购买心理调研。

(1) 实训内容与要求。

① 试对某一手机卖场进行一次社会调查，选择苹果、三星、OPPO、小米、华为等5～8种国内外手机品牌，收集有关的广告宣传材料，就各品牌手机的名称、外形、基本功能、定价等进行比较。

② 分析这些手机的品牌、包装运用了哪些营销心理的方法，起到了什么作用。

③ 对所在班的同学进行手机品牌占有率的调查，了解同学们当初选择该款手机的原因，现在感觉如何。了解大家再次购买手机的购买意向。

④ 在班内组织一次交流与研讨。

(2) 成果与检验。

① 撰写调研分析报告。

② 依据报告与研讨会的表现为每位同学评估打分。

模块 9

做好商业广告吸引消费者购买

内容提要

模块 9 主要介绍广告的概念和基本原则，商业广告的心理功能。广告定位、广告创意及广告诉求对消费者消费心理都有不同程度的影响。企业应根据产品及消费心理等因素合理地选择电视、广播、报纸、杂志、网络、POP 等不同的广告媒体。

教学重点和难点

广告、广告的心理功能、广告定位、广告创意、广告诉求、广告媒体选择、广告心理效果测定。

学习目标

知识点：掌握广告的心理功能；掌握广告定位、广告创意、广告诉求对消费心理的影响；掌握广告媒体选择的心理特点。

技能点：能够运用广告定位、广告创意及广告诉求的知识影响消费心理，促进商品销售；能够合理地选择广告媒体。

导入案例

经典的广告案例

好的广告就是品牌的眼睛，对于人们理解品牌内涵，建立品牌忠诚都有不同寻常的意义。下面来看看这些耳熟能详的世界经典广告，是如何造就世界级的品牌的。

(1) 雀巢咖啡：味道好极了。这是人们最熟悉的一句广告语，也是人们最喜欢的广告语。简单而又意味深远，朗朗上口。因为发自内心的感受可以脱口而出，正是其经典之所在。以至于雀巢以重金在全球征集新广告语时，发现没有一句比这句话更经典，所以就永久地保留了它。

(2) m&m 巧克力：只溶在口，不溶在手。这是著名广告大师伯恩巴克的灵感之作，堪称经典，流传至今。它既反映了 m&m 巧克力糖衣包装的独特，又暗示 m&m 巧克力口味好，以至于我们不愿意使巧克力在手上停留片刻。

(3) 百事可乐：新一代的选择。在与可口可乐的竞争中，百事可乐终于找到突破口，它们从年轻人身上发现市场，把自己定位为新生代的可乐，邀请新生代喜欢的超级歌星作为自己的品牌代言人，终于赢得青年人的青睐。一句广告语明确的传达了品牌的定位，创造了一个市场，这句广告语居功至伟。

(4) 大众甲壳虫汽车：想想还是小的好。20 世纪 60 年代的美国汽车市场是大型车的天下，大众的甲壳虫刚进入美国时根本就没有市场，伯恩巴克再次拯救了大众的甲壳虫，提出“think small”的主张，运用广告的力量，改变了美国人的观念，使美国人认识到小型车的优点。从此，大众的小型汽车就稳执美国汽车市场之牛耳，直到日本汽车进入美国市场。

(5) 耐克：just do it。耐克通过以 just do it 为主题的系列广告，和篮球明星乔丹的明星效应，迅速成为体育用品的第一品牌，而这句广告语正符合青少年一代的心态，要做就做，只要与众不同，只要行动起来。然而，随着乔丹的退役，随着 just do it 改为“idream”，耐克的影响力日渐式微。

(6) 戴比尔斯钻石：钻石恒久远，一颗永流传。事实证明，经典的广告语总是丰富的内涵和优美的语句的结合体，戴尔比斯钻石的这句广告语，不仅道出了钻石的真正价值，而且也从另一个层面把爱情的价值提升到足够的高度，使人们很容易把钻石与爱情联系起来，这的确是最美妙的感觉。

(7) 麦氏咖啡：滴滴香浓，意犹未尽。作为全球第二大咖啡品牌，麦氏的广告语堪称语言的经典。与雀巢不同，麦氏的感觉体验更胜一筹，虽然不如雀巢那么直白，但却符合品尝咖啡时的那种意境，同时又把麦氏咖啡的那种醇香与内心的感受紧紧结合起来，同样经得起考验。

(8) IBM：四海一家的解决之道。在蓝色巨人经营处于低谷时，提出这一颇具煽动性的口号，希望不仅成为一个名副其实的跨国企业，而且真正成为高科技电子领域提供一条龙解决方案的企业，进入电子商务时代，IBM 正在将这一角色实现，扮演着电子商务解决方案的提供商角色。

(9) 山叶钢琴：学琴的孩子不会变坏。这是中国台湾地区最有名的广告语，它抓住父母的心态，采用攻心策略，不讲钢琴的优点，而是从学钢琴有利于孩子身心成长的角度，吸引孩子父母。这一点的确很有效，父母十分认同山叶的观点，于是购买山叶钢琴就是下一步的事情了，山叶高明于此。

(10) 丰田汽车：车到山前必有路，有路必有丰田车。这则广告成功地改用了“山重水复疑无路，柳暗花明又一村”的古诗，文字简明，内涵丰富：一是表明了质量之高，广告词没有直接宣传产品的质量，而是用销量之大来表明；销量之大也不是用数量直接表明，而是用路来间接表明；二是表明了车的适应性强，“有路必有丰田车”，隐含着不管什么路，丰田车都可以纵横驰骋，往来自如；三是表现出很强的自信心，两个“必有”，语气坚定，给人可以信赖的感觉。

(11) 人头马 XO：人头马一开，好事自然来。尊贵的人头马非一般人能享受起，因此喝人头马 XO 一定会有一些不同的感觉，因此人头马给你一个希望，只要喝人头马就会有好事等着到来。有了这样吉利的“占卜”，谁不愿意喝人头马呢？

(12) 鹿牌威士忌：自在，则无所不在。在鹿牌威士忌的广告中，那个鹿头人身的家伙总是一副神情自若的样子，因为他经常喝鹿牌威士忌，那种感觉足以让你羡慕，享受一下鹿牌威士忌吧，自在的感觉你一定会也会拥有。攻心的力量常常比精确的描述还有效。

(13) 德芙巧克力：牛奶香浓，丝般感受。之所以够得上经典，在于那个“丝般感受”的心理体验。能够把巧克力细腻滑润的感觉用丝绸来形容，意境够高远，想象够丰富。充分利用联想感受，把语言的力量发挥到极致。

(14) 可口可乐：永远的可口可乐，独一无二好味道。在碳酸饮料市场上可口可乐总是一副舍我其谁的姿态，似乎可乐就是可口。虽然可口可乐的广告语每几年就要换一次，而且也流传下来不少可以算得上经典的主题广告语，但还是这句用的时间最长，最能代表可口可乐的精神内涵。

上述企业的成功，除了产品符合消费者的需要外，广告起到了重要的作用。那么企业如何才能做好广告，满足消费者的心理需求，吸引消费者购买呢？

随着经济发展，商品的丰富和人们物质文化需求的日益增长，广告在人们的生活中扮演了重要的角色。广告就是广而告之，泛指一切公告，包括公益广告、旅游广告、商业广告等等。然而，日常生活中所说的“广告”往往特指商业广告，即用于推销商品或服务的付费公告。广告与生活密不可分，通过广告迅捷地获知产品的相关信息；企业和产品也通过广告宣传自己，以获得良好的经济效益。在广告的传播过程中，媒体是影响广告效果的重要因素之一。再完善、杰出的广告创意，如果媒体选择不理想，也会大大影响广告的传播效果。

单元1　商业广告概述

一、商业广告的概念和特点

广告可以追溯到有记载的历史开端时期，在地中海周围国家工作的考古学家挖掘出的一些宣传各种各样的事件和供应品的标志，罗马人在墙上绘画，宣布角斗士的搏斗；腓尼基人在游行路程沿途的大石块上画图宣传他们的陶器。

在中国的古汉语中没有广告这个词，《康熙字典》和《辞源》都没有“广告”这个词。大约在20世纪初到20年代，广告一词被翻译、引入中国。所以说，“广告”一词是“舶来品”。“广告”一词是英文“Advertising”。据考证，英文“Advertising”这个词来源于拉丁语——Adverture，最初的意思是吸引人注意，带有通知、诱导、披露的意思。后来Adverture这个词被逐渐演变为Advertise，其含义拓宽为：“使某人注意到某件事”或“通知别人某件事，以引起他人的注意”。17世纪中后期，英国开始了大规模的商业活动，广告一词因此得以流行，受到人们的青睐。随着历史的推进和人们对广告认识的加深，原来带有静止意义的名词Advertise，被人们赋予了现代意义，转化为具有活动色彩的词汇Advertising。也就是说广告已不单指某一个广告内容，其更多的是指一系列的广告活动。

1. 广告的含义

广告有广义和狭义两种定义方式。广义的广告是指向社会公众传递信息的手段，目的在于唤起并引导人们对某些特定的事物的注意，并在必要时实施某种按信息发布者希望和要求的行动。

广义的广告信息的内容和发布对象都比较广泛，包括经济广告和非经济广告。经济广告是为了推销商品和劳务，获取利益；非经济广告则是为了达到某种宣传目的，例如西方国家的竞选广告，属政治宣传广告，中央电视台的“广而告之”节目属于道德教育广告，而我国古代设置烽火台，当国家受到外来入侵时，在烽火台上燃起狼烟，以召唤各方诸侯前来支援，则属于军事广告。

狭义广告是指经济广告，又称商业广告，如报刊、电台和电视台的广告节目，以及招贴、幻灯、橱窗布置和商品陈列等。狭义广告的定义为：“广告是广告主以付费的方式，通过公共媒介对其商品或劳务进行宣传，借以向消费者有计划地传递信息，影响人们对所广告的商品或劳务的态度，进而诱发其行动而使广告主得到利益的活动。”广告的定义中包含了以下几方面属性。

(1) 广告通过各种媒介宣传活动时，要支付一定的费用。这是广告有别于公关、宣传、推销、展览等宣传活动的一个最明显的标志，也是广告最本质的属性。

(2) 广告是一种有计划有目的的活动，其目的是为了促进商品或劳务的销售，并使广告主从中获取利益；广告的内容是经过有计划地选择的商品或劳务信息。

(3) 广告不是面对面的传播，而是通过大众传播媒介来进行信息传递的，主要的传播媒介有广播、电视、报纸、杂志、网络等大众传播媒介和广告牌、海报、灯箱等传播媒介。

(4) 广告活动的主体是广告主，而广告活动的对象是广大消费者，而不是个人。

(5) 广告是一种劝服性的信息传播活动。劝服性是广告发挥作用的具体形式，通过劝说来影响公众的态度、观点和行为。

2. 广告的要素

广告主要包含以下要素。

(1) 广告主。广告主是指为推销商品或者提供服务，自行或者委托他人设计、制作、发布广告的法人、其他经济组织或者个人。广告中明确体现广告主，目的在于使广告接受者了解广告的信息来源。

(2) 广告商。即广告公司、广告业务的经营者，是专门从事广告代理、策划、设计、制作等业务的企业。

(3) 广告媒体。传播广告信息的媒介物，如报纸、杂志、广播、电视、网络、路牌、灯箱等。

(4) 广告受众。广告信息的接受者，他们是广告诉求的目标群体，是广告营销商品和服务的需求者、购买者。

3. 广告的类型

(1) 按照广告的传播媒介不同划分，主要分为电子媒体广告、印刷广告、户外广告、邮寄广告和POP广告几种类型。

① 电子媒体广告。电子媒体广告也称作视听广告，包括电视广告、广播广告、电影广告、互联网广告、电子显示屏广告，以及幻灯广告、影碟录像广告等。这种广告形式，具

有生动、形象的特点，容易吸引消费者的注意，除互联网广告外，其他的电子媒体广告保留时间短、容易消失、费用较高。电子媒体广告主要适用于日用品广告。

② 印刷广告。印刷广告主要是通过报纸、杂志、画册、电话簿、挂历、列车时刻表等印刷品刊登的广告。这种广告信息保留时间长、可以反复修改，但是时效性较差、不易引起人们的注意，所以需要长期使用。印刷广告主要适用于行业产品等。

③ 户外广告。户外广告是指在街道、车站、码头、道路、建筑物等公共场所设置、张贴的招牌、海报、路牌、气球等进行的广告活动。这种广告形式具有信息保留时间较长、成本较低等优点，但是户外广告的宣传范围小而且不易更改。这种形式的广告一般适用于在产品生产地区进行广告宣传，以吸引消费者购买时优先选择。

④ 邮寄广告。邮寄广告是指通过邮政部门向公众传递信息的广告活动，例如宣传手册、商品目录、信函、明信片、贺年卡等。邮寄广告具有成本低、随意性强等优点，但是这种形式的广告时效性较差、有时易被人忽视。邮寄广告适用于针对性较强的产品。

⑤ POP广告。POP广告(Point of Purchase Advertising)即售货点广告，是指在购物场所的广告，如商店招牌、门面装潢、橱窗陈列、现场表演、现场广播、专柜销售、招贴画等。凡是在购物场所的入口、内部、周围，以及有商品的地方设置的广告都属于POP广告，也就是说POP广告是一切在购物场所内外所做的广告的总称。这种广告形式弥补了一般媒体广告的不足，重点在于强化在销售终端对消费者的影响。

(2) 按照广告的内容不同划分，主要分为以下4种类型。

① 商品广告。商品广告是以介绍产品或服务的特征与魅力，以期加深消费者对产品或服务的印象，进而吸引消费者购买或消费，是广告中最常见的形式。此类广告的内容主要包括产品名称、商标、功能、特色、价格、使用方法、销售渠道；服务的内容、特色、收费标准、利益等。商品广告可进一步按照商品的种类进行划分，如食品广告、服装广告、电器广告、药品广告等，可以说有多少种商品就有多少种商品广告的类型。

② 企业形象广告。企业形象广告是指企业为了树立形象、维持信誉、提高知名度、使消费者更加了解企业的观念和文化，吸引其关注和好感开展的广告活动。这种广告不直接介绍产品和宣传产品的优点，而是宣传企业的宗旨和信誉、企业的历史与成就、经营管理情况，以建立商业信誉为目的。企业形象广告一般都是配合企业公共关系活动进行的。例如四川长虹彩电的广告宣称“以产业报国，振兴民族工业为己任”，在公众中树立了良好的形象。实践证明，企业形象广告不仅有利于产品的销售，而且对于提高企业的社会地位，为企业在社会经济活动中充分发挥其影响与作用，促进企业的发展都有很大的好处。

③ 观念广告。观念广告是通过提倡或灌输某种观念或意见，试图建立或改变消费者对某企业或某一产品在心目中的形象，从而形成或改变某一消费习惯或消费观念的广告，而这一观念的建立是有利于广告主获得长久利益的。例如，广告词“开放的思想比绽开的鲜花还要美丽”；我国冰箱制造业依据国家有关环境保护法律的规定，在广告中宣传“使用无氟冰箱，让我们的空气更洁净”，也是观念广告。

④ 综合性广告。综合性广告是指同时以企业和该企业的产品和服务为内容的广告。

(3) 按照广告的传播范围不同划分，主要分为4种类型。

① 世界性广告。世界性广告又称国际性广告，是指在宣传出口世界其他国家的商品时，在选择媒介和制作广告方面都要适合国外顾客的特点和要求。这时一般会选择有国际影响

力的宣传媒体，如卫星电视、卫星广播或世界发行的报纸、杂志等；在广告宣传内容上，要考虑到其他国家的社会文化因素和消费者的特点。例如，可口可乐的广告是世界著名的广告。

② 全国性广告。全国性广告的广告主一般是规模较大、产品或服务覆盖全国的企业。其产品多是通用性较强、销售量大或是一些专业性强或使用地区分散的产品。为了达到在全国范围内进行宣传的效果，广告媒体一般选择为全国性的报纸、杂志、电视、电台等。

③ 区域性广告。一些地方性产品、季节性产品或者销量有限而选择性较强的产品，一般会选择区域性广告，广告主多为中小企业。区域性广告通常选择省市的报纸、杂志、电台、电视台等区域性的媒体进行宣传。

④ 地方性广告。地方性广告的广告主多为地方型企业。为了促使人们使用地方性产品或购买，选择地方报纸、地方电台电视台、路牌、灯箱等媒体进行广告宣传。其广告的传播范围比区域性广告要窄。

(4) 按照产品所处的生命周期不同阶段划分，主要分为以下 3 种类型。

① 报道式广告。报道式广告通过向消费者介绍商品的性质、用途、价格等，引导消费者对该商品产生初步的印象和需求。开发一个新市场或新产品刚上市时，企业通过广告向目标市场介绍该产品的性质、用途、价格等以求得市场的认可。这类广告属于开拓性广告。

② 劝诱式广告。劝诱式广告也称说服式广告。当产品进入成熟期，目标市场的竞争对手增多，市场容量趋于饱和，这时的广告以说服为目标，使消费者加深对某种品牌产品的印象，以吸引保守的购买者，使原有购买者增加使用频率。这类广告属于竞争性广告。

③ 提醒式广告。当产品进入衰退期，目标市场上竞争对手饱和，该行业利润已降至平均水平以下时，有的企业出于维持原市场地位营销策略的考虑，发出广告，提醒那些对本企业产品已有使用习惯和购买习惯的消费者，促使其重复购买，以扩大产品销量，增加企业利润；另外一种情况是，消费者已经有了使用和购买某种商品的习惯，广告的目的是提醒消费者不要忘记这一商品，从而刺激重复购买，提高商品购买率。

(5) 根据广告主不同划分，主要分为以下 3 种类型。

① 制造商广告。制造商广告就是由直接生产或制作产品的广告主所做的广告。

② 零售商广告。零售商广告是百货商店、超级市场等零售商向消费者所做的广告。

③ 合作广告。合作广告是零售商做广告，但由制造商承担部分广告费的广告。

与相关课程的联系

消费心理学本来来源于广告学，反过来，其又对广告的发展提供了帮助。

二、商业广告的心理功能

随着市场竞争日趋激烈，企业在经营过程中越来越重视广告宣传的作用，广告的投入也越来越大，原因之一就是广告已成为影响人们消费的重要指南。广告的心理功能就是指广告的基本作用和效能，也就是广告对消费者心理产生的影响作用。

1. 传递沟通功能

广告是连接商品与消费者的一座桥梁，广告最基本的心理功能就是向消费者传递有关企业及其产品和服务的性能、用途、规格、使用方法、售后服务，以及服务的内容、形式、地点等各种信息，帮助消费者了解新产品、增加或改变对原有产品和服务的认识，同时也可树立企业在消费者心中的形象。可以说广告是企业的喉舌，消费者也愿意从广告这种方便快捷的途径中搜集大量的不同品牌商品的各种信息，为自己的选择购买提供参考的依据。

2. 诱发或满足需求的功能

广告在介绍商品信息的同时，还要通过各种媒体和各种手段来激发消费者的购买动机，并满足他们的各类需求，包括物质性的与精神性的需要。消费者对某一产品的需求，往往是一种潜在的需求，这种潜在的需要与现实的购买行动有时是矛盾的。广告形成的视觉、感觉印象及诱导性宣传往往会增加消费者的购买信心，勾起他们现实购买欲望，来满足已有的需求，使其感受到获得这个商品所带来的愉悦。广告的反复渲染、反复刺激，也会扩大产品的知名度，甚至会引起一定的信任感，也会导致购买量的增加。而且，广告也可以促成或引发消费者对新产品或不熟悉产品的购买兴趣，或者改变对某些产品或厂商原来的态度，激发消费者的购买欲望。

3. 促进购买行为的功能

促销功能是企业对广告最直接的要求，也是广告最基本的功能之一。广告通过充分利用图形、色彩、实体形象、声音、文字、数字等来刺激消费者的感觉器官，引起消费者的注意与兴趣。使其产生联想，接收并记住广告中的信息，促进其购买行为的产生。在现代这样一个信息社会中，消费者每天自觉或不自觉地接受着各类广告信息。美国的统计是，每个美国人每天平均受到 1 500 条广告的刺激，这些刺激在人脑中留下许多痕迹，形成记忆表象，使其有意或无意地对广告中的商品有或多或少的认识。而那些引起注意和兴趣的广告，就可能被较好地编码、加工、储存，并被记住。因此，广告的效果越好越能促使消费者下决心作出购买行为。消费者的购买动机越强，越容易产生购买行为。当然，消费者在作出购买行为前，还需要消费者的意志努力，需克服各类困难。而广告的魅力正是在于能使消费者克服各种购买障碍与不便，达到购买目的。

4. 便利决策功能

广告通过各种媒体，及时、反复地向社会传递各种商品的信息，使消费者简单、快捷地收集到大量的商品信息，方便他们进行比较选择，作出自己的购买决定。在物质生活极大丰富的今天，人们的生活节奏越来越快，面对种类繁多的商品，特别是新产品层出不穷，如果没有商业广告的介绍说明，消费者就会变得无所适从。而商业广告的便利决策功能，就有效地帮助人们解决了这一问题。

5. 教育导向功能

商业广告在推销各种产品和服务的同时，也向社会大众传播了科技领域的新知识、现代生活的新理念和未来生活的新趋势，这有利于开拓社会大众的视野，转变人们的消费观念，改善人们的生活品质。曾经公开宣称“非为总统，即为广告人”的美国总统富兰克林·罗斯福认为：“若不是有广告来传播高水平的知识，过去半个世纪各阶层人民现代文明水平的普遍提高是不可能的。”

就广告的形式和内容而言，文明健康、积极向上的表现形式和内容，在指导人们消费的同时，还有利于培养文明、道德的消费观念和消费行为、传播社会主义精神文明、形成良好的社会道德风气，潜移默化地对两个文明建设产生积极的影响。

6. 艺术享受功能

好的广告，实际上就是一件精美的艺术品，广告通过美术、音乐、音响、诗歌、戏剧、舞蹈等艺术手段，不仅真实、形象地向人们介绍了商品，而且让人们通过对作品形象的观摩、欣赏，引起丰富的生活联想，树立新的消费观念，增加精神上美的享受，并在艺术的潜移默化之中，产生购买欲望。

广告作为现代都市的一大景观，对人们的生活环境也起到美化和装饰的作用。设计精美的路牌广告，雄伟壮观的建筑广告，绚丽多彩的霓虹灯广告，以及五彩缤纷的灯箱广告和售点广告，把城市的街道、建筑物和购物场所装点得生机盎然，为人们的生活环境增添了丰富的艺术色彩和浓郁的现代生活气息。

总之，商品广告的基本心理功能表现在它向消费者传递了商品的信息，激发了购买动机，满足了情感需求，进而使其实现购买行为，最终达到广告的促销目的。

与相关课程的联系

广告是推销和促销的重要手段，在推销学、市场营销、市场营销策划等课程中都被重点提及。

三、商业广告的基本原则

商业广告是一种特殊的活动，牵涉到广告主、广告经营者、广告媒体、广告受众等各个方面的利益。同时，广告又是一种综合性的活动，是集经济活动、信息传播活动、社会活动、文化活动等于一体的系统工程。为充分发挥广告的功能，抑制广告的负面效应，商业广告活动的各类参与者在从事广告活动时都必须遵循广告的基本原则。

1. 真实性原则

真实性原则是指广告内容要真实准确，不得虚假欺诈。真实性是广告的生命，也是广告的基本原则。广告的基本特征是信息沟通，只有提供真实的广告信息才能赢得广告对象的信任。我国《广告管理条例》中明确规定：“广告内容必须真实、健康、清晰、明白，不得以任何形式欺骗用户和消费者。”广告的真实性具体表现为以下两个方面。

(1) 广告信息要以商品(或劳务)的客观事实为依据。广告所宣传的产品或服务应代表其整体水平，而不能用特别挑选出来的或特别制造的产品为标准；有关消费者特别关注的产品性能、质量等内容，不能过度夸张；广告的文字、画面、实物、实证、论证等应真实、明确。

(2) 诚实守信。广告中应向消费者介绍商品或服务的使用、保养方法或有关注意事项，对于在使用或消费中可能出现的问题，应明确告知。广告中承诺的售后服务、优惠项目等要落实兑现。

与相关课程的联系

《中华人民共和国广告法》针对涉及广告多方面的事宜进行法律规范，主要目的在于规范广告市场，维护消费者权益，是经济法课程的重要组成部分。

2. 心理性原则

商业广告的目的，就是要刺激消费。在商品供过于求的买方市场状况下，消费者面临众多的选择，买什么产品、买多少、买谁的，完全由消费者自己选择决定。如果广告不符合消费者的消费心理，不符合消费者的购买心理，那广告就是无的放矢，起不到广告所应有的刺激消费的作用。所以，广告要想实现促销目的，就必须了解消费者的消费心理，依照心理学法则开展广告活动。

从广告作用于消费者的全过程来看，消费者接受一则广告并进行消费，要经历："引起注意——激发兴趣——刺激欲望——加强记忆——诱发购买"五个阶段，因此，商业广告必须遵循消费者的这一心理活动规律。

3. 科学性原则

科学性是现代广告多学科知识的综合运用、电子技术的发展和先进的研究方法采用的结果，是广告现代化的重要标志。广告的科学性主要表现在以下几个方面。

(1) 广告计划的针对性。广告必须抓住受众心目中所关心的问题、心理状态，然后确定广告主题与目标、广告战略与策略，科学选择。

(2) 广告构思和设计的创造性。广告的构思必须富有创造性，即语言要生动、有趣、幽默、简明易懂；广告的形式要多样化且不断更新，以引人注目；还必须根据不同地区、不同顾客的爱好来设计广告图样和选择广告方式，切忌主观盲动、落后与简单仿制。

(3) 传播手段和制作技术的先进性。计算机、传真机、数码相机、收视率调查机及彩印设备等科技设备的运用，使广告作品质量大大提高。互联网、现代卫星通信技术，又使广告传播在时间上、空间上突破了原来的局限，有效地提高了广告效果。

4. 艺术性原则

广告的艺术性原则是指广告作品应具有艺术魅力与审美作用，能够吸引、影响与感染公众，激发公众的购买欲望。

广告是将造型艺术、语言艺术、表演艺术融为一体的综合艺术，它利用绘画、摄影、语言、文字、音乐、表演、歌曲等多种形式，塑造出生动而又富有创意的艺术形象来表现广告的内容，从而感染受众，使受众在自然而然的兴趣和愉悦中认知和接受广告的传播，并从中获得艺术的欣赏和美的享受。

广告艺术性的目的是为了有效地传达信息，而不单纯是为了艺术欣赏，艺术性是广告感人的有力手段，缺乏艺术性的广告，影响力小，促销能力差；而广告的内容及情趣与艺术形式的结合，有利于生动活泼地表现它的主题与创意，达到广告宣传的目的。

单元 2　广告设计与消费心理

相关链接

"送礼就送脑白金!"相信有不少人对此广告深恶痛绝，然而在厌恶之余，却无法否认它的影响力，至少在选购礼品时，"条件反射"下你会有意无意地想到这句广告词。而最"可恨"的是有很多人在其影响下居然真地就买了！理由便是"我想不出还有什么更合适的礼品!"这便是"条件反射"的作用，就像一个有钱人去买车，他的第一选择往往是宝马或者奔驰，因为在无数人的眼中那就是有钱人的象征。

一、广告定位与消费心理

1. 广告定位的含义

定位理论被美国营销协会评为"有史以来对美国营销影响最大的观念"，该理论的创始人是美国的艾·里斯和杰·特劳特。所谓定位，就是在潜在消费者的心目中为你的产品设置一个特定的位置，这个位置只为你的产品所独占而其他同类产品则不可能拥有。广告定位就是指广告主通过广告活动，使企业或品牌在消费者心目中确定位置的一种方法。

广告定位一般指如何使一个产品以正确合适的形象深入人心。它并不是围绕产品进行的，而是围绕潜在顾客的心智进行的，也就是将产品定位于潜在顾客的心智中，例如，当人们想到饮料时，头脑中先出现的总是可口可乐；想到快餐时，总是先想到肯德基；想到洗发水，总是先想到潘婷、飘柔、海飞丝。一个成功的广告，必须让你的产品或品牌在消费者的心中找到一个位置。

2. 广告定位策略

根据产品的特性与特点、在市场上的占有率、竞争的激烈程度等不同，定位的情况也有所不同。目前市场上商品种类琳琅满目、种类繁多，企业可以从以下几种情况考虑，准确进行广告定位。

(1) 功能定位。功能定位就是在广告活动中突出商品独特的功能，使其明显有别于同类产品，以增加其市场竞争力。如，同样是保洁公司的产品，飘柔洗发水的定位是"柔顺"、海飞丝的定位是"去屑"、潘婷的定位是"修复"。

相关链接

步步高音乐手机广告

步步高音乐手机是步步高通信设备有限公司推出的一款手机产品，商品定位于为消费者打造专业级完美音质。公司聘请了韩国著名影星宋慧乔为其产品代言，拍摄了一组广告片。广告片的第一画面，是宋慧乔塞着耳塞在看书，看着就有一种身临其境的感觉；第二画面则是她真地在大自然里追逐着蒲公英，享受自在的阳光；第三画面则是她追逐的蒲公英落在一个外国女孩手上，外国女孩拉着提琴，宋慧乔则用手机放歌伴奏；最后则出现字幕，步步高音乐手机。

这则广告的定位比较明确，从市场定位和功效定位入手，广告片中主要突出的是音乐手机这个主题区别于其他手机功能，受到了很多喜欢音乐的年轻消费者的青睐。

(2) 品质定位。也就是质量定位，通过强调产品的良好品质而对产品进行定位。质量是衡量商品的重要标准之一，商品质量的高低直接影响着消费者是否会再次购买此商品，品质定位就是通过消费者对商品品质的认识来启动他们的需求与购买欲望，并在其心目中确定商品的位置。就像奔驰这个品牌在人们的心目中则常与“尊贵”联系在一起，这就反映了一个品牌的品质形象定位。再如，雀巢咖啡“味道好极了！”的广告，就直接突出了产品良好的口感。

(3) 品名定位。指任何产品的出现都有一个名称，但并不是随便起一个名称都可以，品名不但要顺口、响亮、大气，还要能突出产品的特点和性能，具有想象力、有特定的意义，与系列产品相照应。比如脑白金，能够让人直接联想到该产品是作用于脑部的，而且有珍惜贵重之意，三个字记忆度高、识别度高；李宁，用人名作为品名代表着的体育精神。

(4) 感性定位。感性定位是一种多用于一些产品性质不易说清楚，或产品附加一种文化观念等的定位方法。这种诉求，能唤醒消费者感情的共鸣而引起消费者的兴趣。如万宝路香烟就采用了巍峨的群山、奔腾的骏马、粗犷的牛仔等形象诉求，从而博得消费者的好感；麦氏咖啡的滴滴香浓，意犹未尽也是感性定位。

(5) 理性定位。理性定位常采取摆事实、讲道理的说服方法，使消费者获得理性共识。如百事可乐就用“同样的价格、两倍的含量”的诉求，赢得消费者的认识；如乐百氏 27 层净化纯净水的广告也是如此。

(6) 强势定位。强势定位能显示企业的强大实力，企业往往采取“高高在上”和“咄咄逼人”的姿态面对市场和竞争者，以显示优势和强势争取消费者信任，以实力得到认同。这种定位适用于规模大，实力雄厚的企业，给消费者诉求一种强大的实力，让消费感觉到产品的保障，进而消费者成为其产品和广告的忠实消费者。如蒙牛的“每天一斤奶强壮中国人”、施乐“复印机王国”、IBM 公司的“无论大一步，还是小一步，总会带动世界的脚步”等。强势定位也可以采取进攻态势，抓住竞争对手的弱势、缺点，显示本企业、本产品的实力、特色，削弱竞争对手的影响力，动摇其地位，争取市场的主动。

(7) 抢先定位。抢先定位指的是产品在市场定位中，抢先于同类竞争产品进入市场及消费者心目中，力争使自己的产品品牌第一个进入消费者的心目中，抢占市场第一的位置。经验证明，最先进入人们心目中的品牌，平均比第二的品牌在长期市场占有率方面要高很多。一般来说，第一个进入消费者心中的品牌，都是难以被驱逐出去的。人们总是容易记住第一名，如谁都知道世界第一高峰是珠穆朗玛峰，但极少有人能说出第二大高峰；人们能很快说出体育比赛的冠军，亚军则不易给人留下印象。如奢侈品中的 LV、可乐中的可口可乐、电器中的通用、计算机中的 IBM、快餐中的麦当劳等。

(8) 强化定位。强化定位是指企业一旦成为市场领导者后，还应不断地加强产品在消费者心目中的印象，以确保第一的地位。不断加强消费者起初形成的观念。如可口可乐公司所用的强化广告词是“只有可口可乐，才是真正可乐”。这个策略可适用于任何领导者。仿佛可口可乐是衡量其他一切可乐的标准，相比之下，其他任何一种可乐类饮料都是模仿

“真正的可乐”。“我们发明这个产品”这句话，是施乐复印机、宝丽来相机、奇宝打火机等品牌所运用的策略，与可口可乐所用策略有异曲同工之妙，有强大的刺激作用。如，在我国的冰箱生产厂家中，海尔反复强调自己的“高品质”，新飞则宣传自己是“节能冰箱”，而美菱把文章做在了“保鲜”上。

相关链接

蒙牛公司“创内蒙古乳业第二品牌”

蒙牛在创立初始，利用“王妃原理”，继承内蒙古乳业形象，借助当时市场老大伊利的品牌形象，唱成了一出出借势的好戏。

刚创业时，蒙牛人认识到，在自己的羽翼没有丰满之前，是不能与牛奶业的老大伊利展开正面交锋的，所以，蒙牛巧妙地通过“创内蒙古乳业第二品牌”的宣传和“中国乳都”等概念的推出，叫响了蒙牛自己的品牌。

蒙牛提出“创内蒙古乳业第二品牌”，表面上看，好像显得自己不够雄心壮志，别人都想着是怎么做到市场第一，成为霸主，统治市场，蒙牛倒好，竟然自己灭自己的威风，要创的只是内蒙古乳业第二品牌。但是，仔细分析，我们不得不承认蒙牛人的高明之处。当时，内蒙古乳业的头把交椅，铁定是伊利，这是无可怀疑的，不仅在内蒙古，在全国伊利都是叫得响的品牌，在蒙牛创立的时候，伊利的年销售额已经达到数十亿元，是蒙牛的几十倍，此时提出要创第一，伊利立刻就会进行清剿，以蒙牛当时的实力，伊利要灭掉它就像是踩死一只蚂蚁般简单。

但是，除了伊利一枝独秀，内蒙古众多的其他牛奶却基本没有自己的品牌，属于消费者的随意购买品，根本没有品牌的知名度、美誉度和忠诚度。蒙牛提出做“内蒙古乳业第二品牌”，一下子就将自己从众多的小品牌中脱颖而出，获得了伊利之下、万众之上的品牌地位和市场关注。

而且，蒙牛的“内蒙古乳业第二品牌”，表面上是“第二”，但这个“第二”是时刻与第一相联系的。人们只要想到伊利，就会自然想到蒙牛。因此，这个第二，其实借着与第一的关系，时刻在宣扬自己。利用伊利这个第一的品牌，蒙牛轻松地赢得了自己的市场。

在宣传上，蒙牛的第一块广告牌子上写的是“做内蒙古乳业第二品牌”；在冰淇淋的包装上，他们打出了“为民族工业争气，向伊利学习”的字样。把蒙牛与伊利绑在了一起，使双方利益具备了一定的共同点，做大了牛奶行业这块大蛋糕，又不会让伊利对自己的发展产生顾忌，带来可能的恶意的竞争或者是报复。

同时，蒙牛人还提出了“中国乳都”的概念，全力打造“内蒙古”这个大品牌。在他们看来，一个品牌的地域优势是可以利用的。因为呼和浩特的奶源在全国最优，人均牛奶拥有量也居全国第一，借助这个地域优势，他们在呼和浩特的主要街道投放灯箱广告，提出“我们共同的品牌——‘中国乳都’呼和浩特”这样的主题，一时间，媒体争相关注，频加报道，也得到了呼和浩特市民与政府官员的关注与支持，而且还打消了伊利的戒心，可谓经典。

二、广告创意与消费心理

1. 广告创意的含义

广告创意是指通过独特的技术手法或巧妙的广告创作脚本，更突出体现产品特性和品牌内涵，并以此促进产品销售。

广告创意以广告定位为前提。广告定位所要解决的是“做什么”，广告创意所要解决的是“怎么做”，只有明确了做什么，才可能发挥好怎么做。一旦广告定位确定下来，怎样表现广告内容和广告风格才能够随后确定。由此可见，广告定位是广告创意的开始，是广告创意活动的前提，广告创意是广告定位的表现。

2. 消费心理对广告创意的影响

广告要广泛调动消费者的心理活动，如感官、知觉、记忆、想象和思维，首先建立对产品的认知，进而产生情感认同，最后实现购买行为。广告要达到刺激消费的目的，需要有让消费者悦纳的创意，这样广告在宣传产品信息的同时，给大家一个可以触动消费者心理的印象，从而引导消费者的商品取舍，实现产品利润的最大化。

优秀的广告创意应当根据消费者进行消费活动时从众、求异，同步、求实这四种消费心理调动创意思维，有的放矢。

(1) 抓住消费者的从众心理进行广告创意。从众心理即指个人受到外界人群行为的影响，而在自己的知觉、判断、认识上表现出符合于公众舆论或多数人的行为方式。消费者在购买时，会参照他人的购买经历来选择商品。对于企业来说，可以借助消费者这一特有的心理，进行广告销售。一则比较成功的电视广告案例是宝洁的佳洁士系列牙膏广告，其中大量使用与日标消费者相似的人群，如一家三口、四世同堂等。同时在佳洁士得到全国牙防组认证后，宝洁在每一则牙膏电视广告结尾，总不忘记盖一个“全国牙防组权威认证”的章，这种权威的感觉一次次深深印在消费者的头脑中，使消费者相信其产品的权威性和有效性，达到了宝洁占领牙膏市场的目的。

(2) 抓住消费者的求异心理进行广告创意。在消费者群体中，广大青年人和女性是标新立异的群体，他们总想通过自己独特的个性选择和消费来吸引眼球，获得更多的关注。针对这种消费习惯，广告创意必须以新颖的角度切入，采用平中见奇的创意手段，化腐朽为创意。以雅客为例，雅客在诉求上强调独立时尚个性的产品风格，在其电视广告的创意上，以年轻人为切入点，紧紧抓住年轻人为主的消费群体。他们的广告便以这一部分消费者为创意点，在空寂无人的街巷中，一群活力四射的年轻人在街市张扬的奔跑。雅客以运动时尚的形象出现，就是抓住了年轻人拥有活力、标新立异、追逐时尚，以及他们在消费活动中情感因素多于理性因素的特点。广告在年轻消费群体面前树立了雅客时尚前卫、年轻的认知印象，这样在以后的消费中，年轻的消费者就会对雅客产品有情感倾斜，产生情感认同，从而对他们的消费行为产生影响。

(3) 抓住消费者的同步心理进行广告创意。根据马斯洛提出的人的需求层次学说，人在满足了本身的生存需求基础上，还渴望被尊重等更高的社会需求。同步心理即攀比心理，相同的社会阶层会在消费习惯上有相互学习的倾向。这种消费心理往往不是理性的消费，而是基于一种感性的消费冲动。广告活动中，可以通过创意性的宣传扩大这种消费心理的作用，引导消费者的购买动机和冲动。比如中国移动的校园广告中，其广告就紧紧抓住学生群体趋同的消费特点，打出我是 M-ZONE 人这一新鲜又富于个性的创意诉求，以 3 500 万学长的选择来引导新同学加入其消费群体。

(4) 抓住消费者的求实心理进行广告创意。求实的心理需求是比较理性的一种消费心理，这种消费心理比较注重产品的功能性和实用性，在购买时特别注重商品质量、性能、价格等，让消费者切实地感受到实惠和利益。这在一些刚性需求产品中表现得尤为突出，如房地产产品、汽车产品、保险类产品等。针对这部分消费群体，产品的创意就要从实际出发，少些虚张浮夸，切实地推出产品本身的优势。人寿保险有一则姚明做的广告，打出了“要投就投中国人寿”的创意诉求，以篮球明星姚明的影响力暗示给消费者，选择人寿可以给他们带来实实在在的利益需求和保障。

产品与消费者的心理需求之间要实现有效的契合，只有通过行之有效的广告创意诉求来实现。在广告创意中，商家必须要分析不同的消费群体的消费心理，针对不同的消费群体提出不同的广告创意策略，达到有的放矢。

三、广告诉求与消费心理

诉求是制定某种道德、动机、认同，或是说服受众应该去做某件事的理由。广告诉求是通过媒介向目标受众诉说，以求达到所期望的反应。广告诉求有以下几种。

1. 知觉诉求

知觉诉求即广告用直接的或间接的事物形象来诉求，如展览会、现场表演、样品的陈列等属直接知觉诉求。通过音响、语言的描绘、图片说明来传播广告信息的，属于间接知觉诉求。

2. 理性诉求

理性诉求即偏重于运用说理的方式，直接向广告受众传递理性的过程，如药品广告，常采用这种诉求方式，这对专业用户、理智型消费者更有效。如“雷蒙欣”不含 PPA，治感冒起速快、疗效好；“泻痢停，泻痢停，痢疾拉肚一吃就停”。

3. 情感诉求

情感诉求是与理性诉求相对而言的，理性诉求是将受众的理智作为诉求点；而情感诉求则着重调动人们的情绪、情感和心情。例如，“威力洗衣粉，献给妈妈的爱”；“有了小儿热清；妈妈们很轻松”；“爱妻型小天鹅洗衣机”。

4. 观念诉求

通过广告，促进人们改变旧的落后的消费观念，从而培养起新的并适应时代发展潮流的消费观念。比如，有一则电视广告，安排祖孙三代女性，以这样的广告词：“我姥姥的年代”，画面上出现老婆婆用一块自制的土肥皂洗手；“我妈妈的年代”，画面上换了中年妇女用普通的香皂洗手；“我们的年代”，画面上换了青春少女用挤在压式洗手剂和干手机，这就是典型的观念诉求广告。

5. 道德诉求

道德诉求通过广告，促进人们增强道德修养，培养人们的正义感、责任感等，提高社会公德意识。如“使用无磷洗衣粉，不污染环境，造福后人。”

单元3　广告媒体选择与传播策略

相关链接

2008年美国总统大选电视广告量创历史纪录

据路透社报道，2008年美国总统大选，无论从金钱上还是在选民数量上都已经创造了新纪录。如今，它正在向另外一个领域冲刺——电视广告的宣传费用。在11月大选的最后结果出来之前，共和党总统候选人麦凯恩与民主党候选人奥巴马将会在全国进行巡回演讲，他们将会为此花费巨额广告费用。

据专门进行政治广告效果评估公司的首席运营官埃文介绍，本届美国大选在电视广告上投入的资金将达到8亿美元；而2004年美国大选在电视广告上的花费总额为5亿美元。对于电视业来说，这是条好消息。当时，汽车行业、房地产业和金融服务业纷纷减少在电视广告上的投放。多亏本届美国大选推动了电视广告的发展。

据实力传播集团估计，2008年花费在电视网和当地电视广告上的费用将上涨2%～3%；而有线电视广告的投放量将上涨6%。美国哥伦比亚广播公司首席财务官佛瑞德·雷诺兹在投资者会议上表示，2008年第一季度投放于哥伦比亚广播公司的电视网和当地电视台的政治广告将近有3 000万美元。

他说："每个月乃至每个季度，可以看到广告投放量都在不断刷新纪录。"其他受益于本届大选活动的公司还有通用电气、美国国家广播公司、沃尔特·迪士尼公司旗下的美国广播公司、Sinclair广播公司、培乐公司、美国甘耐特公司和梅瑞德奇公司在内的媒体公司。

2008年5月底，奥巴马已经筹集了2.86亿资金。此外，奥巴马已经在类似于阿拉斯加、蒙大拿和印第安纳等共和党阵地拿下了广告播放时间，试图扭转麦凯恩在这里获胜的局面。当然他也没有放过一些重大事情的播放时段，其中包括奥运会比赛和世界系列棒球赛。在一些年轻人喜欢看的娱乐节目，也可以看到竞选广告。

每届的总统选举都是一场广告大战，而且也能从其广告资金的流向上，看出当代广告营销的最新趋势，并对广告业的发展产生深远的影响。2004年克里和布什统共花费6亿美元在竞选广告上，被称为历史上最贵的总统，但两人都是有选择地使自己的言论和形象出现在最有效的媒体上。

一、广告媒体选择的心理策略

1. 广告媒体及类型

广告媒体是传播广告信息的运载工具，是广告者与广告宣传对象之间起媒介作用的物质手段，也是生产者与消费者之间的桥梁。经常使用的广告媒体有电视、广播、报纸、杂志。另外，还有其他形式的广告媒体也很常见，如网络广告、户外广告、直邮广告、路牌广告、霓虹灯广告、空中广告等。

2. 广告媒体的特点

1) 电视媒体

电视广告是随着20世纪40年代电视机的出现应运而生，在以后的几十年迅猛发展，成为最具表现力的广告媒体，它集视、听、音、色、形于一体，形象逼真、感染力强、表现手法多样、艺术性强，对观众有较强的吸引力。电视媒体主要有以下优点。

(1) 电视广告覆盖面广、收视率高。电视广告由于有视听兼备的特点，只要具备视听觉就能收看到广告信息，而且不受年龄、职业、文化程度的限制。只要打开电视机，电视广告就会在电视屏幕上出现，不管你愿不愿意都会收到，除非立即关掉电视机。因此电视广告的传播带有一定的强迫接受的特点。

(2) 有强烈的艺术感染力。电视广告以独特的技巧、形象魅力，集语言文字、人物、动作、画面、音乐声音、产品等艺术的综合，给予人们美的享受。每个广告都有一定的情节、构思和艺术内涵，通过艺术的表现手法使要传递的内容展现在观众眼前，让人百看不厌，这种信息与艺术的融合，使人在接受广告的同时得到艺术享受，具有强烈的艺术吸引力和渲染力。

(3) 表现手法多种多样。广告都是利用音乐、文字、画面、色彩、人物、舞蹈、特技制作而成，通过多种形式传递商品和服务的信息，比其他媒介的表现形式更有亲临其境之感。

电视媒体主要有以下局限。

(1) 播放时间短，被动接受。电视广告长度一般都是以秒为基本单位计算的，超过三四分钟的比较少，而最常见的电视广告是 15 秒或 30 秒。这就是说一则电视广告只能在短短的瞬间之内完成信息传达的任务，所以一些不能在第一时间引起消费者注意的广告，往往会被忽略。消费者对电视广告没有选择，无论是否需要，只能被动接受。

(2) 费用昂贵。费用昂贵一方面是指电视广告片制作成本高、周期长；另一方面是播放费用高。就制作费而言，电影、电视片这种艺术形式本身就制作周期长、工艺过程复杂、不可控制因素多，而且为广告片专门作曲、演奏、配音、剪辑、合成，都需要花大量的金钱。就广告播出费而言，广告播出是以秒计算收费的，在不同时间段播出广告费用也不相同。

(3) 不易把握传播效果。电视广告往往穿插于节目中播出，时间较分散，不容易引起消费者的注意；而且，电视广告会受播出时段和节目收视率的影响，播出效果不易把握。

相关链接

进入中国市场，宝洁既面临着巨大的自身本土化的挑战，又遭遇了隆力奇、纳爱斯、索芙特、拉芳等本土品牌的围攻。在如此激烈的竞争下，宝洁公司采取了以下广告策略。

(1) 2001 年以来，宝洁连续 3 年在中央电视台广告投放翻番。

(2) 2003 年 11 月 18 日，宝洁参与央视招标，以近亿元总额获得全年多个重要广告段位。

(3) 2004 年，宝洁与央视优质节目深入互动，创新开发品牌传播独有广告形式。

(4) 常年保持在中央电视台一套晚间《焦点访谈》前 A 特段投放两条 15 秒广告，占据了 14 条 A 特段资源中的七分之一。

宝洁公司通过采取以上策略取得了以下广告效果。

(1) 近年来宝洁在中国市场的销量成功实现连年增长，突破 100 亿元大关。

(2) 飘柔、舒肤佳、佳洁士、汰渍、玉兰油等多个产品在中国市场取得极大成功，中国市场在宝洁全球市场格局中占据了重要地位。

(3) 行业领先品牌地位得以持续强化，与竞争品牌的距离进一步拉大。

通过以上资料获得以下启示。

(1) 相信广告的力量，相信强势媒体的力量。将中央电视台视为像沃尔玛、家乐福这样的战略合作伙伴，在媒体货架上获取最抢眼的位置。

(2) 对竞争品牌在媒介传播上予以压制，对高端媒体资源采取排他性占有，拉大品牌差距，树立竞争门槛。

2) 广播媒体

广播是以无线电波为载体进行广告发布的形式。广播媒体具有以下特点。

(1) 迅速及时。时效方面，广播具有其他传播媒介所不具有的优势。广播可以在最短的时间内将广告信息传递到听众耳中，能灵活地适应市场的变化，以便于消费者及时地作出购买决定。

(2) 广播的覆盖面广。广播通过无线电波传播，不受地理空间的限制，电波所及都可以接收到广播的节目。报纸是固定的纸质印刷品，报纸的发行受到地域交通的限制很多，往往制约了报纸的广泛传播。电视媒介的接受设备成本比较高，而且容易受干扰，对于一些偏远地区往往效果不很理想。

(3) 广播的受众广泛全面。广播是通过听觉的刺激来传递信息的，对各个层次的人都有效，一般听众都能接受其信息传递。这样就可以针对特定层次的听众设定广播内容，如交通台、健康台、娱乐台等，在特定的广播内容时段播出针对特定消费群体的广告，就更有针对性。

同时，广播信号的扩散性、开放性和灌输性，广播的听众群又往往是不确定的，司机既可以收听交通台，也可以收听健康台和其他台，所以说，广播的受众不是完全针对某一特定群体的，是全面性的。

(4) 广播广告费用低。在同等级别的媒体中，无论报纸，还是电视的广告收费远比广播广告的收费高得多，广播广告的成本远远低于报纸和电视广告的成本。

以上是广播的优势，但是广播媒体也有自己的劣势：广播的声音转瞬即逝，不易保存；另外，广播通过听觉的刺激传递信息，有声无形，不易使听众产生直观的感受。还有就是目前收听广播的受众数量在逐年减少。

3) 报纸媒体

报纸是最早发布广告、应用最广泛的媒体。据统计，2014年，全国共出版报纸1 915种，全国报纸出版总印数482.4亿份，这些报纸差不多都在做广告。报纸媒体主要具有以下特点。

(1) 信息的广泛性。报纸种类很多，发行面广、阅读者多。所以报纸上既可刊登生产资料类的广告，也可刊登生活资料类的广告；既可刊登医药滋补类广告，也可刊登文化艺术类广告等，信息内容十分广泛。

(2) 功能的服务性。报纸分类广告的内容与日常社会经济生活紧密联系，通过报纸版面的科学分类，不仅便于读者对信息的比较选择，而且便于为客户的广告投放和营销推广提供有效的服务，能够实现广告主和读者双方需求服务的最优化。

(3) 价格的经济性。报纸分类广告规格小、内容简明，不需要广告策划制作，投入成本低。同时受广告营销季节变化和企业广告投放计划的制约较小。

(4) 阅读的主动性。与其他广告方案依靠设计创意来吸引读者不同，报纸广告能够吸引广大广告主和读者主动购买阅读。

报纸媒体的不足之处在于：报纸的时效性较短，内容复杂，容易分散广告受众的注意力；有些报纸印刷不精良，影响广告效果；现代社会生活节奏快，很少对报纸的内容详细阅读，次要版面的广告往往不能引起消费者的关注。

4) 杂志媒体

杂志媒体是在报纸之后出现的广告媒体。杂志媒体主要具有以下特征。

(1) 针对性强。杂志不像报纸那样有全面的读者群，杂志的读者群较为固定，每种杂志都有特定层次的读者群，如《少男少女》杂志，主要针对的是青少年；《青年文摘》的读者主要是青年人；《电脑爱好者》杂志的读者都是电脑的发烧友等。因此，根据杂志读者针对性的特征刊登特定的广告，能增强广告的针对性，使商品和服务的信息尽快传递给目标顾客。

(2) 反复阅读。杂志便于长期保存，一般可以吸引读者反复阅读或传阅，能够加强广告的宣传效果。

(3) 吸引力强。杂志印刷精美、制作考究、色彩鲜艳，能较好地表现商品的形象，增加商品或服务对读者的吸引力，刺激消费者购买。

但是，杂志的发行周期较长，影响广告的时效性；杂志的发行范围有限，读者群单一，影响广告的传播范围；而且，杂志广告的费用相对较高。

5) 网络媒体

网络以其全球性的信息沟通方式，凭借发送信息快速、便捷，已成为新兴媒体中发展潜力最大的一支，被称为除了传统的四大媒体之外的“第五大媒体”。

与传统的广告媒介相比，网络广告有其自身的优势和特点：网络信息的交流是全球性的，网络广告形式更有利于发展国际知名品牌，开拓国际性市场；网络广告能组合电波媒介的视听组合感受，又具备平面媒介信息承载量大的特点，能够全方位的吸引受众的注意；网络的目标受众相对明确，大多数是知识结构、层次较高的人群，针对性的信息传达和沟通效率比传统媒介要高，所以更适合传达商品类别中高知识化、高价值和理性化的产品信息。

网络广告的最主要特征是它的交互性，目标受众和目标消费者在网络是主动地搜寻信息而不是像传统的媒介那样被动地接受强制性的信息灌输，所以其快速回应的特点能使广告主和目标受众之间产生快速的信息沟通和互动。

就网络广告目前的运作来讲，同时还存在着覆盖率低、广告形式单一、点击率低等不足，在一定程度上会影响广告的宣传效果。

6) POP 广告

陈列于商场内外的 POP 广告，对经营者而言，是传播信息、促销商品、重视消费者感受与需求的渠道，并且成功扮演销售员的角色，减少零售店在人力、财物的额外支出。因商品、大小、结构和设计等不同，POP 广告能以悬挂、堆放、粘贴、放置走道旁或零售店的任何地点陈列展示。

(1) 直接性。POP 广告设在消费者购置货物的时点上，这个时点是销售手段的最终点，是商品与费者接触从而决定是否购买的时点，是一种最有效、最直接的宣传，能更快地帮助消费者了解商品的性能、用途、价格、使用方法等。

(2) 视觉性。POP 广告充分利用销售场所的三维空间，以及整个色调、光线、照明等环境，配合所陈列的商品特征与展示情况，使广告视觉效果更好，能引起注意和兴趣，从而促发即时购买。

(3) 系列性。POP 广告可以补充报纸、杂志、广播、电视广告的不足，同时采用多种工具，制造热烈的销售气氛，利用多种表现手段使广告趋于系列性，从而使广告设计收到整体的系统效果。

3. 商业广告媒体选择的心理因素

在广告决策中最重要的决策之一，就是选择适当的、适合的具体的广告媒体。广告创意再出色，但如果广告媒体选择不当，也很可能前功尽弃，即使刊播在同一媒体上的不同时段和不同版位的广告，其效果也大不相同。比如，在电视广告的 A 特段，收视率要比 C 段、D 段高得多，广告效果自然也会好得多，而在报纸中，头版、二版广告的效果亦非其他版面可比。面对众多的广告媒体，除了要明确企业目标和产品自身的特点外，还要了解每种媒体独特的特征和优势，才能保证广告活动的成功。在进行广告媒体选择时，应从以下几个方面考虑。

(1) 根据商品的特性选择。各种商品的性能特点、使用价值和流通范围都不尽相同，因此媒体选择也有所不同。因为各类媒体在展示、解释、可信度、注意力与吸引力等各方面具有不同的特点。如生产资料、耐用消费品等须向消费者作详细的文字说明，以便告知产品的结构、性能、使用规范等，可选用报纸、杂志等平面媒体；品种规格繁多的时装、日用品等则宜采用图文并茂、声像并举的电视、网络等媒体，向消费者直接展示产品的性能、效果和用途，以求立体、直观、形象。

(2) 根据目标市场的媒体习惯选择。不同的观众通常会接触特定的媒体。有针对性地选择为广告对象所易于接收的媒体，是增强广告促销效果的有效方法。如化肥、农药的消费群体集中在农村地区，网络等新型媒体就不太合适，而墙体广告或流动性较强的宣传单式广告就更有效；对于青少年，广播、电视是最有效的广告媒体；而生产或销售玩具的企业，目标群体主要是学龄前儿童，因而绝不会在杂志上做广告，而只能在电视或电台上做广告。

(3) 根据广告传播范围选择。选择广告媒体，必须将媒体所能触及的影响范围与企业所要求的信息传播范围相适应。一般而言，推广新产品、扩展品牌或进入不确定的目标市场时，接触面是最重要的；当存在强大的竞争者、想要传达的信息复杂、消费者阻力较大或是购买次数频繁时，频率最重要。如中央电视台的媒体触及面和影响力就远远大于地方电视台，因此，选择中央电视台投放广告的效果更好。如果企业产品是行销全国的，宜在全国性报纸或中央电视台、中央人民广播电台做广告；而在某一地区或城市销售的产品，则可以选择地方性报纸、电台等传播媒体。

(4) 根据广告内容选择。广告媒体选择要受到广告信息内容的制约。如果广告内容是宣布明日的销售活动，报纸、电视、广播媒体最及时；而如果广告信息中有大量的技术资料，则宜登载在专业杂志上或邮寄广告媒体上。

(5) 根据广告主的支付能力选择。不同媒体所需成本也是选择广告媒体的依据因素。

广告是一种有偿的促销活动，并且各种各级媒体的收费标准也有所差别。因此，广告主应该从自己的支付能力出发，从产品的可能消费量和消费范围中，比较选择费用与效果相适应的媒体。一般来说，竞争力和支付能力强的企业，可选择宣传范围广、影响力大的媒体；中小型企业宜选择一种或少数几种收费低而有效的媒体。

相关链接

巨额广告费拖垮昔日“标王”

受每年上亿元的高昂广告费所累，曾经辉煌一时的“中国核桃粉大王”——四川智强集团终因破产在2006年2月23日走入了拍卖的境地。

1. 广告轰炸出“小巨人”

四川智强集团原是一家地方国营食品企业，名不见经传。但在1998年央视广告招标会上，该集团却以6750万元的巨资夺得央视在1999年第一、二、四季度广告黄金段位的“A特段”。加上在其他媒体投放的广告，所耗广告费用高达1亿多元，成为当年四川投放广告最多的企业，被称为四川“标王”。

在巨额广告费的轰炸下，“智强”商标的知名度在全国范围内迅速提升。集团的主导产品“智强核桃粉”“智强鸡精”等产品销往全国近400个大中城市，甚至出口到了新加坡、泰国等东南亚国家。企业也先后获得“四川省重点企业”“四川省小巨人企业”等殊荣，并被誉为“中国核桃粉大王”。

2. 产值1.6亿广告就花掉1亿

然而，巨额的广告投入和一系列荣誉光环并没有让智强集团在市场上持续火爆下去。由于该集团在鼎盛时期的年产值才1.6亿元，但每年的广告费就超过1亿元，企业经营被高昂广告费所困。短短几年时间，智强集团的经营状况每况愈下，出现了借钱或贷款打广告的现象，而应付货款一拖再拖，各种债务纠纷接踵而至。

到2003年成都春季糖酒会，已是强弩之末的智强集团上演了最后一次广告“大手笔”——出巨资包断主会场的大门和最重要的展场。不久，溃败就一发不可收拾，仅仅半年后，智强集团即向法院提出了破产申请，成为被广告拖垮的典型企业。

与相关课程的联系

市场营销策划中广告策划要重点考虑产品因素、广告内容和媒体的选择是否符合消费者接受。

二、广告心理效果测定

广告的目的在于沟通信息，从而使消费者认识产品、改变态度，最终产生购买行为。广告主支付高额的广告费用，就是为了达成这个目的。所以，对广告效果的测定就成了广告主非常关心的问题。广告效果直接影响广告目的的实现，也是广告活动成败的决定因素，所以，人们一直探讨利用各种手段对它进行科学、有效的检测，以改进广告活动的设计，提高效率。

1. 广告效果及其测定的含义

1) 广告效果的含义

广告效果，是指广告信息通过广告媒体传播之后所产生的所有直接或间接的影响效应，是媒体受众对广告活动的结果性反应。这种影响效应可以分为对媒体受众心理的影响效应、对媒体受众社会观念的影响效应，以及对广告产品销售的影响效应。

广告的效果一方面要看它直接对销售的促进作用，还要考察它对广告受众的影响程度，能在多大程度和多长时间内对销售产生促进作用，以及其对社会政治、文化、伦理的影响。

2) 广告效果测定的含义

广告效果测定就是通过调查、实验、统计等手段，在广告发布的事前、事中、事后的不同阶段，对广告的效果进行测度。检测内容包括心理效果、经济效果和社会效果。

(1) 经济效果。又称“销售效果”，是指广告主从广告活动中所取得的经济效益，包括由广告引发的产品和劳务销售和利润的变化效果，以及由此引发的市场竞争格局的变化、行业乃至宏观经济的波动等。经济效果是广告主最为关注的效果。

(2) 社会效果。指广告活动对社会文化、伦理、道德乃至政治等方面所造成的影响。社会效果是商业广告活动的衍生物，同时也是公益广告追求的目标。

(3) 心理效果。又称“传播效果”，是指广告在消费者心理上的反应程度，包括对受众知觉、记忆、理解、情感、需求及行为等方面的影响。心理效果是广告传播效力的直接反映，是广告效果的核心因素。本书仅对心理效果的测评方法进行介绍。

2. 广告心理效果的测定方法

测定广告心理效果根据安排时间的不同可以分为事前测定、事中测定和事后测定。事前测定，是在广告正式制作完成前，对广告可能会获得的效果进行的测定。在广告正式完成投放之前进行测定，能及时发现广告中存在的问题，并进行修改调整，可提高广告的成功率。事中测定是对广告推进的跟踪调查。在广告推出期间，调查广告受众的反映，了解消费者的购买态度，随时对广告的推进进行调整。事中测定是在实际市场中进行的，因而所得结果更真实、更有参考价值。事后测定主要评估广告在媒体推出后所产生的实际效果，为以后的广告活动提供参考。

1) 广告心理效果的事前测定

心理效果事前测定常用的具体方法主要有专家意见综合法、评分测定法、组群测试法、消费者评定法和仪器测试法等。

(1) 专家意见综合法。在广告文本或媒体组合计划做好后，请有关广告专家、推销专家、心理专家等对备选方案进行评价，多方面、多层次地对广告文本及媒体组合方式将会产生的效果作出预测。通过详细记录，综合专家的各项意见及讨论的重点，来预测广告推出后可能产生的效果。

(2) 评分测定法。这种方法是把被测试的广告作品，向一组受众展示，然后请他们对这些广告在吸引力、好感、接受程度等方面进行评比打分。这种评分法用于评估消费者对广告的注意力、认识、情绪和行动等方面的强度，评价分值较高的一般广告效果较好。

(3) 组群测试法。这种方法是让一组消费者观看或收听一组完整的广告，对时间不加限制。然后要求他们根据印象，回答关于广告内容方面的一些问题，例如，“您对哪几则广告感兴趣？”“您看过广告后，给您印象最深刻的是什么？”“看了广告后，您有没有进一步了解广告产品的兴趣，是否有近期购买产品的打算？”等，主持者可根据情况选择是不是要给予提示。测试者的回忆水平表明广告的突出性及信息被了解或记忆的程度。

(4) 消费者评定法。这种方法是让消费者直接对广告效果进行审定，可以请内部职工或同行评审提意见，也可以直接征求顾客意见。征求意见时，可以同时设计几幅广告，请评审者从中择优；也可以设计一幅请消费者评审评价。

这种方法只需采用广告设计草图，成本低廉；一旦选定对象，很快便可判断出哪一则广告宣传效果最好，使用这种方法通常可以收集到大量有关消费者购买习惯的资料。但它也有不足之处：一是较难获取准确信息，调查表明，消费者对第一眼(视觉)看到的广告印象往往最深，但此广告并不一定是最成功的；二是调查结果容易流于一般化，缺少独到见解。

(5) 仪器测试法。这种方法是在实验室内运用仪器来测量广告在人的心理上的反应。自从 1890 年美国出现广告视力测像机后，类似仪器如视向测量仪、皮肤反射测验仪、心理测量仪等就越来越广泛地被应用于广告效果的实验室测量。

2) 广告心理效果的事中测定

广告心理效果的事中测定常用的方法有市场测验法和回函测定法等。

(1) 市场测验法。选定一两个地区作为测试区，刊播已设计好的广告，观察广告受众的反映情况，然后与没有推出广告地区进行比较，通过测试地区与其他地区之间的差异，就可以对广告促销活动的心理效果作出测定。

(2) 回函测定法。这种方法一般采用调查问卷的形式对广告的心理效果进行测定。调查问卷可以是记名的也可以是不记名的，在不记名的调查问卷中，应要求被调查者写明自己的年龄、职业、文化层次、家庭住址、家庭年人均收入等基本情况。调查表中调查问题可以根据需要自行设计，但应尽可能详细具体，以便调查对象能够准确回答。函询法通常采用有奖反馈的形式，以鼓励调查对象积极回函反馈信息。

3) 广告心理效果的事后测定

心理效果的事后测定是指在广告活动结束后，有关方面对广告效果所进行的综合评测，包括有两层含义：其一是当广告推出过程结束后，立刻对其心理效果进行测定；其二是在广告推出一段时间过后，再对其心理效果进行测试。事后测定所依据的是既定的广告目标来测量广告结果。因此，测量内容视广告目标而定，包括品牌知名度、品牌认知、品牌态度及其改变、品牌偏好及购买行为等。

广告心理效果的事后测定虽然不能直接对已经完成的广告宣传进行修改或补充，却可以通过这种评估，衡量广告促销活动的业绩、评价广告策划的得失，积累经验、总结教训，以指导以后的广告策划。

(1) 认知测定法。不论广告目的如何，它总要让人看到、读到或听到。测定认知的程度，就是让调查对象看一份广告，然后问他是否见过，如果回答“见过”，说明他对这则广告有所认知。根据调查结果测定广告的宣传效果和认知程度。

(2) 视听率测定法。这种方法主要用于测定广播和电视的广告效果。具体做法是，抽取若干样本家庭进行调查，统计出三方面的数据：A 类，电视机或收音机的拥有户数；B 类，广告节目的视听户数；C 类，认知广告名称的人数。然后分别进行推算。

由于电视或广播广告重复率高，所以应当在广告播放一定周期或若干次后作多次测定，以求得较为准确的测定结果。

(3) 回忆测定法。广告的目的就在于让消费者获得信息，然后留下记忆。回忆测定法就是用来测定心理效果的记忆度和理解度。

(4) 态度测定法。一个人的态度很难用直接方法去观察，只能从其言辞或行动去作推测性了解。态度测定法所采用的具体形式有问卷、检查表测验、语意差别法和评等标尺法等。

(5) 综合测定法。以上四种心理效果的测定方法具有局限性，只反映广告心理效果的部分情况。综合测定法弥补了这些缺陷，它将上次广告的综合心理效果与本次广告的综合心理效果用坐标图加以比较，从而综合衡量出广告的总体效果。

综合测定法的优点是广告心理效果的测定比较全面，能够提供广告活动效果的综合性指标，便于人们检验广告活动的整体效果。但是，综合测定法只是检测广告心理效果的方法之一，它不能代替其他方法；同时，测定的结果还要结合各种商品的特性、品牌占有率和商品普及率等进行具体分析。

模块小结

商业广告是广告主以付费的方式，通过公共媒介对其商品或劳务进行宣传，借以向消费者有计划地传递信息，影响人们对所广告的商品或劳务的态度，进而诱发其行动而使广告主得到利益的活动。

广告定位、广告创意及广告诉求对消费者消费心理都有不同程度的影响。企业应根据产品及消费心理等因素合理地选择电视、广播、报纸、杂志、网络、POP 等不同的广告媒体。

广告心理效果的测定主要有事前、事中和事后三大类方法。

主要名词

广告　广告定位　广告创意　广告诉求　广告媒体选择　广告心理效果测定

自测试题

一、单项选择题(15 分，每题 3 分)

1．广告的诱导功能主要体现在(　　)。

A．吸引消费者注意　　B．激发消费者购买欲望

C．改变消费者态度　　D．提供商品知识

2．对于家用电器、食品等商品，一般选择的广告媒体是(　　)。

A．报纸　　B．杂志　　C．广播　　D．电视

3．劝诱式广告主要适用于商品生命周期的(　　)。

A．投入期　　B．成长期　　C．成熟期　　D．衰退期

4．商业广告最基本的功能是(　　)。

A．沟通功能　　B．诱发功能　　C．促进购买　　D．教育功能

5．POP 广告在宣传活动中的首要功能是(　　)。
A．行为功能　　B．诱导功能　　C．认识功能　　D．感情功能

二、多项选择题(15 分，每题 3 分)

1．POP 广告经常利用的宣传要素包括(　　)。
A．文字　　B．图像　　C．色彩　　D．音响

2．广告刺激消费者产生的心理活动包括(　　)。
A．认知活动　　B．情绪活动　　C．意志活动　　D．情感活动

3．广告媒体对消费者心理的影响力取决于(　　)。
A．媒体的可信度　　B．信息传播范围
C．信息传播频率　　D．信息传播途径
E．信息传播长度　　F．分析活动

4．电视作为一种独特的广告媒体，其独特的心理特点有(　　)。
A．传播范围广泛　　B．表现力强　　C．重复性高、记忆效果好
D．作用力大　　E．专业性

5．商业广告的心理功能主要表现在(　　)。
A．传播功能　　B．诱导功能　　C．教育功能
D．批判功能　　E．促销功能

三、简答题(60 分，每题 10 分)

1．商业广告的含义及特征是什么？
2．商业广告有哪些心理功能？
3．商业广告各种媒体有哪些主要特征？
4．商业广告媒体选择的心理因素是什么？
5．商业广告心理效果测定的主要方法有哪些？
6．商业广告心理策略主要包括哪些内容？

四、论述题

什么是 POP 广告？如何充分发挥 POP 广告的诱导功能？

案例分析

贝克啤酒的广告

一个具有良好创意的广告，就一定能收到应有的效果吗？未必。因为，广告媒体的选择同样对广告效果产生影响。“广告要做给买家看”，广告主必须选择买家看的媒体，广告才能出效果。

贝克啤酒的广告代理是上海奥美广告公司，为了使贝克啤酒迅速地占领海南市场，上海奥美广告公司为贝克啤酒精心制作了三个颇有创意的广告片并陆续在海南某些电视台播放。

第一则广告片是：一群向日葵围着太阳转，唯独只有一棵向日葵我行我素、不做约定俗成的事情，它不向太阳却向着贝克啤酒！广告口号是：“喝贝克，听自己的！”

第二则电视广告是：沙滩上有一群螃蟹在横着爬行，唯有一只螃蟹独具一格地竖着向贝克啤酒爬去。广告口号还是：“喝贝克，听自己的!”这两则广告表现了贝克啤酒的独特个性，同时也寓意着喝贝克啤酒的人也是有个性的、有独立见解的、有自己的品味的，以及有自己选择的人。

第三则广告片主要表现这种品牌是舶来的。许多人在一只绿色帆船上喝着贝克啤酒，感觉清凉爽快，这群人极富活力和朝气，表现了现代人的现代生活。

中国的啤酒很多，喝起来也没多大的差异，实际上现代消费者对啤酒的差异没有多大的分辨能力。消费者对啤酒的需求基本上是一样的，不同的只是感觉而已。这三个广告都没有讲啤酒花、泉水和酵母如何如何，只讲了气氛、感受和品味，讲了无拘无束的个性和扬帆远航的自由。不论是从创意还是从制作的角度来看，三个广告可谓是上乘之作。但出人意料的是三则广告在海南某些电视台播放后，收效甚微。奥美公司的人带着困惑到海口进行了实地的市场调查。通过调查，他们恍然大悟，原来海南人不爱看电视。通过调查他们了解到海南的人口特点是：年轻人多，流动人口多，带着发大财做淘金梦的人多，这是一种特殊的亚文化群，他们无时无刻不在奋斗，他们的心像浮萍一样漂游不定，他们当中很少有人安居乐业，拥有电视机的人不多，而能每天晚上安安心心坐在电视前看电视的人更少。他们关心地是寻找一个赚钱更多、机会更好的职业。他们虽然不看电视，却十分爱买爱看报纸。因为当地报纸上经常有一些人求事或事求人的广告。

针对这样一种与众不同的文化及人口环境，上海奥美公司在海南迅速推出系列报纸广告。第一幅报纸广告是一则悬念式广告。整幅画面中只有一个贝克啤酒瓶盖占据正当中。下面是一行很不起眼的小字：“最近千万别丢它！它即将价值千万!”这幅广告引起了许多人的注意。许多人开始喝贝克啤酒，并注意保留瓶盖。这次广告活动的中心议题是：谁收集贝克啤酒瓶盖最多，谁将做三天海南的首富。揭奖的日子煞是热闹。许许多多的人，带着许许多多的瓶盖来领奖了。最后，由一个海鲜店老板捷足先登，荣获此次广告活动大奖。他一共收集了6万个贝克啤酒瓶盖。这位幸运者吃着最豪华的饭菜，驾着劳斯莱斯在海南风光了三天，他的一举一动引起了一大群记者的关注。这次活动不但是一次效果极佳的广告活动，也起到了不同凡响的公关效应。

企业的广告是在特定环境中的广告，那么在实施广告活动之前，一定要先了解企业周围的营销环境，只有这样才能知己知彼，百战不殆。

案例讨论

1. 企业如何选择媒体进行广告宣传？
2. 分析贝克啤酒广告前后两次失败与成功的原因。

实 训 练 习

1．最近给你印象最深的一则产品广告是什么？它为何能够吸引你，有什么特别之处？
2．跟踪一家企业的产品广告，分析其最近几次产品广告策略的变化，并说明其原因。

模块10

巧妙沟通消除消费障碍

内容提要

本模块主要阐述了销售服务的概念和售前、售中、售后的服务心理策略。介绍了公共关系和公共关系心理学的基本知识，营业员与消费者的冲突、沟通和接待的技巧。消费者拒绝购买态度的形成、类型和转化的方法。

教学重点和难点

销售、售中及售后服务心理策略，营业员与消费者的冲突原因及解决办法，拒绝态度的产生及转化。

学习目标

知识点：掌握销售服务、售前、售中、售后服务及其心理策略、公共关系的含义。

能力点：掌握售前、售中、售后服务及其心理策略。营业员与消费者的冲突、沟通和接待的技巧。消费者拒绝购买态度的形成、类型和转化方法。

导入案例

如 此 服 务

武汉老城区一家老房子的业主，收到了一封奇怪的信，信寄自德国法兰克福，看起来有些像公函。信的大意是说，“我们是您家这栋老房子的承建商，这栋老房子的详细资料一直保存在我们的档案室里，根据房子的原始设计资料，这栋房屋建成已满80年，需要进行一次小型维修。承建商给出了详细的维修方案，并且承诺，如果维修到位，这栋房子再使用50年没有任何问题。”

我们居住的房屋的建筑商能做到这样吗？很多企业销售前对顾客的承诺很多，销售后就无影无踪了，导致了顾客的抱怨，很多企业成立短命鬼。根据上述案例，销售服务重要吗？你认为企业应该如何做好销售服务？你对国内一些企业虎头蛇尾的销售服务有什么看法？

单元1　销 售 服 务

随着经济的不断发展，市场的完善，消费水平的提高，顾客对商品销售服务的依赖程度大大增加，顾客与商家的关系远远超出了成交过程，服务已经成为商品销售中不可侵害的关键性组成部分。21世纪的商业竞争是服务的竞争，研究在接受商品销售服务过程中顾客的心理规律，对于提高服务质量，取得经营成功具有十分重要的意义。

一、销售服务的概念

销售服务是指企业在产品销售活动过程中，为顾客提供的各种劳务的总称。企业的销售服务是由售前、售中、售后服务构成的体系。通过加强服务这一手段来达到扩大营业额的目的越来越显得重要。

销售服务主要包括三方面的内容：第一，同变换价值形式有关的服务。例如，在运输过程中提供的服务，这种服务使商品的价值得到了转换。第二，同增加商品价值有关的物质补充加工和其他形式的生产性服务。例如，商品分装、冷藏、防火、防潮等，这是一种工作性质的服务，是生产过程中的继续。通过这种加工，或者是添加了产品的价值，或者是使产品免受损失，从而保持产品的原有价值。第三，为生产者和消费者提供内容复杂的服务。例如，按不同顾客的不同要求，安排商品的流通渠道，商品分配和网点；开展销售、退货、免费送货、电话订货以及其他活动等。

下面主要从售前服务、售中服务和售后服务这3个环节来考察顾客的心理活动及对顾客应采取的心理策略。

与相关课程的联系

销售管理、服务营销、市场营销、市场营销策划、推销等课程都涉及销售服务的内容，销售服务是提高企业竞争力的有效途径。

二、售前服务的心理策略

售前服务是指产品从生产领域进入流通领域，但还未与消费者见面的这段时间的各种服务。售前工作包括货源组织、商品运输、储存保管、再加工等过程，零售部门的广告宣传、拆零分装、柜台摆放、橱窗陈列、商店卫生等。在这一过程中，为顾客服务的工作主要体现在为顾客买好、用好商品所做的准备与预先控制上。售前服务的心理影响正是要达到引起顾客注意，并对商品产生兴趣和购买欲望的目的。售前服务心理主要体现在利用售前广告引起顾客的注意，商品陈列力求使顾客产生兴趣，以及货源准备、商品质量检验等各项工作上。

1. 售前服务的主要内容

(1) 搞好市场调查与预测，努力适应顾客需要。市场调查与预测工作是售前服务的首要工作，从生产企业开发产品、生产产品到商业企业进化，都要以市场调查与预测为前提。随着市场的进一步发育，顾客对产品的要求越来越高。服务除了考虑产品质量各项功能外，还有许多引申的需求。如果企业不注重市场调查与预测，就会被市场无情的淘汰。所以，做好调查预测工作，根据顾客需要组织生产或经营商品，最大限度地满足顾客需要是售前服务的主要内容和任务。

(2) 采购适销商品，做好备货工作。组织货源，要适销对路，要备足备齐商品。这样，即使顾客多、业务忙，也可能有较多的商品供顾客选购，满足顾客的需要。营业员在备货中要做到数量充足、花色、品种、规格、型号齐全，物美价廉；需要拆包的商品，要拆包分装，一货一价，明码标价，防止忙中出错；商品陈列要整齐美观，便于拿递，节省顾客等候时间，要符合他们求快的购买心理。

(3) 搞好商品宣传，加强消费指导。商品信息传播是售前服务的重要内容。首先，要搞好商品介绍与消费教育。对于新产品或开拓新市场，先要让顾客认知产品。技术性或专业性强的商品要对顾客进行教育，教育内容包括商品的性能、使用方法、注意事项等。其次，做好广告工作，通过广告媒体向顾客宣传商品，引起顾客注意和兴趣，激发顾客购买行为的产生。最后，为用户提供样品和说明书，使他们充分了解和认识商品功能的先进性与可靠性，以及商品的使用和保养方法，以此来取得消费者的信赖并购买。

2. 售前顾客心理分析

顾客是销售服务的主要对象，特别是售前服务，一方面要满足顾客的物质需要；另一方面要满足顾客的心理需要。就现代市场状况而言，顾客心理需要往往比物质需要更为重要，更为顾客所关注。顾客由于需要产生购买动机，这种购买动机受时空、情境等因素的制约，有各种各样的心理取向。

1) 售前顾客的心理需要与特征。

售前服务的心理需要多种多样，有表现出来的，有潜藏内心的；有确定的，有未定的；有单一的，有多重的；有现实的，有潜在的。这些复杂的心理需要使售前顾客表现出相应的心理特征。

(1) 外露与内藏并存。外露是指顾客直接表现出来的心理需要。例如，人们初到一家陌生餐馆吃饭，首先要看一看餐馆的卫生、环境等，满意就坐下来，不满意就放弃这家餐馆或要求服务员收拾干净，内藏是指潜藏于内心的心理需要。例如保险行业，有些顾客明明了解，但不接受其频繁的推销，也就拒绝购买。外露与内藏的心理需要形成售前顾客心理的一对矛盾运动。

(2) 确定与未确定并存。确定是指顾客明确了的心理需求。例如，明确购买的品牌、数量，就侧重了解要购买的品牌及数量。未确定是指顾客对心理需要不够肯定，往往对品牌或数量不够明确。例如，有人欲购买液晶彩电，对购买的品牌比较模糊，是买国产的，还是国外产的？是买康佳、海信等心中无数。又如，有人买袜子，买一双？还是买两双？买白色？还是买黑色等不能确认。这时就需要售前服务来帮助顾客确定。

(3) 单一与多重并存。单一是指顾客的心理需要只存在于某一点或方面上。例如，某人购买商品，只在乎商品的样式、用途、质量或价格中的某一方面，而不在乎其他。多重是指顾客同时有多种心理需要。例如，购买彩电，既要屏幕大、清晰度高，又要超薄、耐用和多功能。单一需要和多重需要是售前顾客在特定的环境下所表现出来的。

(4) 现实与潜在并存。现实是指顾客具备购买能力的心理需要；潜在是指顾客不具备购买能力的心理需要。现实和潜在的区分是售前服务中企业在市场细分基础上进行目标市场选择的重要工作。

2) 售前顾客心理分析

售前顾客由于需要而产生购买动机，这种购买动机受时空、情境等因素的制约，有各种各样的心理取向，故对售前顾客的心理分析对于做好售前服务十分重要。

(1) 顾客的期望值。售前，顾客最关注的是有关商品的信息。他们需要了解商品的品质、规格、性能、价格、使用方法，以及售后服务等内容，这是决定是否购买的基础。顾客在购买之前，往往对自己要购买的商品有所估量，这种估量可能是品牌、价格、性能，也可能是其他因素；可能是单一的因素，也可能是多因素的组合。这种估量就是所谓的期望值。作为营销人员在售前服务中应根据顾客的心理特征，有效地把握顾客的期望值。在市场调查过程中设法了解顾客的期望值。

(2) 顾客的价值取向和审美情趣。随着社会经济的发展，人们的价值取向和审美情趣往往表现出社区消费趋同的现象。例如，皮装曾在市场风靡一时，一些歌星、影星和体育明星往往成了青少年崇拜的偶像等。所以，通过市场调研了解社区顾客的价值取向和审美情趣，并以此作为标准来细分市场，对销售大有帮助。

(3) 顾客的自我意识。自我意识并非生来就有的，它是个体在社会生活过程中与他人相互作用、相互交往，逐渐发展所形成的。所以，了解顾客的自我意识，为进一步开展营销活动奠定基础。

3. 售前服务心理策略

了解掌握了顾客的心理需求及特征之后，就可以有针对性地采取相应的心理策略。

(1) 建立目标市场服务档案，把握顾客心理需要。市场经过细分以后成为各种各样的子市场，相同的细分市场具有同质性，不同的细分市场具有异质性。这些相同或不同的细分市场从社会学角度来说就是一个社区。作为营销人员应该把经市场调查以后按一定标准划分出来的具有相同特征的细分市场作为一个社区并建立相应的社区服务档案，深入研究社区顾客心理需要，为做好更具针对性的服务提供依据。

(2) 促使顾客认知接受商品。帮助顾客树立新的消费观；利用广告宣传和咨询服务增强顾客的注意力；售前进行商品质量检查，确保服务质量。顾客认知接受商品需要一个过程，消除顾客的戒备心理，使顾客对企业所销售的商品进行认同，需要通过以下两条途径来解决。

① 增加商品介绍。增加商品介绍是首先向顾客推销知识和技术，然后推销商品，帮助顾客了解商品知识，树立新的消费观念，正确选购和使用商品。随着科技的发展，商品中的科技含量越来越高，顾客通过自身认知较困难，所以，要全方位地增加商品的介绍。

② 增加大广告的重复。大频率的广告重复，明显地能集中注意力，促进对商品了解，并进而对购买态度产生积极的影响。为了更好地理解重复所发挥的作用，简单概括它对购买态度的影响：第一，由于广告词句的复杂性或处于迷惑状态，所以在它被理解之前有必要重复好几遍；第二，通过重复，信息能从适时记忆转入长时记忆之中；第三，对某一牌号长期保持的态度，通过重复可以增加购买的态度；第四，对某一广告词句的不断强化、这种重复可减少遗忘，不论是利用印刷媒介还是电子媒介，对一广告词句的重复暴露，都会加深对广告词句的注意和理解。

相关链接

如图 10.1 所示，一家百货商店在一所大学的校报上连续 5 天刊登同一内容的推销广告。该校报的读者都属于这家商店的市场范围，并且，该校报为这所 3 万多人的大学里有 3/4 的人所必读的。

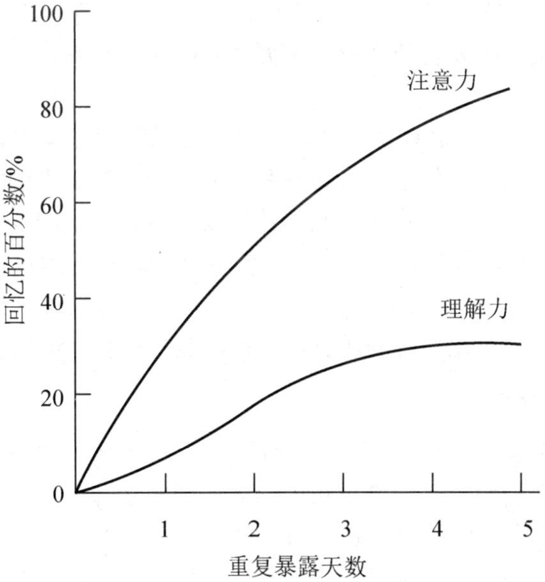

图 10.1　在刊登广告消息的 5 天里有关注意力与理解力

每天变化情况如图 10.1 中所示数字，在这家商店的广告词句第一次暴露以后，有 37%的读者能回忆起这则广告；在第二次暴露后有 52%的读者能回忆起曾看过这则广告；在以后的 3 天，每一次广告之后读者回忆的百分比仍在增长，但增长的比率减慢。最后一次暴露以后有 67%的读者能回忆起这则广告。

对重要的广告内容，例如商店名称和推销的商品的理解，在图上反映出的也是同一趋势。然而，在五次暴露之后能理解该广告内容太多的读者还不到30%。理解程度如此之低，可能是由于事实上广告包含的内容太多，或者广告的版式与竞争的商店相同，或者因为商店的名称在广告上不显眼、不突出、不易被人立刻重复。

上述研究表明，重复(即广告的重复频度)能对态度的认识成分产生影响；而其他研究表明重复暴露能直接影响一种态度的感情成分，而不必改变信念。这就是说某一产品式样的重复暴露，能促使对该产品或式样产生好感。当然，对重复暴露的使用仍须加小心，适可而止。因为重复太过了会起反作用，反而削弱了原先对态度的积极影响。

(3) 最大限度地满足顾客的相关需求。顾客的需求往往不是单一的，有时除了主要需求以外，还有许多相关需求。最大限度地满足顾客相关需求，让顾客产生一种意外的惊喜的感觉，从而促使其购买商品。例如，人们在购买台灯时，台灯自身的美观程序、性能是顾客的主要需求；而台灯与房间的颜色、周围的饰物是否相配成了相关需求。如果台灯能与房间环境浑然一体，非常协调，这时即使台灯性能等方面有一些缺陷，他也会作出购买的决定。最大限度地满足顾客相关需求是售前服务的重要任务和策略。

三、售中服务的心理策略

售中服务是指商品买卖过程，直接围绕商品出售所提供的各种服务，即在商品销售成交过程中所提供的的服务。服务的好坏直接决定买卖成交与否。

1. 售中服务的内容

(1) 介绍商品。营业员或销售员在销售过程中首先要向顾客介绍商品性能、特点、用途、保养方法等。介绍商品要言简意赅，不要过于啰唆；否则，容易使顾客产生厌烦和戒备心理。

(2) 充当参谋。介绍完商品以后，如果顾客对商品还存在疑虑，这时营业员要主动询问顾客还有哪些方面的问题并作进一步解释和补充。当顾客疑虑解除以后，就应帮助顾客挑选商品，充当顾客的参谋时一定要自然得体以唤起顾客的认同及共鸣，当顾客对所参谋的商品有异议时，应根据具体情况，作进一步选择让顾客自己挑选。

(3) 付货与结算。当顾客决定购买后，营业员迅速付货，进行结算，请顾客确认商品和钱款，并且做好相应的包扎、协助送货等工作，热情礼貌地送顾客离开。

2. 售中顾客心理分析

做好售中服务，要求营业员必须掌握顾客购买过程中的心理活动，提供有效的服务，使顾客高兴而来，满意而归。营业员可从不同顾客的购买过程中研究顾客的心理变化，在此基础上进行售中服务。顾客在接受售中服务的过程中，主要有以下期望。

(1) 获得详尽的商品信息。顾客希望营业员能对顾客选购的商品提供尽可能详尽的信息，使顾客准确了解商品，解决选购的疑惑与困难。其期望的主要表现是：营业员所提供的为真实可靠的信息，不能为了推销而搞虚假信息；提供的信息够用、具体，并能便于顾客掌握。

(2) 寻求决策帮助。当顾客选购商品时，营业员是他进行决策的重要咨询者和参与者。

特别是顾客拿不定主意时，特别希望营业员提供参谋建议，帮助顾客作出正确的购买决策。其期望主要表现在：营业员能站在顾客的角度，在维护顾客利益的立场上帮助顾客作决策；其决策帮助不是简单体现在“买”与“不买”上，而是能提供令顾客信服的决策分析，能有针对性地解决顾客的疑虑与难题。

(3) 受到热情接待与尊敬。顾客对售中服务的社会心理需要，主要是能在选购过程中受到营业员的热情接待，能使受人尊敬的需要得到满足。这种期望的主要表现在：受到营业员的以礼相待，不管什么样的顾客，都能一视同仁；营业员满怀热忱，拿递商品不厌其烦，回答问题颇有耐心；言谈话语之间，使顾客的优势与长处能得到自我表现。使顾客在购物过程中，真正获得“上帝”的心理体验。

(4) 追求方便快捷。顾客对售中服务期望的一个重要方面是追求方便、快捷。这种期望主要表现在：减少等候时间，尽快携带商品离店；方便挑选，方便交款，方便取货；已购买商品迅速包扎递交，大件商品能送货到家。

相关链接

一位心理学家曾做过这样一个实验：他让 10 个人穿过一个黑暗的房间，在他的引导下，这 10 个人都成功地穿过去了。然后，心理学家打开房内的一盏灯，在昏黄的灯光下，大家都惊出一身冷汗，原来地面是一个大水池。水池里有十几条大鳄鱼，水池上方搭着一座窄窄的小木桥，刚才他们就是从小木桥上走过去的。

这时，心理学家问：“现在，你们当中还有谁愿意再来一次呢？”结果没有人敢站出来再走一次。

过了一会儿，有两个胆子比较大的人站了出来。这两个人小心翼翼地走上小木桥，速度比第一次慢了许多，而且个个都很小心，生怕摔下去送了性命。

终于，这两个人走到了桥尽头，但都是满头大汗，心还在怦怦乱跳。

后来，心理学家又打开房间的几盏灯，人们看见小木桥下方装有一张安全网，由于网线颜色极浅，他们刚才没看见。“有谁现在愿意通过这座小桥呢？”心理学家问道。这次站出来的人比上次多了一些，站出来 6 个人。因为他们知道，桥下有安全网保护，危险性就降低了很多，即使掉下去也不会有什么大事。虽然 6 个人还是比较小心，但是速度快了很多，一会儿就顺利地通过了小木桥。

最后还剩下两个人没有站出来，心理学家问：“你们为何不愿意呢？”

此时，两个人异口同声地问道：“这张安全网牢固吗？”这时，心理学家笑了笑，把房间里所有的灯都打开了，光线更足更亮，大家这才发现，原来水池里的大鳄鱼都只是模型而已，并不是真的鳄鱼。

其实，敢不敢通过小木桥，除了个人心理素质的影响外，环境的影响也是显而易见的。在不知情的情况下，10 个人都很轻松地通过小木桥，而当发现环境其实是充满危险的时候，人们的选择就会发生变化，因为他们受到了一种环境威慑力的影响。但随着环境中危险因素的减少，其威慑力也逐渐减小，人们采取行动时所受的影响也就变小。

如此一来，销售员就可以通过对环境的改变给人们的心理造成一定的影响，从而促进他们产生某种倾向，采取某种行为，达到销售的目的。

3. 售中服务心理策略

售中服务心理策略是基于研究售中顾客的心理类型，分析了售中顾客的心理以后所采取的对策。

(1) 考察并适应顾客心理需求。首先应正确判断前来购买的顾客来意，有针对性地利用不同的方法接待。对有购货目标的顾客，营业员应该主动打招呼，优先接待。帮助顾客寻找所需商品，积极向顾客推荐，即使顾客多，也要做到人未到话先到或眼神到，尽量减少顾客等候的时间；对想买商品而无固定目标的顾客，营业员应尽量向其提供了解商品的方便，耐心介绍商品并帮助顾客选择满意商品而不要急于求成；对来逛商店的顾客，营业员也应热情，买与不买都应给顾客留下一个好印象。

(2) 使接待方式适应顾客购买心理阶段。要根据顾客的不同心理状态采取相应的接待方式：商品摆放陈列的商品引起顾客的注意时，营业员就应做好接待的准备；营业员主动以各种展示技巧吸引顾客的注意，并引发购买兴趣；营业员充分利用自己掌握的商品知识向顾客介绍商品的特色，引起顾客在使用上的联想；在顾客比较犹豫时，营业员应拿递几种花色、式样的商品，帮助顾客比较、挑选，以引起顾客的兴趣，增加成交机会，但不要强制劝购，也不要妨碍顾客思考，更不能以欺骗手段实现成交的目的；经过营业员的推介活动，对顾客信赖的商品，营业员要抓住时机，促其拍板，决定购买；顾客挑选好商品后，营业员要以熟练的业务技术完成计价、收费、收款、包装、递交，这样就实现了交易；顾客完成购买活动以后，营业员要伺机帮助顾客进行积极的购买心理评价，使其物质、精神上的欲望都得到满足，并在其离开柜台时，主动地、有礼貌地道别。

相关链接

美国的服装商克里兄弟开了一家服装店，他们的生意十分红火。每天，弟弟都会站在服装店的门口向过往的客人进行销售。但是，这兄弟俩的耳朵都有些“聋”，他们经常听错彼此的谈话。

弟弟常常是热情地把顾客拉到店中，并向顾客反复介绍某件衣服是如何物美价廉，穿上后是如何舒适美观。大多数顾客经他这么劝说一番之后，总会有意无意地问：“这套衣服多少钱？”

“耳聋”的弟弟把手放在耳朵上大声问客户：“您说什么？”

顾客误以为他耳聋，便又提高声音问一遍：“这衣服多少钱？”

“噢，您是问多少钱呀，十分抱歉，我的听力不好，您稍等一下，我问一下老板。”小克里转过身去向那边的哥哥大声喊道：“这套某某牌的衣服卖多少钱呀？”

大克里从座位上站起来，看了一眼那边的顾客，又看了看那套衣服，然后说：“那套呀，70美元。”

“多少？”

“70美元。”哥哥再次高声喊道。

小克里回过身来，微笑着对顾客说：“先生，40美元一套。”

顾客一听，赶紧掏钱买下了这套物美价廉的衣服，而后就溜之大吉了。

(3) 在服务中注重感情融通。要始终保持热情友好、周到服务的态度。不论具有哪一种心理状态的顾客，当他决定购买某种商品时虽然达到了购买过程的最高点，但并不是整个购买过程的终点，这一点常常被许多营业员所忽视。例如，当顾客买到东西付了款之后，有的营业员的态度立即由热情变为冷淡，或者去干别的事。这样做，往往使顾客的一些疑虑复生，或者对该店、该营业员产生不满，甚至出现退货行为。为此，营业员对顾客的注意力和友善态度要自始至终保持下来，直到顾客离开柜台为止。顾客付款以后，营业员的几句热情的话往往能增加顾客的好感和快感。当然，也要注意谈话切合实际，切忌花言巧语，以免令人生厌。

四、售后服务的心理策略

售后服务是指商品到达顾客手中，进入消费领域以后，还要继续提供的各种服务。

相关链接

青岛原德国租借区的下水道在高效率地使用了百余年后，一些零件需要更换，但当年的公司早已不复存在。 城建公司的员工四处寻觅配件公司，后来一家德国的相关企业给他们发来一封电子邮件，说根据德国企业的施工标准，在老化零件周边 3 米范围内，应该可以找到存放备件的小仓库。城建公司根据该提示，在下水道里找到了小仓库，里面全是用油布包好的备用件，依旧光亮如新。

1. 售后服务的内容

商品的售后服务，目前愈来愈受到工商企业的重视，服务的范围也不断扩大。售后服务的主要内容有咨询服务、实行“三包”服务、安装与运输服务等。

(1) 咨询服务。随着科技发展，越来越多的商品含有科技成分，这就要求商家在出售商品以后要进行知识性指导及产品咨询服务。

(2) 实行“三包”服务。顾客购买商品以后可能出现这样或那样的不满意，这时应该包退、包换、包修，即提供“三包”服务。

(3) 安装与运输服务。顾客在购买商品时会考虑到安装问题。如果自己不能安装，这时，他们就希望商家能提供安装，运输同样也是如此。例如，热水器、空调等电器一般居民无法安装；大件商品不好运输，顾客就希望商家提供安装与运输服务。

2. 售后顾客心理分析

无论是要求退换商品，还是咨询使用方法，要求对商品进行维修等，这时顾客对所购商品已经产生了买后的感受，其包括以下心理状态。

(1) 求助心理。这种心理状态较多地表现在顾客要求维修商品、询问使用方法和要退换商品的时候。一般在性格比较稳定的顾客中居多，有时也会在购买心理不稳定的顾客中产生。营业员接待这样的顾客，态度应该热情，实事求是地解决问题，提供周到的售后服务，不应该流露出埋怨、责怪的情绪，甚至抱着恩赐的思想，盛气凌人地对待顾客。

(2) 试探心理。由于主观和客观的多种因素，顾客对所购商品的评价可能会出现摇摆不定的阶段。此时，顾客来柜台提出退换商品的问题，往往具有试探的心理状态。他们大多数并不携带所购买的商品，只是先来试看营业员的态度，以便作出决断。这种情况，在购买耐用消费品或高档商品的顾客中常有发生。营业员接待这类顾客，必须详细询问顾客对商品的使用情况，了解顾客购买后感受的形成过程，多介绍一些指导消费的知识，帮助顾客形成良好的买后感受，满足顾客的试探心理。要注意，决不能误断顾客的主观意愿，作出不恰当的宣传介绍，以免造成不必要的退换商品的矛盾。

(3) 退换心理。这种心理状态较多地表现在顾客要求退换商品和进行商品维修的时候，一般在性格比较灵活的顾客中居多。营业员在接待时，必须冷静地、耐心地倾听顾客陈述理由。如果确定是商店的责任，应当立刻予以解决；如果不能解决，在解释中不要直接针对顾客陈述的理由加以驳斥，以免引起争执，而应该着重讲清有关制度，抱着相信顾客的大多数是通情达理的态度，做好解释工作。这样，使顾客的自尊心得到充分满足，实际问题也就比较容易解决了。

3. 售后服务心理策略

售后服务的心理策略，要针对售后顾客心理状态，调节顾客的心理平衡，努力使其建立信任感与满足感。

(1) 提供优良售后服务，以解顾客后顾之忧。许多顾客挑选商品，在其他条件相当时，售后服务往往成为决定成交与否的关键。对于高档耐用消费品尤其如此。在国外，许多商家为减少顾客的后顾之忧，在商品包装纸上印着该商家的电话号码、地址和名称，如果不满意，可凭包装退换。售后服务周到，不仅使顾客放心满意，而且还可以争取更多的潜在购买者。

(2) 加强 CS 经营理念。CS 经营理念正风靡全球，它是英文“Customer Satisfaction”的缩写。其基本指导思想是：企业的整个经营活动要以顾客的满意度为指针，从顾客的观点而不是企业的观点来分析考虑顾客的需求，针对顾客需求个性化、情感化的发展趋势，尽可能全面尊重和维护顾客的利益。CS 开辟了企业经营战略的新视野、新观念和新方法，成为企业增加产品的市场竞争能力、塑造良好企业形象的新途径。它的兴趣，把世界经济带入了“服务经济”时代。早在几年前，大连大白集团公司就向顾客作出“不满意就退货”的承诺。

相关链接

曾经，美国克莱斯勒汽车公司总裁艾科卡在电视广告中宣布：“如果你对我们的汽车不满意，可以退钱。”这位总裁还就退车的具体做法作了说明：“如果你在华盛顿地区买了一辆新的克莱斯勒轿车或卡车，若是不满意，可在 30 天内或行车 1 000 英里内退车还钱。假使是在丹佛地区，你可换一辆新车。”

1989 年，美国通用汽车公司也向用户发出“安民告示”，在这以前和 1989 年中，顾客买了他们公司的汽车，如果不满意，也可在 30 天内或行车 3 000 英里内换一辆新车。

此种不满意就可退钱或换货的做法，尽管实行不久，但为汽车业最大胆的行销攻势开创了前景，它使买车者感到无风险。此外，美国汽车业者还向顾客提供了相对新的服务，包括扩大配件供应的保证，提供车辆免费行驶的协助，甚至保证转售价格的实现。

真正不满意而退车的客户并不多。例如，通用汽车公司在 1988 年 4～8 月，在卖出的 3 000 辆车中，只退了 14 辆，而且没有一辆是因为品质不佳而退的。

单元 2　销售关系与消费心理

相关链接

一只生日蛋糕

某顾客准备为 7 岁女儿的生日购买一只生日蛋糕。在一家大型商场内，食品柜台的营业员热情地接待了他，并帮助他选购了一只满意的生日蛋糕。

当天，这名顾客全家三口度过了一个非常温馨的生日晚餐。可是到了晚上，女儿突然喊肚子痛，顾客连夜将女儿送到医院。经医院诊断，女儿是因食用了变质食品而导致的腹泻。经过回忆，他们认为是生日蛋糕造成的女儿患病，理由是只有女儿一人吃了生日蛋糕。虽然由于治疗及时没有造成更为严重的后果，但妻子看着病床上的女儿却非常心痛，坚持让这名顾客到商场要求赔偿。顾客为难地说营业员对我服务态度那么好，我怎么好意思要求赔偿呢。可是在妻子的强烈坚持下，这名顾客不得不与妻子携带没有吃完的蛋糕一起来到商场。

恰巧接待他们的是正是卖蛋糕的那名营业员。营业员在耐心听取了他们的申诉后，检查了蛋糕的保质日期，发现蛋糕的保质期恰恰就是截止到顾客购买蛋糕的那天。所以，营业员首先向他们表示了同情，然后，向他们做解释，说明该商场有制度，对所出售的食品，只要在保质期之内，一律不给予退换，并请他们谅解。妻子对营业员的解释十分不满，坚持认为他们的女儿就是吃了已经变质的生日蛋糕而患病。丈夫也改变了态度，逐渐变得不耐烦了。于是他们与营业员发生了口角，争议很快就引来了一群围观者，影响了商场的正常经营。最后，食品部经理出来，在询问情况以后，对营业员说："为不影响正常经营，这件事由我来解决，以后再处理你的事。"之后他把两名顾客请到了他的办公室。过了10分钟，两名顾客非常和气地从办公室走出。显然，他们已经从经理那里得到了满意的答复。

一、公共关系心理

公共关系是指某一组织为改善与社会公众的关系，促进公众对组织的认识、理解及支持，达到树立良好组织形象、促进商品销售目的的一系列公共活动。公共关系的全部活动和职能，最终都是为了塑造企业的良好形象。开展公共关系的依据是公共关系心理学，公共关系心理学既是心理学，又是公共关系学。它既是心理学的一个分支，又是公共关系学的重要组成部分。

公共关系心理学的研究内容是与公共关系活动中的基本要素密不可分的。公共关系的三大要素即公关主体(实施公关活动的社会组织或组织的代表)、公关客体(组织的各种公众，其中主要指各种外部公众)、公关中介(传播、沟通)，因此公共关系心理学研究的内容相应地就由三大方面构成：一是公关主体即社会组织心理，二是公关客体即公众心理，三是公关中介即传播、沟通心理。

公共关系心理的基本特征主要包括可知性、情感性、自利性和广泛性。

与相关课程的联系

公共关系是市场营销专业和其他管理类专业的主要课程之一。促销的四种主要策略是：广告、人员推广、销售促进和公共关系。

1. 公关主体心理的内容和意义

(1) 研究探讨组织成员应有的观念系统(组织成员的主体观念、组织成员的客体观念、组织成员的主客体关系观念)。开展这一部分的探讨、研究，在我国目前情况下尤其有必要，因为公关心理学揭示公共关系活动中各种心理现象及其规律，使公共关系人员掌握最必需的公关心理学的基础知识，提高分析和解决公共关系工作实际问题的能力。通过学习了解社会组织与其公众对象在公共关系活动过程中特有的心理状态和心理活动规律，能更好地引导我国公关工作的健康发展。

(2) 研究组织领导心理，包括组织领导的形象心理、形象决策与管理心理等。组织领导作为组织的主要决策者、管理者，其心理特点和心理活动的规律，对于正确开展组织的公共关系活动具有重要意义。

(3) 研究组织群体心理，包括组织群体对组织形象的影响；组织成员的群体效应与组织形象建设；群体的沟通、交往、决策与组织形象建设等内容。群体是社会组织的基本构成单位，也是组织塑造自身形象的基本单位和基本组织形式。因此，研究组织群体的行为特点及在沟通、交往、决策中的心理特点、心理倾向，对塑造良好的组织形象具有重要意义。

2. 公众心理的内容和意义

公众心理主要包括以下几项内容。

(1) 研究公众心理的基本特征与一般倾向，包括公众的角色心理特征(如性别角色心理特征、年龄角色心理特征、职业角色心理特征等)；公众的社会认知、社会情感、社会态度、利他行为、侵犯行为等内容。研究并把握公众心理的基本特征与一般倾向，对组织有针对性地开展公共关系活动具有重要作用。

(2) 研究公众心理变化的基本动因，包括公众的需要、动机、价值观等内容。在公共关系活动中，了解公众的需要、动机，是开展公共关系活动的前提，又是顺利开展公共关系活动的条件，具有十分重要的意义；同时，组织在制定公共关系策略时，也需要对各类公众的价值观进行分析研究。

(3) 研究公众的心理效应，包括几种常见的心理效应(如首因效应、晕轮效应、经验效应、移情效应等)、影响公众心理效应的因素(如公众的自我意识、刻板印象、地缘心理、民族心理、时尚心理等)等内容。正确把握公众的心理效应，积极引导公众对组织的信任、支持，有利于组织公共关系活动的开展。

(4) 研究对公众心理的认知，包括对不同类型公众的认知(如对内部公众、社区公众、政府公众、消费者公众、媒介公众等的认知)、认知公众心理的方法(如观察法、实验法、心理换位法、参与实践法、调查统计法等)等内容。对公众心理的认知，是与公众心理进行沟通，对公众心理施加影响的前提，具有十分重要的意义。

3. 传播、沟通心理的内容和意义

公关的过程在很大程度上是传播的过程。通过公关活动，使组织与公众之间紧密联系，让组织走向公众，让公众了解、喜欢组织，而这正是通过公关传播实现的。了解公关传播心理，是为了更好地达到传播的目的。传播、沟通心理研究主要包括以下几项内容。

(1) 研究传播心理的几种主要范式，包括人本主义传播论、精神分析传播论、认知理论传播论、行为主义传播论等内容。这些传播理论对公共关系传播实践具有重要的指导意义。

(2) 研究传受关系与传播策略，包括传受者心理互动(传受者间的功能互动、传受者间的人格互动)、传播策略(传播的一般策略、人际传播策略、组织传播策略、大众传播策略)等内容。

(3) 研究对公众行为的影响与沟通，包括影响公众心理的常用方法(浸润法、劝导法、榜样法)、与公众沟通的方式(导引式沟通、疏浚式沟通)等内容。

(4) 研究不同传播类型的心理基础，包括人际传播心理(人际传播的含义与特点、人际传播中传受者间的心理关系、组织形象的人际传播心理技巧)、组织传播心理(组织传播的含义与特点、组织传播中传受者间的心理关系、组织形象的组织传播心理技巧)、大众传播心理(大众传播的含义与特点、大众传播中传受者间的心理互动、组织形象的大众传播心理技巧)等内容。

二、营业员与消费者的冲突

当今社会，在经济发展如此迅猛的状态下，贫富差距逐渐缩小，消费需求日益增加。目前，消费者购物所追求的不仅仅是所谓的价廉，也不再只局限于商品本身的优劣，服务在消费者购买动机中占了很大一部分，而其地位正在逐日上升。营业员与顾客之间的冲突是经营活动中十分消极的因素，它不仅会影响顾客购买行为的完成，而且还对冲突双方当事人的心理、情绪、行为产生长久的不良影响；同时，也会影响企业的服务信誉。因此，营业员必须从多方面采取措施，尽量避免或消除经营人员与顾客之间的冲突。

1. 产生冲突的原因

营业员与顾客之间产生冲突的原因是多方面的，主要有以下 3 个方面。

(1) 经营人员与顾客双方情绪的影响。营业员与顾客在购货现场的情绪好坏是形成冲突的主要因素。

(2) 顾客要求退换商品时，双方产生争执，导致冲突。顾客在购买商品后，由于种种原因，决定要求退换，而商业经营人员对此却不予退换，或态度冷淡，激怒顾客，爆发冲突。

(3) 营业员不能正确对待顾客提出的意见，从而引起双方的冲突。营业员不能正确对待、处理顾客在购买商品时所提出的不同意见，致使双方容易产生冲突。另外，营业员与消费者性格上的差异也是形成冲突的不可忽视的因素。

2. 避免或消除冲突的方法

营业员与消费之间产生冲突的原因是双方的，但从现代商业经营观念出发，只能从商业经营人员角度来避免或消除冲突。

(1) 提高营业人员的思想修养，增强自我控制能力。自我控制能力是指一个人控制和支配自己行动的能力，一方面表现为善于迫使自己克服困难，采取行动去执行已作出的决定；另一方面表现为善于抵制自己的感情冲动，控制自己的行动。较高的自我控制能力对于商业经营人员是十分重要的。如果有较高的自制力，可以使商业经营人员在任何条件下都能保持冷静的头脑，即使遇到顾客的无理指责和挑剔，也能迫使对方平静下来，避免冲突的发生。由于自制力可以在客观环境中不断培养和加强，所以，要求营业员要不断地提高自身的思想修养，培养和加强自我控制能力。

在销售的过程中，销售人员可能会遇到客户各种各样的抱怨。抱怨主要是指客户对商品的质量、性能或者服务品质不满意的一种表现，一般来讲，它可大可小，可有可无，但是却不能忽视，如果在销售的过程中，销售人员不能正确地处理客户的抱怨，那么将会给自己的工作带来极大的负面影响。因为一个心生不满的客户可能会把他的不满意告诉给他身边所有的亲朋好友，而他的亲朋好友也同样会把他的这种遭遇再告诉给自己的亲朋好友。时间长了，产生的破坏力是不可低估的。所以说，要学会积极地回应客户的抱怨，妥善地解决客户遇到的问题。

相关链接

有一天，在某空调服务中心，来了一位张女士。张女士一进门就怒气冲冲地问服务台的工作人员，空调安装的韩师傅在哪里，服务台李小姐忙问有什么事情可以帮忙。张女士说，韩师傅早上安装的空调质量太差，要求退货。

面对情绪激动的张女士，李小姐没有急于询问是什么原因，而是把张女士让到接待室，端来一杯茶水先安慰对方不要着急，有什么问题一定会得到解决，他们决不会不负责任等。

面对满面笑容的李小姐，张女士不好再盛气凌人，态度也渐渐地缓和了许多。原来张女士家早上刚刚安装的空调，中午刚开机不久就停止运转，无论怎么遥控，也无法启动，看来是空调质量不好，因而要求退货。

面对张女士的陈述，李小姐没有随意发话，而是与张女士商量，先派师傅随其前往，检查一下空调，如果确实是空调质量有问题，保证给予调换新的空调或者退货。对于这种合乎情理的安排，张女士表示同意。

于是，空调师傅立即前往张女士家，经过检查发现是空调专用的电源开关保险丝容量过小，导致超过负载而熔断。空调师傅重新换上大号的保险丝后，空调运转正常。

面对良好的服务，张女士感到了自身行为的不妥，不仅向空调师傅致谢，还特意打电话到服务中心向李小姐表示歉意。

李小姐深知先安抚客户情绪的重要性，面对张女士的怒气，没有计较，更没有与之吵闹，而是给予理解与宽容，一切都在平心静气中得以化解。更可贵的是，李小姐懂得从张女士的利益与担心点出发，及时承诺企业应有的服务责任和服务保证，让对方放心，并及时地提出符合客户利益和要求的服务方案，这是李小姐成功的关键。

(2) 营业员要时刻为顾客着想，维护顾客利益。顾客进入企业所要购买的不仅仅是商品，还包括得到服务。营业员应时刻记住这一点。这样，即使与顾客接触时出现一些矛盾，产生不和谐，商业经营人员也能设身处地地为消费者着想，更好地理解消费者的处境，从而主动采取措施，消除双方的矛盾和不和谐。

在现实中，销售人员很容易因为太关注自己的利益而忽视了客户的利益，其结果只能是使顾客反感。只有诚心诚意为客户的利益着想，才能得到客户的重视。那些业绩突出的销售人员之所以与众不同，就是因为他们比一般人更能为客户赢得利益。

相关链接

有一个机械设备销售人员，费了九牛二虎之力谈成了一笔价值 40 多万元的生意。但在即将签单的时候，发现另一家公司的设备更适合客户，而且价格更低。本着为客户的原则，他毅然决定把这一切都告诉客户，并建议客户购买另一家公司的产品，客户因此非常感动。结果，虽然这个人少拿了上万元的提成，还受到公司的责难，但在后来的一年时间内，仅通过该客户介绍的生意就达百万元，而且为自己赢得了很高的声誉。

抓住客户的利益就抓住了客户的心。当能够做到为客户的利益着想时，可能会牺牲自己的利益，这时，最明智的办法就是放弃眼前的利益，以使自己获得更加长远的利益。只有重视客户的利益，客户才会重视你的利益。因此，要想实现成交，就要先重视客户的利益。

可以说，能为客户着想，是销售的最高境界。当客户意识到销售人员在想方设法、设身处地地给他提供帮助时，他会很乐意与其交往，更乐意与其合作。所以，在销售的过程中，只要销售人员能够站在客户的立场上为他们的利益着想，并真诚地与他们进行交流，就会赢得他们的信赖，并使之成为长期而牢固的合作者。

(3) 营业员要学会处理消费者不同意见的方法。在商业经营活动中，形成矛盾冲突的一个重要原因是营业人员不能正确处理顾客的不同意见，特别是反对意见。因此，营业员要学会处理顾客不同意见的方法，要弄清消费者反对意见的真实原因，争取主动，掌握火候，知道什么情况下反驳消费的不同意见才恰当。

相关链接

有一位女士怒气冲冲地走进水果店，向销售人员喝道："我女儿在你们这儿买的苹果，为什么缺斤少两？"

销售人员礼貌地回答："请您先回去称称孩子，看她是否长重了。"

这位女士恍然大悟，脸上怒气全消，心平气和地微笑着对销售人员说："噢！对不起，误会了。"

销售人员认为自己不会称错，那么可能是小孩把苹果偷吃了。如果明说"我不会搞错的，肯定是你女儿偷吃了"，或者"你不问问自己的女儿，倒说我称错了，真是有病"等，这不但不能平息客户的怒气，反而会引发一场更大的争论。因此，那位销售人员用委婉的语气指出那位女士所忽视的问题，这样既能维护商店的信誉，又能避免一场争吵，从而赢得客户的好评。

根据调查结果显示，87%以上的消费者认为即使对商品只是一般般的评价，若是服务到位也会选择购买，而这点尤其在穿用的选购品中集中体现。而其中，在此类消费者看来，语言激发的购买欲几乎占了自主选择条件的 90%以上。顾客是否会购买该商品，在商品同等质量下，营业员自身职业素质高，服务态度好，那么即使是隐藏的购买欲也会被激发，即通常所称的技巧服务和微笑服务所带来的收益。

相关链接

作为一位营业员，怎样提高自己的专业水平，面对不同的消费者如何应对？根据对消费者的调查，列举出消费者所喜爱及不喜爱的营业员类型。

(1) 消费者所喜爱的 4 种营业员类型。

① 开朗的笑容、积极乐观的态度，让顾客也随之感染到他的快乐，同时感受到你是真诚地喜欢他们。

② 拥有积极的行动力，但绝不强迫顾客购买商品，不带给顾客压力；充分尊重顾客，永远以顾客至上为第一原则。

③ 时时站在顾客的立场照顾顾客的一切需要，不仅仅争取契约的成交，更关注顾客的需求；和顾客不只限于生意上的往来，更能成为事业上的伙伴、生活中的朋友。

④ 拥有丰富的销售知识，且能掌握市场动向，为顾客提供精确的市场分析及产品占有率分析，解决顾

客行销上的困扰。永远以迅速、明确的速度为其服务。

(2) 消费者所不喜爱的6种营业员类型。

① 态度傲慢，解说产品时口气自大而无视于他人的专业态度。

② 只顾自己的推销工作，不断陈述个人的意见，而当顾客陈述其想法时，却表现得蛮不在乎，也不耐心地倾听，毫不在意顾客的想法，甚至无理地强迫推销，最容易招致客人不满。

③ 仪容不整、言辞粗俗的人，客户多半不愿与之谈生意。

④ 只知一味地推销产品，对市场知识却十分贫乏，一无所知，这样的销售员只会使得顾客轻视他。

⑤ 无法承受拒绝和打击，容易暴露个性上急躁缺点的推销人员，很快会被市场淘汰。

⑥ 报喜不报忧，为达到以交易成功而一再强调商品的好，却不愿提醒客户产品的瑕疵，一旦被客户发现，会遭到客户更大的抱怨和反感。

每个顾客都认为自己是独一无二的，如果不了解这种心理，只是沿用古老传统的推销伎俩，很难维护住顾客。一流的营业员拥有积极的行动力，能让顾客感染到他的朝气与活力。绝大多数的营业员，都不是天生的营业员，但成熟的推销技巧、诚恳耐心的态度，只要顾客喜欢，你便可以成功。

三、营业员与消费者的相互沟通

柜台语言艺术要求营业员在接待顾客时要注意讲究文明用语和沟通的技巧。文明用语和说话技巧是不同的：文明用语以选择词语为主；沟通技巧则侧重在如何灵活委婉地使用词语。只有两者有机地结合起来，才能使顾客听起来自然、舒服、愉快，而这两者的有机结合，正是柜台语言艺术技巧之所在。

1. 善于询问

顾客走近柜台，营业员应首先与顾客打招呼，这是礼貌待客的具体表现，应大力提倡。但往往存在一些特殊情况，第一种情况是，主动问话反而引起顾客的反感。如顾客走近柜台，营业员问一声“您买什么？”顾客听到这句问话不仅不接受，反而质问营业员：“不买还不兴我看哪！”结果双方弄得都很尴尬；第二种情况是，由于营业繁忙或受其他客观条件的限制和影响，有时营业员不可能做到对每一位顾客都主动问话；第三种情况是，有的顾客只顾看商品，营业员问也不是，不问也不是。在这几种情况下，营业员正确运用掌握主动问话的技巧就显得尤为必要。

(1) 掌握好询问时机，恰当地使用文明用语。当顾客在柜台前停留时，当顾客在柜台前漫步注视商品或寻找商品时，当顾客手摸商品或与其他顾客商量议论商品时，当顾客持币来到柜台前时，都是营业员向顾客询问的好时机。语言一定要文明、礼貌、诚恳、亲切，用恰当地称呼说好第一句话，如“同志/老大爷/小朋友，您需要什么？”

(2) 巧妙地使用转化语，变被动为主动。如服装柜台营业员正在整理商品，没注意柜台前来了顾客，这时顾客冲营业员喊：“同志，把这件衣服拿过来我看看。”营业员应马上放下整理的商品走过来，边搁下衣服边问道：“您穿还是别人穿？”这句问话就属于转化语，由被动答话转为主动问话，可为整个服务过程顺利进行奠定基础。

(3) 灵活机动，随机应变。营业员向顾客问话不能死盯住“同志，您买什么？”“师傅，您要什么？”不放，问话的内容要随机应变。要做到这一点，首先要求营业员针对顾客的年龄、性别、职业等特点来灵活地决定问话的内容。这种主动性问话，能消除顾客的疑虑，同时也能迅速地了解顾客的来意，为下一步的服务提供依据。其次要求营业员要根据顾客在柜台前的动作和姿态来灵活地掌握问话的方式和内容。比如，当顾客在布料柜台前用手摸布料，营业员便可主动询问："您买布想做什么款式的服装？""给谁做？"等。弄清来意的同时，营业员还要用准备性的服务动作来适应顾客的动作和姿态，便于掌握服务的主动权。

2. 懂得回答

回答的技巧，主要是指针对顾客对某一商品提出的疑问，营业员所做的解释说明的技巧。其主要目的是说服顾客买此商品，却又不能露出"说服"的痕迹，这就要求营业员以语言的艺术提高顾客对商品的兴趣，化解其疑虑，使顾客最终购买。

(1) 掌握好迂回的技巧。对顾客提出的疑问，有时不便直接回答，特别是顾客对购买产生"异议"时，更不宜"针锋相对"。此时采取迂回曲折的方法从侧面进攻，可能会收到事半功倍的效果。

(2) 用变换句式的技巧。当顾客选择某一商品认为价格太高时，营业员对这一问题有两种回答方法：一种是"这种商品虽然价格稍高了一点，但质量很好"；另一种是"这种商品虽然质量好，但价格太高了。"这两句话虽然只是前后顺序颠倒了一下，但给人的印象却完全不同。前一种说法会使顾客感到这件商品质量好，即使价格高也值得买；而后一种说法，则会使顾客感到这件商品不值那么多钱，买了不合算，因而会大大减弱购买欲望。根据上述两种表述形式，可归纳成这样两个公式：①缺点→优点＝优点，②优点→缺点＝缺点。当向顾客推荐价钱高的商品时，一般应利用公式②。

(3) 用"两多""两少"的技巧。这种技巧是指回答顾客的询问时，多用请求式，少用命令式；多用肯定式，少用否定式。请求式的语言是以尊重顾客为前提的，是将自己的意志以征求对方意见的形式表达出来，使顾客感到亲切，从而乐意接受；而命令式语言是以顾客必须服从为前提的，是强迫对方的一种行为。当顾客提出营业员无法答应的要求时，比如顾客要求退换食品时，如果营业员直截了当地说"不行"，就会使顾客不愉快。但如果说"请您原谅……"用和蔼的请求口吻既拒绝了顾客的不适当的要求，又不至于使顾客感到不愉快。肯定式是在肯定顾客陈述的基础上提出自己的意见，容易被顾客接受；否定式是在否定顾客陈述的基础上提出自己的意见，会使顾客产生一种被轻视的感觉，从而不愿意接受。例如，顾客问："这种商品是不是太贵了？"营业员回答："是贵了一些，但与其他同类商品相比，它多了两项功能，是值得购买的。"这就是肯定式的回答。如果营业员对顾客的这一问题这样回答："一点也不贵，您就买吧。"这就是否定式的回答。这两种不同回答方式会对顾客购买行为产生截然不同的效果。又如当顾客问："这样的衣服有红色的吗？"营业员回答道："没有。"这就是否定式。如果营业员换句话是："是的，眼下只剩蓝色和白色两种，这两种颜色都挺好看的，您穿起来一定很美。"这就换成了肯定式。艺术地使用肯定句式的回答方法，可给顾客以亲切、可信的感觉。

(4) 根据顾客的表情回答顾客的询问。这是指营业员一边观察顾客的反应，一边回答顾客的询问，从而了解顾客对商品的态度，以便确定自己的回答方式。如一位顾客向营业员征询说："我穿哪种花色好？"营业员手指一种对顾客说："我觉得这种花色非常好看，您认为呢？”若顾客说：“不错，的确很好看。”营业员就可以继续介绍。假如营业员把朴素的花样拿给顾客看，顾客看后便皱起眉头，一言不发，营业员就应该明白顾客对此不满意，应再拿一种鲜艳的花色给顾客看，否则必定影响顾客的购买情绪。

3. 学会送别

营业员对即将离开柜台的顾客说上一两句颇有礼貌的送别话语，绝不仅仅是一种单纯的礼貌性的表示，而是有着丰富的内在含义的。

(1) 关心性的送别技巧。这种送别技巧用于特殊顾客和粗心顾客。如，老年顾客言行迟缓，记忆力不强，营业员送别时要用既亲切又关心的生活语言说：“大爷，请拿好，路上慢慢走！”这种送别语从词语的选择、语调的运用上就非常符合老年顾客的心理要求。当粗心的顾客选购完商品临走时，营业员应该说：“同志，请把钱装好，把东西拿好，再见！”这样顾客会觉得营业员的提醒太及时了，从而产生感激之情。如果顾客是位残疾人，自尊心又很强，营业员的送别语，应该像对待正常顾客一样，语调少用拖音，以避免顾客误解。

(2) 祝福性的送别技巧。当顾客选购完商品将要离开柜台时，营业员用祝愿幸福、长寿、健康、美满之类的语言送别顾客。这些祝福性的送别语言具有很强的针对性。如未婚青年男女选购完结婚用品，在送别他们的时候，就应该说：“祝你们幸福！”或说：“祝你们生活美满！”如果顾客选购商品是为了探望病人，营业员在送别顾客时就应该说：“祝您的亲人早日康复！”或说“祝您的朋友早日恢复健康！”

(3) 嘱咐性的送别语。这种送别语多用于儿童。如果儿童顾客要离开柜台了，营业员的送别语是：“小朋友，把东西拿好——路上要看着点车啊！”或者说：“小同学，把钱揣好，别贪玩把东西弄丢了，先回家啊！”这种嘱咐性的送别语，不仅能提醒儿童顾客在回家的路上注意交通安全和财物安全，更重要的是在他们幼小的心灵深处，打上了营业员优质服务和文明礼貌的烙印，培育他们的成长。

柜台语言艺术技巧很多，营业员针对不同情况加以运用，不仅是礼貌待客的表示，更重要的是给顾客送去了交易后的愉快，为以后的服务奠定了基础，从而为企业树立良好的社会形象。

与相关课程的联系

沟通的技巧在商务谈判、沟通技巧、推销技术、人际关系、商务礼仪等课程中都是重要内容。下面的接待技巧在谈判、推销和礼仪方面有广泛的运用。

四、营业员接待消费者的技巧

营业员接待服务技巧与消费者的购买心理活动是密切联系的，针对消费者的心理需求，掌握各种接待技巧。

1. 看的技巧

不知道你是不是有过这样的经历，在你初次见到一个陌生人时，当目光相遇的刹那，你就对他产生了好感，而在其他场合，你见到另外一个陌生人时，你的内心就会对他产生一种疏远。目光的运用对言语的说服力有非常大的增强效果！想要传达说服的意念，眼神和言语同样有效。

在你与客户的谈话中，若彼此长时间避开目光，会是相当危险的事，这最起码表明你们的谈话没有任何效果。眼睛是心灵的窗户，导购人员要擅用目光接触对于迅速、准确地掌握顾客心理，捕捉顾客瞬间感受变化起着关键的作用，以便审时度势，做到有效的推荐。

(1) 与顾客说话时，保持稳定、真诚的目光接触。当与顾客交谈时，保持稳定的目光接触，加上面部诚恳的表情，就会将顾客的注意力吸引到你和你推荐的产品上来，有利于推动销售的成交。

眼神既可传达善意与真诚，但也能暴露挑衅，因此与顾客目光接触时有以下切忌。

① 直盯——会让顾客有威胁的感觉。

② 突然扫射——会让顾客觉得自己遭到了突然袭击，本能地警觉起来，对你推荐的产品表示怀疑。

③ 游离不定——顾客的注意力会跟着你游离不定的目光转移或散漫，对你的推荐心不在焉，从而大大降低成交率。

④ 频繁眨眼——顾客会认为你对自己讲的内容感到紧张，缺乏自信。

(2) 与顾客目光接触的时间。过少的目光接触，会使顾客感到不被尊重，过度的目光接触不仅很累人，还会引起顾客的厌恶和抵触。

① 一对一的场合：5～20 秒为宜。

② 一对众的场合：3～6 秒为宜。

(3) 看正确的地方：进行目光接触时，尽量直视顾客的脸、眼睛附近的部分。盯着顾客的脸上部或下部时，不仅不能吸引顾客的注意力，并且还会让他感到不舒服。

2. 说的技巧

与顾客沟通时，讲什么自然很重要，但讲话的方式会占更重的分量。同样的内容，采用的表达方式不同，最终的结果也会截然不同。在沟通过程中，所表达信息，更多地是通过肢体语言和声调体现出来的。沟通表达方式的比例：表达声调：肢体语言=7%：38%：55%。

(1) 不同的声调表达的含义。

① 单调而平淡的语气——我很烦，对你所说的内容不感兴趣。

② 缓慢而低沉的语气——我的心情不好，自己呆会儿。

③ 嗓门高高的强调语气——我对这件事很感兴趣。

④ 硬硬的、嗓门很高的语气——我很生气，不想听任何事情。

⑤ 高高的嗓门伴随着拖长的语调——我不相信所听到的一切。

(2) 适中的音量和抑扬顿挫的语调可推动销售的成交。如果平时习惯了用单调平淡的语调说话，可以试着用呼吸来调节。长长地、缓慢的呼吸可以极大地改进语气。当心烦、忙乱时，呼吸会加快，当出现这种呼吸时，声带往往会发紧，使声音变亮、嗓音发尖，语调变硬，此时，可以试着放慢呼吸、放松声带、降低嗓门，使语气变平和。

(3) 导购忌用的几种声音。

① 犹豫——说话时声音颤抖或犹豫，顾客会理解成你缺乏底气或言不由衷。

② 过于温和——会让顾客觉得有气无力。

③ 嘀咕——会让顾客对你所传达的信息，当成不好的信息。

④ 声音过高——会让顾客觉得你没涵养，特别是在处理问题的场合，会让顾客感到你态度恶劣。

⑤ 尾音过低——顾客本来听得很好，可到了一句话的结尾或关键处，你的声音几乎消失了，这使得你说出来的话听不起不完整，顾客此时也会对你的推荐失去兴趣。

⑥ 用语调压倒人——听起来狂妄自大、盛气凌人的语调很容易伤害顾客，给顾客留下你不尊重他们的感觉。

⑦ 语调中含有刺耳的成分——情感是由说话时的语调表现出来的，当处于消极状况时，不良情绪会通过说话的语调传达给顾客，顾客会将它想得比你的本意要糟得多。

(4) 营销忌用的语速。

① 连珠炮——顾客会认为你过于激动，急于求成，不真诚。

② 慢条斯理——顾客会对你要讲的内容失去耐性。

③ 过多的语气助词——过多的语气助词会隔断你的信息，形成自然干扰，也会分散顾客的注意，不明白你在说什么。

3. 动的技巧

语言传达虽然优势很多，但是也不能用流利的口语向顾客 100%地传递信息。在销售过程中致使成功的因素 55%还是取决于肢体语言，有效的肢体语言有助于达成交易。

(1) 体态——是指如何摆放身体。在卖场中营业员的站姿体态要求是：抬举头、挺胸、收腹。忌勾背、哈腰，这样会让顾客觉得你没有精神。导购运用身体语言有以下“三忌”。

① 忌杂乱——如用手摸鼻子、随便搓手。

② 忌泛滥——忌用空泛、缺少信息价值的动作，如双手在空中不停地比划。

③ 忌卑俗——点头哈腰型的卑俗身体姿势，有损导购的自我形象。

(2) 面部表情——笑脸相迎。

微笑是一种令人感觉愉快的面部表情，它可以缩短人与人之间的心理距离，为深入沟通和交往创造温馨和谐的氛围。在服务过程中，保持微笑，体现导购人员一流的服务态度。脸上始终要带着美好而自信的微笑，微笑是服务的生命(标准：露出八颗牙齿)。

① 微笑传达的含意。

体现心境良好——面露平和欢快的微笑，说明心情愉快，乐观向上，善待他人，这样的导购人员才会产生吸引顾客的魅力。

表现充满自信——面带微笑，会使顾客产生信任感，容易被顾客接收。

表现真诚友善——微笑反映自己善良友好，待人真诚，使顾客在交往过程中自然放松，不知不觉地缩短了心理距离。

表现乐业敬业——工作岗位上保持微笑，说明热爱本职工作，在服务过程中，微笑更是可以创造一种和谐融洽的气氛，让顾客备感愉快和温暖。

② 微笑对自己的作用。微笑不仅有利于提高服务质量，使顾客满意，而且还会给自己带来放松身体、放松心理、缓解痛苦、增加创造力、消除疲劳、缓解人际关系和带你进入乐观的状态等作用。

4. 听的技巧

(1) 耐心——不要打断顾客的话。

(2) 关心——带着真正的兴趣听顾客要说什么，顾客的话是一张藏宝图，顺着它可以找到宝藏。

(3) 别一开始就假设明白他的问题——永远不要假设你知道顾客要说什么，因为这样，你会以为知道顾客的需求，而不会认真地去听。

单元 3　拒绝购买态度的分析与转化

相关链接

把梳子卖给和尚

四个销售员到寺庙卖梳子：①直接放弃，说和尚不需要梳子；②宣传梳头皮可以活血，卖掉 10 把；③说服住持，提供了香客磕头后整理头发的服务，卖掉 100 把；④在梳子上刻上"积善梳"并留下庙名，作为香客捐香火后菩萨赐的保佑，卖光了梳子还接了订单。

在销售过程中，有些客户因为种种原因产生拒绝购买的态度，使交易过程难以进行或者中断。但是，优秀的客户经理在了解客户拒绝购买的原因后，如果采取恰当的方式方法，就有可能促使客户转变态度，由拒绝购买转变为愿意购买，或者降低客户拒绝的程度，转换态度倾向，为以后实现购买创造良好基础。

一、拒绝购买态度的形成

(1) 如果顾客的态度是拒绝的，要分析他拒绝的程度有多强硬。通常十分斩钉截铁的，他应该对你的产品或服务不感兴趣，至少是他认为目前对他是没有用处的。对这些顾客，要保持热情与微笑，耐心讲解你所要介绍的产品或服务的突出特点与方便之处，激发他的兴趣。如果他的态度还是十分强硬，先和他聊点别的东西，慢慢了解顾客的特点与需要，然后再适当从聊天话题切入你推荐的产品或服务。总之，对强硬的顾客，要引起他的关注，提起他的兴趣，告知产品的突出效果，增加购买欲望。对于那些初步拒绝的这些顾客，他可能是出于资金的考虑没有进一步考虑你的产品与服务，也可能是他目前没有这个需要(但是他的态度是比较婉转的，没有强硬拒绝)，应付方法与前面的相似，不过要非常注意礼貌，使用软功，诱导顾客提起对这些产品的兴趣。

(2) 每个顾客的拒绝都有他们的原因，要善于察言观色，分析顾客的特征。很多顾客的拒绝态度都是可以从初步的外表特征分析的，如通过观察顾客的衣着与打扮，可以看出顾客的身份与购买资金充裕情况，再分门别类，对顾客进行区分，如时尚性的、实用性的、价格敏感性的。知道顾客拒绝的原因，再针对这些原因对症下药，运用营销口才，相信没问题。

(3) 某些顾客的拒绝态度可能是软磨硬泡都难转化的，因为最后的决定权可能不在他们手上，但是如果能把产品的突出特点与效果详细跟他们说明，即使他们无权决定，也会蠢蠢欲动，说不定会为你带来意外收入。

二、拒绝购买态度的类型

根据拒绝购买态度的程度不同，可以分为彻底性拒绝、一般性拒绝和隐蔽性拒绝 3 种情况。

1. 彻底性拒绝

彻底性拒绝的原因比较明显，有些是客户根本没有需求的欲望；有些则是由于商品的某些特性与客户的要求相差甚远；有些则是客户对某一名牌信任度不高，为避免风险而拒绝购买，还有就是价格问题等。

比如前面案例中的第一个营销员去寺庙卖梳子，和尚根本不需要梳子，所以要是只从商品本身的意义而言，一把梳子也卖不出去。

相关链接

"刘先生，我们公司现在有优惠措施，如果你现在买了这种产品，还送免费旅游。"

"你的这些优惠对于我来讲都不需要。我需要的是适合我的产品，其他的优惠对我来说并不重要，价格再低，东西不合适也不行。"

"你放心，我们有自己的专业咨询师，如果你不放心可以去接受咨询或培训，专业咨询人员可以针对你的情况给你提供你需要的东西。"

"为了购买这种产品还要咨询或培训？对我来说，培训再多，也没有任何意义。"

"我可以向你保证，这种产品的确在质量上不存在问题，而且还送免费旅游，这是多么好的时机呀，你可不能失去良机。"

"我不需要，我不买。"

刘先生最终坚决地拒绝了这位销售人员的销售。

正如这位顾客所言，他要买的是"合适的产品"，而不是所谓的优惠条件。

2. 一般性拒绝

一般性拒绝是经常发生的。客户虽然已经具有一定的购买欲望，但是由于商品的品质、价格、性能尚不能完全满足需要，作出不予购买的决定。另外一种情况就是客户对商品还缺乏全面了解，对购买结果估价不高，因此，购买信心不足。例如，有一对老夫妇去看一所房子。当销售人员把他们领到房间后，客户看到房间里的地板已经很破旧并且凹凸不平，厨房的设备有很多已经生锈。心里便有些不情愿，不大愿意购买此房。但当他们走到阳台上看到院子里有一棵茂盛的樱桃树时，两位老人的神色显得很愉快。如果销售人员注意到这个细节，就能从这棵樱桃树上，改变顾客的购买态度。

相关链接

小李最近代理了某品牌的手表，并在商店进行销售，每次有客户光临时，他都会绘声绘色地描述手表的质量如何优质，性能如何良好。但由于价格略高，少有客户购买。虽然小李的口才很好，把手表的功能说得近乎完美，但是客户却反而更加怀疑，最多也只是看看，真正购买的没有几个。

一个月过去了，小李仅仅卖出一块手表，连自己租的柜台的租金都不够，这让他很是着急，于是他就开始想办法。客户之所以不敢购买他的手表，最主要的就是不敢相信其商品的质量，自己缺少对商品的有力证明。只要能够说明自己的手表质量确实是好的，让客户亲眼看到，那么客户就会消除疑虑进行购买了。

于是第二天，小李买了一个鱼缸和几条金鱼摆在自己的柜台上，并把一只手表放进了鱼缸里，很快就吸引了不少客户过来围观，这时小李又开始介绍自己销售的手表的防水防震功能，并把手表从水里捞出来让客户传看。同时为了证明手表防震防摔，他居然使劲儿地把手表摔在地上，但是捡起后，手表却没有任何损伤，最后小李又拿出手表的质量证书及专家的推荐，一下子就征服了客户，他们这才真地相信了商品的质量并争相购买。

3. 隐蔽性拒绝

隐蔽性拒绝的原因则较为复杂，有些是出于自尊，不愿意表明因价格昂贵而无力支付，而是以不喜欢或其他非现实理由而拒绝；有些则是由于缺乏足够的商品信息，难以作出准确的判断，而闪烁其词；有些则是对客户经理的过度热情产生逆反心理，而拒绝购买等。隐蔽型拒绝大多是出于自尊、偏见等社会性心理因素。例如，市场某一品牌价格的香烟比同档次烟高出 10%，许多客户拒绝购买的真正原因是该品牌高于同档次卷烟的价格。但却说成是软壳包装，容易挤扁等。在实际购买活动中，客户出于经济压力而形成隐蔽拒绝购买态度情况很普遍，这就要求客户经理要仔细观察，分析客户拒绝态度形成的真正原因，并予以谅解，尽量避免正面指出伤其自尊心，但也不要盲目附和客户的议论，以免造成其对商品的不良印象。

三、拒绝购买态度的转化

客户拒绝购买是极其常见的现象，要转变其拒绝购买的态度，必须在尊重客户的前提下，通过广泛、全面地介绍商品，全面了解客户的需要，打消客户的顾虑，增强其购买信心。

1. 彻底性拒绝购买态度的转化

要转化彻底性拒绝购买者的态度不容易的。因为，如果消费者对某一商品根本没有需求，或商品由于款式过时、花色老套、质量低劣引起反感与抵制，要改变消费者的行动倾向，由对商品的不喜欢变为喜欢，是难以实现的。对于这类消费者的基本方法是：一是转移其注意目标，创造新需求与兴趣，介绍他希望了解的商品；二是创造宽松的环境，减轻其心理压力；三是耐心细致地服务，留给其良好的印象。如果还认为有转变态度方向的可能，则应尽力解除其心理障碍；如果不可能转变态度，与其交谈他乐意谈及的话题，以避免形成僵局，不欢而散，产生负效应。

2. 一般性拒绝购买态度的转化

一般性拒绝购买的消费者，往往是由于对商品缺乏全面、深入的认识而采取的初步决定，其拒绝的态度还不是很坚决的。所以，应着重向此类消费者多提供商品的新知识，改变消费者对商品的心理印象，使其转化拒绝购买态度。对于这类消费者的基本方法是：一是加强消费教育与指导，灌输商品新知识，突出商品的特有优势或者比较优势，提高商品吸引力；二是帮助消费者确认需求；三是积极充当消费者的参谋。这些工作做得好，即使不能实现立即的行动转化，也可能实现延期购买。

3. 隐蔽性拒绝购买态度的转化

对于隐蔽性拒绝购买的消费者，应尊重其心理需要，强化商品的物理性能与心理功能，增加购买意愿。隐蔽性拒绝购买的消费者，其原因复杂多样，在处理中应更为慎重，不宜乱猜测、硬说服，有些心理现象也难以了解和解释。但应看到，这类消费者都具有一定的购买需求，只要正确引导，加强其购买意愿，也有可能转变其拒绝购买的态度。对于这类消费者的基本方法是：一是对消费者拒绝购买的隐蔽理由，不应当面指出，买与不买是消费者的权利，更不应讽刺、嘲笑和挖苦；二是对消费者以某种不恰当的理由而拒绝购买，不应为此与其发生争吵，也不要盲目附和，以免造成消费者对商品的不良印象；三是要信心十足地提示商品的物理性能与心理功能，增强消费者购买信心、意愿。同时，营业员还应以情感与形象去介绍商品，运用易于消费者理解、易于引起联想的说明方法，明示或暗示商品的心理功能，满足消费者的心理欲求，这样就可以转变消费者的态度。

模块小结

销售服务是指企业在产品销售活动过程中，为顾客提供的各种劳务的总称，主要包括售前、售中、售后服务。各个阶段的服务内容和心理策略是不同的，营销人员要增强服务意识，采取有效的策略，提高服务质量。

公共关系是指某一组织为改善与社会公众的关系，促进公众对组织的认识，理解及支持，达到树立良好组织形象、促进商品销售目的的一系列公共活动。要掌握公共关系心理学的基本知识。

营业员与顾客之间的冲突是经营活动中十分消极的因素，要了解产生的原因，对症下药，避免或消除冲突。营销人员要学会沟通和接待技巧，提高化解消费障碍的能力。

拒绝购买是顾客因为种种原因产生拒绝购买的态度，使交易过程难以进行或者中断。拒绝购买态度形成的因素是多种多样的，拒绝购买态度的类型可以分为彻底性拒绝、一般性拒绝和隐蔽性拒绝 3 种情况。

通过提高沟通的方式与技巧、准确把握顾客拒绝购买的真正原因、多管齐下改变顾客的购买态度等方法，改变顾客态度，使消费者的拒绝购买态度转化，提升消费意愿。

主要名词

销售服务　售前服务　售中服务　售后服务　公共关系

自 测 试 题

一、单项选择题(20 分，每题 5 分)

1．促销的具体方式不包括(　　)。

A．市场细分　　B．人员推销　　C．广告　　D．公共关系

2．售前服务的主要内容不包括(　　)。

A．市场调查　　B．备货　　C．广告宣传　　D．柜台服务

3．营业员与消费者的相互沟通的主要技巧不包括(　　)。

A．善于询问　　B．懂得回答　　C．礼貌送别　　D．哈腰

4．对于消费者满意表现叙述错误的是(　　)。

A．消费者满意是消费流行的方式

B．消费者满意是提高企业获利能力的重要途径

C．消费者满意有利于形成良好的口碑

D．消费者满意是消费者重购的基础

二、多项选择题(20 分，每题 5 分)

1．销售服务是指商品在销售前后为最大限度地满足消费者需要而采取的各种措施，按照服务时间分为(　　)。

A．售前服务　　B．售中服务　　C．售后服务　　D．个性化服务

2．售中服务是在商品销售成交过程中，所提供的各种服务工作，其主要内容包括(　　)。

A．介绍商品　　B．充当参谋　　C．付货与结算　　D．柜台服务

3．公共关系心理是指与公共关系行为及公共关系活动相关的心理现象，其基本特征是(　　)。

A．可知性　　B．情感性　　C．自利性　　D．广泛性

4．从购买心理的角度分析，拒绝购买态度的类型主要有(　　)。

A．一般拒绝　　B．真正拒绝　　C．隐蔽拒绝　　D．无理拒绝

三、判断题(10 分，每题 1 分)

1．有些情况下售后服务比售前、售中服务更为重要。(　　)

2．“真正的销售始于售后”，在成交之后，销售人员应当关心消费者，向消费者提供良好的服务。(　　)

3．过少的目光接触，会使顾客感到不被尊重；过度的目光接触不仅很累人，还会引起顾客的厌恶和抵触。(　　)

4．在营销过程中，销售人员难免与顾客发生冲突，冲突是绝对有害的。(　　)

5．消费者的一次拒绝购买，不是永远地拒绝，要动态、辩证地看待，为下一次的成功打下基础。(　　)

6．消费者对其购买产品满意与否直接决定着以后的购买行为。(　　)

7．公共关系的全部活动和职能，最终都是为了塑造企业的良好形象。(　　)

8．语言沟通比动作语言沟通更具有优势。(　　)

9．售前、售中和售后服务的心理策略是不同的。(　　)

10．沟通中说比听更重要。(　　)

四、简答题(40分，每题10分)

1. 售前、售中、售后服务的策略有哪些？
2. 举例说明公共关系心理策略的运用。
3. 怎样从心理学的角度去解决营业员与消费者的冲突？
4. 营业员应该怎样接待消费者？

五、论述题(10分)

试述消费者拒绝购买态度的类型有几种？如何进行转化？

案例分析

退货风波

这是发生在百货大楼的一个故事。顾客陈某是位六十多岁的老年顾客，在百货大楼买了一条皮带，回家后经人一说觉得不太满意，第二天到百货大楼退货，营业员高某接待了他。接着，发生了下面的故事……

高：大爷，您需要点儿什么？

陈：我是来退货的。(陈某把皮带放到高某的柜台上)

高：(看了看皮带)没什么问题呀，为什么要退呢？

陈：(有些不悦，沉着脸)是没什么问题，我就是想退。

高：(犹豫了一下)好吧，把您的发票给我看看。

陈：发票？商店没给我开发票啊！

高：不可能，我们商场1元以上的商品都给开发票。

陈：(不高兴了，大声说道)我这么大岁数了还能骗你吗？

这时，有很多人都把目光集中到了高某身上。

高：我不是那个意思。按照规定没有发票不能退货，所以我不能给您退。

陈：不给退？是商店没给我开发票，又不是我的错。(陈某的说话声更大了)

高：(考虑到陈某年纪大了，记性差等原因)好吧，我给你退。给您退19.5元。

陈：怎么是19.5元？我买这条皮带花了21.9元，你应该给我退21.9元。

高：这种皮带售价就是19.5元，没有21.9元的价格，应该给你退19.5元。

陈：那不行，我花21.9元买的，你就该给我退21.9元。

高：那不行，柜台里都没有21.9元的价格。

接着，两人吵了起来，引起了更多人的围观，严重影响了正常的销售活动。

高：好吧，给你退了。

陈某这才慢慢地离去，可是刚好走出不远……

高：(低声地)真无赖！

陈：你骂谁呢？

于是，两人又吵了起来，而且吵得更凶了。后来经人耐心劝说，陈某这才离去。

事后，商店领导经过研究，本着严格要求的原则，给予营业员高某通报批评的处分，并处以相应的罚款。

案例讨论

1. 利用本模块知识解释以上现象。
2. 这则案例给你什么启示？

实 训 练 习

(1) 两人一组，到附近商场的某一品牌的化妆品或是服装柜台进行观察，营销人员和消费者之间有没有发生冲突，为什么会发生冲突，总结用哪些方法可以排除或预防冲突的发生。

(2) 从自己或同学们的购买经历中，谈谈营销人员是怎样接待消费者的，在接待过程中，消费者如果出现拒绝购买的情况，营销人员怎样处理的？还有其他的处理方式吗？

模块 11

消费心理学的发展方兴未艾

内容提要

本模块主要介绍了目前消费心理的发展变化，消费者在电子商务和绿色消费过程中的消费心理状况，以及企业应该采取的营销策略。还介绍了消费者自身的权利和义务，消费者如何进行消费心理的保护。

教学重点和难点

消费心理的发展变化，电子商务消费心理策略，绿色消费心理策略和消费者心理保护。

学习目标

知识点：掌握消费者消费心理和行为的变化，电子商务消费心理特征，绿色消费及 5R 原则，影响绿色消费的因素，消费者权益及保护方法。

能力点：运用消费者的心理变化、电子商务消费心理策略和绿色消费心理策略进行有效营销，掌握消费者心理保护的具体措施。

导入案例

消费心理的变化

一项调查研究表明，目前消费者的消费心理出现了很大的变化，人们在购买行为上出现了“十买十不买”的现象。

十买是：①名牌、质高、价格适中的商品买；②新潮、时代感强的商品买；③新颖别致、有特色的商品买；④迎合消费者喜庆、吉祥心理的商品买；⑤名优土特商品买；⑥拾遗补阙商品买；⑦卫生、方便、节省时间的商品买；⑧落实保修的商品买；⑨价廉物美的商品买；⑩日用小商品买。

十不买是：①削价拍卖商品不买；②宣传介绍摆“噱头”的商品不买；③不配套服务的商品不买；④无特色的商品不买；⑤缺乏安全感的商品不买；⑥一次性消费的商品不买；⑦无厂家、产地、保质期的“三无”商品不买；⑧监制联营商品不买；⑨粗制滥造商品不买；⑩不符合卫生要求的商品不买。

由此可见，近年来人们的消费心理和行为明显地更加理性化。

消费者在购买行为中出现“十买十不买”的原因是什么？试运用自我观察法剖析个人消费心理的特点。

不同社会时期，人们的消费心理与行为有不同的特点。随着我国经济水平的提高，家庭结构的变化，人们需求的多样性，消费心理与行为和以前相比，发生了很大的变化。

单元 1　消费者消费心理与行为的变化

一、消费观念的改变

计划经济时代，商品短缺一直是困扰我国经济的历史性问题。随着我国 GDP 跃居世界第二，居民收入得到了大幅度的增长，市场商品供应充裕，短缺现象基本改变，我国市场形势由此发生了重大的变化，买方市场基本形成，消费者面对琳琅满目的商品，消费心态、消费价值观和消费行为都发生了巨大的变化。

1. 消费热点的变化

有专家分析指出，居民消费将逐步进入新一轮消费周期：主要标志是家电在农村普及，住房、轿车、计算机逐步进入城市家庭。即农村从百元级向千元级、万元级消费发展；城镇居民消费从千元级向万元级、十万元级消费发展。消费倾向从吃与穿到住与行，从商品类到服务类。

2. 消费心理的变化

(1) 面子心理。中国的消费者有很强的面子情结，在面子心理的驱动下，中国人的消费会超过甚至大大超过自己的购买或者支付能力。营销人员可以利用消费者的面子心理，找到市场、获取溢价、达成销售。

脑白金就是利用了国人在送礼时的面子心理，在城市甚至是广大农村找到了市场；当年的 TCL 凭借在手机上镶嵌宝石，在高端手机市场获取了一席之地，从而获取了溢价收益；终端销售中，店员往往通过夸奖消费者的眼光独到，并且产品如何与消费者相配，让消费者感觉大有脸面，从而达成销售。

(2) 从众心理。从众指个人的观念与行为由于受群体的引导或压力，而趋向于与大多数人相一致的现象。消费者在很多购买决策上，会表现出从众倾向。比如，购物时喜欢到人多的商店；在品牌选择时，偏向那些市场占有率高的品牌；在选择旅游点时，偏向热点城市和热点线路。

以上列举的是从众心理的外在表现，其实在实际工作中，可以主动利用人们的从众心理。比如，现在超市中，业务员在产品陈列时故意留有空位，从而给人以该产品畅销的印象；计算机卖场中，店员往往通过说某种价位及某种配置今天已经卖出了好多套，从而促使消费者尽快作出销售决策。

(3) 推崇权威。消费者推崇权威的心理，在消费形态上，多表现为决策的情感成分远远超过理智的成分。这种对权威的推崇往往导致消费者对权威所消费产品无理由的选用，并且进而把消费对象人格化，从而达成产品的畅销。

现实中，营销对消费者推崇权威心理的利用，也比较多见。比如，利用人们对名人或者明星的推崇，所以大量的商家在找明星代言、做广告；管理专家余世维先生说在自己汽车销售店中，曾经以某某车为某某国家领导人的座车为卖点，从而让该车销售火爆。

(3) 爱占便宜。“便宜”与“占便宜”不一样。价值50元的东西，50元买回来，那叫便宜；价值100元的东西，50元买回来，那叫占便宜。消费者不仅想占便宜，还希望“独占”，这给商家带来可乘之机。比如，“马上要下班了，一分钱不赚卖给你！”这些话隐含以下信息：只有你一人享受这样的低价，便宜让你一人独占了。面对如此情况，消费者鲜有不成交的。除了独占，另外消费者并不是想买便宜的商品而是想买占便宜的商品，这就是买赠和降价促销的关键差别。

(5) 害怕后悔。每一个人在做决定的时候，都会有恐惧感，他生怕做错决定，生怕他花的钱是错误的。消费者购买之后出现的怀疑、不安、后悔等不和谐的负面心理情绪，并引发不满的行为。“国美电气”针对消费者的这种心理，提出了“买电器，到国美，花钱不后悔”，并作为国美店的店外销售语。进一步说在销售的过程中，要不断地提出证明给顾客，让消费者百分之百地相信。

(6) 心理价位。任何一类产品都有一个“心理价格”，高于“心理价格”就超出了消费者的预算范围，低于“心理价格”会让消费者对产品的品质产生疑问。因此，了解消费者的心理价位，有助于市场人员为产品制定合适的价格，有助于销售人员达成交易。

以服装销售为例，消费者如果在一番讨价还价之后，如果最后的价格还是高于其心理价位，可能最终还是不会达成交易，甚至消费者在初次探询价格时，如果报价远高于其心理价位，就会懒得再看扭头就走。

(7) 炫耀心理。消费者炫耀心理，在消费商品上，多表现为产品带给消费者的心理成分远远超过实用的成分。正是这种炫耀心理，在中国目前并不富裕的情况下，创造了高端市场。一些非常有钱的女士为了炫耀其极强的支付能力，往往会买价值几千甚至上万的世界名牌手袋。对消费者来说，炫耀重在拥有或者外表。

(8) 攀比心理。消费者的攀比心理是基于消费者对自己所处的阶层、身份，以及地位的认同，从而选择所在的阶层人群为参照而表现出来的消费行为。相比炫耀心理，消费者的攀比心理更在乎“有”——你有我也有。

在购买手机时，也多见学生出于某些同学有最新的苹果手机的心理，也要求父母为自己购买。对营销人员来说，当然可以利用消费者的攀比心理，出于对其参照群体的对比，有意强调其参照群体的消费来达成销售。

(9) 投机心理。投机心理也叫赌博心理，是凭着侥幸、运气，期望在尽可能短的时间内获取尽可能多的收益。在经济富裕的情况下，很多人都进行投资理财，以获取更多的经济利益。在利益的驱动下，不少人开始了非理性的投资理财，投机心理愈发膨胀，时刻梦想“一夜致富”。

曾几何时，中国大妈“提着菜篮子买黄金”、艺术品投资市场等更是鱼龙混杂；曾几何时，天价翡翠曾在国内风靡一时，投机和炫耀心理，使得翡翠的原石价格高过了成品价格的 2～3 倍，出现了“面粉价格高于面包”的怪现象……但随着市场的变化，人们的消费行为也趋于理性，比方说翡翠价格的大起大落，反映出消费者消费行为从盲从回归理性。

(10) 占有心理。商品价值的大小，主要体现在其使用价值方面。有些消费者购买商品，并不是最关注商品的使用价值，而是是否能拥有或者占有该商品。房子本来就是为了居住的，但是很多消费者宁可当“房奴”，不愿意花更少的钱租赁，而是贷款购买，其目的主要是为了拥有，体现消费的占有性。国内的汽车租赁市场不发达，也是占有心理作怪。

二、支付方式的改变

1. 电子货币异军突起

传统的交易，一般是一手货一手钱，传统意义上的货币，如纸币、支票、汇票等的使用在逐步下降。随着互联网和电子商务的快速发展，电子货币作为新的支付手段，越来越被消费者接受和广泛使用。

2015 年第一季度，全国共办理非现金支付业务 135.52 亿笔，金额 435.96 万亿元，同比分别增长 20.98%和 17.36%。全国累计发行银行卡 43.91 亿张，人均持有银行卡 3.24 张，其中，人均信用卡持有 0.30 张。

从小的购买日用品，到大的买房购车，消费者携带纸币的数量越来越少，网上支付，刷卡消费已经被广泛使用。

2. 移动支付发展迅猛

2012 年，以“金融移动支付标准正式确立”为重要标志事件，被业界认定为移动支付发展的“新元年”，商业银行、支付机构、电信运营商和终端提供商等各路大军均加大投入力度，争抢和拓展移动支付市场。

移动支付方面，2014 年第一季度，移动金融应用的用户数量为 3.3 亿，到 2015 年的第一季度，用户数达到了 7.6 亿，增幅 130%。2015 年第一季度，手机银行客户交易金额达到 12.07 万亿元，环比增长达到 18.6%。

随着手机上网客户的增加，手机购物、转账，嘀嘀打车、快的打车、微信支付等移动支付平台的建设和发展，移动支付在不远的将来，必然会超过 PC 机网上支付，成为新一代的支付领军手段。

消费者的消费心理和行为除了上述的一些变化外，消费习惯也发生着变化，先花钱后还款，贷款、按揭消费越来越多；随着电子商务的发展，消费者更加追求便利性消费，在绿色浪潮的冲击下，消费更加重视自身健康，对自我保护意识也越来越强。

与相关课程的联系

电子商务概论和电子商务支付等课程介绍的是电子支付的具体方法。

单元2 电子商务与消费者心理

相关链接

中国电子商务研究中心(100ec.cn)发布的《2013—2014年度中国电子商务法律报告》，全面囊括了B2B、网络购物、网络团购、互联网金融、物流快递、移动电子商务、O2O、海外代购等电子商务各细分领域，对出现的典型事件进行分析解读。报告发布了《2013—2014年度十大电子商务领域典型法律案例》：天价QQ号归属案、离职空姐海外代购走私案终审、网购消费维权诉天猫卖家“假一赔万”案、当当网销售不达标保健品被判十倍赔偿案、大众点评网告百度侵权与不正当竞争索赔达9 000万案、亚马逊中国“删除订单”案、首例比特币交易平台诈骗案、太平洋直购网网络传销案、酒仙网和也买酒等知名电商售卖假酒“赖茅”案、完美诉窝窝团侵犯注册商标专用权索赔55万元案。

电子商务已经越来越普及了，消费者的消费心理和行为正在发生着剧烈的变化。电商企业应该如何更好地为消费者服务？消费者又该如何维护自己的合法权益呢？

人们通常把基于Internet平台进行的商务活动统称电子商务，英文为Electronic Commerce，简写为E-commerce或EC。由于Internet的全球性、开放性、即时性、全天候、虚拟性等特征，消费者面对发展如此迅速的电子商务，与传统商务活动相比，其消费行为和消费心理也在发生着剧烈的变化。

一、电子商务中消费心理的变化趋势和特征

相关链接

双十一购物狂欢节

从2009年开始，每年的11月11号，以天猫、京东(为避免利益冲突，有些电商会在11号前开始促销)为代表的大型电子商务网站一般会利用这一天来进行一些大规模的打折促销活动，以提高销售额度，成为中国互联网最大规模的商业活动。

2014年天猫双十一交易额突破571亿元，比去年大增59%。其中移动交易额达到243亿元，物流订单2.78亿元，总共有217个国家和地区被点亮，新的网上零售交易纪录诞生。

在电子商务业务方面，网络教育、网上银行、在线交易、网络广告、网络新闻、网上视频服务、收费邮件服务、IP电话、短信服务、网上人才服务、网络资讯服务、网络游戏等服务业务快速发展，同时，宽带互联网和手机移动用户的数量也在以几何级数增长。这都充分显示出我国电子商务市场的巨大潜力。

那么，消费者为什么选择网上购物？网上消费的行为特征是什么？网上购物的消费心

理如何？商家和企业具有什么服务利器，怎样适用和赢得消费者的青睐？

1. 电子商务消费心理的变化

营销发生变革的根本原因在于消费者。随着市场由卖方垄断向买方垄断转化，消费者主导的时代已经来临，面对更为丰富的商品选择，消费者心理与以往相比，呈现出新的特点和发展趋势，这些特点和趋势在电子商务中表现得更为突出。

(1)追求文化品位的消费心理。消费动机的形成受制于一定的文化和社会传统，具有不同文化背景的人选择不同的生活方式与产品。美国著名未来学家约翰·纳斯比特夫妇在《2000 年大趋势》一书中认为，人们将来用的是瑞典的宜家(IKEA)家具，吃的是美国的麦当劳、汉堡包和日本的寿司，喝的是意大利卡普奇咖啡，穿的是美国的贝纳通，听的是英国和美国的摇滚乐，开的是韩国的现代牌汽车。尽管这些描写或许一时还不能为所有的人理解和接受，但无疑在互联网时代，文化的全球性和地方性并存，文化的多样性带来消费品位的强烈融合，人们的消费观念受到强烈的冲击，尤其青年人对以文化为导向的产品有着强烈的购买动机，而电子商务恰恰能满足这一需求。

(2) 追求个性化的消费心理。消费品市场发展到今天，多数产品无论在数量上还是质量上都极为丰富，消费者能够以个人心理愿望为基础挑选和购买商品或服务。现代消费者往往富于想象力、渴望变化、喜欢创新、有强烈的好奇心，对个性化消费提出了更高的要求。他们所选择的已不再单是商品的实用价值，更要与众不同，充分体现个体的自身价值，这已成为他们消费的首要标准。可见，个性化消费已成为现代消费的主流，消费者可以很方便地在海尔的网站上订购自己设计的家电产品，在 Dell 网站上订购自己配置的笔记本电脑。

(3) 追求自主、独立的消费心理。无论是在对产品或服务需求的表达，还是在信息的搜集或售后的反馈上，网络环境下的消费者主动性都大大增强。消费者不再被动接受厂商提供的产品，对传统的单项的“填鸭式”“病毒式”营销也感到厌倦和不信任，而是根据自己的需要主动上网寻求，甚至通过网络系统要求厂商根据自己对产品的要求或准则量身定做，从而满足自己的个性化需求。

(4) 追求表现自我的消费心理。网上购物是出自个人消费意向的积极的行动，通常会花费较多的时间到网上的虚拟商店浏览、比较和选择。独特的购物环境和与传统交易过程截然不同的购买方式会引起消费者的好奇、超脱和个人情感变化。这样，消费者完全可以按照自己的意愿向商家提出挑战，以自我为中心，根据自己的想法行事，在消费中充分表现自我。

(5) 追求方便、快捷的消费心理。对于惜时如金的现代人来说，在购物中即时、便利、随手显得更为重要。传统的商品选择过程短则几分钟，长则几小时，再加上往返路途的时间，消耗了消费者大量的时间、精力，而网上购物弥补了这个缺陷。调查数据表明，基于节省时间进行网络购物的人数占网上消费总人数的一半以上。

(6) 追求躲避干扰的消费心理。现代消费者更加注重精神的愉悦、个性的实现、情感的满足等高层次的需要满足，希望在购物中能随便看、随便选，保持心理状态的轻松、自由，最大程度地得到自尊心理的满足。但店铺式购物中商家提供的销售服务却常常对消费者构成干扰和妨碍，有时过于热情的服务甚至吓跑了消费者。

(7) 追求物美价廉的消费心理。即使营销人员倾向于以其他营销差别来降低消费者对价格的敏感度，但价格始终是消费者最敏感的因素。网上商店比起传统商店来说，能使消费者更为直接和直观地了解商品，能够精心挑选和货比三家。

(8) 追求时尚商品的消费心理。现代社会新生事物不断涌现，消费心理受这种趋势带动，稳定性降低，在心理转换速度上与社会同步，在消费行为上表现为需要及时了解和购买到最新商品，产品生命周期不断缩短。产品生命周期的不断缩短反过来又会促使消费者的心理转换速度进一步加快。传统购物方式已不能满足这种心理需求。

2. 电子商务消费心理的特征

对于消费者网络消费而言，由于网络媒介的特殊性，除了具备一般的购买特征，还有以下特征。

(1) 自主选择权——我的地盘我做主。电子商务的消费者主要是年轻一代，他们个性鲜明，追求时尚，与以往的被动接受不同，他们习惯于主动选择。这种选择权源自于媒体从单向传播的电视向互动的互联网的转变。在电视时代，限于传播内容的有限及传播方式的单向，人们缺乏足够的选择权，往往只能在几个电视频道间徘徊，而网络时代的情形则大不相同。从一定意义上讲，网络提供了一个无限选择的世界，人们可以根据各自的兴趣主动选择信息。由于掌握着选择大权，对不感兴趣的信息可以视而不见，因此，“地毯式”的营销宣传策略在网络时代未必奏效。

(2) 量身定做——柔性化消费。在网络时代，借助于网络的交互式功能，消费者对定制化的要求更为强烈，消费观念从刚性化向柔性化转变。他们会把自己对产品外形、颜色、尺寸、材料、性能等多方面的要求直接传递给生产者，而不再愿意接受商店内有限范围的选择。在电子商务的购买过程中，由于消费者亲身参与生产设计，所以有人把电子商务的消费者称为“产消者”。电子商务量身定做的要求将对现有的营销模式产生冲击，相应地，一对一营销、数据库营销、互联网营销等新的电子商务营销模式将会逐渐风行。

(3) 消费多样化——品牌忠诚度下降。电子商务消费者追求品牌但又往往不会死守一个品牌，渴望更换品牌，体验不同的感受。互联网为这种改变又提供了方便，在网络环境下，错误可以通过单击鼠标立即改正。网络的这种“宽容性”使得电子商务消费可以随意改变心意，这种心意的随意改变使得网络成为一个自由轻松的购物空间，也使得他们缺乏传统的品牌忠诚感。

(4) 渴望体验的感觉——先试后买。体验电子商务消费者非常注重的一种消费利益，通过消费实现体验也是他们渴望的，比如喜欢由卡通人物给他们造就的轻松、幽默的氛围。他们比较青睐小巧玲珑的商品，比如软饮料、移动终端、流行服饰等，而不喜欢笨重、体积庞大的耐用品。

传统的营销宣传策略(如证言式广告等)很难在电子商务消费者身上奏效，而一个有效的策略就是样品试用。试用策略的本质是让产品自己说话，让消费者自己判断价值，以此符合电子商务消费者独立自主的个性。

(5) 选择的效用性——注重功能而非形式。以往消费者会把高新科技看得高高在上，对披着高新技术外衣的产品也奉若神明。相比之下，电子商务消费者是更关心功能而非形式。他们在计算机的陪伴下成长，视计算机为家用电器之一，对新科技天生缺乏畏惧感，更不会被高技术的时髦外表迷惑。他们是非常现实的一代，只在乎产品提供的价值与利益。

二、制约电子商务发展的心理因素分析

虽然网上购物具有形式方便、信息快捷、节省时间等诸多优势，但是目前消费者对网上消费仍然有一定程度的担忧，除了对支付手段不熟悉，对安全性能不放心等因素外，心理因素的影响也使之对这种新的购物方式敬而远之，严重制约了电子商务的发展。制约电子商务发展的心理因素主要表现在以下几方面。

1. 受到传统购物观念束缚

长期以来消费者形成的“眼看、手摸、耳听”的传统购物习惯在网上受到束缚；网上消费不能满足消费者的某些特定心理，网上购物很难满足消费者的个人社交动机。消费者在购买服装时，不仅要看衣服的花色、式样，还要用手摸一摸面料的质地，进行试穿，感觉尺寸是否合适等，这些需求电子商务很难满足。

2. 价格预期心理得不到满足

据统计，消费者对网上商品的预期心理比商场的价格便宜 30%～40%，而目前网上商品仅比商场便宜 20%左右，加上配送费用，消费者所享受到的价格优惠是有限的。另外，网上产品鱼龙混杂，仿冒产品多，增加了消费者的购物心理负担。

3. 个人隐私权受到威胁

目前网上的许多服务都可以是免费的，如免费电子邮箱、免费下载软件、免费登录为用户或会员以接收一些信息及一些免费的咨询服务等，然而在接受这些免费服务时，必经的一道程序就是登录个人的一些资料，如姓名、地址、工作、兴趣爱好等，至于这些信息的用途，最起码是为了管理起来方便，但也不排除相关服务者将这些资料用作他用甚至有出卖的可能。随着电子商务的发展，商家不仅要抢夺已有的客户，而且要挖掘潜在的客户，而且现有技术不能保障网上购物的安全性、保密性。隐私权不能得到保障，使许多消费者担心自己的个人信息被泄漏，不愿参与网上购物。

4. 对网上支付机制缺乏信任感

现阶段，网上支付不论邮局汇款还是在线支付，步骤烦琐且存在漏洞，而且成本较高，消费者还是习惯于一手交钱一手交货的传统交易模式。电子商务缺乏网上有效的支付手段和信用体系，在支付过程中消费者的个人资料和信用卡密码可能会被窃取盗用，有时还会遇到虚假订单，没有订货却被要求支付货款或返还货款，使消费者望而生畏。

5. 对虚拟的购物环境缺乏安全感

在电子商务环境下，企业在网上均表现为网址和虚拟环境，网络商店很容易建立，也容易作假，很多人比较担心的问题是产品质量、售后服务及厂商信用、安全性得不到保障，使消费者心存疑虑。另外，互联网是一个开放和自由的系统，目前仍缺乏适当的法律和其他规范手段，如果发生网上交易纠纷，消费者举证困难，权益不能获得足够的保障。

6. 对低效的物流配送体系缺乏保障感

我国现在还缺乏一个高效成熟的社会配送体系，缺乏为电子商务网站配套服务的实物配送企业，或者具有电子商务体系的物流配送企业。商品配送周期长、费用高、准确率低。我国仓库周转率仅为发达国家的30%，而差错率几乎是发达国家的3倍。低效的物流配送体系离顾客的实际要求相距甚远，影响了电子商务的发展。

三、电子商务中的消费心理处理

电子商务中消费者的特殊心理给企业的经营理念带来了新的挑战，商家必须摆脱以往传统的经营思维局限，在营销策略、方式、手段上有所突破，建立一套适合电子商务的运作机制。

1. 电子商务营销策略

(1) 建立品牌知名度。在互联网上，要尽可能使消费者了解你的产品或服务，了解你的人数越多，知名度越大，成功的希望也就越大。可以通过热门网站的广告作用，增加自己品牌的曝光率，吸引相关社会群体的注意力；还可以通过热门网站将自己企业的网站宣传出去，诱导上网者前来浏览产品和服务，并让他们确信你的网站值得一访。据美国广告公司的一项调查显示，通过多维立体的电子商务建立品牌知名度的效果，远远胜过其他常规途径。无论是在男性成衣、电信器材还是妇女用品的品牌上，利用网上广告的宣传，其知名度都提高了12%～200%，大大超过电视或平面广告的效果。

(2) 激发浏览者的直接反应。除了建立品牌知名度，企业在网站上更希望唤起浏览者的即时反应。即时反应包括鼓励消费者下订单，促使消费者提出更进一步的产品资讯，强化消费者与产品之间关系的行为。这就要求企业努力保证网络下单的便利性与安全性，一方面激发消费者直接上网购物，另一方面也可以把网站作为一个传播媒体，宣传企业的促销活动，起到吸引消费者上门的作用。

(3) 用网站建立良好的企业形象。吸引消费者上网，在了解企业的产品品牌、服务内容的同时，也是在消费者中间尽快建立企业完美形象的最佳时机。必须坚信，成功的网络营销是建立在一个基本互惠的原则上的，即企业必须提供免费的信息或服务，才能吸引消费者与你建立更进一步的关系。关键在于如何向目标市场提供真正有价值的东西，让他们在学习与了解中对你的企业产生更好的印象。

(4) 纸上谈兵不如实物展示。在屏幕上，文字说明不如实物展示，只有图文并茂才能达到最佳效果，这是教育理念的实现。网络有平面媒体的深度与资料保存的价值，实物展示结合多维立体效果，将是最理想的商品展示媒介。企业不仅可以把产品服务的信息传达到消费者那里，而且可以动态地展示产品的使用方法和特点、功效。网上营销可以经济实惠的方式向顾客提供试用品，如将软件的试用版本免费提供下载等。

(5) 利用网络做好市场调查。网络营销活动不仅成本低廉，更主要的是它具有时效性。通过网络向众多消费者做市场调查，能够起到吸引受访者的作用；不仅能够征求顾客的意见，了解消费需求，而且可以分析市场环境、人为因素，开阔企业的视野，增进与消费者之间的沟通与联系。

2. 电子商务消费心理策略

(1) 坚持虚拟商店的便利性。便利性是消费者从事网上消费的主要因素之一。既然向消费者提供快捷、便利的服务是上网企业的宗旨，那么，协调好企业与消费者之间的相互关系，坚持让消费者完成满意的购物活动，向消费者提供快捷便利的服务，就是每个上网企业追求的目标。

(2) 保持消费渠道的顺畅。书籍、音乐、电影等是购物中较受顾客欢迎的网站。调查显示，有 19%的消费者会顺道拜访百货公司的网站，有 39%的消费者也会同时拜访书籍、音乐及电影网站。因此，商家应该尽可能地在相关网站上增加通往购物消费网站的链接，保持消费者购物消费的渠道顺畅。

(3) 重视女性消费群体。英国的一项调查显示，女性的购物热情最终从大街上、商店里转移到了互联网上。该项调查显示，2003 年，英国女性网上购物的人均开销大约为 500 英镑。这是网上零售业历史上女性第一次在人均开销上超过了男性。英国市场分析公司“判决”通过对人们在线购物情况的调查，发现女性的消费增长率是男性增长率的 6 倍。

(4) 维持良好的网站管理。遵守承诺、讲求信誉、提高售后服务质量，是企业的又一关键所在。网站有了良好的管理机制，统一指挥，统一调配，充足货源，售前、售后服务有机衔接，一定会给消费者带来购物与消费的充分信心。

(5) 保障客户交易的安全性。网上交易的安全性包括相关的法律、政策、技术规范，以及网络安全，加速商品防伪保真、网络系统工程的建设及提高电子商务网站的信誉度，是网上交易的关键。商家必须通过电子支付制度、规约，使双方发生纠纷时做到有章可循、有法可依、有据可查；建立完备的法律依据、权威的认证机构，维护电子商务的交易秩序，保障交易安全，使更多的消费者放心购物和消费。

与相关课程的联系

网络营销是一门新兴的课程，也是目前企业采取最为广泛的营销模式之一。

相关链接

网络交易管理办法

2014 年 2 月 13 日，国家工商行政管理总局公布了《网络交易管理办法》(以下简称《办法》)，消费者的网购“后悔权”在法律和部门规章层面都获得支持。《办法》自 2014 年 3 月 15 日起施行。

《办法》明确规定，消费者有权自收到商品之日起 7 日内退货，且无须说明理由。《办法》还规定，尚不具备注册条件的自然人，需第三方交易平台登记此人的真实身份信息进行审查和登记，但未硬性规定必须办理营业执照。此外，《办法》对网络商品交易中“信用评价”“推广”等必须如实披露信息，避免消费者误解等首次作出明确规定。《办法》具有以下四大亮点。

(1) 通过微博有偿推广商品需进行明示。

(2) 交易平台不得任意调整网店“评级”。

(3) 在第三方平台开网店不强制办营业执照。

(4) 经营者信息网站需保留至少两年。

单元 3　绿色消费与消费者心理

20 世纪，工业化浪潮以前所未有的速度和效率为社会创造了巨大财富，为广大消费者提供了丰富多样的物质生活，也给企业带来了巨额利润。与此同时，人类赖以生存的自然环境也在遭受严重破坏。面对这一“有增长、无发展”的困境，人类不得不重新审视自己的发展历程，寻觅一条新的可持续发展道路，绿色生产、绿色消费便应运而生了。

一、绿色消费中消费心理的变化趋势和特征

相关链接

绿色消费，你行动了吗?

每年的 6 月 5 日为“世界环境日”，为纪念世界环境日，增强广大公众的环境意识。2012 年 6 月 5 日世界环境日中国主题为“绿色消费 你行动了吗？”环境恶化，气候突变，冰川消融，海面上升……这些并不只是少数人才应该担忧的问题，地球家园与我们每一个人息息相关。

那么你认为的怎样才算绿色消费呢？是乘公交、地铁出行、穿纯棉 T 恤、吃有机蔬菜，还是居住的绿化小区……？在日常生活中，我们如何践行绿色消费的呢？

1. 绿色消费的含义

绿色消费的含义是一种以“绿色、自然、和谐、健康”为宗旨的，有益于人类健康和社会环境的新型消费方式。指消费者意识到环境恶化已经影响其生活质量及生活方式，要求企业生产并销售有利于环保的绿色产品或提供绿色服务，以减少对环境的伤害。在国际上，绿色消费已经变成了一个“广义”的概念，即节约资源，减少污染；绿色生活，环保选购；重复使用，多次利用；垃圾分类，循环回收；救助物种，保护自然。中国消费者协会在公布 2001 年消费主题——“绿色消费”的同时，也提出了“绿色消费”的概念，包括三层含义：一是倡导消费者在消费时选择未被污染或有助于公共健康的绿色产品；二是在消费过程中注重对垃圾的处理，不造成环境污染：三是引导消费者转变消费观念，崇尚自然、追求健康，在追求生活舒适的同时，注重环保，节约资源和能源，实现可持续消费。

绿色消费的 5R 原则包括以下内容。

(1) 节约资源，减少污染(Reduce)。地球的资源及其污染容量是有限的，必须把消费方式限制在生态环境可以承受的范围内。因此，必须节制消费，以降低消耗，减少废料的排放以减少污染。其中最为紧要的是：节约用水。地球表面的 70%是被水覆盖着的，约有 14 000 亿立方米的水量，但是，其中有 96.5%是海水，剩下的虽是淡水，但其中一半以上是冰，江河湖泊等可直接利用的水资源，仅占整个水量的极少部分。水是珍贵的资源，不能浪费。其次，还要减少废水排放。应当加强废水管理，工业废水、城市污水，都应及时处理，防止直接排入自然水体。除了水，空气污染也应重视，要减少废气排放。大气所受的污染，主要来源于燃烧煤所产生的烟尘，汽车、机动车尾气等。应当采取治理措施，污染物排放

超过国家规定的排放标准的汽车，不得制造、销售或者进口。

(2) 绿色消费，环保选购(Re-evaluate)。每一个消费者都要带着环保的眼光去评价和选购商品，审视该产品在生产过程中会不会给环境造成污染。消费者用自己手中的“货币选票”，看哪种产品符合环保要求，就选购哪种产品，哪种产品不符合环保要求，就不买它，同时也动员别人不买它，这样它就会逐渐被淘汰，或被迫转产为符合环保要求的绿色产品。这样引导生产者和销售者正确地走向可持续发展之路。

(3) 重复使用，多次利用(Reuse)。为了节约资源和减少污染，应当多使用耐用品，提倡对物品进行多次利用。20 世纪 80 年代以来，一次性用品风靡一时，“一次性筷子”“一次性包装袋”“一次性牙刷”和“一次性餐具”等成为消费主流。一次性用品给人们带来了短暂的便利，却给生态环境带来了高昂的代价。在发达国家，曾风靡一时的“一次性使用”风潮正在成为历史。许多人出门自备可重复使用的购物袋，以拒绝滥用不可降解的塑料制品；许多大旅店已不再提供一次性牙刷，以鼓励客人自备牙刷用以减少“一次性使用”给环境所造成的灾难。我国应当学习发达国家的先进经验，发扬中华民族艰苦朴素的优良传统，珍惜资源。

(4) 垃圾分类，循环回收(Recycle)。垃圾是人类生产与生活的必然产物。人类每天都在制造垃圾，垃圾中混杂着各种有害物质。随着城市规模的扩大，垃圾产生的规模也越来越大，垃圾处理的任务也越来越重。现有的办法是拉去填埋，但这种方法侵占土地、污染环境，不是长久之策；而将垃圾分类，循环回收，则可以变废为宝，既减少环境污染，又增加了经济资源。

(5) 救助物种，保护自然(Rescue)。在地球上，生态是一个大系统，各种动物、植物互相依存，形成无形的生物链。任何一个物种的灭绝，都会影响到整个生物链的平衡。人是地球最高等的动物，但实质上也不过是生物链中的一环，人类的生存要依赖于其他生物的生存。因此，保护生物的多样性，就是保护人类自己。人类应当爱护树木，爱护野生动物，要将被破坏了的生态环境重新建立起来。

资料库

中国绿色消费的观念和行动纲领

在 2003 年 4 月 22 日世界地球日之际，中华环保基金会向全国发出了《绿色志愿者行动》倡议书，提出了中国绿色消费的观念和行动纲领。

(1) 节约资源，减少污染。如节水、节纸、节能、节电、多用节能灯，外出时尽量骑自行车或乘公共汽车，减少尾气排放等。

(2) 绿色消费，环保选购。选择那些低污染低消耗的绿色产品，像无磷洗衣粉、生态洗涤剂、环保电池、绿色食品，以扶植绿色市场，支持发展绿色技术。

(3) 重复使用，多次利用。尽量自备购物包，自备餐具，尽量少用一次性制品。

(4) 垃圾分类，循环回收。在生活中尽量地分类回收，像废纸、废塑料、废电池等，使它们重新变成资源。

(5) 救助物种，保护自然。拒绝食用野生动物和使用野生动物制品，并且制止偷猎和买卖野生动物的行为。

2. 绿色消费的心理变化

在经济飞速发展的今天，“绿色消费”越来越引起人们的关注，“绿色概念”已经成为一个国家、一个民族综合素质、文明程度的体现。绿色消费者也作为一个新兴的群体茁壮成长和成熟起来。绿色消费者也可称为环保主义者，他们具有较高的知识文化水平，在日常生活中，对绿色消费的概念理解全面而透彻，并且自己在行动中体现出绿色消费。他们的观念体现出较高的环保意识，他们的行为也具有较高的理性特质。

(1) 绿色消费就是无污染消费。绿色消费者绝不会到菜场上去挑几根有虫眼的青菜，或是吃几副中药，就认为是绿色消费。他们对绿色消费有正确的认识，如选择绿色产品，即选择无公害、无污染的安全、健康、优质、科学的产品；同时注意环境建设，在绿色消费过程中不污染环境。

(2) 绿色消费就是健康消费。随着人们生活水平的提高，人们越来越关注自己的健康，因此对安全、无污染、高品质绿色产品需求日益强烈。绿色消费者认为，健康的需要不仅包括物质需要和精神文化需要，同时更应包括生态需要在内。因此，绿色消费不仅是个人的健康需要，而且是整个人类的健康需要，表明人们的消费质量的不断提高。绿色消费也就是要关注生产发展、生活提高、生态保护等问题。

(3) 绿色消费就是科学消费。绿色消费者是崇尚科学的，他们认为只有当绿色消费是科学消费的时候，才能从科学意义上提升健康消费的水平和档次。所以，绿色产品只有不断加大科技含量，才可能从根本上增强市场竞争力。绿色消费也是一样，是一个系统的消费过程，而不是几句口号就能解决。因此，绿色消费者非常关注绿色产品的动态和新闻，并在选购产品时尽可能选择绿色产品。

(4) 绿色消费要关注消费环境。人们的消费，总是在一定的环境中进行的。任何消费活动，都必须具备三个基本要素，即消费主体(消费者)、消费客体(消费品与劳务)和消费环境。这就是说，消费的自然环境好，天蓝水清地绿，生态环境优美，消费质量就高；消费的社会环境好，人文生态上乘，社会治安良好，消费结构得到优化，人人都争当具有高度文明的人，消费质量就高；消费的文化环境好，文化质量就高。因此，绿色消费者也是环保主义者，在绿色消费的同时，更注重周围的环境。

相关链接

绿色消费，是指在消费活动中，不仅要保证人类的消费需求和安全、健康，而且要满足以后的人的消费需求和安全、健康。尼泊尔是生态旅游搞得比较成功的国家，旅游者在进入风景区以前，随身所携带的可丢弃的食品包装必须进行重量核定，如果旅游者背回来的垃圾没有这么多，会遭到罚款。每个游客只允许携带一个瓶装水或可以再次装水的瓶子，而在山上，瓶装水是不准许出售的。

3. 绿色消费的心理特征

(1) 绿色消费者的行为更趋于理性化。在实际生活中，消费者的行为往往是感情重于理智，心理因素在消费者行为中起到极为重要的作用。很多消费者对某种产品感兴趣，对某个品牌偏爱，实际上并不能真正对其性能、质量和服务上的长处加以区别，更多地是受广告和相关人员的诱导或潮流的带动。绿色消费更强调理性，不能只考虑个人感受，还要考虑社会后果和生态后果；与传统经济学的经济人消费行为相比，则从个人的价值取向转为个人与社会价值取向并重。绿色消费认识比例随消费者学历层次的提高而提高，反映出部分消费者的消费理念日趋理性化、成熟化。

(2) 注重产品的“绿色”价值。马斯洛的需求理论讲述了人类社会需求的层次性。当人们已经不在为基本的需求而奔波时，人们开始追求生存质量和生活质量。生存质量的追求表现在更加注重生态环保；生活质量的追求表现在倾向于消费无公害产品、绿色产品。由于这些产品本身所包含的特性和特点，使人们在消费过程中得到品质的满足和品位的提升；人们在购买汽车时已经考虑排放标准，无氟冰箱已经进入千家万户，人们开始关注服装对人体的健康等方面的安全保护，这些都显示出消费者对产品“绿色”价值的重视。

(3) 绿色消费行为呈现出个性化的色彩。消费者能以个人心理愿望为基础挑选和购买商品或服务。他们不仅能作出选择，而且渴望选择，消费者所选择的已不单纯是商品的使用价值，而且还包括其他“延伸物”。北京物资学院在北京 16 个区县近 40 家大中型商场开展了一次主题为“发展绿色流通、倡导绿色消费”的专题宣传和调研活动。结果表明，89.2%的被访者实际购买过绿色产品，消费者购买的绿色商品的类别依次是食品、日用品、保健品、家电、建材等。至于购买绿色商品的原因，出于个人保健所需而购买的消费者占 48.3%；出于社会责任感、支持环保而购买绿色商品的占 28.0%；符合个人消费品位和层次的占 13.2%；其余则是无意识购买、为送礼而购买、顺应时尚而购买。

(4) 消费主流性增强。一方面消费者不再被动地接受厂商单方面提供的信息，他们会主动地了解有关绿色产品，绿色消费方面的信息，当得到足够的商品知识时，对绿色产品和服务进行鉴别和评估；另一方面，对环境保护也不再是被动的与无能为力，消费者对真正能够带来环保的产品也持积极主动的态度，在众多同类产品中，往往会选择对环境危害最小的产品，根据这一特点，厂商应适应消费者主动性增强的趋势，提供消费者需要的多种信息，供消费者选择比较。

(5) 产品的期望值更高、挑选更挑剔。西方发达国家对于绿色产品的需求非常广泛，而发展中国家由于资金和消费导向上和消费质量等原因，还无法真正实现对所有消费需求的绿化。以我国为例，目前只能对部分食品、家电产品、通信产品等进行部分绿化；而发达国家已经通过各种途径和手段，包括立法等，来推行和实现全部产品的绿色消费。以绿色食品为例，英国、德国绿色食品的需求完全不能自给，英国每年要进口该食品消费总量的 80%，德国则高达 98%，绿色食品的标准也更加苛刻。

(6) 价格仍是消费者选择的重要因素。绿色产品具有较高附加值，拥有优良的品质，无论从健康、安全、环保等诸多方面具有普通产品无法比拟的优势。因此，绿色产品的定价策略往往采取撇脂定价，价格较高。在欧美发达国家，即使普通的消费者也都倾向于绿色消费，但在发展中国家，绿色产品对于普通消费者来说还是奢侈品，消费量还很小，因此价格仍是限制绿色消费的瓶颈。

(7) 性别差异及儿童影响。一项调查表明 46%的女性和 31%的男性在购物时会主动寻找绿色替代品，父母一般比没有子女的成年人更关注环保。有孩子的家庭通常是倾向于绿色消费的群体。由于教育和传媒为儿童提供大量的环保绿色信息，引起儿童对绿色问题的认识和重视，使孩子成为家庭中绿色产品购买的提议者和影响者，这无疑是绿色购买行为的重要模式。

二、绿色消费行为的影响因素

由于外在和消费者自身因素的影响，每个消费者的绿色意识程度和消费行为模式之间会有很大的差异，年龄、收入、教育水平、生活方式、观念和爱好等诸多方面都会大大影响绿色消费行为，其中影响最大的有以下几个方面。

1. 社会文化因素

一个社会及其文化的绿色程度，会直接影响着该文化群体的环境意识和绿色思想，进而影响绿色消费行为的模式，绿色消费也可以说是一种社会性的消费文化和消费习惯，绿色消费行为一般容易形成社会性的潮流趋势，其具体的消费模式会被绿色社会文化所带动，或者说被绿色时尚所带动。一个社会的绿色文化和环境意识强烈，该社会群体的绿色消费行为一般就会越成熟。

例如，绿色食品的安全健康和生态环保的观念不是每个人都能主动学习和接受的，即使接受也是有不同的看法和态度。据央视调查，有 20.8%的居民自己知道绿色食品的标志但不知道它的含义，另有 79.2%居民表示对此不了解。改变传统观念为现代观念是一项艰巨的任务，尤其在经济发展不平衡，受教育程度不一，生活习惯和消费习惯各异的中国，更需要进行长期的有力度的宣传教育，而这方面恰恰是绿色食品发展中的薄弱环节。

2. 绿色教育

绿色教育是指对公众进行的生态环境意识普及和教育，也包括通过公共关系、广告、产品说明等方式对消费者进行环保观念的灌输。

绿色产品大多采用较为高新的技术和材料做成、成本和生产工艺及市场开拓费用相对高昂，具有较高的附加值，所以价位也较高。对一般消费者来说，初次接触时可能感到难以接受，因此必须通过一定的教育手段，使他们了解绿色产品的实质，即为什么是绿色，有什么优点、优势，有哪些好处等。就社会层面而言，绿色教育有利于提高人们的环境意识，促进社会自然环境的改善；从企业层面看，绿色教育则积极引导绿色消费，为绿色营销创造更好的环境。绿色教育重在一种观念的灌输，而人的行为是受观念指导的，所以可以说绿色教育是绿色消费和绿色营销的先导。

政府、有关环保机构和行业协会等组织要承担起消费者教育、生产经营者教育、经销商教育等对人们进行绿色教育的责任，生产销售企业也应积极参与其中成为中坚力量。可以利用各种宣传工具和宣传方式如公益广告、专题活动等，积极传播环境保护和绿色消费知识，提高人们的绿色意识，推动绿色消费运动的发展，形成绿色消费的良好气氛和环境，促进绿色消费需求的增长，进而促进绿色消费市场的快速发展。

3. 绿色产品的质量

发展绿色消费市场遇到的问题中，最棘手的问题是假冒产品的横行，消费者对假冒产品无法验证，往往在上当受骗后对绿色产品失去信任，从消费者本能地回避风险和简化购买决策过程的消费心理出发，他必然会对绿色产品敬而远之甚至全盘否定。

绿色产品的检验鉴定难度大，认证过程复杂，一些不法企业为追求高额利润不按照绿色标准生产，甚至把假冒伪劣产品当作绿色产品销售，形成了所谓劣币驱逐良币的“柠檬市场”现象。造成市场上到处都是“绿色”产品，真正的绿色产品可能得不到消费者的青睐，达不到应有的价格，李逵打不过李鬼。例如，近年来出现的“红心鸭蛋”事件、鞍山市嘉禾绿色食品开发有限责任公司私自仿印绿色食品标志，并将标志贴在各大蔬菜批发市场购进的普通蔬菜上，然后送往沈阳市各大超市，以绿色蔬菜的名义进行销售，严重地影响了绿色消费的开展。

4. 消费者自身因素

绿色消费者的购买决策最主要还是受个人特征的影响，包括年龄、家庭、生活周期、职业、经济环境、生活方式、个性，以及自我概念等，其中收入、消费成本、生活方式和受教育程度的影响尤为突出。

(1) 收入水平。收入水平在一定程度上代表了消费者的购买实力。一般来讲，绿色产品中消费品的比重较大，同时绿色产品的成本和价格相对较高。所以绿色产品的消费需求严重受到居民收入水平的影响。中国居民由于收入水平的限制，绿色消费意识普遍较低。收入在消费方面的分配对于其绿色消费而言是一种制约，“实用主义”对大多数理性消费者来说是第一位的，尤其在居民整体收入水平还不算高的情况下，价格和效用仍是消费者购买产品的主要考虑因素。一项 7 个省 20 个地区的调查表明：“积极的绿色消费者”大城市占 40%，中小城市占 29%，农村占 8%，按人口数比重加权，“积极的绿色消费者”比重平均只有 13.3%。

(2) 消费成本。价格偏高是绿色产品得不到普及的重要原因，也是绿色产品企业面临的主要难题。顾客在购买绿色产品时不仅仅是付出了货币成本，还付出了时间成本、精力成本和体力成本。这些成本对于不同的消费者，重要意义是不一样的。调低价格只是降低了在绿色食品购买时付出的货币成本，现实生活中，搜寻绿色食品信息、咨询、对绿色食品的寻找、比较、鉴别和购买所耗去的时间和精力体力比一般产品多得多，即使有心购买绿色产品，也不知什么产品是绿色的、哪里有卖的，减少消费者的购买成本是应着重解决的问题之一。

(3) 生活方式。根据阿诺德·米切尔的 VALS 划分法。有 9 种生活方式群体：求生活、维持者、归属者、竞争者、有成就者、我行我素者、经验主义者、有社会意识者、综合者。在各种方式的人群中，求生活和维持者处于需求驱使阶段，他们缺乏经济资源。温饱问题尚未解决，所以不可能有实力关注环保实施绿色消费，归属者、竞争者和有成就者处于符合客观外界标准的阶段，受客观世界影响颇大，所以其绿色消费行为与所处环境的绿色化程度有关。我行我素者、经验主义者、有社会意识者和综合者已进入有自我看法的阶段，有其明确的价值取向，假如是环保者，一般来说必是积极的绿色消费者。

(4) 受教育程度。通过全社会的绿色教育，对绿色消费会有很大帮助，因为从消费者自身而言，一个人的观念行为等大多是后天因素作用的结果，而教育则是其中非常重要的一个方面，受过良好教育的人，一方面对各方面知识有深入了解和正确认识(包括环境和地球生态)；另一方面有较高的素质，往往会采取明智的行为，所以教育从很大程度上影响个人绿色消费观念和行为。

三、绿色消费的心理策略

1. 提倡绿色消费意识

绿色产品有利于消费者的身心健康，改善生存环境。当今世界，人们对绿色产品越来越青睐。20 世纪之初，我国已全面启动“开辟绿色通道，培育绿色市场，倡导绿色消费”的“三绿工程”。目前我国消费者使用的绿色产品主要包括以下 5 类。

(1) 绿色食品。绿色食品是指无公害、无污染、安全，经过有关部门认定，许可使用绿色食品标志的无污染的优质营养类食品。由于对绿色食品认识的误区，有的消费者把“绿颜色的食品”当作绿色食品，误把“天然食品”和绿色食品等同，我国每年因误食野生蘑菇中毒的事件屡有发生。

(2) 绿色服装。绿色服装又称生态服装，环保服装。它是以保护人类身体健康，使其免受伤害，并具有无毒、完全的优点。在使用和穿着时，给人舒适、松弛、回归自然、消除疲劳、心情舒畅的感觉。不能只为追求美观而购买化学纺织品、颜色过于鲜艳、式样不适合人体生理要求的服装。

(3) 绿色家电。绿色家电是指在质量合格前提下，高效节能，且在使用过程中不对人体和周围环境造成伤害，在报废后可回收利用的家电产品。例如，环保型微波炉、水处理机、防辐射手机、附带有屏幕保护的计算机等一系列家电产品，广泛地采用适合环保要求和保障人类健康的新技术，必将成为顾客争抢的宠儿。

(4) 绿色家居。家居所用的装饰材料要选择经过放射性试验的石材，不含甲醛的环保型涂料及复合型环保型地板等新型装饰材料，而且要求在居室设计中，色彩要有纯天然的绿色创意和一种大自然的美感。家居要追求健康、宜人、自然、亲和的目标。

(5) 绿色包装。绿色包装是在绿色浪潮冲击下对包装行业实施的一种革命性的变革，它不仅要求对现有包装的不乱丢、乱弃，而且要求对现有包装不符合环保要求的要进行回收和处理，更要求按照绿色环保要求采用新包装和新技术，白色污染已经成为世界公害，提倡使用可重复利用和循环使用的包装物。

2. 加强政府监管

由于绿色产品能满足消费者追求健康、安全、环保，追求高品质生活的要求，同时由于绿色产品生产的高技术性要求和成本偏高的特点，使得其价格要比一般产品高，因而很容易成为制售假冒伪劣的目标。对于绿色产品市场鱼龙混杂的复杂局面，政府的严格监管非常重要，加强绿色标志的管理，严厉打击不法厂商的违法行为，切实维护好消费者的权益，加强消费者对绿色产品的信心。同时政府要从可持续发展的战略角度出发，采取相关政策，鼓励企业进行绿色生产，满足消费者的绿色需求，促进绿色消费市场的健康发展。

3. 实行绿色营销

绿色营销是指企业以环境保护作为经营哲学思想，以绿色文化为价值观念，以消费者的绿色需求为出发点，力求满足消费者绿色需求的营销策略。它强调消费者、企业、社会和生态环境四者利益的统一，以可持续发展为目标，注重经济与生态的协同发展，注重可再生资源的开发利用，减少资源浪费，防止环境污染。

目前，绿色的浪潮席卷全球。绿色消费意识得到了各国消费者的认同。一项调查显示，75%以上的美国人、67%的荷兰人、80%的德国人在购买商品时考虑环境问题，有 40%的欧洲人愿意购买绿色食品。因此，企业在获取自身利益的同时，必须考虑环境的代价。不能以损坏或损害环境，来达到企业赢利的目的。

资料库

中国部分绿色标志

中国环保标志　　绿色食品标志　　中国节水标志　　回收标志　　质量安全标志

单元 4　消费者权益保护

相关链接

央视 3·15 晚会

每年的 3 月 15 日是“国际消费者权益日”(International Day for Protecting Consumers' Rights)。这一国际日是由国际消费者联盟组织(现称国际消费者协会)1983 年确定，目的是扩大消费者权益保护的宣传，使之在世界范围内得到重视，促进各国和各地区消费者组织之间的合作与交往，在国际范围内更好地保护消费者权益。

1991 年 3 月 15 日，中国消费者协会与中央电视台、中国消费者报社、中华工商时报社联合举办了国际消费者权益日“消费者之友专题晚会”。从此拉开了中央电视台“3·15 晚会”的序幕，至 2015 年已经 25 次。中央电视台“3·15 晚会”收视人数已经成为仅次于春节联欢晚会的大型综合性晚会。

“3·15 晚会”关注生命安全，关注消费环境，关注消费者权益，贴近消费者的需求，代表了消费者的心声。以真实的案例，以发生在百姓身边的事情，提醒消费者，警惕消费骗局，通过强大的媒体优势，揭露坑害消费者的不法行为，教育和引导消费者，维护消费者的合法权益。

一、消费者权益及责任

1. 消费者权益

消费者的权益又称消费者的权利，是指消费者在购买、使用商品或接受服务时依法享有的权利及该权利受到保护时给消费者带来的应得利益，其核心是消费者的权利。而消费者权利——消费者为进行生活消费应该安全，如公平地获得基本的食物、衣物、住宅、医疗和教育的权利等，实质即以生存权为主的基本人权。

消费者权益的特点：①消费者权利是消费者享有的权利；②是消费者实施行为的具体表现；③是法律基于消费者的弱者地位而特别赋予的法定权利；④是消费者特殊的地位而享有的特定权利。

在我国 1994 年 1 月 1 日实施的《中华人民共和国消费者权益保护法》(2013 年修正，2015 年 3 月 15 日实施，以下简称《消法》)第七至第十五条中规定了消费者的 9 项权利，具体包括安全权、知情权、选择权、公平交易权、求偿权、结社权、获知权、受尊重权和监督权。

(1) 安全权。全称是人身财产安全权，它是指消费者在购买、使用商品和接受服务时享有人身、财产安全不受损害的权利。安全权是消费者九大基本权利之首，是消费者最主要的权利。消费者在购买、使用商品和接受服务时，享有保持身体各器官及其机能的完整及生命不受危害的权利。至于财产安全权，并不仅仅是指消费者购买、使用的商品或接受的服务本身的安全，还包括除购买、使用的商品或接受的服务之外的其他财产的安全。

(2) 知情权。是指消费者有权利了解他所购买的商品或服务的种种真实性能。按照《消法》的规定，消费者有权根据商品或者服务的不同情况，要求经营者提供商品的价格、产地、生产者、用途、性能、规格、等级、主要成分、生产日期、有效期限、检验合格证明、使用方法说明书、售后服务，或者服务的内容、规格、费用等有关情况。经营者有义务向消费者介绍商品或服务的真实情况；如若造成损害，消费者有权要求经营者予以赔偿。

(3) 选择权。消费者享有自主选择商品或者服务的权利。消费者有权自主选择提供商品或服务的经营者；有权自主选择商品品种或服务方式；有权自主决定购买或不购买任何一种商品，接受或不接受任何一项服务；在选择商品或服务时，有权进行比较、鉴别和挑选。

(4) 公平交易权。消费者有权获得质量保障、价格合理、计量正确等公平交易条件。消费者有权拒绝经营者的强制交易行为。

(5) 求偿权。消费者因购买、使用商品或者接受服务而受到人身、财产损害，享有依法获得赔偿的权利。不论是生命健康还是精神方面的损害均可要求人身损害赔偿，财产损害的赔偿，包括直接损失和可得利益的损失。

(6) 结社权。消费者享有依法成立维护自身合法权益的社会组织的权利，简称为结社权。最具典型的例子就是中国消费者协会和地方各级消费者协会。

(7) 获知权。又称求教获知权，指的是消费者所享有的获得有关消费和消费者权益保护方面的知识的权利。消费知识主要指有关商品和服务的知识，消费者权益保护知识主要是指有关消费权益保护方面及权益受到损害时，如何有效解决的法律知识。

(8) 受尊重权。消费者在购买、使用商品和接受服务时所享有的人格尊严、民族风俗习惯得到尊重的权利。

(9) 监督权。消费者享有对商品和服务以及保护消费者权益工作进行监督的权利。此外，消费者有权检举、控告侵犯消费者权益的行为和国家机关及其工作人员在保护消费者权益工作中的违法失职行为，有权对保护消费者权益工作提出批评、建议。

这 9 项权利是消费者进行消费活动必不可少的，前 5 项权利是基础、是前提，与消费者的关系最为密切，后 4 项权利则是由此派生出来。消费者权益是关系到每个人生活工作的基本权益之一，对这一权益的有效保护，体现了公民权利的实现和市场经济的根本特点。保护消费者权益不仅要从人的身心健康和全面发展的高度来看，还要从扩大消费需求，从消费需求与经济增长之间良性循环的高度来看，要从社会主义市场经济的本质和客观要求的高度来看，这就说明保护消费者权益的必要性及重要意义。

与相关课程的联系

《消法》是经济法课程中的一部分。

2. 消费者权益保护的必要性

消费者权益保护最早可追溯于消费者运动，它是消费者权益保护组织的先驱，产生于发达资本主义垄断阶段，而后波及世界各国成为全球性运动。1898 年美国成立了世界上第一个全国性的消费者组织——全国消费者同盟。1960 年国际消费者组织联盟(简称 IOW)成立，它是由世界各国、各地区消费者组织参加的国际消费者问题议事中心；其宗旨为在全世界范围内做好消费者权益的一系列保护工作，在国际机构代表消费者说话。无论国内还是国外，消费者权益受侵害的现象屡有发生。

(1) 产品品质与安全漏洞。由于设计缺陷、生产制造水平等因素的制约，假冒伪劣产品的泛滥，导致产品品质与安全性能不合格，损害了消费者的权益。2001 年 2 月 9 日，国家出入境检验检疫局发布紧急公告指出，由于日本三菱公司生产的帕杰罗(PAJERO)V31、V33 越野车存在严重安全质量隐患，决定自即日起吊销其进口商品安全质量许可证书并禁止其进口。这是我国首次吊销存在质量问题的国外汽车进口许可证。

(2) 知识的不对称。企业对消费者行为不了解或了解不够，如主观地认为消费者会按说明书上的要求使用和操作产品，但实际上一部分消费者可能是根据自己的经验来使用产品，甚至尝试将产品用于别的用途，由此造成人身安全或财产方面的损害；也有可能是企业对消费者行为知识已有足够的了解，但有意识地运用它们来操纵和欺骗消费者，以牟取自身的利益。

(3) 虚假广告的误导。虚假广告作为不正当竞争方式，往往和假冒伪劣商品结合在一起，不但危害消费者的利益，也侵害其他经营者的合法利益，虚假广告与次品相结合，往往会造成“劣胜优汰”的反竞争规律现象和状态，破坏正常的市场运作机制，危害整个社会。2007 年央视 3·15 晚会揭露了“藏秘排油百草减肥茶”虚假广告的真相，原来，这个原本只需要 6 元就可以卖给经销商的普通减肥茶，经过虚假广告宣传身价倍增至 29 元。用“藏秘排油”这种偷梁换柱的模糊概念，让某些人坐收上亿黑色收入，严重地坑害了消费者。

(4) 消费者的保护意识淡漠。消费者力量的薄弱，对法律、法规的缺乏了解，以及对与企业抗争的顾虑，高昂的维权成本，使其在利益受到损害的情况下往往采取了自认倒霉的做法。如吸烟、不按规定购买处方药等疏忽性消费行为，也是消费者权益受到损害的原因。

资料库

中国消费者协会“年主题”

中国消费者协会从1997年起，通过每年确定一个主题的方式，开展“年主题”活动。所谓“年主题”，就是消费者协会在广泛宣传贯彻《消法》的基础上，每年突出一个方面的内容，加强保护消费者合法权益的宣传，加大保护消费者合法权益力度，使保护消费者合法权益工作不断向纵深发展。中国消费者协会历年包括以下主题。

1997年：讲诚信 反欺诈

1998年：为了农村消费者

1999年：安全健康消费

2000年：明明白白消费

2001年：绿色消费

2002年：科学消费

2003年：营造放心消费环境

2004年：诚信·维权

2005年：健康·维权

2006年：消费与环境

2007年：消费和谐

2008年：消费与责任

2009年：消费与发展

2010年：消费与服务

2011年：消费与民生

2012年：消费与安全

2013年：让消费者更有力量

2014年：新消法 新权益 新责任

2015年：携手共治 畅享消费

3. 消费者责任

由于消费者在与商家进行交易时，处于弱势地位，通常人们对消费者权益保护的要求主要集中于商家，“只有错买的，没有错卖的”“无商不奸”等，都是在讨论商家的不道德行为。但这只是事情的一面，不能因为消费者处于弱势地位就认为其不会发生不道德的行为。表11-1列举了消费者的不道德行为。权利和义务是共生的，消费者在维护自身权益的同时，也要担负起应尽的责任和义务。

表11-1　消费者的不道德行为

商店扒窃	从存储衣服处偷盗腰带
转换价格标签	从存储货物处割下纽扣
退回已经穿过的衣服	退回部分使用过的商品要求信誉赔偿

续表

滥用商品并把其作为损坏商品退回	滥用担保或无条件地进行特免担保
把降价买回来的产品退回并要全价退款	在商店损坏商品然后要求降价、购买盗版

(资料来源： L·G·希夫曼，L·L·卡纽克. 消费者行为学. 8 版. 江林，等译. 北京：中国人民大学出版社，2007.)

消费者既要知道其应享有的权利，也要知道其应该承担的义务。《消法》只明确提出了消费者应享有的权利，却没有提及其应承担的义务，比如受到损害后进行举报和投诉就应该是一项义务，因为只有这样才能避免更多的消费者遭受类似的损害。现在很多时候消费者为了省钱或者为了其他目的，到一些搞非法活动的场所去消费或者搞其他活动，甚至这些人在没有出现问题的时候阻碍执法部门的工作，袒护非法行为，一旦出现问题，反过来才举报这种非法行为，甚至责怪监管部门。另外，有关一次性木筷、塑料袋的使用等，我国消费者目前都没有义务方面的规定。国家应该建立起一套制约消费者消费行为的法律、法规，保障消费行为的健康和可持续发展。

二、消费者心理保护

随着商品经济的不断发展和市场的不断繁荣，新的问题也不断出现。商品种类繁多，但良莠不齐；厂家推陈出新，却也鱼目混珠；商家为争市场，利用“促销”等活动诱发消费者产生冲动心理，盲目购买；不法商人则利用消费者的心理弱点，设置“陷阱”，欺骗消费者。消费者在遭到假冒伪劣商品或者不良服务后，首先表现为愤怒，委屈，懊恼。一些人可能会自认倒霉，产生自责后悔；另外一些人则会与商家产生纠纷，极易情绪失控而造成心理伤害。不管是哪一种情况，消费者在遭受物质损害时还会遭受到二次伤害——心理影响。

1. 消费者权益受损后的心理

由于消费者权益受损的程度不同，其心理变化的幅度也高低不一。消费者权益受损后的心理变化状态主要有以下几种。

(1) 焦虑—压抑。当消费者权益受到轻微的损害时，如受到售货员的冷遇等，他意识到了但能忍下来，这时在其意识层中就留下了一定的印迹，如果接着再受一次损害，如所购商品有不中意的地方又不给退换，在其意识层中就会再加上一个“不满”的印记。随着印记加深，消费者开始感到焦虑；如果这种量的积累达到一定程度即会有压抑之感。压抑是对此欲望有关情感的抑制，它可能起到暂时减轻焦虑的作用，但是，如果这种缓解失败，又遭到欺骗，其受压抑的情感可能会从潜意识层迸发出来。研究发现消费者心理的压抑达到一定强度便形成一种攻击性驱力，而这种攻击性内驱力可能导致攻击性行为的发生，且攻击内驱力的强度与攻击性行为发生的可能性是成正比的。

(2) 挫折—逆反。挫折是指个人从事有目的的活动时，在环境中遇到障碍或干扰致使其动机不能获得满足时的情绪状态。个人挫折的容忍力是有限的，由于人的适应能力的差异，其容忍力也有所不同。一般来说，消费者权益在遭受接二连三的损害之后，即超越了其容忍力的阈限，则会导致心理失常。这种失常情形复杂多样，消费生活中一个突出的心理状态就是逆反，即有意识地脱离习惯的思维轨道，向相反的思维方向探索。如消费者在某商店购买了以次充好的商品，发现后又不给退换，以后即使那个商店销售货真价实的俏货，他也不会去理睬，这就是逆反心理所致。

(3) 失控—病变。上述两种心态进一步受到强刺激，即消费者心理受到异常紧张的刺激后即会导致心理失控，这种失控通常是消费者权益受到来自多方面的损害后，其情绪状态的毫无目标的发作。如本来对某种消费品抱有疑虑，购买后给家庭经济或安全等带来威胁，要求修理或退换又遭冷言恶语，他可能会失去理智而“迸发满腔怒火”，以致对消费品设计者、制造者、商店服务等进行攻击，甚至还会产生报复性心理。

2. 消费者权益心理保护措施

资料库

消费者维权途径

《消法》第三十九条规定消费者和经营者发生权益争议的，可以通过下列途径解决:

(1) 与经营者协商和解;

(2) 请求消费者协会或者依法成立的其他调解组织调解;

(3) 向有关行政部门申诉;

(4) 根据与经营者达成的仲裁协议提请仲裁机构仲裁;

(5) 向人民法院提起诉讼。

企业要正确认识自己承担的社会责任，政府及消费者团体加强监管，消费者提高自己的消费知识和维权意识，保护消费者的心理免受伤害。

(1) 加强沟通，了解消费者的实际感受。企业邀请来自不同领域的消费者举行座谈会，让他们面对面地与企业交换意见和看法。通过这种方式，一方面可以了解消费者对企业、对企业的产品和经营活动的评价；另一方面可以就未来的一些具体政策、设想征求消费者的意见，更好地满足消费者的需求。

(2) 及时处理投诉和进行补救。现在很多公司都有专门的人员或机构接受和处理消费者的投诉，一些公司还把消费者的抱怨和投诉作为一种资源来开发。为了获得消费者的反馈信息，一些公司在产品或产品包装上附上了投诉电话。通过对消费者的投诉和抱怨的分析，可以发现企业产品和营销策略中存在的问题，从而改进企业的工作。另外，对不满的消费者及时补救，不仅可以消除他们的怨气，在很多情况下，而且可以使他们成为企业的忠诚客户。维护顾客的利益，实际就是维护企业自身的利益，要把卖产品如同嫁女儿一样对待，就不会伤害消费者了。

(3) 提供消费教育。企业可以通过发展消费教育项目帮助个体成为合格的或更加明智的消费者。此类项目的着眼点并不是为了促销公司的产品，而是侧重提供有关消费方面的知识。例如，可口可乐公司曾经专门印制了一本如何向一家公司投诉的小册子，分发给消费者。由于该小册子提供了大量消费者如何向各种公司投诉的消费知识，所以对消费者非常有用。拿到这一小册子的消费者对可口可乐公司好感倍增，据说其中一半的人由此对可口可乐公司更有信心，并有15%的人表示要更多地购买可口可乐产品。

(4) 完善法律法规。《消法》作为一部与普通百姓日常生活最密切联系的法律，该法自颁布实施以来，在完善社会维权机制、解决消费权益纠纷、打击侵害消费者权益违法行为、提高消费者依法维权意识，以及促进消费维权运动蓬勃发展等方面发挥了很大的作用。但是，随着时间的推移，一些问题也逐渐显现出来，例如，消费者在购买了假冒伪劣商品时，要自己举证，个人出钱进行质量鉴定，在赔偿方面，最多可能是“假一赔十”，没有国外的那种高额的损害赔偿，在违法成本过低和维权成本过高的情况下，消费者采取了默认态度，降低了消费信心。

模块小结

随着基于 Internet 的电子商务活动的广泛开展，消费者心理正在向追求文化品位、个性化、自主独立、表现自我、方便快捷、躲避干扰、物美价廉和时尚的目标转移。消费者心理表现为自主选择权、柔性化消费、品牌忠诚度下降、先试后买、注重功能而非形式等特点。除了技术等因素外，受到传统购物观念束缚、价格预期心理得不到满足、个人隐私权受到威胁、对网上支付机制缺乏信任感、对虚拟的购物环境缺乏安全感、对低效的物流配送体系缺乏保障感，这严重制约了电子商务的发展。企业在营销策略、方式、手段上要有所突破，建立一套适合电子商务的运作机制。

绿色消费的含义是一种以“绿色、自然、和谐、健康”为宗旨的，有益于人类健康和社会环境的新型消费方式，遵循 5R 原则。绿色消费追求无污染、健康、科学、环保理念，消费行为更趋于理性化。收入、教育水平、生活方式、观念和爱好等诸多方面都对绿色消费行为产生影响，在衣食住行用等方面提倡绿色消费意识，企业要实现绿色营销，政府加强监管，促进绿色消费市场的健康发展。

消费者的权利，是指消费者在购买、使用商品或接受服务时依法享有的权利及该权利受到保护时给消费者带来的应得利益，其核心是消费者的权利。《消法》规定了消费者享有的安全权、知情权、选择权、公平交易权、求偿权、结社权、获知权、受尊重权和监督权 9 项权利。消费者在维护自身权益的同时，也要担负起应尽的责任和义务。消费者、企业和政府都要维护消费者的合法权益不受侵害。

主要名词

电子商务　绿色消费　绿色营销　消费者权益

自 测 试 题

一、单项选择题(15 分，每题 3 分)

1．人们对电子商务消费的最大担心是(　　)。

A．不会上网　　B．看不到商品

C．支付不安全　　D．交易速度慢

2．电子商务消费的心理策略要注重(　　)。

A．女性群体　　B．多开网上店铺

C．增加广告　　D．提高网速

3．绿色消费就是(　　)。

A．消费绿颜色的商品　　B．节约资源的消费

C．不重复利用　　D．吃野生动物

4．绿色消费的心理变化体现在(　　)。

A．科学消费　　B．追求时髦

C．从众心理　　D．怕上当受骗

5．消费者的不道德行为有(　　)。

A．投诉　　B．购买盗版图书

C．索赔　　D．反欺诈

二、多项选择题(15分，每题3分)

1．电子商务具有(　　)的特性。

A．全球性　　B．开放性

C．即时性　　D．全天候

2．电子商务消费心理的变化包括(　　)。

A．追求文化品位　　B．追求独立自主

C．追求时尚　　D．追求物美价廉

3．影响绿色消费的主要因素是(　　)。

A．绿色产品质量　　B．收入

C．教育水平　　D．便利性

4．消法规定消费者具有(　　)种权利。

A．8　　B．9　　C．10　　D．12

5．消费者权益保护的措施包括(　　)。

A．及时处理投诉　　B．加强消费教育

C．完善法规　　D．多一事不如少一事

三、简答题(40分，每题5分)

1．消费心理的变化主要体现在哪些方面？

2．什么是电子商务？电子商务消费心理发生了哪些变化？有哪些特点？

3．制约电子商务发展的心理因素主要表现在哪几个方面？

4．简述电子商务中的消费心理策略。

5．什么是绿色消费？应遵循哪些原则？

6．影响绿色消费的因素是什么？如何解决？

7．什么是消费者权益？具体包括哪些权利？

8．如何保护消费者权益？

四、论述题(30分)

试论述消费者应履行的义务。

案例分析

2 万元买减肥药无效果

消费者周小姐看到某网站的宣传介绍，在网上订购了价值 1 000 多元的超级 P57 减肥产品。商家在电话中口头承诺，服用后一定可减掉 60 斤，31 天内无效可全额退款。周小姐先后购买了 6 次，共花费 21 000 多元，食用后无效果，要求退款时却遭拒。电话中的“专业瘦身顾问”“某教授”反而责怪是因为周小姐的个人体质问题。

工商部门调查后发现，该网站域名以个人名义备案，未取得网站增值服务经营许可证，网址 IP 显示位于境外(美国亚利桑那州)，网页内容自称的公司名称、地址均属虚假。商家在接受电话调解时不承认曾作出无效退款的承诺，周小姐也无法提供任何证据。最终商家同意退款 18 000 元，由于无法查找到实际主体，周小姐无奈只得接受。

案例讨论

1. 周小姐的消费心理是什么？
2. 电商为什么不给周小姐退款？
3. 你对周小姐和这家电商都有哪些建议？

实 训 练 习

1．比较网上购物与传统消费心理的异同点。

2．调查同学的消费行为有哪些是绿色消费？还存在哪些误区？有没有造成“绿色浪费”？请谈谈如何解决“绿色消费矛盾”。

3．你在消费中受到过损害吗？采取了什么措施？讨论和分析同学们维权的优秀做法。

参 考 文 献

[1] 臧良运．消费心理学[M]．北京：北京大学出版社，中国农业大学出版社，2009．
[2] 朱惠文．现代消费心理学[M]．3 版．杭州：浙江大学出版社，2014．
[3] 杨海莹．消费心理学[M]．北京：科学出版社，2006．
[4] 焦利军，邱萍．消费心理学[M]．2 版．北京：北京大学出版社，2012．
[5] 荣晓华．消费者行为学[M]．4 版．大连：东北财经大学出版社，2013．
[6] 王富祥．消费心理与行为[M]．成都：西南交通大学出版社，2013．
[7] 王水清，扬扬．消费心理与行为分析[M]．北京：北京大学出版社，2011．
[8] 江林．消费者行为学[M]．4 版．北京：首都经济贸易大学出版社，2012．
[9] 李晓霞，刘剑．消费心理学[M]．2 版．北京：清华大学出版社，2010．
[10] 周斌．消费者行为学[M]．北京：清华大学出版社，2013．
[11] 王曼．消费者行为学[M]．2 版．北京：机械工业出版社，2011．
[12] 季辉，王冰．服务营销[M]．北京：高等教育出版社，2007．
[13] 单大明．消费心理学[M]．2 版．北京：机械工业出版社，2012．
[14] 杨大蓉，陈福明．消费心理理论与实务[M]．2 版．北京：北京大学出版社，2013．
[15] [美]菲利普·科特勒．营销管理[M]．14 版．王永贵，等译．北京：中国人民大学出版社，2012．
[16] 肖涧松．消费心理学[M]．2 版．北京：电子工业出版社，2013．
[17] 唐赤华，戴克商．消费者心理与行为[M]．2 版．北京：北京交通大学出版社，2011．
[18] 陆剑清．现代消费行为学[M]．北京：北京大学出版社，2013．
[19] 韩冀东．服务营销[M]．北京：中国人民大学出版社，2012．
[20] 刘金章．服务营销[M]．北京：中国水利电力出版社，2011．
[21] 刘树，马英．营销心理学[M]．北京：电子工业出版社，2011．
[22] 刘国防．营销心理学[M]．2 版．北京：首都经济贸易大学出版社，2011．
[23] [美]霍金斯，马瑟斯博．消费者行为学[M]．11 版．符国群，等译．北京：机械工业出版社，2011．

北京大学出版社本科财经管理类实用规划教材(已出版)

财务会计类

序号	书　名	标 准 书 号	主　编	定价	序号	书　名	标 准 书 号	主　编	定价
1	基础会计	7-301-24366-4	孟　铁	35.00	22	中级财务会计	7-301-23772-4	吴海燕	49.00
2	基础会计(第2版)	7-301-17478-4	李秀莲	38.00	23	中级财务会计习题集	7-301-25756-2	吴海燕	39.00
3	基础会计实验与习题	7-301-22387-1	左　旭	30.00	24	高级财务会计	7-81117-545-5	程明娥	46.00
4	基础会计学	7-301-19403-4	窦亚芹	33.00	25	高级财务会计	7-5655-0061-9	王奇杰	44.00
5	基础会计学学习指导与习题集	7-301-16309-2	裴　玉	28.00	26	企业财务会计模拟实习教程	7-5655-0404-4	董晓平	25.00
6	基础会计	7-301-23109-8	田凤彩	39.00	27	成本会计学	7-301-19400-3	杨尚军	38.00
7	基础会计学	7-301-16308-5	晋晓琴	39.00	28	成本会计学	7-5655-0482-2	张红漫	30.00
8	信息化会计实务	7-301-24730-3	杜天宇	35.00	29	成本会计学	7-301-20473-3	刘建中	38.00
9	会计学原理习题与实验(第2版)	7-301-19449-2	王保忠	30.00	30	税法与税务会计实用教程(第2版)	7-301-21422-0	张巧良	45.00
10	会计学原理(第2版)	7-301-18515-5	刘爱香	30.00	31	初级财务管理	7-301-20019-3	胡淑姣	42.00
11	会计学原理	7-301-24872-0	郭松克	38.00	32	财务会计学	7-301-23190-6	李柏生	39.00
12	会计学原理与实务(第2版)	7-301-18653-4	周慧滨	33.00	33	财务管理学实用教程(第2版)	7-301-21060-4	骆永菊	42.00
13	初级财务会计模拟实训教程	7-301-23864-6	王明珠	25.00	34	财务管理理论与实务(第2版)	7-301-20407-8	张思强	42.00
14	初级会计学习题集	7-301-25671-8	张兴东	28.00	35	财务管理理论与实务	7-301-20042-1	成　兵	40.00
15	会计规范专题(第2版)	7-301-23797-7	谢万健	42.00	36	财务管理学	7-301-21887-7	陈　玮	44.00
16	会计综合实训模拟教程	7-301-20730-7	章洁倩	33.00	37	公司财务管理	7-301-21423-7	胡振兴	48.00
17	预算会计	7-301-22203-4	王筱萍	32.00	38	财务分析学	7-301-20275-3	张献英	30.00
18	会计电算化	7-301-23565-2	童　伟	49.00	39	审计学	7-301-20906-6	赵晓波	38.00
19	政府与非营利组织会计	7-301-21504-3	张　丹	40.00	40	审计理论与实务	7-81117-955-2	宋传联	36.00
20	管理会计	7-81117-943-9	齐殿伟	27.00	41	现代审计学	7-301-25365-6	杨　茁	39.00
21	管理会计	7-301-21057-4	彤芳珍	36.00					

管理类

序号	书　名	标 准 书 号	主　编	定价	序号	书　名	标 准 书 号	主　编	定价
1	管理学	7-301-17452-4	王慧娟	42.00	13	统计学原理与实务	7-5655-0505-8	徐静霞	40.00
2	管理学	7-301-21167-0	陈文汉	35.00	14	统计学	7-301-24750-1	李付梅	39.00
3	管理学	7-301-23023-7	申文青	40.00	15	统计学	7-301-25180-5	邓正林	42.00
4	管理学原理	7-301-22980-4	陈　阳	48.00	16	统计学(第2版)	7-301-23854-7	阮红伟	35.00
5	管理学原理	7-5655-0078-7	尹少华	42.00	17	应用统计学(第2版)	7-301-19295-5	王淑芬	48.00
6	管理学原理	7-301-21178-6	雷金荣	39.00	18	统计学实验教程	7-301-22450-2	裘雨明	24.00
7	管理学原理与实务(第2版)	7-301-18536-0	陈嘉莉	42.00	19	管理运筹学(第2版)	7-301-19351-8	关文忠	39.00
8	管理学实用教程	7-301-21059-8	高爱霞	42.00	20	现场管理	7-301-21528-9	陈国华	38.00
9	现代企业管理理论与应用(第2版)	7-301-21603-3	邸彦彪	38.00	21	企业经营ERP沙盘应用教程	7-301-20728-4	董红杰	32.00
10	新编现代企业管理	7-301-21121-2	姚丽娜	48.00	22	项目管理	7-301-21448-0	程　敏	39.00
11	统计学原理(第2版)	7-301-25114-0	刘晓利	36.00	23	项目管理	7-301-24823-2	康　乐	39.00
12	统计学原理	7-301-21061-4	韩　宇	38.00	24	公司治理学	7-301-22568-4	蔡　锐	35.00

市场营销类

序号	书　名	标 准 书 号	主　编	定价	序号	书　名	标 准 书 号	主　编	定价
1	市场营销学	7-301-21056-7	马慧敏	42.00	4	市场营销学(第2版)	7-301-19855-1	陈　阳	45.00
2	市场营销学：理论、案例与实训	7-301-21165-6	袁连升	42.00	5	市场营销学	7-301-21166-3	杨　楠	40.00
3	市场营销学实用教程(第2版)	7-301-24958-1	林小兰	48.00	6	市场营销理论与实务(第2版)	7-301-20628-7	那　薇	40.00

序号	书　名	标 准 书 号	主　编	定价	序号	书　名	标 准 书 号	主　编	定价
7	市场营销学(第 2 版)	7-301-24328-2	王槐林	39.00	13	消费者行为学	7-5655-0057-2	肖　立	37.00
8	国际市场营销学	7-301-21888-4	董　飞	45.00	14	客户关系管理实务	7-301-09956-8	周贺来	44.00
9	营销策划	7-301-23204-0	杨　楠	42.00	15	客户关系管理理论与实务	7-301-23911-7	徐　伟	40.00
10	市场营销策划	7-301-23384-9	杨　勇	40.00	16	社交礼仪	7-301-23418-1	李　霞	29.00
11	广告策划与管理：原理、案例与项目实训	7-301-23827-1	杨佐飞	48.00	17	商务谈判(第 2 版)	7-301-20048-3	郭秀君	49.00
12	现代推销与谈判实用教程	7-301-25695-4	凌奎才	48.00	18	消费心理学(第 2 版)	7-301-25983-2	臧良运	40.00

工商管理类

序号	书　名	标 准 书 号	主　编	定价	序号	书　名	标 准 书 号	主　编	定价
1	企业文化理论与实务(第 2 版)	7-301-24445-6	王水嫩	35.00	10	创业基础：理论应用与实训实练	7-301-24465-4	郭占元	38.00
2	企业战略管理实用教程	7-81117-853-1	刘松先	35.00	11	公共关系学实用教程(第 2 版)	7-301-25557-5	周　华	42.00
3	企业战略管理	7-301-23419-8	顾　桥	46.00	12	公共关系学实用教程	7-301-17472-2	任焕琴	42.00
4	生产运作管理(第 3 版)	7-301-24502-6	李全喜	54.00	13	公共关系理论与实务	7-5655-0155-5	李泓欣	45.00
5	运作管理	7-5655-0472-3	周建亨	25.00	14	东方哲学与企业文化	7-5655-0433-4	刘峰涛	34.00
6	运营管理实验教程	7-301-25879-8	冯根尧	24.00	15	跨国公司管理	7-5038-4999-2	冯雷鸣	28.00
7	组织行为学实用教程	7-301-20466-5	冀　鸿	32.00	16	企业战略管理	7-5655-0370-2	代海涛	36.00
8	质量管理(第 2 版)	7-301-24632-0	陈国华	39.00	17	跨文化管理	7-301-20027-8	晏　雄	35.00
9	创业学	7-301-15915-6	刘沁玲	38.00					

人力资源管理类

序号	书　名	标 准 书 号	主　编	定价	序号	书　名	标 准 书 号	主　编	定价
1	人力资源管理(第 2 版)	7-301-19098-2	颜爱民	60.00	5	员工招聘	7-301-20089-6	王　挺	30.00
2	人力资源管理实用教程(第 2 版)	7-301-20281-4	吴宝华	45.00	6	人力资源管理：理论、实务与艺术	7-5655-0193-7	李长江	48.00
3	人力资源管理原理与实务(第 2 版)	7-301-25511-7	邹　华	32.00	7	人力资源管理实验教程	7-301-23078-7	畅铁民	40.00
4	人力资源管理教程	7-301-24615-3	夏兆敢	36.00					

服务管理类

序号	书　名	书号	编著者	定价	序号	书　名	书号	编著者	定价
1	会展服务管理	7-301-16661-1	许传宏	36.00	4	服务性企业战略管理	7-301-20043-8	黄其新	28.00
2	非营利组织管理	7-301-20726-0	王智慧	33.00	5	现代服务业管理原理、方法与案例	7-301-17817-1	马　勇	49.00
3	服务营销	7-301-21889-1	熊　凯	45.00					

经济、国贸、金融类

序号	书　名	书号	编著者	定价	序号	书　名	书号	编著者	定价
1	宏观经济学(第 2 版)	7-301-19038-8	蹇令香	39.00	6	外贸函电(第 2 版)	7-301-18786-9	王　妍	30.00
2	西方经济学实用教程	7-5655-0302-3	杨仁发	49.00	7	国际贸易理论与实务(第 2 版)	7-301-18798-2	缪东玲	54.00
3	管理经济学(第 2 版)	7-301-24786-0	姜保雨	42.00	8	国际贸易(第 2 版)	7-301-19404-1	朱廷珺	45.00
4	管理经济学	7-301-24573-6	钱　津	42.00	9	国际贸易实务(第 2 版)	7-301-20486-3	夏合群	45.00
5	矿业经济学	7-301-24988-8	李　创	38.00	10	国际贸易结算及其单证实务(第 2 版)	7-301-25733-3	卓乃坚	42.00

序号	书　名	书号	编著者	定价	序号	书　名	书号	编著者	定价
11	政治经济学原理与实务(第2版)	7-301-22204-1	沈爱华	31.00	24	货币银行学	7-301-21345-2	李　冰	42.00
12	政治经济学	7-301-24891-1	巨荣良	38.00	25	国际结算(第2版)	7-301-17420-3	张晓芬	35.00
13	国际商务(第2版)	7-301-25366-3	安占然	39.00	26	国际结算	7-301-21092-5	张　慧	42.00
14	国际贸易实务	7-301-20919-6	张　肃	28.00	27	金融工程学	7-301-18273-4	李淑锦	30.00
15	国际贸易规则与进出口业务操作实务(第2版)	7-301-19384-6	李　平	54.00	28	金融工程学理论与实务(第2版)	7-301-21280-6	谭春枝	42.00
16	国际贸易实训教程	7-301-23730-4	王　茜	28.00	29	国际金融	7-301-23351-6	宋树民	48.00
17	国际经贸英语阅读教程	7-301-23876-9	李晓娣	25.00	30	国际商务函电	7-301-22388-8	金泽虎	35.00
18	中国对外贸易概论	7-301-23884-4	翟士军	42.00	31	保险学	7-301-23819-6	李春蓉	41.00
19	国际贸易理论、政策与案例分析	7-301-20978-3	冯　跃	42.00	32	财政学(第2版)	7-301-25914-6	盖　锐	39.00
20	证券投资学	7-301-19967-1	陈汉平	45.00	33	财政学	7-301-23814-1	何育静	45.00
21	金融风险管理	7-301-25556-8	朱淑珍	42.00	34	兼并与收购	7-301-22567-7	陶启智	32.00
22	证券投资学	7-301-21236-3	王　毅	45.00	35	东南亚南亚商务环境概论(第2版)	7-301-25823-1	韩　越	42.00
23	货币银行学	7-301-15062-7	杜小伟	38.00					

法律类

序号	书　名	书号	编著者	定价	序号	书　名	书号	编著者	定价
1	经济法原理与实务(第2版)	7-301-21527-2	杨士富	39.00	4	劳动法和社会保障法(第2版)	7-301-21206-6	李　瑞	38.00
2	经济法	7-301-24697-9	王成林	35.00	5	国际商法	7-301-20071-1	丁孟春	37.00
3	国际商法理论与实务	7-81117-852-4	杨士富	38.00	6	商法学	7-301-21478-7	周龙杰	43.00